JN407820

통합기본서

신협중앙회

시대에듀

2026 최신판 시대에듀 신협중앙회 필기전형 통합기본서

Always **with you**

사람의 인연은 길에서 우연하게 만나거나 함께 살아가는 것만을 의미하지는 않습니다.
책을 펴내는 출판사와 그 책을 읽는 독자의 만남도 소중한 인연입니다.
시대에듀는 항상 독자의 마음을 헤아리기 위해 노력하고 있습니다. 늘 독자와 함께하겠습니다.

머리말 PREFACE

신협중앙회는 신협운동의 이념을 전파하고 조합의 건실한 발전을 위해 지도, 검사, 교육, 홍보 등의 지원업무와 협동조합보험인 공제업무를 수행한다. 이와 함께 조합의 여유자금을 예탁받아 대출과 자금운용 시장에 참여하여 유동성 조절기능을 수행하며, 전국 조합의 결제기능을 지원하는 등 조합의 금융업무를 보완하고 있다.

신협중앙회는 인재 채용을 위하여 인적성검사와 직무능력시험 · 직무상식시험 및 논술시험을 실시하고 있다. 직무능력시험은 NCS 의사소통능력 · 수리능력 · 문제해결능력 · 자원관리능력 · 조직이해능력 · 정보능력이 출제되고, 직무상식시험은 2024년에 30문항에서 40문항으로 문항 수가 늘어나는 변화를 보였으며 일반직군의 경우 금융/경제/경영이 출제된다. 또한 논술시험에서는 금융/경제/경영 관련 시사 주제로 1문항이 출제되고 있다. 따라서 기출문제를 파악하고 대응하는 것이 중요하다.

이에 시대에듀는 수험생들이 신협중앙회 필기전형의 출제경향을 파악하고 시험에 효과적으로 대비할 수 있도록 다음과 같이 본서를 구성하였다.

도서의 특징

1. 2025년 기출복원문제를 수록하여 최근 출제경향을 한눈에 파악할 수 있도록 하였다.
2. 직무능력시험 출제영역별 대표기출유형과 기출응용문제를 수록하여 체계적인 학습이 가능하도록 하였다.
3. 직무상식시험 출제범위인 금융/경제/경영의 빈출키워드별 이론과 기출응용문제를 수록하여 필기전형을 완벽하게 준비하도록 하였다.
4. 최종점검 모의고사와 온라인 모의고사 3회분(NCS 통합 1회 포함)을 수록하여 시험 전 자신의 실력을 스스로 평가할 수 있도록 하였다.
5. 논술 작성법과 기출문제를 수록하여 논술시험을 효과적으로 준비할 수 있도록 하였다.
6. 신협중앙회 인재상과의 적합 여부를 판별할 수 있는 인적성검사와 면접 기출 질문을 수록하여 한 권으로 채용 전반에 대비할 수 있도록 하였다.

끝으로 본서가 신협중앙회 필기전형을 준비하는 여러분 모두에게 합격의 기쁨을 전달하기를 진심으로 바란다.

SDC(Sidae Data Center) 씀

INTRODUCE

신협중앙회 기업분석

◇ 소개

신협은 한국의 서민, 중산층을 위한
대표적인 비영리금융기관이다.

신협은 믿음과 나눔의 정신을 바탕으로 서민과 중산층을 위해 비영리로 운영되고 있는 협동조합 금융기관이다.

신협은 문턱 높은 일반 금융기관의 금융혜택에서 소외된 서민과 영세상공인 등 사회 · 경제적 약자들의 지위향상에 기여해왔음은 물론 서민 · 중산층의 따뜻한 이웃으로 서민 경제의 든든한 버팀목이 되어왔다.

조합원들의 한결같은 믿음과 사랑으로 성장한 신협은 2024년 기준 866개 조합, 1,712개 점포수의 영업점 네트워크를 통해 조합원과 지역민을 위한 금융서비스는 물론 조합별로 차별화된 다양한 사회공헌사업을 펼치고 있다.

신협은 믿음으로 걸어온 65년을 바탕으로 새로운 100년을 향해 힘차게 도약하고 있다.

서민의 경제 동반자로서의 소명과 더불어 사는 신협의 가치를 실현하는 데 더욱 노력할 것이다.

" 신협은 서민과 중산층을 위한
대표적인 서민금융기관이다. "

신협의 모든 금융상품은 안전하게 보호된다.

신협은 신협법(제80조의 2)에 따라 신협중앙회가 조합원의 예금지급을 보장한다.
신협의 영업정지로 인해 조합원의 예금을 지급하지 못할 경우에도 조합원의 예금에 이자를 포함해서 1인당 최고 1억 원까지 보장해 준다.

조합원의 소중한 예금! 안전한 신협이 지킨다.

신협은 152조 원(2024년 기준)의 자산을 운영하는 우량 금융기관이다.
앞으로도 신협은 알찬 경영을 토대로 서민의 대표금융이 되겠다.

◇ 인재상

몰입하는 인재
매사에 집중과 몰입을 통해 속도감 있게 업무처리하여 조직에 활력을 불어 넣는 인재

글로벌한 인재
국제금융협동조합인 신협의 국제적인 네트워크 협력 및 교류 확대를 이끌어 갈 글로벌 감각을 지닌 인재

변화하는 인재
톡톡 튀는 아이디어를 제시하여 급변하는 금융환경에 능동적으로 대응하는 인재

협동하는 인재
협동조합으로서의 정체성을 가지고 서민금융 공급과 사회적 역할을 확대하여 지역사회에 도움이 되는 인재

신뢰받는 인재
항상 투명하고 정직한 자세로 신협의 사회적 선명성과 대외신인도를 제고시킬 인재

◇ 인사조직문화

소통문화 정착
- 타인을 배려하는 문화
- 조합과 조합원의 입장에서 근무하는 인재 양성
- 협동조합의 근본이념 이해

일하는 자가 우대받는 문화 정착
- 능력 있는 직원이 우대받는 문화 정책
- 능력중심의 성과 배분
- 성과주의 정착
- 책임과 권한의 범위 확립

자기계발을 통한 우수 인력 양성
- 지속적인 교육을 통한 전문지식 함양
- 전문지식을 통한 대조합 서비스 제고
- 조직이 필요한 지식을 보유한 인재 양성

신협중앙회 기업분석

◇ 윤리강령

신협중앙회는 협동조합의 가치와 신협운동의 정신을 보존하고 신협의 운영원칙을 준수하며 이를 바탕으로 한 정도경영을 실천해 조합원, 조합 임직원, 국가와 사회 등 모든 이해관계자들에게 사회적 책임을 다함으로써 복지사회건설에 기여하고자 한다.

이에 우리는 신협인으로서 지녀야 할 건전한 직업윤리와 사회구성원으로서 준수해야 할 윤리강령을 제정하고 가치판단과 행동양식으로 삼아 이를 적극 실천한다.

◇ 나눔경영

신협은 조합원이 필요로 할 때 도움을 주고,
이익은 지역과 조합원에게 환원하는 **나눔경영을 실천**한다.

1960년 우리나라 최초의 순수 민간협동조합으로 태동

신협은 1960년 우리나라 최초의 순수 민간협동조합으로 태동한 이래, "사람이 먼저"라는 민본정신을 바탕으로 조합원의 사회적 경제 지위 향상과 지역사회 기여를 위해 최선의 노력을 다해왔다.

신협사회공헌재단 설립 누적 기부금 620억 원 돌파

신협은 다변화하는 사회문제에 대응하며 어둡고 그늘진 곳에 햇살 같은 역할을 실천하고자 2015년 전국 신협과 그 임직원들이 주축이 되어 신협사회공헌재단을 설립하였다. 재단은 2024년 기준 누적 기부금 620억 원을 돌파하는 등 신협의 나눔문화를 확산시킴과 동시에 잘살기 위한 경제운동, 사회를 밝힐 교육운동, 더불어 사는 윤리운동을 주제로 각 분야에서 다양한 사회공헌활동을 전개하고 있다.

모두가 행복한 내일을 만드는 데 앞장서는 신협

경제운동으로는 청년 일자리 지원, 협동조합 및 사회적 경제 조직 활성화 지원, 교육운동으로는 아동·청소년 등 다음 세대의 건강한 성장 지원, 윤리운동으로는 소외계층에 대한 복지서비스 지원 사업 등을 진행하고 있으며, 이밖에도 지역사회 문제해결을 위한 다양한 사회공헌 활동을 펼치고 있다.

◇ 심볼마크

선과 직선으로 이루어진 심볼의 전체적 형태는 신용협동조합의 3대 과제인 잘살기 위한 경제 운동, 사회를 밝힐 교육운동, 더불어 사는 윤리운동은 상호협동 관계에 의해서만 이루어진다는 이념을 기본으로 표현한 것으로 마치 충분한 영양을 흡수하여 만개하려는 꽃봉오리를 위에서 내려다 본 형태를 중심으로 그 속에 ㅅ, ㅇ, ㅎ 등 신용협동조합의 한글 머릿자를 따서 표현하여 더욱 신용협동조합의 정신에 부합시켰다.

또 기본형태를 감싸고 있는 표현은 꽃받침 이미지와 두 손으로 감싸고 있는 이미지를 연상시켜 신용협동조합의 미래지향적 발전과 성장, 진취적인 사고에 의한 안정된 사회와의 유기적 관계를 나타낸 조형성이 강한 시각적 표상이다.

◇ 색상의 의미

신협금색(Credit Union Gold)

변하지 않는 영원성과 원만한 협동금융 상징

청색(Cerulean Blue)

이상, 발전, 자유와 진취적인 사고형성을 상징(단위조합의 상징)

군청색(Prussian Blue)

자유와 평화, 진실, 설득력 있는 신협운동의 굳건한 기초를 상징

흰색(신협협동조합 토대의 상징)

마크 바탕의 흰색은 인종, 종교 및 정치적 평등이 하나되는 공동체의 의미를 지니고 있음

INFORMATION

신입직원 채용 안내

◇ 지원방법

cu.saramin.co.kr에서 온라인 접수(타 양식 및 오프라인 접수 불가)

◇ 지원자격

❶ 연령/성별/학력/전공에 대한 제한 없음

※ 단, 지원일 현재 기졸업자 또는 졸업예정자

❷ 남자의 경우 병역필 또는 면제자

※ 단, 입사일 전일까지 전역 가능한 자 포함

❸ 당회 인사규정상 결격사유에 해당하지 않는 자

※ 신협 홈페이지 '채용정보 – 신협중앙회' 참조

❹ 채용일자부터 당회 근무 가능한 자

◇ 채용절차

지원서 접수 → 필기전형 → 1차 면접전형(실무진) → 2차 면접전형(임원진) → 최종 합격자 발표 및 채용건강검진

◇ 필기전형

구분	문항 수	시간	출제영역
인적성검사	250문항 (객관식)	30분	근면성, 책임감, 협동성, 자주성, 준법성, 지도성, 집중력, 정서, 감정
직무능력시험	60문항 (객관식)	70분	의사소통능력, 수리능력, 문제해결능력, 자원관리능력, 조직이해능력, 정보능력
직무상식시험	40문항 (객관식)	40분	일반 금융 · 경제 · 경영 또는 법 · 행정 중 선택 IT 소프트웨어 설계 · 개발, 데이터베이스 구축, 프로그래밍 언어 활용, 정보시스템 구축 관리
논술시험	1문항 (서술식)	60분	일반 금융 · 경제 · 경영 또는 법 · 행정 중 선택 ※ 일반직군의 경우 직무상식시험과 논술시험의 응시 영역을 다르게 선택할 수 없음

❖ 자세한 채용절차는 직무별 채용방침에 따라 변경될 수 있으니 반드시 채용공고를 확인하기 바랍니다.

ANALYSIS

2025년 기출분석

총평

2025년 신협중앙회 필기전형은 전반적으로 출제 수준이 평이하였고, 문제 유형은 모듈형보다는 피듈형으로 출제되었다. 지난 시험과 같이 직무능력시험은 의사소통능력, 수리능력, 문제해결능력, 자원관리능력, 조직이해능력, 정보능력 6가지 영역으로 출제되었고, 직무상식시험은 일반 또는 IT 직군에 따라 상이한 범위가 출제되었다. 직무능력시험은 정답이 딱 떨어지기보다는 애매한 내용의 선택지가 제시되어 수험생들이 확실한 정답을 고르는 데 난항을 겪었으리라 본다. 또한 직무상식시험은 그래프 분석보다는 상식과 개념 위주의 문제가 출제되었다는 후기가 많았던 것으로 보아 지난 시험보다는 덜 까다로웠다는 것을 예측할 수 있다.

◇ 영역별 출제비중

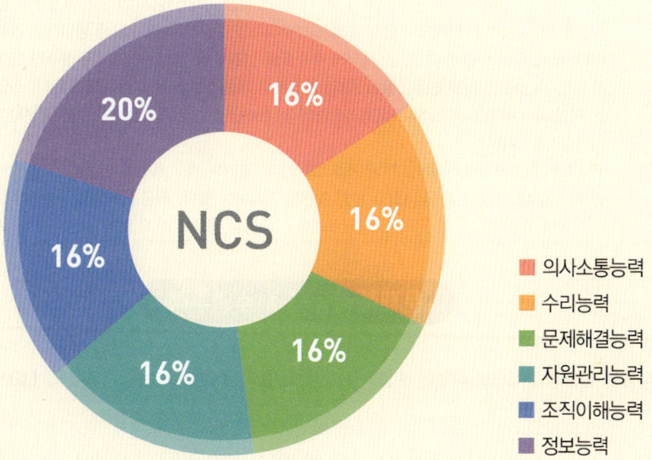

◇ 영역별 출제특징

구분	출제특징
의사소통능력	• 피듈형이며, 글의 주제 또는 제목을 찾아내거나 글의 내용을 추론하는 문제가 출제됨 • 글을 읽고, 제시된 〈보기〉에서 글의 내용과 일치하거나 불일치하는 내용을 고르는 문제가 출제됨
수리능력	• 고등학교 수준의 응용수리 문제가 출제됨 • 자료해석 문제는 응용수리 문제보다 출제비중이 낮음
문제해결능력	• 반드시 참인 것을 고르는 명제나 경우의 수 문제가 출제됨 • SWOT 문제가 출제됨
자원관리능력	• 비용계산 문제, 인원선발 문제 등 물적자원관리, 인적자원관리 위주의 문제가 출제됨
조직이해능력	• 모듈형으로, 기존 이론에 근거하여 풀이해야 하는 문제가 출제됨
정보능력	• 엑셀 문제 및 Auto Scaling, Inverted Index와 같은 전공 수준의 문제가 출제됨

주요 금융권 적중 문제

신협중앙회

의사소통능력 ▶ 내용일치

2025년 적중

08 다음 핀테크에 대한 기사를 읽고 핀테크에 대해 이해한 것으로 적절하지 않은 것은?

요즘은 스마트폰을 사용할 줄 알면 은행에 갈 일이 없다. 스마트폰이 은행원의 일을 한다. 송금도 다 스마트폰으로 하며, 심지어 쉽다. 예를 들어, 핀테크 간편 송금 앱 '토스(Toss)'를 사용하면 1개의 비밀번호로 3단계만 거쳐도 송금 완료다. 토스 이전에 송금의 절차에는 평균적으로 5개의 암호와 약 37회의 클릭이 필요했지만 이제 다 사라졌다. 이게 핀테크다. 이처럼 핀테크(FinTech)란 금융(Finance)과 기술(Technology)의 합성어로, 금융과 IT의 결합을 통한 금융서비스를 의미한다.
핀테크의 가장 강력한 장점은 지급과 결제의 간편성으로 볼 수 있다. 그냥 앱을 열고 기기에 갖다 대기만 하면 된다. 스마트폰에 저장된 신용카드나 계좌정보가 NFC 결제 기기와 자연스럽게 반응하여 처리된다. 송금 서비스는 더 쉽다. 곧 사라지겠지만 '공인인증서'가 당신에게 선사했던 절망의 시간을 떠올려 보라. 핀테크의 물결 속에서 보수적이었던 금융권 역시 오픈 뱅킹으로 속속 전환하고 있다. 외환 송금 또한 무리 없다. 심지어 수수료도 절감할 수 있다. 여기에 우리나라 핀테크의 꽃이라고 할 수 있는 인터넷 전문은행도 있다. 가입부터 개설까지 10분도 걸리지 않는다. 조만간 핀테크는 지갑 속 신분증과 카드까지도 담아낼 것이다. 100년 후에 지갑이라는 물건은 조선시대 상투처럼 사라질지도 모른다.
핀테크는 리스크 관리 수준 또한 끌어올리고 있다. 과거의 경우 통장을 만들기 위해서는 은행 창구 방문이 필수였다. 신분증을 내밀고 본인 확인을 거쳐야만 했다. 지금은 어떤가? 비대면 실명 인증이라는 기술이 금융을 만나 핀테크로 완성되었다. 더이상 은행에 가지 않아도 된다. 인터넷 전문은행

문제해결능력 ▶ 수열추리

2025년 적중

※ 다음은 일정한 규칙으로 나열한 수열이다. 빈칸에 들어갈 알맞은 수를 고르시오. **[19~20]**

19

−6	50	18	10	−54	( )	162

① 2　　② −1
③ 32　　④ −18

문제해결능력 ▶ 참 · 거짓

2025년 적중

25 S사는 6층 건물의 모든 층을 사용하고 있으며, 건물에는 기획부, 인사교육부, 서비스개선부, 연구·개발부, 해외사업부, 디자인부가 층별로 위치하고 있다. 다음 〈조건〉을 참고할 때 항상 옳은 것은?(단, 6개의 부서는 서로 다른 층에 위치하며, 3층 이하에 위치한 부서의 직원은 출근 시 반드시 계단을 이용해야 한다)

조건

- 기획부의 문대리는 해외사업부의 이주임보다 높은 층에 근무한다.
- 인사교육부는 서비스개선부와 해외사업부 사이에 위치한다.
- 디자인부의 김대리는 오늘 아침 엘리베이터에서 서비스개선부의 조대리를 만났다.
- 6개의 부서 중 건물의 옥상과 가장 가까이에 위치한 부서는 연구·개발부이다.
- 연구·개발부의 오사원이 인사교육부 박차장에게 휴가 신청서를 제출하기 위해서는 4개의 층을 내려와야 한다.
- 건물 1층에는 회사에서 운영하는 커피숍이 함께 있다.

KB국민은행

2025년 적중

의사소통능력 ▶ 비판 · 반박하기

09 다음 중 ㉠의 입장에서 호메로스의 『일리아스』를 비판한 내용으로 적절하지 않은 것은?

> 기원전 5세기, 헤로도토스는 페르시아 전쟁에 대한 책을 쓰면서 『역사(Historiai)』라는 제목을 붙였다. 이 제목의 어원이 되는 'histor'는 원래 '목격자', '증인'이라는 뜻의 법정 용어였다. 이처럼 어원상 '역사'는 본래 '목격자의 증언'을 뜻했지만, 헤로도토스의 『역사』가 나타난 이후 '진실의 탐구' 혹은 '탐구한 결과의 이야기'라는 의미로 바뀌었다.
> 헤로도토스 이전에는 사실과 허구가 뒤섞인 신화와 전설, 혹은 종교를 통해 과거에 대한 지식이 전수되었다. 특히 고대 그리스인들이 주로 과거에 대한 지식의 원천으로 삼은 것은 『일리아스』였다. 『일리아스』는 기원전 9세기의 시인 호메로스가 오래전부터 구전되어 온 트로이 전쟁에 대해 읊은 서사시이다. 이 서사시에서는 전쟁을 통해 신들, 특히 제우스 신의 뜻이 이루어진다고 보았다. 헤로도토스는 바로 이런 신화적 세계관에 입각한 서사시와 구별되는 새로운 이야기 양식을 만들어 내고자 했다. 즉, 헤로도토스는 가까운 과거에 일어난 사건의 중요성을 인식하고, 이를 직접 확인 · 탐구하여 인과적 형식으로 서술함으로써 역사라는 새로운 분야를 개척한 것이다.
> 『역사』가 등장한 이후, 사람들은 역사 서술의 효용성이 과거를 통해 미래를 예측하게 하여 후세인(後世人)에게 교훈을 주는 데 있다고 인식하게 되었다. 이러한 인식에는 한 번 일어났던 일이 마치 계절처럼 되풀이하여 다시 나타난다는 순환 사관이 바탕에 깔려 있다. 그리하여 오랫동안 역사는 사람을 올바르고 지혜롭게 가르치는 '삶의 학교'로 인식되었다. 이렇게 교훈을 주기 위해서는 과거에 대한 서술이 정확하고 객관적이어야 했다.
> 물론 모든 역사가가 정확성과 객관성을 역사 서술의 우선적 원칙으로 앞세운 것은 아니다. 오히려 헬레니즘과 로마 시대의 역사가들 중 상당수는 수사학적인 표현으로 독자의 마음을 움직이는 것을 목표로 하는 역사 서술에 몰두하였고, 이런 경향은 중세 시대에도 어느 정도 지속되었다. 이들은 이야기를 감동적이고 설득력 있게 쓰는 것이 사실을 객관적으로 기록하는 것보다 더 중요하다고 보

2025년 적중

문제해결능력 ▶ 명제

16 제시된 명제가 모두 참일 때, 빈칸에 들어갈 명제로 가장 적절한 것은?

> • 어휘력이 좋지 않으면 책을 많이 읽지 않은 것이다.
> • 글쓰기 능력이 좋지 않으면 어휘력이 좋지 않은 것이다.
> • ____________________________

① 글쓰기 능력이 좋으면 어휘력이 좋은 것이다.
② 책을 많이 읽지 않으면 어휘력이 좋지 않은 것이다.
③ 어휘력이 좋지 않으면 글쓰기 능력이 좋지 않은 것이다.
④ 글쓰기 능력이 좋지 않으면 책을 많이 읽지 않은 것이다.

2025년 적중

수리능력 ▶ 거리 · 속력 · 시간

32 일정한 속력으로 달리는 기차가 길이 480m인 터널을 완전히 통과하는 데 걸리는 시간이 36초이고 같은 속력으로 길이 600m인 철교를 완전히 통과하는 데 걸리는 시간이 44초일 때, 기차의 속력은?

① 15m/s　② 18m/s
③ 20m/s　④ 24m/s

주요 금융권 적중 문제

IBK기업은행

의사소통능력 ▶ 내용일치

2025년 적중

04 다음은 우리나라 국고제도에 대한 개요이다. 이에 대한 설명으로 적절하지 않은 것은?

〈우리나라 국고제도의 개요〉

• 국고금의 범위
국고금에는 중앙정부가 징수하는 국세와 관련 법규에 따른 각종 범칙금, 과징금, 연금보험료, 고용보험료, 국유재산 등에 대한 점용료·사용료, 각종 벌금 등이 있으며, 지방자치단체가 징수하는 지방세(주민세, 재산세, 자동차세 등)나 공공기관이 부과하는 공과금(전기요금, 전화요금 등)은 포함되지 않는다.

• 국고금의 종류
국고금이 효율적이고 투명하게 관리·운용되기 위해서는 국고관련 법령에 근거한 계획적인 수입 및 지출이 필요한데, 이를 위해 한국은행은 국고금을 그 성격 및 계리체계 등을 기준으로 '수입금과 지출금', '자금관리용 국고금' 그리고 '기타의 국고금'으로 구분하여 관리한다.
① 수입금과 지출금
수입금은 법령 또는 계약 등에 의해 국가의 세입으로 납입되거나 기금에 납입되는 자금을 말하

자원관리능력 ▶ 비용계산

2025년 적중

11 I컨벤션에서 회의실 예약 업무를 담당하고 있는 K씨는 2주 전 B기업으로부터 오전 10시 ~ 낮 12시에 35명, 오후 1시 ~ 오후 4시에 10명이 이용할 수 있는 회의실 예약문의를 받았다. K씨는 회의실 예약 설명서를 B기업으로 보냈고 B기업은 자료를 바탕으로 회의실을 선택하여 결제했다. 하지만 이용일 4일 전 B기업이 오후 회의실 사용을 취소하게 되었다고 할 때, 〈조건〉을 참고하여 B기업이 환불받게 될 금액은?(단, 회의에서는 노트북과 빔프로젝터를 이용하며, 부대장비 대여료도 환불규칙에 포함된다)

〈회의실 사용료(VAT 포함)〉

회의실	수용 인원(명)	면적(m^2)	기본임대료(원)		추가임대료(원)	
			기본시간	임대료	추가시간	임대료
대회의실	90	184	2시간	240,000	시간당	120,000
별실	36	149		400,000		200,000
세미나 1	21	43		136,000		68,000
세미나 2						
세미나 3	10	19		74,000		37,000

수리능력 ▶ 금융상품 활용

2025년 적중

20 최과장은 'N적금'에 가입하였다. 최과장에 대한 정보가 다음과 같을 때, 최과장이 만기에 수령할 원리금을 구하면?(단, 이자 소득에 대한 세금은 고려하지 않는다)

〈정보〉

• 최과장은 만 41세로, 2024년 11월부터 자신의 명의로 I은행의 적금 상품 중 하나에 가입하고자 하였다.
• 최과장은 2024년 12월 1일에 스마트뱅킹을 통하여 I은행의 N적금에 가입하였다.
• 최과장은 가입기간 동안 매월 1일마다 20만 원을 적립한다.
• 최과장은 2025년 1월부터 급여를 I은행 입출금계좌를 통하여 지급받고 있었으며, 만기해지일까지 지속된다.
• 해당 적금 계좌에 대하여 질권설정을 하지 않았으며, 지급제한 사항도 해당되지 않는다.

하나은행

의사소통능력 ▶ 주제 · 제목찾기

2025년 적중

10 다음 글의 중심 내용으로 가장 적절한 것은?

> 칸트는 인간이 이성을 부여받은 것은 욕망에 의해 움직이지 않게 하기 위함이라고 말하면서 자신의 행복을 우선시하기보다는 도덕적인 의무를 먼저 수행해야 한다고 주장했다. 칸트의 시각에서 볼 때 행동의 도덕적 가치를 결정하는 것은 어떠한 상황에서든 모든 사람이 그 행동을 했을 때에 아무런 모순이 생기지 않아야 한다는 보편주의이다. 내가 타인을 존중하지 않으면서 타인이 나를 존중하고 도와줄 것을 기대한다면, 이는 보편주의를 위배하는 것이다. 그러므로 남이 나에게 해주길 바라는 것을 실천하는 것이 바로 도덕적 행동이라는 것이다. 따라서 도덕적 행동이 나의 이익이나 본성과 일치하지 않더라도 나는 나의 의무를 수행해야 한다고 역설했다.

① 칸트의 도덕관에 대한 비판
② 칸트가 생각하는 도덕적 행동

수리능력 ▶ 도형

2025년 적중

41 다음 삼각형의 면적은?

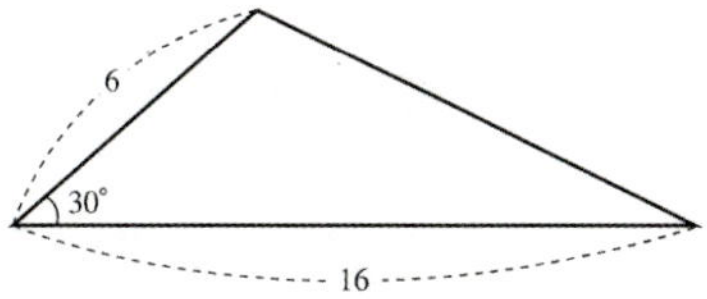

① 20　　② 22
③ 24　　④ 54

문제해결능력 ▶ 문제처리

2025년 적중

62 H은행은 행원들의 체력증진 및 건강개선을 위해 운동 프로그램을 운영하고자 한다. 해당 프로그램을 운영할 업체는 행원들을 대상으로 한 사전조사 결과를 바탕으로 결정된다. 다음 〈조건〉에 따라 업체를 선정할 때, A～D업체 중 최종적으로 선정될 업체는?

〈후보 업체 사전조사 결과〉

구분	프로그램	흥미 점수	건강증진 점수
A업체	집중GX	5점	7점
B업체	필라테스	7점	6점
C업체	자율 웨이트	5점	5점
D업체	근력운동	6점	4점

조건

- H은행은 전 행원을 대상으로 후보 업체들에 대한 사전조사를 하였다. 각 후보 업체에 대한 흥미 점수와 건강증진 점수는 전 행원이 10점 만점으로 부여한 점수의 평균값이다.
- 흥미 점수와 건강증진 점수를 2 : 3의 가중치로 합산하여 1차 점수를 산정하고, 1차 점수가 높은 후보 업체 3개를 1차 선정한다.

도서 200% 활용하기

2025년 기출복원문제로 출제경향 파악

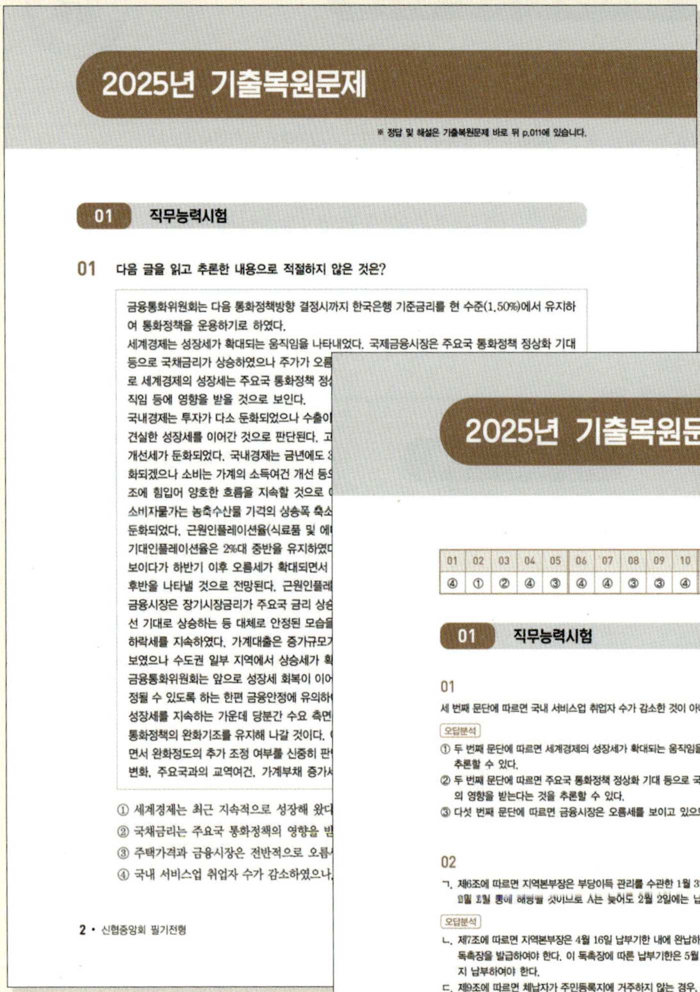

2025년 기출복원문제

※ 정답 및 해설은 기출복원문제 바로 뒤 p.011에 있습니다.

01 직무능력시험

01 다음 글을 읽고 추론한 내용으로 적절하지 않은 것은?

금융통화위원회는 다음 통화정책방향 결정시까지 한국은행 기준금리를 현 수준(1.50%)에서 유지하여 통화정책을 운용하기로 하였다.
세계경제는 성장세가 확대되는 움직임을 나타내었다. 국제금융시장은 주요국 통화정책 정상화 기대 등으로 국채금리가 상승하였으나 주가가 오름
로 세계경제의 성장세는 주요국 통화정책 정상
직임 등에 영향을 받을 것으로 보인다.
국내경제는 투자가 다소 둔화되었으나 수출이
견실한 성장세를 이어간 것으로 판단된다. 고
개선세가 둔화되었다. 국내경제는 금년에도 3
화되겠으나 소비는 가계의 소득여건 개선 등으
조에 힘입어 양호한 흐름을 지속할 것으로
소비자물가는 농축수산물 가격의 상승폭 축소
둔화되었다. 근원인플레이션율(식료품 및 에
기대인플레이션율은 2%대 중반을 유지하였
보이다가 하반기 이후 오름세가 확대되면서
후반을 나타낼 것으로 전망된다. 근원인플레
금융시장은 장기시장금리가 주요국 금리 상승
선 기대로 상승하는 등 대체로 안정된 모습을
하락세를 지속하였다. 가계대출은 증가규모가
보였으나 수도권 일부 지역에서 상승세가 확
금융통화위원회는 앞으로 성장세 회복이 이어
정될 수 있도록 하는 한편 금융안정에 유의하
성장세를 지속하는 가운데 당분간 수요 측면
통화정책의 완화기조를 유지해 나갈 것이다.
면서 완화정도의 추가 조정 여부를 신중히 판
변화, 주요국과의 교역여건, 가계부채 증가세

① 세계경제는 최근 지속적으로 성장해 왔다
② 국채금리는 주요국 통화정책의 영향을 받
③ 주택가격과 금융시장은 전반적으로 오름세
④ 국내 서비스업 취업자 수가 감소하였으나,

2 • 신협중앙회 필기전형

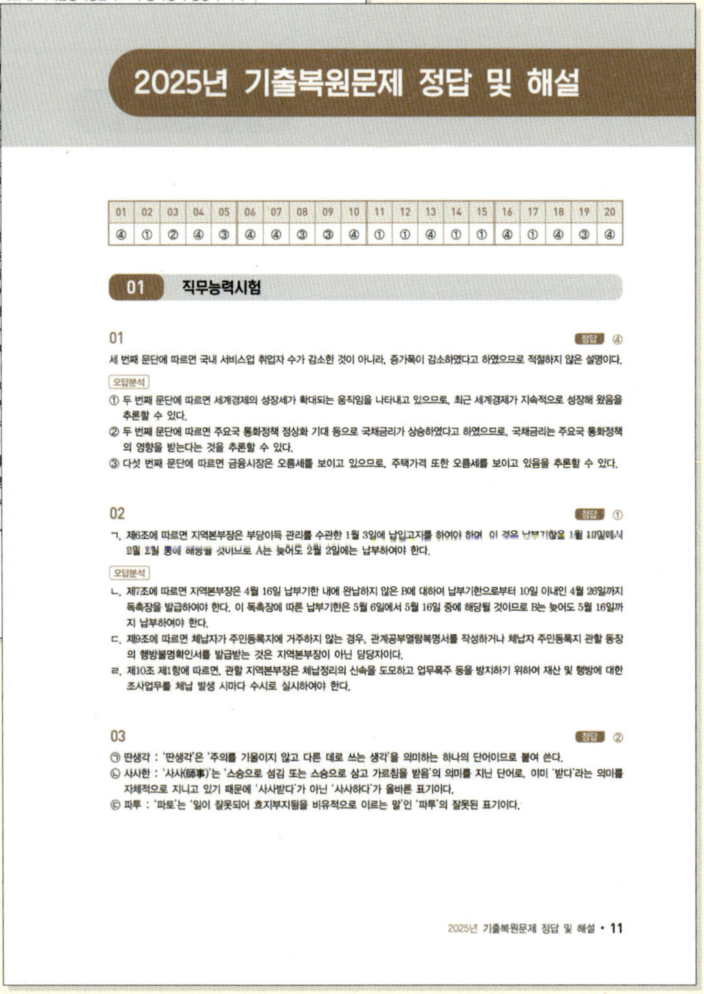

2025년 기출복원문제 정답 및 해설

01	02	03	04	05	06	07	08	09	10	11	12	13	14	15	16	17	18	19	20
④	①	②	④	③	④	④	③	③	④	①	①	④	①	①	④	①	④	③	④

01 직무능력시험

01 정답 ④

세 번째 문단에 따르면 국내 서비스업 취업자 수가 감소한 것이 아니라, 증가폭이 감소하였다고 하였으므로 적절하지 않은 설명이다.

오답분석

① 두 번째 문단에 따르면 세계경제의 성장세가 확대되는 움직임을 나타내고 있으므로, 최근 세계경제가 지속적으로 성장해 왔음을 추론할 수 있다.
② 두 번째 문단에 따르면 주요국 통화정책 정상화 기대 등으로 국채금리가 상승하였다고 하였으므로, 국채금리는 주요국 통화정책의 영향을 받는다는 것을 추론할 수 있다.
③ 다섯 번째 문단에 따르면 금융시장은 오름세를 보이고 있으므로, 주택가격 또한 오름세를 보이고 있음을 추론할 수 있다.

02 정답 ①

ㄱ. 제6조에 따르면 지역본부장은 부당이득 관리를 수관한 1월 3일에 납입고지를 하여야 하며, 이 경우 납부기한은 1월 10일에서 [illegible] 중에 해당될 것이므로 A는 늦어도 2월 2일에는 납부하여야 한다.

오답분석

ㄴ. 제7조에 따르면 지역본부장은 4월 16일 납부기한 내에 완납하지 않은 B에 대하여 납부기한으로부터 10일 이내인 4월 26일까지 독촉장을 발급하여야 한다. 이 독촉장에 따른 납부기한은 5월 6일에서 5월 16일 중에 해당될 것이므로 B는 늦어도 5월 16일까지 납부하여야 한다.
ㄷ. 제9조에 따르면 체납자가 주민등록지에 거주하지 않는 경우, 관계공부열람복명서를 작성하거나 체납자 주민등록지 관할 동장의 행방불명확인서를 발급받는 것은 지역본부장이 아닌 담당자이다.
ㄹ. 제10조 제1항에 따르면, 관할 지역본부장은 체납정리의 신속을 도모하고 업무폭주 등을 방지하기 위하여 재산 및 행방에 대한 조사업무를 체납 발생 시마다 수시로 실시하여야 한다.

03 정답 ②

㉠ 딴생각 : '딴생각'은 '주의를 기울이지 않고 다른 데로 쓰는 생각'을 의미하는 하나의 단어이므로 붙여 쓴다.
㉡ 사사한 : '사사(師事)'는 '스승으로 섬김 또는 스승으로 삼고 가르침을 받음'의 의미를 지닌 단어로, 이미 '받다'라는 의미를 자체적으로 지니고 있기 때문에 '사사받다'가 아닌 '사사하다'가 올바른 표기이다.
㉢ 파투 : '파토'는 '일이 잘못되어 흐지부지됨을 비유적으로 이르는 말'인 '파투'의 잘못된 표기이다.

2025년 기출복원문제 정답 및 해설 • 11

- 2025년 1월 4일에 시행된 신협중앙회 필기전형의 기출복원문제를 수록하였다.
- '직무능력시험 + 직무상식시험'의 최근 출제경향을 파악할 수 있도록 하였다.

대표기출유형&기출응용문제로 영역별 체계적 학습

대표기출유형

01 어법 · 맞춤법

| 유형분석 |

- 주어진 문장이나 지문에서 잘못 쓰인 단어 · 표현을 바르게 고칠 수 있는지 평가한다.
- 띄어쓰기, 동의어 · 유의어 · 다의어 또는 관용적 표현 등을 찾는 문제가 출제될 가능성이 있다.

다음 밑줄 친 단어 중 문맥상 쓰임이 옳지 않은 것은?

① 어려운 문제의 답을 맞혀야 높은 점수를 받을 수 있다.
② 공책에 선을 반듯이 긋고 그 선에 맞춰 글을 쓰
③ 생선을 간장에 10분 동안 졸이면 요리가 완성된
④ 미안하지만 지금은 바쁘니까 이따가 와서 얘기해

정답 ③
'졸이다'는 '찌개를 졸이다.'와 같이 국물의 양을 적어지게 하는
따위를 국물에 넣고 바짝 끓여서 양념이 배어들게 하다.'의 의미
사용되어야 한다.

오답분석
① 맞히다 : 문제에 대한 답을 틀리지 않게 하다.
맞추다 : 둘 이상의 일정한 대상들을 나란히 놓고 비교하여
② 반듯이 : 비뚤어지거나 기울거나 굽지 않고 바르게
반드시 : 틀림없이 꼭, 기필코
④ 이따 : 조금 지난 뒤에
있다 : 어느 곳에서 떠나거나 벗어나지 않고 머물다. 또는

유형풀이 Tip

자주 틀리는 맞춤법

틀린 표현	옳은 표현
몇일	며칠
귀뜸	귀띔
웬지	왠지
왠만하면	웬만하면
어떻해	어떻게 해 / 어떡해
금새	금세
구지	굳이
서슴치	서슴지

4 • 신협중앙회 필기전형

대표기출유형 01 기출응용문제

01 다음 중 '데'의 쓰임이 잘못 연결된 것은?

〈'데'의 쓰임〉
㉠ 과거 어느 때에 직접 경험하여 알게 된 사실을 현재의 말하는 장면에 그대로 옮겨 와서 말함을 나타내는 종결 어미
㉡ 뒤 절에서 어떤 일을 설명하거나 묻거나 시키거나 제안하기 위하여 그 대상과 상관되는 상황을 미리 말할 때에 쓰는 연결 어미

① ㉠ : 내가 어릴 때 살던 곳은 아직 그대로던데.
② ㉠ : 그 친구는 발표를 정말 잘하던데.
③ ㉡ : 그를 설득하는 데 며칠이 걸렸다.
④ ㉡ : 가게에 가는데 뭐 사다 줄까?

PART 1

02 다음 중 밑줄 친 부분의 맞춤법이 옳은 것은?

① 언니는 상냥한데 동생은 너무 냉냉하다.
② 추석에는 햅쌀로 송편을 빚는다.
③ 요컨데, 행복은 마음 먹기에 달렸다는 것이다
④ 올해는 모두 건강하리라는 작은 바램을 가져본다.

Easy

03 다음은 S사의 고객헌장 전문이다. 틀린 단어는 모두 몇 개인가?(단, 띄어쓰기는 무시한다)

우리는 모든 업무를 수행하면서 고객의 입장에서 생각하며 친절 · 신속 · 정확하게 처리하겠습니다.
우리는 잘못된 서비스로 고객에게 불편을 초례한 경우 즉시 계선 · 시정하고 재발방지에 노력하겠습니다.
우리는 항상 고객의 말씀에 귀를 기울이며, 고객의 의견을 경영에 최대한 반영하겠습니다.
이와 같은 목표를 달성하기 위하여 구체적인 고객서비스 이행표준을 설정하고 이를 성실이 준수할 것을 약속드립니다.

① 1개 ② 2개
③ 3개 ④ 4개

CHAPTER 01 의사소통능력 • 5

▸ '의사소통 · 수리 · 문제해결 · 자원관리 · 조직이해 · 정보능력'의 대표기출유형과 기출응용문제를 수록하였다.
▸ 출제영역별 유형분석과 유형풀이 Tip을 통해 체계적인 학습이 가능하도록 하였다.

STRUCTURES

도서 200% 활용하기

직무상식시험까지 완벽하게 준비

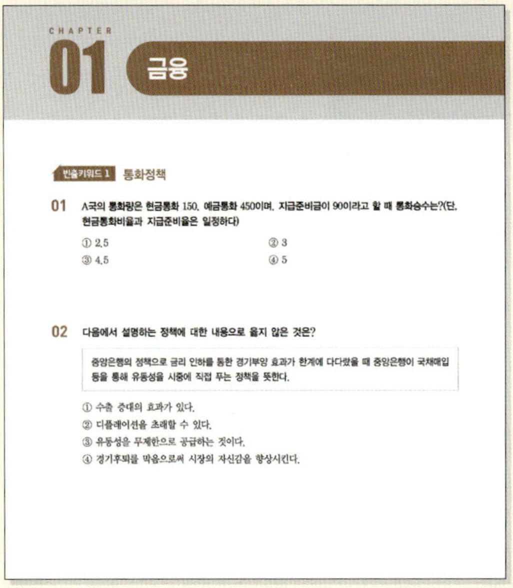
CHAPTER 01 금융

빈출키워드 1 통화정책

01 A국의 통화량은 현금통화 150, 예금통화 450이며, 지급준비금이 90이라고 할 때 통화승수는?(단, 현금통화비율과 지급준비율은 일정하다)

① 2.5 ② 3
③ 4.5 ④ 5

02 다음에서 설명하는 정책에 대한 내용으로 옳지 않은 것은?

중앙은행의 정책으로 금리 인하를 통한 경기부양 효과가 한계에 다다랐을 때 중앙은행이 국채매입 등을 통해 유동성을 시중에 직접 푸는 정책을 뜻한다.

① 수출 증대의 효과가 있다.
② 디플레이션을 초래할 수 있다.
③ 유동성을 무제한으로 공급하는 것이다.
④ 경기후퇴를 막음으로써 시장의 자신감을 향상시킨다.

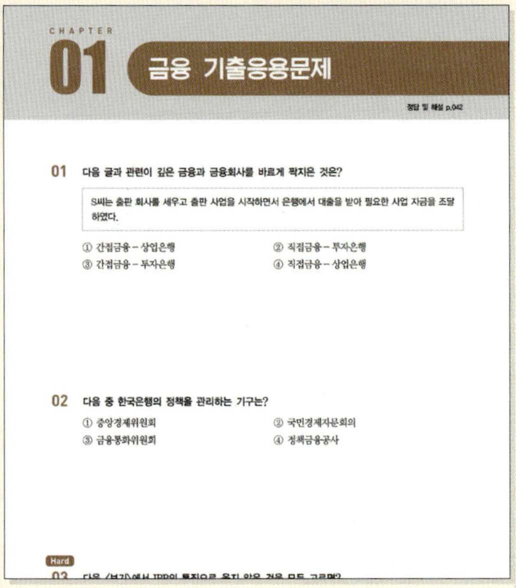
CHAPTER 01 금융 기출응용문제

정답 및 해설 p.042

01 다음 글과 관련이 깊은 금융과 금융회사를 바르게 짝지은 것은?

S씨는 출판 회사를 세우고 출판 사업을 시작하면서 은행에서 대출을 받아 필요한 사업 자금을 조달하였다.

① 간접금융 – 상업은행 ② 직접금융 – 투자은행
③ 간접금융 – 투자은행 ④ 직접금융 – 상업은행

02 다음 중 한국은행의 정책을 관리하는 기구는?

① 중앙경제위원회 ② 국민경제자문회의
③ 금융통화위원회 ④ 정책금융공사

Hard

03 다음 <보기>에서 IPP의 특징으로 옳지 않은 것을 모두 고르면?

▸ 금융/경제/경영 빈출키워드 및 기출응용문제로 필기전형을 완벽하게 준비하도록 하였다.

최종점검 모의고사로 실전 연습

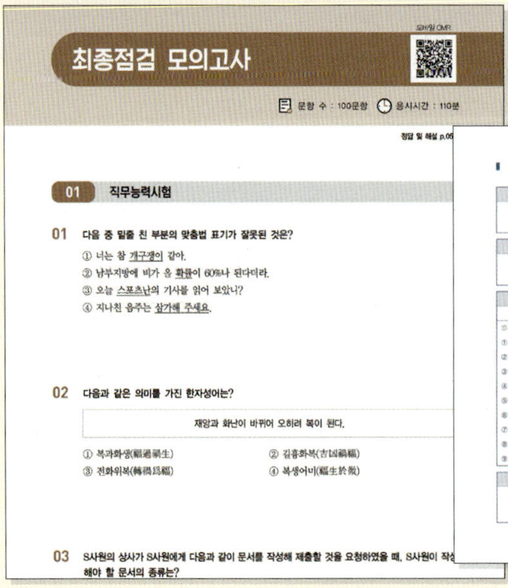
최종점검 모의고사

모바일 OMR

문항 수 : 100문항 응시시간 : 110분

정답 및 해설 p.05

01 직무능력시험

01 다음 중 밑줄 친 부분의 맞춤법 표기가 잘못된 것은?

① 너는 참 개구쟁이 같아.
② 남부지방에 비가 올 확률이 60%나 된다더라.
③ 오늘 스포츠난의 기사를 읽어 보았니?
④ 지나친 음주는 삼가해 주세요.

02 다음과 같은 의미를 가진 한자성어는?

재앙과 화난이 바뀌어 오히려 복이 된다.

① 복과화생(福過禍生) ② 길흉화복(吉凶禍福)
③ 전화위복(轉禍爲福) ④ 복생어미(福生於微)

03 S사원의 상사가 S사원에게 다음과 같이 문서를 작성해 제출할 것을 요청하였을 때, S사원이 작성해야 할 문서의 종류는?

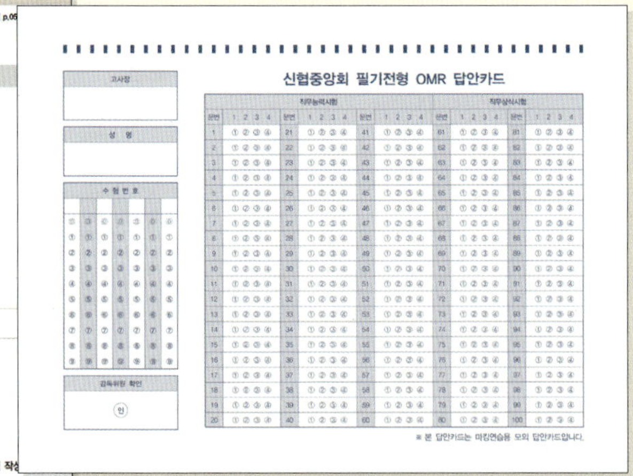
신협중앙회 필기전형 OMR 답안카드

고사장

성 명

수험번호

감독위원 확인

(인)

직무능력시험

직무상식시험

※ 본 답안카드는 마킹연습용 모의 답안카드입니다.

▸ 최종점검 모의고사와 OMR 답안카드를 수록하여 실제 시험처럼 최종 마무리 연습을 하도록 하였다.

논술시험을 위한 효과적인 준비

CHAPTER 01 논술 작성법

1. 논술 작성법

실전에서 논술 질문들이 나오면 어떤 식으로 작성해 나갈 것인지에 대해서 다음과 같이 9가지 정도로 정리하여 요령을 익혀 보도록 하자.

(1) 논술을 적기 전에 먼저 '구조(Structure) 작업'을 한다.

보통 은행권 논술시험에는 50 ~ 60분 정도의 시간이 주어지게 된다. 이때 실전에서 질문을 받자마자 바로 적어 내려가는 경우를 가끔 보게 되는데, 그 모습을 보면서 속으로 '저 친구는 평소에 연습을 매우 많이 했나 보다.'라는 생각을 하게 되기도 한다. 그러나 막상 결과를 보면 그렇게 바로 적어 내려가는 사람이 높은 점수를 받는 경우는 오히려 흔치 않다.
사전 구조작업이라는 것은 서론 · 본론 · 결론을 어떻게 나누고, 각각을 어떤 내용으로 채워나갈 것인지에 대해 고민해 보는 작업이다. 즉, 서론 부분에서는 이런저런 내용을 통해서 도입 부분의 이야기를 적어 나가야겠다는 구조를 짜고, 본론 부분에서는 크게 이런저런 내용들을 적음으로써 구성하겠다는 구조를 짜고, 마지막으로 결론 부분에서는 이런 방향으로 이야기를 마무리하겠다는 구상을 사전에 해보는 작업이다. 이 시간이 총시험시간 중 최소한 20 ~ 30%를 차지해야만 나머지 70 ~ 80%의 실제 작성시간 중에 더 좋은 내용을 적을 수 있게 된다.

(2) 본론 부분의 구조작업에서는 꼭 'Breakdown(분석) 작업'을 한다.

서론 · 본론 · 결론 부분의 구조작업을 하는 데 있어서, 특히 본론 부분에서는 질문의 핵심 내용에 대한 답변이 모두 기술되어야 한다. 본론 부분에 있어서의 구조작업, 즉 Breakdown 작업이 전체 논술에 있어서 굉장히 중요하다는 점은 아마 실전 경험이 있는 지원자라면 누구나 느낄 수 있을 것이다. 만약 논술 준비를 할 시간이 충분하지 않다면 논술 예상질문들에 대해서 이 구조작업과 함께 본론 부분의 Breakdown 작업까지만 여러 번 훈련해 보는 것만으로도 아주 훌륭한 준비가 될 수 있다.

(3) 서론 : 본론 : 결론 = 2 : 6 : 2

CHAPTER 02 신협중앙회 논술 기출문제

신협중앙회의 논술시험은 일반직군 지원자에 한하여 지원자의 논리성, 창의성, 전문성 등 종합사고능력을 평가한다. 관련 지문과 함께 주어진 1문항에 대한 서술식 답변을 60분 동안 작성한다.

| 2025년 01.4(토) 기출

01 ESG의 개념과 중요성에 대해 서술하고, ESG 공시 의무화가 필요한 이유에 대해 논하시오.

예시답안 현대 사회에서 기업의 가치는 단순히 재무적 성과로만 평가되지 않고, 환경과 사회, 그리고 기업 지배구조를 고려한 지속 가능한 경영이 점점 더 중요한 기준으로 자리 잡고 있다. 이러한 흐름 속에서 ESG는 전 세계적인 화두가 되었고, 투자자와 소비자 모두가 기업의 사회적 책임과 투명성을 요구하고 있다.

ESG란 기업 활동을 평가하는 세 가지 비재무적 요소인 환경(Environment), 사회(Social), 지배구조(Governance)를 의미한다. 첫 번째 요소인 환경(E)은 기후 변화 대응, 탄소 배출 절감, 자원 순환과 같은 친환경적 경영을 포함한다. 두 번째 요소인 사회(S)는 노동권 보장, 다양성 존중, 지역사회 기여 등 기업이 사회적 책임을 다하는 영역이다. 세 번째 요소인 지배구조(G)는 이사회 독립성, 투명한 회계 처리, 윤리적 경영 등 기업 운영의 구조적 투명성을 뜻한다. 이 세 가지 요소는 기업의 지속가능성과 직결되며, 단기적 이익만을 추구하는 기존 경영과는 명확히 구분된다.

ESG가 기업 경영에 중요한 이유는 크게 세 가지로 요약할 수 있다. 첫 번째는 지속 가능한 성장의 필요성이다. 기후 변화, 불평등 심화, 기업 비리 문제는 더 이상 개별 기업 차원의 문제가 아니라 인류 전체의 생존과 직결되는데, ESG는 이러한 문제를 해결하는 틀을 제공한다. 두 번째는 투자자와 소비자의 요구이다. 글로벌 투자자들은 기업의 ESG 경영 성과를 투자 판단 기준으로 삼고 있으며, 소비자들 또한 윤리적 소비와 친환경 제품을 선호한다. 마지막으로, 기업 리스크 관리 측면에서 ESG는 환경 규제와 사회적 여론 변화 속에서 장기적 경쟁력을 확보하는 수단이 된다.

▸ 논술 작성법을 제시하여 논술의 기초부터 다질 수 있도록 하였다.
▸ 논술 기출문제와 예시답안을 수록하고 금융권 논술 예상문제를 제공하여 학습에 도움이 되도록 하였다.

인적성검사 + 면접까지 한 권으로 대비

PART 4 인적성검사

개인이 업무를 수행하면서 능률적인 성과물을 만들기 위해서는 개인의 능력과 경험 그리고 회사에서의 교육 및 훈련 등이 필요하지만, 개인의 성격이나 성향 역시 중요하다. 여러 직무분석 연구에서 나온 결과들에 따르면, 직무에서의 성공과 관련된 특성들 중 최고 70% 이상이 능력보다는 성격과 관련이 있다고 한다. 따라서 최근 기업들은 인적성검사의 비중을 높이고 있는 추세이다.
현재 기업들은 인적성검사를 KIRBS(한국행동과학연구소)나 SHR(에스에이치알) 등의 전문기관에 의뢰해서 시행하고 있다. 전문기관에 따라서 인적성검사 방법에 차이가 있고, 보안을 위해서 인적성검사를 의뢰한 기업을 공개하지 않아 특정 기업의 인적성검사를 정확하게 판단할 수 없지만, 지원자들이 후기에 올린 문제를 통해 인적성검사 유형을 예상할 수 있다. 본서는 신협중앙회의 인적성검사와 수검요령 및 검사 시 유의사항에 대해 간략하게 정리하였다. 또한 인적성검사 모의연습을 통해 실제 시험 유형을 확인할 수 있도록 하였다.

01 인적성검사의 개요

신협중앙회의 인재상과 적합한 인재인지를 평가하는 테스트로, 지원자의 개인 성향이나 인성에 대한 질문으로 구성되어 있다. 자신이 선호하는 도형과 색을 묻는 질문, 개인의 성향 질문에 대하여 묻는 질문 등 총 250문항이 출제되었다.

02 인적성검사 수검요령

인적성검사는 특별한 수검요령이 없다. 다시 말하면 모범답안이 없고, 정답이 없다는 이야기이다. 국어 문제처럼 말의 뜻을 풀이하는 것도 아니다. 굳이 수검요령을 말하자면, 진실하고 솔직한 자신의 생각이 최고의

CHAPTER 02 신협중앙회 실제 면접

01 1차 면접

1. 인성면접

자기소개서를 기반으로 한 다대다 인성 및 역량 면접이다. 3명의 실무진 면접관이 평가하며, 지원자 5명이 한 조가 되어 면접을 치르게 된다.

[기출 질문]
- 신협중앙회의 비전과 미션이 무엇인지 말해 보시오.
- 금융업계의 트렌드와 이에 대한 본인의 생각을 말해 보시오.
- 최근 관심 있게 본 경제 뉴스와 그 이유를 말해 보시오.
- 최근 변경된 금융 관련 법률 중 주목한 것이 있다면 무엇인지 말해 보시오.
- 신협중앙회의 상품 중 하나를 골라 설명하고 개선 아이디어를 제시해 보시오.
- 신협중앙회의 고객 서비스 철학이 무엇인지 말해 보시오.
- 신협중앙회의 조직 문화에 대해서 아는 대로 말해 보시오.
- 키워드로 자기소개를 해보시오.
- 30초 동안 자기소개를 해보시오.
- 경매 절차에서 배당금을 받는 순위대로 말해 보시오.
- 등기부를 볼 때, 중점적으로 보는 것은 무엇인지 말해 보시오.
- 신협중앙회에 지원하게 된 동기를 말해 보시오.
- 이직 사유를 말해 보시오.
- 대학생활 중 가장 기억나는 것을 말해 보시오.
- 인턴 경험이나 은행 관련 경력이 있는지 말해 보시오.
- 본인의 가치관에 대해서 말해 보시오.
- 자신의 강점에 대해서 말해 보시오.
- 자신의 좌우명을 말해 보시오.
- LTV와 DIT에 대해서 말해 보시오.

▸ 인적성검사 모의연습과 신협중앙회 실제 면접 기출 질문을 통해 한 권으로 채용 전반에 대비하도록 하였다.

STUDY PLAN

학습플랜

1주 완성 학습플랜

본서에 수록된 전 영역을 단기간에 끝낼 수 있도록 구성한 학습플랜이다. 한 번에 전 영역을 공부하지 않고, 한 영역을 집중적으로 공부할 수 있도록 하였다. 필기전형에 대한 기초 학습은 되어 있으나, 학습 계획 세우기에 자신이 없는 분들이나 미리 시험에 대비하지 못해 단시간에 많은 분량을 봐야 하는 수험생에게 추천한다.

ONE WEEK STUDY PLAN			
Start!	1일 차 ☐	2일 차 ☐	3일 차 ☐
	___월 ___일	___월 ___일	___월 ___일
4일 차 ☐	5일 차 ☐	6일 차 ☐	7일 차 ☐
___월 ___일	___월 ___일	___월 ___일	___월 ___일

STUDY CHECK BOX							
구분	1일 차	2일 차	3일 차	4일 차	5일 차	6일 차	7일 차
기출복원문제							
PART 1							
PART 2							
최종점검 모의고사							
논술							
다회독							
오답분석							

스터디 체크박스 활용법

1주 완성 학습플랜에서 계획한 학습량을 어느 정도 실천하였는지 표시하여 자신의 학습량을 효율적으로 관리한다.

구분	1일 차	2일 차	3일 차	4일 차	5일 차	6일 차	7일 차
PART 1	의사소통 능력	X	X	완료			

CONTENTS

이 책의 차례

Add+

2025년 기출복원문제

2025년 기출복원문제

※ 정답 및 해설은 기출복원문제 바로 뒤 p.011에 있습니다.

01 직무능력시험

01 다음 글을 읽고 추론한 내용으로 적절하지 않은 것은?

> 금융통화위원회는 다음 통화정책방향 결정 시까지 한국은행 기준금리를 현 수준(1.50%)에서 유지하여 통화정책을 운용하기로 하였다.
> 세계경제는 성장세가 확대되는 움직임을 나타내었다. 국제금융시장은 주요국 통화정책 정상화 기대 등으로 국채금리가 상승하였으나 주가가 오름세를 이어가는 등 대체로 안정된 모습을 보였다. 앞으로 세계경제의 성장세는 주요국 통화정책 정상화 속도, 미국 정부 정책방향, 보호무역주의 확산 움직임 등에 영향을 받을 것으로 보인다.
> 국내경제는 투자가 다소 둔화되었으나 수출이 호조를 지속하는 가운데 소비가 완만하게 개선되면서 견실한 성장세를 이어간 것으로 판단된다. 고용 상황은 서비스업 취업자 수 증가폭이 감소하는 등 개선세가 둔화되었다. 국내경제는 금년에도 3% 수준의 성장세를 나타낼 것으로 보인다. 투자가 둔화되겠으나 소비는 가계의 소득여건 개선 등으로 꾸준한 증가세를 이어가고, 수출도 세계경제의 호조에 힘입어 양호한 흐름을 지속할 것으로 예상된다.
> 소비자물가는 농축수산물 가격의 상승폭 축소, 도시가스요금 인하 등으로 1%대 중반으로 오름세가 둔화되었다. 근원인플레이션율(식료품 및 에너지 제외 지수)은 1%대 중반을 지속하였으며 일반인 기대인플레이션율은 2%대 중반을 유지하였다. 소비자물가 상승률은 당분간 1%대 초중반 수준을 보이다가 하반기 이후 오름세가 확대되면서 목표수준에 점차 근접하겠으며, 연간 전체로는 1%대 후반을 나타낼 것으로 전망된다. 근원인플레이션율도 완만하게 상승할 것으로 보인다.
> 금융시장은 장기시장금리가 주요국 금리 상승의 영향으로 오름세를 보였으나, 주가는 기업실적 개선 기대로 상승하는 등 대체로 안정된 모습을 나타내었다. 원/달러 환율은 미 달러화 약세 등으로 하락세를 지속하였다. 가계대출은 증가규모가 축소되었다. 주택가격은 전반적으로 낮은 오름세를 보였으나 수도권 일부 지역에서 상승세가 확대되었다.
> 금융통화위원회는 앞으로 성장세 회복이 이어지고 중기적 시계에서 물가상승률이 목표수준에서 안정될 수 있도록 하는 한편 금융안정에 유의하여 통화정책을 운용해 나갈 것이다. 국내경제가 견실한 성장세를 지속하는 가운데 당분간 수요 측면에서의 물가상승압력은 크지 않을 것으로 전망되므로 통화정책의 완화기조를 유지해 나갈 것이다. 이 과정에서 향후 성장과 물가의 흐름을 면밀히 점검하면서 완화정도의 추가 조정 여부를 신중히 판단해 나갈 것이다. 아울러 주요국 중앙은행의 통화정책 변화, 주요국과의 교역여건, 가계부채 증가세, 지정학적 리스크 등도 주의깊게 살펴볼 것이다.

① 세계경제는 최근 지속적으로 성장해 왔다.

② 국채금리는 주요국 통화정책의 영향을 받는다.

③ 주택가격과 금융시장은 전반적으로 오름세를 보이고 있다.

④ 국내 서비스업 취업자 수가 감소하였으나, 국내경제 성장률은 큰 변동이 없을 것으로 예측된다.

02 다음은 부당이득 징수업무 처리규정의 일부이다. 이에 대한 〈보기〉의 설명 중 적절한 것을 모두 고르면?

> **제6조(부당이득 징수금 납입고지)** 지역본부장은 제5조에 따른 부당이득 관리 수관 즉시 납부의무자에게 그 금액과 납부기한을 별지 제28호 서식에 따라 납입고지하여야 한다. 이 경우 납부기한은 고지서 발급일부터 10일 이상 30일 이내로 하여야 한다.
>
> **제7조(독촉장 발급)** 지역본부장은 납입고지서상에 기재된 납부기한까지 완납하지 아니하였을 때에는 별지 제29호 서식에 따라 납부기한이 지난 후 10일 이내에 독촉장을 발급하여야 하며, 납부기한은 독촉장 발급일부터 10일 이상 20일 이내로 한다.
>
> **제9조(체납자의 행방조사)**
> 지역본부장은 체납자가 주민등록지에 거주하는지 여부를 확인하여야 하며, 체납자가 주민등록지에 거주하지 아니하는 경우 담당자는 관계공부열람복명서를 작성하거나 체납자의 주민등록지 관할 동(읍·면)장의 행방불명확인서를 발급받는다.
>
> **제10조(재산 및 행방조사 시기 등)**
> ① 지역본부장은 체납자에 대한 재산조사 및 행방조사 업무를 체납이 발생할 때마다 수시로 실시하여 체납정리의 신속을 도모하고 특정한 시기에 집중적으로 조회하여 상대기관(협조기관)의 업무폭주에 따른 처리지연, 미회신 등의 사례가 발생하지 않도록 하여야 한다.
> ② 지역본부장은 체납자의 주소 및 등록기준지가 다른 소속기관 관할인 경우에는 그 관할 지역본부장에게 제8조, 제9조 제1항 및 제2항에 따른 조사를 직접 수행하도록 의뢰할 수 있으며, 이 경우 의뢰를 받은 지역본부장은 조사사항을 의뢰일부터 15일 이내에 송부하여야 한다.

보기

ㄱ. 지역본부장이 1월 3일에 납부의무자 A에 대한 부당이득 관리를 수관하였다면 A는 고지된 금액을 늦어도 2월 2일 이내에 납부하여야 한다.
ㄴ. 지역본부장이 4월 2일에 납부의무자 B에게 4월 16일을 납부기한으로 하는 고지서를 발급하였으나 B가 납부하지 않은 경우, 지역본부장의 독촉장에 따른 B의 납부기한은 늦어도 5월 26일이다.
ㄷ. 체납자가 주민등록지에 거주하지 않는 경우, 지역본부장은 관계공부열람복명서를 작성하거나 관계기관에서 행방불명확인서를 발급받을 수 있다.
ㄹ. 관할 지역본부장은 상시적 업무부담 가중을 피하기 위해 재산조사 및 행방조사를 월말에 일괄적으로 실시해야 한다.

① ㄱ
② ㄱ, ㄷ
③ ㄴ, ㄷ
④ ㄴ, ㄹ

03 다음 중 빈칸 ㉠~㉢에 들어갈 단어를 바르게 짝지은 것은?

- 성준이는 수업 시간에 ㉠ 딴생각 / 딴 생각을 많이 하는 편이다.
- 그는 내가 ㉡ 사사받은 / 사사한 교수님이다.
- 궂은 날씨로 인해 기대했던 약속이 ㉢ 파토 / 파투 났다.

	㉠	㉡	㉢
①	딴생각	사사받은	파토
②	딴생각	사사한	파투
③	딴 생각	사사받은	파토
④	딴 생각	사사한	파투

04 S은행에서 신용담보로 가계 대출을 받은 A씨는 최근 사업이 잘되어 기존에 빌렸던 돈을 중간에 상환하려고 한다. 다음 〈조건〉에 따를 때 A씨가 S은행에 내야 할 중도상환수수료는 얼마인가?

조건

- 중도상환수수료 : 약정 만기 전에 대출금을 상환함에 따라 대출 취급 시 은행이 부담한 취급비용 등을 일부 보전하기 위해 수취하는 수수료
- A씨가 S은행에서 빌린 대출금 정보
  ① 대출금액 : 2억 원
  ② 중도상환금액 : 3천만 원
  ③ 대출기간 : 4년 / 잔존기간 : 3년
  ④ (수수료금액)=(중도상환금액)×(요율)×(잔존기간)÷(대출기간)
- 요율 : 부동산담보 1.8%(가계, 기업), 신용 및 기타담보 0.7%(가계), 1.4%(기업)
  ※ 개별 대출 종류 및 상품에 따라 별도 중도상환해약금 요율을 적용할 수 있음

① 132,500원　　② 144,500원
③ 155,500원　　④ 157,500원

05 S사는 전 직원을 대상으로 유연근무제에 대한 찬반투표를 진행하였다. 그 결과 전체 직원의 80%가 찬성하였고, 20%는 반대하였다. 전 직원의 40%는 여직원이고, 유연근무제에 찬성한 직원의 70%는 남직원이었다. 여직원 1명을 뽑았을 때, 이 직원이 유연근무제에 찬성했을 확률은?(단, 모든 직원은 찬성이나 반대의 의사표시를 하였다)

① $\frac{1}{5}$ ② $\frac{2}{5}$

③ $\frac{3}{5}$ ④ $\frac{4}{6}$

06 다음은 S은행에 근무 중인 귀하가 자사의 성과를 평가하기 위해 퇴직연금 시장의 현황을 파악하고자 조사한 퇴직연금사업장 취급실적 현황에 대한 자료이다. 이에 대한 설명으로 옳지 않은 것은?

〈퇴직연금사업장 취급실적 현황〉

(단위 : 건)

구분		합계	확정급여형(DB)	확정기여형(DC)	확정급여·기여형(DB & DC)	IRP 특례
2022년	1/4	152,910	56,013	66,541	3,157	27,199
	2/4	167,458	60,032	75,737	3,796	27,893
	3/4	185,689	63,150	89,571	3,881	29,087
	4/4	203,488	68,031	101,086	4,615	29,756
2023년	1/4	215,962	70,868	109,820	4,924	30,350
	2/4	226,994	73,301	117,808	5,300	30,585
	3/4	235,716	74,543	123,650	5,549	31,974
	4/4	254,138	80,107	131,741	6,812	35,478
2024년	1/4	259,986	80,746	136,963	6,868	35,409
	2/4	263,373	80,906	143,450	6,886	32,131
	3/4	272,455	83,003	146,952	7,280	35,220
	4/4	275,547	83,643	152,904	6,954	32,046

① 퇴직연금을 도입한 사업장 수는 매 분기 꾸준히 증가하고 있다.
② 퇴직연금제도 형태별로는 확정기여형이 확정급여형보다 계약 건수가 많은 것으로 나타난다.
③ 2022 ~ 2024년 분기별 확정급여형 퇴직연금 취급실적은 동기간 IRP 특례의 2배 이상이다.
④ 2023년 중 전년 동분기 대비 확정기여형 퇴직연금을 도입한 사업장 수가 가장 많이 증가한 시기는 2/4분기이다.

07 다음과 같이 일정한 규칙으로 수를 나열할 때, 빈칸에 들어갈 수로 알맞은 것은?

$$\frac{1}{2} \quad \frac{2}{3} \quad \frac{3}{4} \quad \frac{1}{2} \quad 1 \quad \frac{1}{3} \quad \frac{5}{4} \quad \frac{1}{6} \quad (\quad)$$

① $\frac{9}{2}$　　② $\frac{7}{2}$

③ $\frac{5}{2}$　　④ $\frac{3}{2}$

08 초등학교 담장에 벽화를 그리기 위해 바탕색을 칠하려고 한다. 5개의 벽에 바탕색을 칠해야 하고, 벽은 일자로 나란히 배열되어 있다고 한다. 다음 〈조건〉에 따라 칠한다고 할 때, 항상 옳은 것은? (단, 칠해야 할 색은 빨간색, 주황색, 노란색, 초록색, 파란색이다)

조건

- 주황색과 초록색은 이웃해서 칠한다.
- 빨간색과 초록색은 이웃해서 칠할 수 없다.
- 파란색은 양 끝 벽에 칠할 수 없으며, 빨간색과 이웃해서 칠할 수 없다.
- 노란색은 왼쪽에서 두 번째 벽에 칠할 수 없다.

① 노란색을 왼쪽에서 첫 번째 벽에 칠할 때, 주황색은 오른쪽에서 세 번째 벽에 칠하게 된다.
② 파란색을 오른쪽에서 두 번째 벽에 칠할 때, 주황색은 왼쪽에서 첫 번째 벽에 칠하게 된다.
③ 칠할 수 있는 경우의 수 중에 한 가지는 주황 – 초록 – 파랑 – 노랑 – 빨강이다.
④ 주황색은 왼쪽에서 첫 번째 벽에 칠할 수 없다.

09 김사원은 S은행에서 판매하는 적금 또는 펀드 상품에 가입하려고 한다. 다음은 S은행에서 추천하는 5개의 상품별 만족도와 중요 항목별 가중치 적용 기준이다. 그런데 김사원이 상품 정보를 알아보던 중 기본금리와 우대금리의 만족도를 바꿔 기록하였다고 할 때, 원래의 순위보다 순위가 올라간 상품은?(단, 평점은 만족도에 가중치를 적용한 값이다)

〈각 상품의 항목별 만족도〉

(단위 : 점)

구분	기본금리	우대금리	계약기간	납입금액
A적금	4	3	2	2
B적금	2	2	3	4
C펀드	5	1	2	3
D펀드	3	4	2	3
E적금	2	1	4	3

〈중요 항목 순위 및 가중치〉

구분	첫 번째	두 번째	세 번째	네 번째
항목 순위	기본금리	납입금액	우대금리	계약기간
가중치	50	30	15	5

※ 중요 항목 순위 및 가중치는 주요 고객 천 명을 대상으로 조사하였음

① A적금, B적금
② C펀드, D펀드
③ B적금, D펀드
④ D펀드, E적금

10 다음 스프레드시트에서 [F2] 셀에 고객 등급을 입력하면 [F3] 셀에 해당 등급의 우대금리가 자동으로 표시되도록 하려고 할 때, [F3] 셀에 들어갈 함수식으로 옳은 것은?

〈고객 등급별 우대금리〉

	A	B	C
1	고객 등급	최소 예치금	우대 금리
2	VVIP	10억 원	0.5%
3	VIP	5억 원	0.3%
4	Gold	1억 원	0.2%
5	Silver	5천만 원	0.1%

① =IF(A4="Gold",C4,0)
② =MATCH(F2,A1:C1,0)
③ =HLOOKUP(F2,A2:C5,3,FALSE)
④ =VLOOKUP(F2,A2:C5,3,FALSE)

02 직무상식시험

11 **다음 중 간접금융에 대한 설명으로 옳지 않은 것은?**

① 원금손실의 위험을 기업이 직접 부담한다.

② 금융중개기관이 신용위험을 대신 부담한다.

③ 불확실성을 줄여 기업이 편리하게 자금을 조달할 수 있다.

④ 금융중개기관의 신용도에 따라 자금조달이 제한될 수 있다.

12 **다음 중 국제결제은행의 BIS비율에 대한 설명으로 옳지 않은 것은?**

① 위험가중자산을 자기자본으로 나누어 구할 수 있다.

② 우리나라는 1993년에 BIS비율 제도를 도입하였다.

③ BIS비율이 높을수록 은행의 건전성이 높다고 할 수 있다.

④ 은행이 잠재적 부실채권으로 인한 손실을 얼마나 흡수할 수 있는지 나타내는 지표이다.

13 **다음 중 금융통화위원회의 역할에 해당하지 않는 것은?**

① 기준금리 결정

② 금융시장 안정화

③ 통화신용정책 수립 및 집행

④ 지급결제시스템 운영 및 관리

14 다음 중 통화지표에 대한 설명으로 옳지 않은 것은?

① 광의통화(M2)는 협의통화(M1)보다 높은 유동성을 갖는다.
② 광의통화(M2)는 협의통화(M1)보다 더 넓은 범위의 통화를 포함한다.
③ 협의통화(M1)에 해당하는 자산은 현금, 당좌예금, 보통예금 등이 있다.
④ 협의통화(M1)는 유동성이 매우 높으며, 즉시 사용할 수 있는 화폐의 성격을 갖는다.

15 다음 중 디레버리징에 대한 설명으로 옳지 않은 것은?

① 금리가 하락하거나 자산가격이 상승할 때 디레버리징 전략을 실행한다.
② 디레버리징을 위해 자산매각, 자본확충, 비용절감 등의 과정을 진행한다.
③ 국가, 기업, 가계 등 경제 전체에서 부채의 비중을 줄이는 것을 의미한다.
④ 거시적 차원의 디레버리징은 국가 GDP 대비 총부채 비율을 낮추는 것을 의미한다.

16 다음 중 가상화폐의 특징에 대한 설명으로 옳지 않은 것은?

① 거래기록을 분산된 원장에 블록단위로 저장하여 위변조가 어렵다.
② 인터넷을 통해 전 세계 어디든 빠른 송금이 가능하다.
③ 중앙정부나 금융기관의 통제 없이 발행이 가능하다.
④ 가치변동이 크지 않아 안정적인 거래가 가능하다.

17 다음 중 평가오류에 대한 설명으로 옳지 않은 것은?

① 근접오류란 평가자가 극단적인 평가를 피하고 점수의 중간값을 선택하려는 경향을 의미한다.
② 관대화 경향이란 평가자가 피평가자의 실제 능력이나 성과보다 과도하게 후하게 평가하는 것을 의미한다.
③ 최근효과란 평가 기간 중 마지막에 발생한 사건이나 행동이 평가에 더 큰 영향을 미치는 것을 의미한다.
④ 후광효과란 하나의 특징에 대한 인상이 다른 특징들에 대한 평가에 영향을 미쳐 전체적인 평가를 왜곡하는 현상을 의미한다.

18 다음 중 기업공개의 목적으로 옳지 않은 것은?

① 사업 확장, 연구 개발 등에 필요한 자금을 외부 투자자로부터 조달할 수 있다.
② 주식 시장 상장을 통해 기업의 신뢰성과 재무 건전성이 향상될 수 있다.
③ 대중에게 회사를 알리고 브랜드 이미지를 제고할 수 있다.
④ 창업자나 경영진의 경영권을 강화할 수 있다.

19 다음 중 선매품에 해당하는 제품으로 볼 수 없는 것은?

① 옷
② TV
③ 자동차
④ 냉장고

20 다음 중 7S 모델의 7가지 요소에 해당하지 않는 것은?

① Strategy(전략)
② Structure(구조)
③ Skill(기술)
④ Synergy(협력)

2025년 기출복원문제 정답 및 해설

01	02	03	04	05	06	07	08	09	10	11	12	13	14	15	16	17	18	19	20
④	①	②	④	③	④	④	③	③	④	①	①	④	①	①	④	①	④	③	④

01 직무능력시험

01

정답 ④

세 번째 문단에 따르면 국내 서비스업 취업자 수가 감소한 것이 아니라, 증가폭이 감소하였다고 하였으므로 적절하지 않은 설명이다.

오답분석

① 두 번째 문단에 따르면 세계경제의 성장세가 확대되는 움직임을 나타내고 있으므로, 최근 세계경제가 지속적으로 성장해 왔음을 추론할 수 있다.

② 두 번째 문단에 따르면 주요국 통화정책 정상화 기대 등으로 국채금리가 상승하였다고 하였으므로, 국채금리는 주요국 통화정책의 영향을 받는다는 것을 추론할 수 있다.

③ 다섯 번째 문단에 따르면 장기시장금리의 오름세와 주가 상승 등 금융시장이 안정된 모습을 보였고, 주택가격은 낮은 오름세를 보였으므로 전반적으로 오름세를 보이고 있다는 것을 추론할 수 있다.

02

정답 ①

제6조에 따르면 지역본부장은 부당이득 관리를 수관한 1월 3일에 즉시 납입고지를 하여야 하며, 이 경우 납부기한은 1월 13일에서 2월 2일 중에 해당될 것이므로 A는 늦어도 2월 2일에는 납부하여야 한다. 따라서 ㄱ은 적절한 설명이다.

오답분석

ㄴ. 제7조에 따르면 지역본부장은 4월 16일 납부기한 내에 완납하지 않은 B에 대하여 납부기한으로부터 10일 이내인 4월 26일까지 독촉장을 발급하여야 한다. 이 독촉장에 따른 납부기한은 5월 6일에서 5월 16일 중에 해당될 것이므로 B는 늦어도 5월 16일까지 납부하여야 한다.

ㄷ. 제9조에 따르면 체납자가 주민등록지에 거주하지 않는 경우, 관계공부열람복명서를 작성하거나 체납자 주민등록지 관할 동장의 행방불명확인서를 발급받는 것은 지역본부장이 아닌 담당자이다.

ㄹ. 제10조 제1항에 따르면 관할 지역본부장은 체납정리의 신속을 도모하고 업무폭주 등을 방지하기 위하여 재산 및 행방에 대한 조사 업무를 체납 발생 시마다 수시로 실시하여야 한다.

03

정답 ②

㉠ 딴생각 : '딴생각'은 '주의를 기울이지 않고 다른 데로 쓰는 생각'을 의미하는 하나의 단어이므로 붙여 쓴다.

㉡ 사사한 : '사사(師事)'는 '스승으로 섬김 또는 스승으로 삼고 가르침을 받음'의 의미를 지닌 단어로, 이미 '받다'라는 의미를 자체적으로 지니고 있기 때문에 '사사받다'가 아닌 '사사하다'가 올바른 표기이다.

㉢ 파투 : '파토'는 '일이 잘못되어 흐지부지됨을 비유적으로 이르는 말'인 '파투'의 잘못된 표기이다.

04

정답 ④

먼저 (수수료금액)=(중도상환금액)×(요율)×(잔존기간)÷(대출기간)이고, A씨는 신용담보(가계)로 대출을 받았기 때문에 해당 요율은 0.7%가 된다.

따라서 중도상환금액은 3천만 원이고 요율은 0.7%, 잔존기간은 3년, 대출기간은 4년이므로 $30,000,000 \times 0.007 \times \frac{3}{4} = 157,500$원이다.

05

정답 ③

S사의 전 직원을 x명이라고 하면, 찬성한 직원은 $0.8x$명이고, 그중 남직원은 $0.8x \times 0.7 = 0.56x$명이다.
이를 표로 정리하면 다음과 같다.

(단위 : 명)

구분	찬성	반대	합계
남자	$0.56x$	$0.04x$	$0.6x$
여자	$0.24x$	$0.16x$	$0.4x$
합계	$0.8x$	$0.2x$	x

따라서 여직원 1명을 뽑았을 때, 이 직원이 유연근무제에 찬성했을 확률은 $\frac{0.24x}{0.4x} = \frac{3}{5}$이다.

06

정답 ④

2023년 1/4 ~ 4/4분기의 전년 동분기 대비 증가폭을 구하면 다음과 같다.

- 1/4분기 : 109,820−66,541=43,279건
- 2/4분기 : 117,808−75,737=42,071건
- 3/4분기 : 123,650−89,571=34,079건
- 4/4분기 : 131,741−101,086=30,655건

따라서 2023년 중 전년 동분기 대비 확정기여형 퇴직연금을 도입한 사업장 수가 가장 많이 증가한 시기는 1/4분기이다.

오답분석

① 자료 내 합계를 통해 확인할 수 있다.
② 분기별 확정급여형과 확정기여형 취급실적을 비교하면 확정기여형이 항상 많은 것을 확인할 수 있다.
③ 제시된 자료를 통해 확인할 수 있다.

07

정답 ④

홀수 항은 $+\frac{1}{4}$, 짝수 항은 $-\frac{1}{6}$을 하는 수열이다.

따라서 ( )$=\frac{5}{4}+\frac{1}{4}=\frac{6}{4}=\frac{3}{2}$이다.

08

정답 ③

세 번째 조건에 따라 파란색을 각각 왼쪽에서 두 번째, 세 번째, 네 번째 벽에 칠할 때로 나눈다.

i) 파란색을 왼쪽에서 두 번째 벽에 칠할 때
- 노랑 – 파랑 – 초록 – 주황 – 빨강

ii) 파란색을 왼쪽에서 세 번째 벽에 칠할 때
- 주황 – 초록 – 파랑 – 노랑 – 빨강
- 초록 – 주황 – 파랑 – 노랑 – 빨강

iii) 파란색을 왼쪽에서 네 번째 벽에 칠할 때
- 빨강 – 주황 – 초록 – 파랑 – 노랑

따라서 항상 참인 것은 ③이다.

09

정답 ③

S은행 주요 고객이 뽑은 항목 순위에 따른 상품별 평점과 김사원이 잘못 기록한 항목 순위는 다음과 같다.

i) 중요 항목 순위에 따른 평점

구분	총점	상품순위
A적금	$(4\times50)+(2\times30)+(3\times15)+(2\times5)=315$점	2등
B적금	$(2\times50)+(4\times30)+(2\times15)+(3\times5)=265$점	4등
C펀드	$(5\times50)+(3\times30)+(1\times15)+(2\times5)=365$점	1등
D펀드	$(3\times50)+(3\times30)+(4\times15)+(2\times5)=310$점	3등
E적금	$(2\times50)+(3\times30)+(1\times15)+(4\times5)=225$점	5등

ii) 1순위와 3순위가 바뀐 항목 순위에 따른 평점

구분	총점	상품순위
A적금	$(3\times50)+(2\times30)+(4\times15)+(2\times5)=280$점	2등
B적금	$(2\times50)+(4\times30)+(2\times15)+(3\times5)=265$점	3등
C펀드	$(1\times50)+(3\times30)+(5\times15)+(2\times5)=225$점	4등
D펀드	$(4\times50)+(3\times30)+(3\times15)+(2\times5)=345$점	1등
E적금	$(1\times50)+(3\times30)+(2\times15)+(4\times5)=190$점	5등

따라서 주요 고객이 뽑은 항목 순위에 따른 상품 순위보다 김사원이 잘못 기록한 항목 순위에서 순위가 상승한 상품은 B적금과 D펀드이다.

10

정답 ④

VLOOKUP 함수는 지정된 범위의 첫 번째 열에서 특정 값을 검색하여, 같은 행에 있는 다른 열의 값을 반환하는 함수이다. VLOOKUP 함수식은 「=VLOOKUP(찾을 값,범위,열 번호,옵션)」이며, 옵션의 경우 정확한 값을 찾으려면 FALSE, 근삿값을 찾으려면 TRUE를 사용한다. 따라서 [F3] 셀에 들어갈 함수식으로 옳은 것은 「=VLOOKUP(F2,A2:C5,3,FALSE」이다.

02 직무상식시험

11

정답 ①

금융시장은 직접금융과 간접금융으로 나뉘며, 다음과 같은 특징을 가진다.

• 직접금융(Direct Finance) : 기업, 정부 등 자금이 필요한 주체가 금융기관을 거치지 않고 금융시장(자본시장)을 통해 투자자로부터 직접 자금을 조달하는 방식으로 주식, 채권 발행 등이 해당한다.

• 간접금융(Indirect Finance) : 자금 수요자가 금융시장에 직접 참여하지 않고, 은행이나 금융기관을 매개로 하여 자금을 빌리는 방식으로 은행 예금, 기업 대출, 증권사 운용 등이 해당한다.

따라서 원금손실의 위험을 기업이 직접 부담하는 것은 직접금융에 대한 설명이다.

12

정답 ①

BIS비율은 자기자본을 위험가중자산으로 나눈 비율로 자기자본을 위험가중자산으로 나눈 값에 100을 곱하여 구할 수 있으며, 은행이 보유한 자본이 대출, 투자 등으로 인한 위험에 비해 충분한지를 보여주는 지표이다.

오답분석

② 한국은 1993년에 BIS비율을 도입하였으며, 1997년 외환위기 당시 부실은행 퇴출 기준으로 활용되었다.
③ BIS비율이 높을수록 위험가중자산 대비 자기자본이 큰 것을 나타내므로 건전성이 높다고 할 수 있다.
④ 부실채권은 대표적인 위험가중자산으로 BIS비율이 높다면 부실채권으로 인한 손실을 감당할 능력이 크다는 것을 의미한다.

13

정답 ④

금융통화위원회는 한국은행의 정책결정기구로 통화신용정책과 한국은행의 운영에 대한 사항을 심의하는 의결기구이다(한국은행법 제28조, 제29조). 즉 우리나라의 금리와 통화정책을 최종적으로 결정하는 기관이므로 지급결제시스템 운영 및 관리는 금융통화위원회의 역할에 해당하지 않으며, 해당 업무는 한국은행의 역할이다.

오답분석

① 국내외 경제 상황을 고려하여 기준금리를 결정한다.
② 금융시스템의 건전성을 유지하고, 금융시장의 안정적인 운영방안을 마련한다.
③ 물가 안정을 목표로 통화량 등의 운영 방향을 결정하고, 이를 집행하기 위한 규정을 제정한다.

14

정답 ①

통화지표는 경제 내에서 유통되는 화폐의 양인 통화량을 측정하는 척도로 우리나라는 협의통화(M1), 광의통화(M2), 금융기관유동성(Lf), 광의유동성(L)을 발표하고 있다.

• 협의통화(M1) : 현금통화와 결제성예금을 더한 것으로 가장 유동성이 높은 금융 자산을 측정하는 통화지표이다. 협의통화(M1)는 단기금융시장의 유동성 수준을 파악하는 데 사용한다.

• 광의통화(M2) : 협의통화(M1)에 만기 2년 미만 금융상품을 더한 것으로 경제 전반의 통화량 수준과 소비·투자 여력을 파악하는 데 사용한다.

• 금융기관유동성(Lf) : 광의통화(M2)에 만기 2년 이상 금융상품을 더한 것으로 금융기관 중심의 유동성을 파악하는 데 사용한다.

• 광의유동성(L) : 금융기관유동성(Lf)에 정부, 기업의 발행 채권을 더한 것으로 모든 통화량을 포괄하는 지표이다.

따라서 광의통화(M2)는 예금자들이 약간의 손실을 감수할 수 있는 유동성이 협의통화(M1)보다 떨어지는 자산까지 포함하는 개념으로, 협의통화(M1)가 광의통화(M2)보다 높은 유동성을 갖는다.

15

정답 ①

디레버리징(Deleveraging)은 경제주체(국가, 기업, 가계 등)가 부채를 줄이는 과정을 의미한다. 디레버리징 전략은 금리가 상승하여 부채 상환부담이 커지거나, 자산가격이 하락하여 부채를 활용한 투자자산의 가치가 떨어질 우려가 있을 때 자산매각, 자본확충, 비용절감 등의 과정을 통해 실행된다. 이 과정에서 시장에 매물 공급이 증가하여 자산가격이 하락하며, 소비·투자가 둔화되어 경제성장이 일시적으로 둔화될 수 있다.

16

정답 ④

가상화폐란 중앙은행이나 정부 같은 발행 주체 없이 거래 기록이 암호화되어 안전하게 관리되는 전자화폐이다. 가상화폐는 블록체인, 분산원장 기술을 바탕으로 관리하여 위변조가 어렵고, 거래의 투명성을 보장할 수 있다. 또한 인터넷을 통해 국제적 이동성도 높지만 시장의 수요와 공급이 제한적이고 변동적이며, 투기적 성격이 강하고 명확한 수익 창출이나 배당이 없기 때문에 적정 가치를 판단하기 어려워 투자자들의 심리와 시장 기대에 의해 가치변동이 크게 나타난다.

17

정답 ①

평가자가 극단적인 평가를 피하고 점수의 중간값을 선택하려는 경향을 의미하는 것은 중심화 경향에 대한 설명이다. 한편, 근접오류는 한 요소의 평가 결과가 다른 근접한 요소의 평가 결과에 영향을 미쳐 유사하게 평가되는 것을 의미한다.

18

정답 ④

기업공개(IPO; Initial Public Offering)는 비상장 기업이 주식을 일반 투자자들에게 처음으로 공개적으로 매각하여 상장회사로 전환되는 것을 의미하며, 기업공개의 주요 목적은 다음과 같다.

- 자금 조달 : 기업 주식의 판매를 통해 신규 투자자들로부터 자금을 확보할 수 있으며 이는 사업 확장, 연구 개발 등에 사용할 수 있다.
- 기업 신뢰성 상승 : 상장기업이 되면 공시의무와 감사 등을 거쳐 투명성이 높아지므로, 신뢰도가 상승하고, 재무 건전성이 향상된다.
- 기업 가치 및 브랜드 인지도 상승 : 상장 과정에서 언론과 투자자에게 기업이 알려져 브랜드 등 기업의 가치가 높아진다.

반면 기업공개를 할 경우 주식 소유가 일반 대중에게도 분산되기 때문에 창업자나 경영진의 경영권이 약화될 수 있다.

19

정답 ③

자동차는 소비자가 상품 구매에 있어 상당한 지식과 강한 선호를 가지고 구매하는 경우가 많으며, 브랜드가 뛰어난 제품을 선호하기 때문에 전문품에 해당한다.

소비자의 구매행동에 따른 제품 분류

- 편의품 : 소비자가 구매하는 데 시간과 노력을 거의 들이지 않는 제품으로, 쉽고 편리하게 구매할 수 있다.
  [예] 음료수, 아이스크림, 신문 등
- 선매품 : 소비자가 여러 제품의 가격, 품질 등을 비교 분석한 후 구매를 결정한다.
  [예] 옷, 냉장고, TV 등
- 전문품 : 소비자가 상품 구매에 있어 상당한 지식과 강한 선호를 가지고 구매하는 경우가 많으며, 브랜드가 뛰어난 제품을 선호한다.
  [예] 자동차, 피아노, 명품가방 등

20

정답 ④

맥킨지 7S 모델은 3가지 하드웨어적 경영자원(전략, 구조, 시스템)과 4가지 소프트웨어적 경영자원(기술, 직원, 스타일, 공유가치)을 통해 기업의 내부 역량을 분석하고 기업의 전략적 비전을 수립하기 위한 도구이다.

맥킨지 7S 모델

- 전략(Strategy) : 기업의 목표를 달성하고 경쟁 우위를 확보하기 위한 장기적인 사업 방향
- 구조(Structure) : 기업의 조직구조 및 조직의 효율적 운영을 위한 조직형태 분석
- 시스템(System) : 조직을 유지하고 운영하는 데 필요한 제도, 절차 등
- 기술(Skill) : 조직의 비즈니스 환경 변화에 민감하게 대응할 수 있는 기술 및 역량
- 직원(Staff) : 조직 내 인적 자원의 특성과 보유기술, 구성원별 특징 등 분석
- 스타일(Style) : 조직의 문화적 특성과 경영 방식
- 공유가치(Shared Value) : 조직의 핵심 경영 이념이자, 모든 구성원이 공유하는 가치관

PART 1

직무능력시험

CHAPTER 01 의사소통능력

CHAPTER 02 수리능력

CHAPTER 03 문제해결능력

CHAPTER 04 자원관리능력

CHAPTER 05 조직이해능력

CHAPTER 06 정보능력

CHAPTER 01 의사소통능력

합격 CHEAT KEY

의사소통능력은 평가하지 않는 금융권이 없을 만큼 필기시험에서 중요도가 높은 영역이다. 또한, 의사소통능력의 문제 출제 비중은 여러 영역 중에서도 가장 높은 편이다. 이러한 점을 볼 때, 의사소통능력은 NCS를 준비하는 수험생이라면 반드시 정복해야 하는 과목이다.

국가직무능력표준에 따르면 의사소통능력의 세부 유형은 문서이해, 문서작성, 의사표현, 경청, 기초외국어로 나눌 수 있다. 문서이해・문서작성과 같은 제시문에 대한 주제찾기, 내용일치 문제의 출제 비중이 높으며, 공문서・기획서・보고서・설명서 등 문서의 특성을 파악하는 문제도 출제되고 있다. 따라서 이러한 분석을 바탕으로 전략을 세우는 것이 매우 중요하다.

01 문제에서 요구하는 바를 먼저 파악하라!

의사소통능력에서 가장 중요한 것은 제한된 시간 안에 빠르고 정확하게 답을 찾아내는 것이다. 그러기 위해서는 우리가 의사소통능력을 공부하는 이유를 잊지 말아야 한다. 우리는 지식을 쌓기 위해 의사소통능력 지문을 보는 것이 아니다. 의사소통능력에서는 지문이 아니라 문제가 주인공이다! 지문을 보기 전에 문제를 먼저 파악해야 한다. 주제찾기 문제라면 첫 문장과 마지막 문장 또는 접속어를 주목하자! 내용일치 문제라면 지문과 문항의 일치 / 불일치 여부만 파악한 뒤 빠져나오자! 지문에 빠져드는 순간 소중한 시험 시간은 속절없이 흘러 버린다!

02 잠재되어 있는 언어능력을 발휘하라!

의사소통능력에는 끝이 없다! 의사소통의 방대함에 포기한 적이 있는가? 세상에 글은 많고 우리가 학습할 수 있는 시간은 한정적이다. 이를 극복할 수 있는 방법은 다양한 글을 접하는 것이다. 실제 시험장에서 어떤 내용의 지문이 나올지 아무도 예측할 수 없다. 따라서 평소에 신문, 소설, 보고서 등 여러 글을 접하는 것이 필요하다. 잠재되어 있는 글에 대한 안목이 시험장에서 빛을 발할 것이다.

03 상황을 가정하라!

업무 수행에 있어 상황에 따른 언어 표현은 중요하다. 같은 말이라도 상황에 따라 다르게 해석될 수 있기 때문이다. 그런 의미에서 자신의 의견을 효과적으로 전달할 수 있는 능력을 평가하는 것은 당연하다. 따라서 다양한 상황에서의 언어표현능력을 함양하기 위한 연습의 과정이 요구된다. 업무를 수행하면서 발생할 수 있는 여러 상황을 가정하고 그에 따른 올바른 언어표현을 정리하는 것이 필요하다. 의사표현 영역의 경우 출제 빈도가 높지는 않지만 상황에 따른 판단력을 평가하는 문항인 만큼 대비하는 것이 필요하다.

04 말하는 이의 입장에서 생각하라!

잘 듣는 것 또한 하나의 능력이다. 상대방의 이야기에 귀 기울이고 공감하는 태도는 업무를 수행하는 관계 속에서 필요한 요소이다. 그런 의미에서 다양한 상황에서의 듣는 능력을 평가하는 것이다. 말하는 이가 요구하는 듣는 이의 태도를 파악하고, 이에 따른 판단을 할 수 있도록 언제나 말하는 사람의 입장이 되는 연습이 필요하다.

05 반복만이 살길이다!

학창 시절 외국어를 공부하던 때를 떠올려 보자! 셀 수 없이 많은 표현들을 익히기 위해 얼마나 많은 반복의 과정을 거쳤는가? 의사소통능력 역시 그러하다. 하나의 문제 유형을 마스터하기 위해 가장 중요한 것은 바로 여러 번, 많이 풀어 보는 것이다.

대표기출유형

01 어법 · 맞춤법

| 유형분석 |

- 주어진 문장이나 지문에서 잘못 쓰인 단어 · 표현을 바르게 고칠 수 있는지 평가한다.
- 띄어쓰기, 동의어 · 유의어 · 다의어 또는 관용적 표현 등을 찾는 문제가 출제될 가능성이 있다.

다음 밑줄 친 단어 중 문맥상 쓰임이 옳지 않은 것은?

① 어려운 문제의 답을 맞혀야 높은 점수를 받을 수 있다.

② 공책에 선을 반듯이 긋고 그 선에 맞춰 글을 쓰는 연습을 해.

③ 생선을 간장에 10분 동안 졸이면 요리가 완성된다.

④ 미안하지만 지금은 바쁘니까 이따가 와서 얘기해.

정답 ③

'졸이다'는 '찌개를 졸이다.'와 같이 국물의 양을 적어지게 하는 것을 의미한다. 반면에 '조리다'는 '양념을 한 고기나 생선, 채소 따위를 국물에 넣고 바짝 끓여서 양념이 배어들게 하다.'의 의미를 지닌다. 따라서 ③의 경우 문맥상 '졸이다'가 아닌 '조리다'가 사용되어야 한다.

오답분석

① 맞히다 : 문제에 대한 답을 틀리지 않게 하다.
　맞추다 : 둘 이상의 일정한 대상들을 나란히 놓고 비교하여 살피다.

② 반듯이 : 비뚤어지거나 기울거나 굽지 않고 바르게
　반드시 : 틀림없이 꼭, 기필코

④ 이따 : 조금 지난 뒤에
　있다 : 어느 곳에서 떠나거나 벗어나지 않고 머물다. 또는 어떤 상태를 계속 유지하다.

유형풀이 Tip

- 일상생활 속에서 자주 틀리는 맞춤법을 자연스럽게 터득할 수 있도록 노력해야 한다.
- 신문, 사설 등 독서 습관을 들여 맞춤법 및 올바른 표현에 대해 숙지해 두어야 한다.

01 다음 중 '데'의 쓰임이 잘못 연결된 것은?

〈'데'의 쓰임〉

㉠ 과거 어느 때에 직접 경험하여 알게 된 사실을 현재의 말하는 장면에 그대로 옮겨 와서 말함을 나타내는 종결 어미

㉡ 뒤 절에서 어떤 일을 설명하거나 묻거나 시키거나 제안하기 위하여 그 대상과 상관되는 상황을 미리 말할 때에 쓰는 연결 어미

① ㉠ : 내가 어릴 때 살던 곳은 아직 그대로던<u>데</u>.
② ㉠ : 그 친구는 발표를 정말 잘하던<u>데</u>.
③ ㉡ : 그를 설득하는 <u>데</u> 며칠이 걸렸다.
④ ㉡ : 가게에 가는<u>데</u> 뭐 사다 줄까?

02 다음 중 밑줄 친 부분의 맞춤법이 옳은 것은?

① 언니는 상냥한데 동생은 너무 <u>냉냉하다</u>.
② 추석에는 <u>햅쌀</u>로 송편을 빚는다.
③ <u>요컨데</u>, 행복은 마음 먹기에 달렸다는 것이다.
④ 올해는 모두 건강하리라는 작은 <u>바램</u>을 가져본다.

Easy

03 다음은 S사의 고객헌장 전문이다. 틀린 단어는 모두 몇 개인가?(단, 띄어쓰기는 무시한다)

우리는 모든 업무를 수행하면서 고객의 입장에서 생각하며 친절·신속·정확하게 처리하겠습니다.
우리는 잘못된 서비스로 고객에게 불편을 초례한 경우 즉시 계선·시정하고 재발방지에 노력하겠습니다.
우리는 항상 고객의 말씀에 귀를 기울이며, 고객의 의견을 경영에 최대한 반영하겠습니다.
이와 같은 목표를 달성하기 위하여 구체적인 고객서비스 이행표준을 설정하고 이를 성실이 준수할 것을 약속드립니다.

① 1개　　② 2개
③ 3개　　④ 4개

PART 1

02 한자성어 · 속담

| 유형분석 |

• 실생활에서 활용되는 한자성어나 속담을 이해할 수 있는지 평가한다.
• 제시된 상황과 일치하는 한자성어 또는 속담을 고르거나 한자의 훈음·독음을 맞히는 등 다양한 유형이 출제된다.

다음 상황에 어울리는 한자성어로 가장 적절한 것은?

A씨는 업무를 정리하다가 올해 초 진행한 프로젝트에 자신의 실수가 있었음을 알게 되었다. 하지만 자신의 실수를 드러내고 싶지 않았고, 그리 큰 문제라고 생각하지 않은 A씨는 이를 무시하였다. 이후 다른 프로젝트를 진행하면서 지난번 실수와 동일한 실수를 다시 저지르게 되었고, 프로젝트에 큰 피해를 입혔다.

① 유비무환(有備無患)　　② 유유상종(類類相從)
③ 회자정리(會者定離)　　④ 개과불린(改過不吝)

정답 ④

'개과불린(改過不吝)'은 '허물을 고침에 인색하지 말라.'는 뜻으로, 잘못된 것이 있으면 고치는 데 주저하지 않고 빨리 바로잡아 반복하지 말라는 의미이다.

오답분석

① 유비무환(有備無患) : 준비가 있으면 근심이 없다.
② 유유상종(類類相從) : 같은 무리끼리 서로 사귄다.
③ 회자정리(會者定離) : 만남이 있으면 헤어짐도 있다.

유형풀이 Tip

• 한자성어나 속담 관련 문제의 경우 일정 수준 이상의 사전지식을 요구하므로, 지원 기업 관련 기사 및 이슈를 틈틈이 찾아보며 한자성어나 속담에 대입하는 연습을 하면 효과적으로 대처할 수 있다.
• 문제에 제시된 한자성어의 의미를 파악하기 어렵다면, 먼저 알고 있는 한자가 있는지 확인한 후 글의 문맥과 상황에 대입하며 선택지를 하나씩 소거해 나가는 것이 효율적이다.

대표기출유형 02 기출응용문제

01 다음 상황에 어울리는 한자성어로 가장 적절한 것은?

> 대규모 댐 건설 사업 공모에 ○○건설회사가 참여하였다. 해당 사업은 막대한 자금과 고도의 건설 기술이 필요했기에 ○○건설회사가 감당하기 어려운 것이었다. 많은 사람들은 무리하게 공모에 참여한 ○○건설회사에 대해 무모하다고 여겼다.

① 각골난망(刻骨難忘) ② 난공불락(難攻不落)
③ 빈천지교(貧賤之交) ④ 당랑거철(螳螂拒轍)

Easy

02 다음 밑줄 친 단어의 한자 표기로 옳은 것은?

> 사랑의 <u>다문화</u> 학교 청년들

① 多汶化 ② 多汶和
③ 多聞化 ④ 多文化

03 다음 문장과 관련된 속담으로 가장 적절한 것은?

> 그 동네에 있는 레스토랑의 음식은 보기와 달리 너무 맛이 없었어.

① 보기 좋은 떡이 먹기도 좋다.
② 볶은 콩에 싹이 날까?
③ 빛 좋은 개살구
④ 뚝배기보다 장맛이 좋다.

대표기출유형

03 주제 · 제목찾기

| 유형분석 |

- 글의 목적이나 핵심 주장을 정확하게 구분할 수 있는지 평가한다.
- 문단별 주제 · 화제, 글쓴이의 주장 · 생각, 표제와 부제 등 다양한 유형으로 출제될 수 있다.

다음 글의 제목으로 가장 적절한 것은?

> 많은 경제학자는 제도의 발달이 경제 성장의 중요한 원인이라고 생각해 왔다. 예를 들어 재산권 제도가 발달하면 투자나 혁신에 대한 보상이 잘 이루어져 경제 성장에 도움이 된다는 것이다. 그러나 이를 입증하기는 쉽지 않다. 제도의 발달 수준과 소득 수준 사이에 상관관계가 있다 하더라도, 제도는 경제 성장에 영향을 줄 수 있지만 경제 성장으로부터 영향을 받을 수도 있으므로 그 인과관계를 판단하기 어렵기 때문이다.

① 경제 성장과 소득 수준
② 경제 성장과 제도 발달
③ 경제 성장과 투자 혁신
④ 소득 수준과 제도 발달

정답 ②

제시문은 재산권 제도의 발달에 따른 경제 성장을 예로 들어 제도의 발달과 경제 성장의 상관관계에 대해 설명하고 있다. 더불어 제도가 경제 성장에 영향을 줄 수는 있지만 동시에 경제 성장으로부터 영향을 받을 수도 있다는 점에서 그 인과관계를 판단하기 어렵다는 한계점을 제시하고 있다. 따라서 제목으로 가장 적절한 것은 '경제 성장과 제도 발달'이다.

유형풀이 Tip

- 중심이 되는 내용은 주로 글의 맨 앞이나 맨 뒤에 위치한다. 따라서 글의 첫 문단과 마지막 문단을 먼저 확인한다.
- 첫 문단과 마지막 문단에서 실마리가 잡히지 않은 경우, 그 문단을 뒷받침해주는 부분을 읽어가면서 제목이나 주제를 파악해 나간다.

대표기출유형 03 기출응용문제

01 **S기업은 4차 산업혁명 시대에 뒤처지지 않기 위해 4차 산업혁명 포럼에 참석하였다. 강의를 듣기 전 주최 측에서 나누어준 발표 자료가 다음과 같다면 이 발표의 주제로 가장 적절한 것은?**

> H금융투자 리서치센터의 센터장은 "4차 산업혁명 시대의 유망업종은 인공지능(AI)과 관련된 분야"라고 언급하며 대표적 사례로 통신 분야의 생활환경지능(Ambient Intelligence)과 자동차 분야에서의 첨단운전자보조시스템(ADAS) 그리고 운송 분야에서의 무인선박(Drone Ship) 및 스마트 물류시스템 등을 꼽았다.
> 생활환경지능이란 사용자의 상황이나 사용자 자체를 잘 인지해서 사용자가 요구하지 않아도 필요한 서비스를 적재적소에 제공하는 기술이다. 기반 기술로 딥러닝과 음성인식 그리고 이미지 인식 등이 필요하다.
> 센터장은 "생활환경지능을 전문적으로 연구하기 위해 출범한 N랩스의 경우 인공지능 기반의 대화 시스템과 자율주행자동차 그리고 인간친화형 웹브라우저 '웨일' 및 자동통역앱 '파파고' 등을 개발했다."고 밝혔다.
> 또 다른 유망 분야인 첨단운전자보조시스템(ADAS)은 자율주행자동차가 달릴 때 차선과 차간, 차속을 일정하게 유지해주는 기술로서, 인공지능과의 접목을 통해 안전운행을 도와주고 있다.
> 이와 관련하여 센터장은 "전방을 제대로 주시하지 않거나 돌발 상황 발생 시 순간적으로 차체 제어에 실패하는 경우는 언제든지 발생할 수 있다."고 가정하며 "하지만 기존의 제동시스템에 인공지능 기술이 융합되면서 자동 긴급 제동 시스템으로 진화한 까닭에 돌발 상황에서도 순간적인 대처가 가능해졌다."고 주장했다.
> 운송 분야의 무인선박 및 스마트 물류도 유망 업종으로 꼽히고 있다. 무인선박의 경우 관련 기술은 이미 완성되어 있는 상황으로서, 특히 우리나라의 경우 육상에 있는 사무실에서 조이스틱만으로 10대의 컨테이너선을 조종할 수 있을 만큼, 무인선박에 대해 설계 및 소프트웨어에 대한 기술적 우위를 확보한 상황이다.

① 인공지능의 과거와 미래
② 생활환경지능과 4차 산업
③ 4차 혁명 시대의 유망 업종
④ 4차 산업혁명의 원인과 결과

02 다음 글의 주제로 가장 적절한 것은?

> 금융당국은 은행의 과점체제를 해소하고, 은행과 비은행의 경쟁을 촉진시키는 방안으로 은행의 고유 전유물이었던 통장을 보험 및 카드 업계로 도입하도록 검토하겠다고 밝혔다.
> 이는 전자금융거래법을 개정해 대금결제업, 자금이체업, 결제대행업 등 모든 전자금융업 업무를 관리하는 종합지급결제사업자를 제도화하여 비은행에 도입한다는 것으로, 이를 통해 비은행권은 간편결제·송금 외에도 은행 수준의 보편적 지급결제 서비스가 가능해지는 것이다.
> 특히 금융당국이 은행업 경쟁촉진 방안으로 검토 중인 은행업 추가 인가나 소규모 특화은행 도입 등 여러 방안 중에서 종합지급결제사업자 제도를 중점으로 검토 중인 이유는 은행의 유효경쟁을 촉진시킴으로써 은행의 과점 이슈를 가장 빠르게 완화할 수 있을 것으로 판단되기 때문이다.
> 이는 소비자 측면에서도 기대효과가 있는데, 은행 계좌가 없는 금융소외계층은 종합지급결제사업자 제도를 통해 금융 서비스를 제공받을 수 있고, 기존 방식에서 각 은행에 지불하던 지급결제 수수료가 절약돼 그만큼 보험료가 인하될 가능성도 기대해 볼 수 있기 때문이다. 보험사 및 카드사 측면에서도 기존 방식에서는 은행을 통해 진행했던 방식이 해당 제도가 확립된다면 직접 처리할 수 있게 되어 방식이 간소화될 수 있다는 장점이 있다.
> 하지만 이 또한 현실적으로 많은 문제들이 제기되는데, 그중 하나가 소비자보호 사각지대의 발생이다. 비은행권은 은행권과 달리 예금보험제도가 적용되지 않을 뿐더러 은행권에 비해 규제 수준이 상대적으로 낮기 때문에 금융소비자 보호 등 리스크 관리가 우려되기 때문이다. 또한 종합지급결제업 자체가 사실상 은행업과 크게 다르지 않기 때문에 은행권의 극심한 반발도 예상된다.

① 은행의 과점체제 해소를 위한 방안
② 종합지급결제사업자 제도의 득과 실
③ 은행의 권리를 침해하는 비은행 업계
④ 은행과 비은행 경쟁 속 소비자의 실익

03 다음 글의 제목으로 가장 적절한 것은?

요즘은 대체의학의 홍수시대라고 하여도 지나친 표현이 아니다. 우리가 먹거나 마시는 비타민제나 건강음료 및 건강보조식품 중 대체의학에서 나오지 않은 것이 없을 정도이니 말이다. 이러한 대체요법의 만연으로 한의학계를 비롯한 제도권 의료계에서는 많은 경제적 위협을 받고 있다.
대체의학에 대한 정의는 일반적으로 현대의학의 표준화된 치료 이외에 환자들이 이용하는 치료법으로써, 아직 증명되지 않았거나 일반 의료의 보조요법으로 과학자나 임상의사의 평가에 의해 검증되지는 않았으나 현재 예방, 진단, 치료에 사용되는 검사나 치료법 등을 통틀어 지칭하는 용어로 알려져 있다.
그러나 요즈음 우리나라에서는 전통적인 한의학과 서양의학이 아닌 그 외의 의학을 통틀어 대체의학이라고 부르고 있다. 원래는 1970년대 초반 동양의학의 침술이 미국의학계와 일반인들에게 유입되고 특별한 관심을 불러일으키면서 서양의학자들이 혼잡을 정리하기 위해 서양의학 이외의 다양한 전통의학과 민간요법을 통틀어 '대체의학'이라 부르기 시작했다. 그런 이유로 구미 각국에서는 한의학도 대체의학에 포함시키고 있으나 의료 이원화된 우리나라에서만은 한의학도 제도권 내의 공식의학에 속하기 때문에 대체의학에서는 제외되고 있다.
서양에서 시작된 대체의학은 서양의 정통의학에서 부족한 부분을 보완하거나 대체할 새로운 치료의학에 대한 관심으로 시작하였으나 지금의 대체의학은 질병을 관찰함에 있어 부분적이기보다는 전일(全一)적이며, 질병 중심적이기보다는 환자 중심적이고, 인위적이기보다는 자연적인 치료를 주장하는 인간 중심의 한의학에 관심을 두고 있다. 또한 전반적인 상태나 영양 등은 물론 환자의 정신적・사회적・환경적인 부분까지 관찰하여 조화와 균형을 이루게 하는 치료법으로 거듭 진화하고 있으며 현재는 보완대체의학에서 보완통합의학으로, 다시 통합의학이라는 용어로 변모되어가고 있다.
대체의학을 분류하는 방법은 다양하지만 서양에서 분류한 세 가지 유형으로 구분하여 대표적인 것들을 소개하자면 다음과 같다. 첫째, 동양의학적 보완대체요법으로는 침술, 기공치료, 명상요법, 요가, 아유르베다 의학, 자연요법, 생약요법, 아로마요법, 반사요법, 봉침요법, 접촉요법, 심령치료법, 기도요법 등이 있다. 둘째, 서양의학적 보완대체요법으로는 최면요법, 신경-언어 프로그램 요법, 심상유도 요법, 바이오피드백 요법(생체되먹이 요법), 분자정형치료, 응용운동학, 중금속제거 요법, 해독요법, 영양보충 요법, 효소요법, 산소요법, 생물학적 치과치료법, 정골의학, 족부의학, 근자극요법, 두개천골자극 요법, 에너지의학, 롤핑요법, 세포치료법, 테이핑요법, 홍채진단학 등이 있다. 셋째, 동서의학 접목형 보완대체요법으로는 동종요법, 양자의학, 식이요법, 절식요법, 주스요법, 장요법, 수치료, 광선요법, 뇨요법 등의 치료법이 있다. 요즘은 여기에다 미술치료, 음악치료 등의 새로운 치료법이 대두되고 있으며 이미 일부의 양・한방 의료계에서는 이들 중의 일부를 임상에 접목시키고 있다.
그러나 한의학으로 모든 질병을 정복하려는 우를 범해서는 안 된다. 한의학으로 모든 질병이 정복되어진다면 서양의학이 존재할 수 없으며 대체의학이 새롭게 21세기를 지배할 이유가 없다. 한의학은 대체의학이 아니다. 마찬가지로 대체의학 역시 한의학이 아니며 서양의학도 아니다. 대체의학은 새로운 의학이다. 우리가 개척하고 정복해야 할 미지의 의학이다.

① 대체의학의 의미와 종류
② 대체의학이 지니는 문제점
③ 대체의학에 따른 부작용 사례
④ 대체의학의 한계와 개선방향

04 다음 글의 핵심 내용으로 가장 적절한 것은?

> 판소리는 한국 서사무가의 서술원리와 구연방식을 빌려다가 흥미 있는 설화 자료를 각색해, 굿이 아닌 세속의 저잣거리에서 일반 사람들을 상대로 노래하면서 시작되었다. 호남지역에서 대대로 무당을 세습하던 세습 무당 집안에서는 여자 무당이 굿을 담당하고 남자 무당은 여자 무당을 도와 여러 가지 잡일을 했다. 당연히 굿을 해주고 받는 굿값의 분배도 여자 무당을 중심으로 이루어졌고, 힘든 잡일을 담당한 남자 무당은 몫이 훨씬 적었다. 남자 무당이 굿에 참여하고 그 몫의 돈을 받는 경우는 노래를 할 때뿐이었다. 따라서 세습 무당 집안에서 태어난 남자들은 노래를 잘하는 것이 잘 살 수 있는 길이었다. 남자들은 노래 공부를 열심히 했고, 이 과정에서 세습 무당 집안에서는 많은 명창을 배출하였다.
>
> 이러한 호남지역의 무속적 특징은 조선 후기 사회 변화와 관련을 맺으면서 판소리의 발생을 자극했다. 조선 후기로 갈수록 지역 마을마다 행하던 주민 공동행사인 마을굿이 제사형태로 바뀌었고, 이에 따라 무당이 참여하지 않는 마을굿이 늘어났다. 정부와 양반 지배층이 유교이념에 입각하여 지속적으로 무속을 탄압하는 정책을 펴왔던 탓이었다. 또한 합리적 사고의 발달에 따라 무속이 사회적 신임을 잃은 탓이기도 하였다.
>
> 호남지역의 세습 무당들은 개인의 질병을 치료하는 굿보다는 풍년이나 풍어를 기원하는 정기적인 마을굿을 하여 생계를 유지했다. 이러한 마을굿이 점차 사라지면서 그들은 생계를 위협받게 되었다. 한편 이 시기에는 상업이 발달하면서 상행위가 활발해졌고, 생활이 풍족해짐에 따라 백성들의 문화 욕구가 커지면서 예능이 상품으로 인정받았다. 이에 따라 춤과 소리 등의 예술과 곡예가 구경거리로 부상하였다. 세습 무당 집안 출신의 노래 잘하는 남자 무당들은 무속이라는 속박을 떨쳐버리고 돈을 벌기 위하여 소리판을 벌이게 되었다. 이들의 소리가 많은 사람에게 환영을 받자 점차 전문 직업인으로서 명창이 등장하게 되었다. 대중적 인기가 자신의 명성과 소득에 직결되었으므로, 이들은 대중이 좋아할 만한 내용을 담은 소리들을 발굴하고 개발하였다.

① 조선 후기 사회 변화는 유교 중심 체제의 쇠퇴와 민중 기반 무속신앙의 성장을 가져 왔다.
② 세습 무당 집안의 남자들이 상업적인 공연에 뛰어들면서 판소리 개발과 전파의 주축이 되었다.
③ 판소리의 발달은 무속신앙의 상업화와 함께 남자 무당들이 대거 성장하는 계기가 되었다.
④ 유교이념의 전파로 전통 무속신앙이 쇠퇴하면서 서사무가가 자취를 감추게 되었다.

Hard

05 다음 글의 논지로 가장 적절한 것은?

물리학의 근본 법칙들은 실재 세계의 사실들을 정확하게 기술하는가? 이 질문에 확신을 가지고 그렇다고 대답할 사람은 많지 않을 것이다. 사실 다양한 물리 현상들을 설명하는 데 사용되는 물리학의 근본 법칙들은 모두 이상적인 상황만을 다루고 있는 것 같다. 정말로 물리학의 근본 법칙들이 이상적인 상황만을 다루고 있다면 이 법칙들이 실재 세계의 사실들을 정확히 기술한다는 생각에는 문제가 있는 듯하다.
예를 들어 중력의 법칙을 생각해 보자. 중력의 법칙은 “두 개의 물체가 그들 사이의 거리의 제곱에 반비례하고 그 둘의 질량의 곱에 비례하는 힘으로 서로 당긴다.”는 것이다. 이 법칙은 두 물체의 운동을 정확하게 설명할 수 있는가? 그렇지 않다는 것은 분명하다. 만약 어떤 물체가 질량뿐만이 아니라 전하를 가지고 있다면 그 물체들 사이에 작용하는 힘은 중력의 법칙만으로 계산된 것과 다를 것이다. 즉, 위의 중력의 법칙은 전하를 가지고 있는 물체의 운동을 설명하지 못한다.
물론 사실을 정확하게 기술하는 형태로 중력의 법칙을 제시할 수 있다. 가령, 중력의 법칙은 “중력 이외의 다른 어떤 힘도 없다면, 두 개의 물체가 그들 사이의 거리의 제곱에 반비례하고 그 둘의 질량의 곱에 비례하는 힘으로 서로 당긴다.”로 수정될 수 있다. 여기서 ‘중력 이외의 다른 어떤 힘도 없다면’이라는 구절이 추가된 것에 주목하자. 일단, 이렇게 바뀐 중력의 법칙이 참된 사실을 표현한다는 것은 분명해 보인다. 그러나 이렇게 바꾸면 한 가지 중요한 문제가 발생한다.
어떤 물리 법칙이 유용한 것은 물체에 작용하는 힘들을 통해 다양하고 복잡한 현상을 설명할 수 있기 때문이다. 그러나 물리 법칙은 어떤 특정한 방식으로 단순한 현상만을 설명하는 것을 목표로 하지 않는다. 중력의 법칙 역시 마찬가지다. 그것이 우리가 사는 세계를 지배하는 근본적인 법칙이라면 중력이 작용하는 다양한 현상들을 설명할 수 있어야 한다. 하지만 ‘중력 이외의 다른 어떤 힘도 없다면’이라는 구절이 삽입되었을 때, 중력의 법칙이 설명할 수 있는 영역은 무척 협소해진다. 즉, 그것은 오로지 중력만이 작용하는 아주 특수한 상황만을 설명할 수 있을 뿐이다. 결과적으로 참된 사실들을 진술하기 위해 삽입된 구절은 설명력을 현저히 감소시킨다. 이러한 문제는 거의 모든 물리학의 근본 법칙들이 가지고 있다.

① 물리학의 근본 법칙은 그 영역을 점점 확대하는 방식으로 발전해 왔다.
② 물리적 자연 현상이 점점 복잡하고 다양해짐에 따라 물리학의 근본 법칙도 점점 복잡해진다.
③ 더 많은 실재 세계의 사실들을 기술하는 물리학의 법칙이 그렇지 않은 법칙보다 뛰어난 설명력을 가진다.
④ 참된 사실을 정확하게 기술하려고 물리 법칙에 조건을 추가하면 설명 범위가 줄어 다양한 물리 현상을 설명하기 어려워진다.

대표기출유형

04 내용일치

| 유형분석 |

- 짧은 시간 안에 글의 내용을 정확하게 이해할 수 있는지 평가한다.
- 은행 금융상품 관련 글을 읽고 이해하기, 고객 문의에 답변하기 등 다양한 유형이 출제된다.

다음 글의 내용으로 적절하지 않은 것은?

> 사람의 눈이 원래 하나였다면 세계를 입체적으로 지각할 수 있었을까? 입체 지각은 대상까지의 거리를 인식하여 세계를 3차원으로 파악하는 과정을 말한다. 입체 지각은 눈으로 들어오는 시각 정보로부터 다양한 단서를 얻어 이루어지는데 이를 양안 단서와 단안 단서로 구분할 수 있다.
>
> 양안 단서는 양쪽 눈이 함께 작용하여 얻어지는 것으로, 양쪽 눈에서 보내오는 시차(視差)가 있는 유사한 상이 대표적이다. 단안 단서는 한쪽 눈으로 얻을 수 있는 것인데, 사람은 단안 단서만으로도 이전의 경험으로부터 추론에 의하여 세계를 3차원으로 인식할 수 있다. 망막에 맺히는 상은 2차원이지만 그 상들 사이의 깊이의 차이를 인식하게 해 주는 다양한 실마리들을 통해 입체 지각이 이루어진다.
>
> 동일한 물체의 크기가 다르게 시야에 들어오면 우리는 더 큰 시각(視角)을 가진 쪽이 더 가까이 있다고 인식한다. 이렇게 물체의 '상대적 크기'는 대표적인 단안 단서이다. 또 다른 단안 단서로는 '직선 원근'이 있다. 우리는 앞으로 뻗은 길이나 레일이 만들어 내는 평행선의 폭이 좁은 쪽이 넓은 쪽보다 멀리 있다고 인식한다. 또 하나의 단안 단서인 '결 기울기'는 같은 대상이 집단적으로 어떤 면에 분포할 때, 시야에 동시에 나타나는 대상들의 연속적인 크기 변화로 얻어진다.

① 세계를 입체적으로 지각하기 위해서는 단서가 되는 다양한 시각 정보가 필요하다.
② 단안 단서에는 물체의 상대적 크기, 직선 원근, 결 기울기 등이 있다.
③ 사고로 한쪽 눈의 시력을 잃은 사람은 입체 지각이 불가능하다.
④ 대상까지의 거리를 인식할 수 있어야 세계를 입체적으로 지각할 수 있다.

정답 ③

사람은 한쪽 눈으로 얻을 수 있는 단안 단서만으로도 이전 경험으로부터의 추론에 의하여 세계를 3차원으로 인식할 수 있다. 따라서 사고로 한쪽 눈의 시력을 잃어도 남은 한쪽 눈에 맺히는 2차원의 상들은 다양한 실마리를 통해 입체 지각이 가능하다.

오답분석

① 첫 번째 문단의 세 번째 문장에 따르면, 입체 지각은 눈으로 들어오는 시각 정보로부터 다양한 단서를 얻어 이루어진다.
② 마지막 문단에서 확인할 수 있다.
④ 첫 번째 문단의 두 번째 문장에 따르면, 입체 지각은 대상까지의 거리를 인식하여 세계를 3차원으로 파악하는 과정이다.

유형풀이 Tip

- 글을 읽기 전에 문제와 선택지를 먼저 읽어보고 글의 주제를 대략적으로 파악해야 한다.
- 선택지를 통해 글에서 찾아야 할 정보가 무엇인지 먼저 인지한 후 글을 읽어야 문제 풀이 시간을 단축할 수 있다.

※ 다음 글의 내용으로 적절하지 않은 것을 고르시오. [1~2]

01

블록체인이 무엇일까. 일반적으로 블록체인은 '분산화된 거래장부' 방식의 시스템으로 거래 정보를 개인 간 거래(P2P) 네트워크에 분산해 장부에 기록하고 참가자가 그 장부를 공동관리함으로써 중앙집중형 거래 기록보관 방식보다 보안성이 높은 시스템이라고 정의한다. 보통 사람들은 모든 사용자가 동일한 장부를 보유하고 거래가 일어나면 한쪽에서 고친 내용이 네트워크를 타고 전체에 전파된다는 사실까지는 쉽게 이해하지만, 왜 이런 분산원장 방식이 중앙집중형 관리 방식보다 안전한지까지는 쉽사리 납득하지 못하고 있다. 이는 블록체인에 대한 중요한 특성 한 가지를 간과했기 때문인데 이것이 바로 합의(Consensus) 알고리즘이다. 블록체인 네트워크에서 '합의'는 모든 네트워크 참여자가 같은 결괏값을 결정해 나아가는 과정을 뜻한다. 블록체인은 탈중앙화된, 즉 분산된 원장을 지니고 있는 개개인이 운영해 나가는 시스템으로 개인들이 보유하고 있는 장부에 대한 절대 일치성(Conformity)이 매우 중요하며, 이를 위해 블록체인은 작업증명(Proof of Work)이라는 합의 알고리즘을 사용한다.
작업증명은 컴퓨터의 계산 능력을 활용하여 거래 장부(블록)를 생성하기 위한 특정 숫자 값을 산출하고 이를 네트워크에 참여한 사람에게 전파함으로써 장부를 확정한다. 여기서 특정 숫자 값을 산출하는 행위를 채굴이라 하고 이 숫자 값을 가장 먼저 찾아내서 전파한 노드 참가자에게 비트코인과 같은 보상이 주어진다. 네트워크 참여자들은 장부를 확정하기 위한 특정 숫자 값을 찾아내려는 목적을 가지고 지속적으로 경쟁하며, 한 명의 채굴자가 해답을 산출하여 블록을 생성·전파하면 타 채굴자는 해당 블록에 대한 채굴을 멈추고 전파된 블록을 연결하는 작업을 수행한다. 그렇다면 동시에 여러 블록들이 완성되어 전파되고 있다면 어떤 일이 발생할까?
예를 들어 내가 100번 블록까지 연결된 체인을 가지고 있고, 101번째 블록을 채굴하고 있던 도중 이웃으로부터 101번(a)이라는 블록을 받아 채택한 후 102번째 블록을 채굴하고 있었다. 그런데 타 참가자로부터 101번(b)이라는 블록으로부터 생성된 102번째 블록이 완성되어 전파되었다. 이런 경우, 나는 102번째 블록과 103번째 블록을 한꺼번에 채굴하여 전파하지 않는 이상 101(a)를 포기하고 101(b)와 102번째 블록을 채택, 103번째 블록을 채굴하는 것이 가장 합리적이다.
블록체인의 일치성은 이처럼 개별 참여자가 자기의 이익을 최대로 얻기 위해 더 긴 블록체인으로 갈아타게 되면서 유지되는 것이다. 마치 선거를 하듯 노드 투표를 통해 과반수의 지지를 받은 블록체인이 살아남아 승자가 되는 방식으로 블록체인 네트워크 참여자들은 장부의 일치성을 유지시켜 나간다. 이 점 때문에 블록체인 네트워크에서 이미 기록이 완료된 장부를 조작하려면, 과반수 이상의 참여자가 가지고 있는 장부를 동시에 조작해야 하는데 실질적으로 이는 거의 불가능에 가까워 "분산원장 방식이 중앙 집중형 방식보다 보안에 강하다."라는 주장이 도출되는 것이다.

① 과반수의 지지를 받은 블록체인이 살아남아 장부의 일치성을 유지시킨다.
② 작업증명에서 특정 숫자 값을 먼저 찾아내서 전파할 경우 보상이 주어진다.
③ 거래장부 기록 방식은 분산원장 방식이 중앙집중형 관리 방식보다 안전하다.
④ 타인으로부터 특정 블록이 완성되어 전파된 경우, 특정 블록에 대해 경쟁하는 것이 합리적이다.

Easy

02

업사이클링은 '아나바다' 같은 구호에 그치지 않고, 전 세계를 아우르는 소비 방식으로 자리 잡고 있다. 특히 패션업계에서의 관심이 뜨겁다. A사, U사, H사 같은 다국적 의류 기업은 앞다투어 헌 옷, 해양 쓰레기, 폐플라스틱으로 만든 새로운 라인과 제품들을 쏟아내고 있다. 지금껏 해양 쓰레기나 헌 옷은 재활용률이 현저히 낮았으나 기술 발달과 함께 신소재로 탈바꿈이 가능해진 덕분에 새로운 제품으로 재탄생할 수 있었다.
이에 따라 업사이클링 제품 전문 디자이너도 주목받는 유망 직종으로 떠오르고 있다. 업사이클링 디자이너는 패션뿐 아니라 가구, 건축, 생활 소품 등 다양한 분야에서 활동할 수 있다는 장점이 있으며, 작업 소재에 한계가 없다는 점에서 더욱 많은 사람의 관심이 쏠리고 있다.
업사이클링이 기존 재활용 방식보다 더욱 뜨거운 관심을 받는 것은 작은 쓰레기를 넘어서 공간, 건물에도 적용되는 광역성에 있다. 더욱이 최근 인테리어 트렌드인 '인더스트리얼' 콘셉트에 맞춰 폐공장, 건물을 활용한 카페, 지역 센터, 업사이클링 제품 전문 쇼핑센터가 속속 문을 열고 있는데, 이런 공간들은 지역의 거점 공간으로 재탄생, 지역 경제가 활성화되는 선순환을 만들어내기도 한다. 이와 동시에 소비자의 업사이클링에 대한 인식 제고에도 긍정적 영향을 끼치고 있다. 서울시는 업사이클링의 한글 표기인 '새활용'을 사용해 업사이클링 홍보에 적극적으로 나서고 있다.
올해 초 장한평역 인근에 국내 최대 업사이클링 센터인 '서울새활용플라자'를 개장했다. 서울시는 이곳을 국내 업사이클링 산업의 중심지로 활용해 제작자, 소비자 모두를 아우르는 서비스를 제공할 예정이다.

① 업사이클링도 기존 재활용 방식과 마찬가지로 작은 범주에 국한되어 있다.
② 업사이클링이란 쓰레기를 디자인과 활용성을 더해 새로운 제품으로 완전히 탈바꿈해 재사용하는 것을 뜻한다.
③ 업사이클링은 패션 또는 작은 아이템에만 국한되는 것이 아니라, 공간 혹은 건물 등 큰 범위에도 사용될 수 있는 방식이다.
④ '서울새활용플라자'라는 업사이클링 센터가 개장했을 만큼, 우리나라 사람들의 재활용에 대한 인식이 매우 긍정적으로 변화했음을 유추할 수 있다.

Hard

03 다음 글을 근거로 판단할 때, 〈보기〉에서 옳은 것을 모두 고르면?

방사선은 원자핵이 분열하면서 방출되는 것으로, 우리의 몸속을 비집고 들어오면 인체를 구성하는 분자들에 피해를 준다. 인체에 미치는 방사선 피해 정도는 'rem'이라는 단위로 표현된다. 1rem은 몸무게 1g당 감마선 입자 5천만 개가 흡수된 양으로, 사람의 몸무게를 80kg으로 가정하면 4조 개의 감마선 입자에 해당한다. 감마선은 방사선 중에 관통력이 가장 강하다. 체르노빌 사고 현장에서 소방대원의 몸에 흡수된 감마선 입자는 각종 보호 장구에도 불구하고 400조 개 이상이었다.
만일 우리 몸이 방사선에 100rem 미만으로 피해를 입는다면 별다른 증상이 없다. 이처럼 가벼운 손상은 몸이 스스로 짧은 시간에 회복할 뿐만 아니라, 정상적인 신체 기능에 거의 영향을 미치지 않는다. 이 경우 '문턱효과'가 있다고 한다. 일정량 이하의 바이러스가 체내에 들어오는 경우 우리 몸이 스스로 바이러스를 제거하여 질병에 걸리지 않는 것은 문턱효과의 예라 할 수 있다. 방사선에 200rem 정도로 피해를 입는다면 머리카락이 빠지기 시작하고, 몸에 기운이 없어지고 구역질이 난다. 항암 치료로 방사선 치료를 받는 사람에게 이런 증상이 나타나는 것을 본 적이 있을 것이다. 300rem 정도라면 수혈이나 집중적인 치료를 받지 않는 한 방사선 피폭에 의한 사망 확률이 50%에 달하고, 1,000rem 정도면 한 시간 내에 행동불능 상태가 되어 어떤 치료를 받아도 살 수 없다.

※ 모든 감마선 입자의 에너지는 동일함

보기

ㄱ. 몸무게 120kg 이상인 사람은 방사선에 300rem 정도로 피해를 입은 경우 수혈이나 치료를 받지 않아도 사망할 확률이 거의 없다.
ㄴ. 몸무게 50kg인 사람이 500조 개의 감마선 입자에 해당하는 방사선을 흡수한 경우 머리카락이 빠지기 시작하고 구역질을 할 것이다.
ㄷ. 인체에 유입된 일정량 이하의 유해 물질이 정상적인 신체 기능에 거의 영향을 주지 않으면서 우리 몸에 의해 자연스럽게 제거되는 경우 문턱효과가 있다고 할 수 있다.
ㄹ. 체르노빌 사고 현장에 투입된 몸무게 80kg의 소방대원 A씨가 입은 방사선 피해는 100rem 이상이었다.

① ㄱ, ㄴ
② ㄴ, ㄷ
③ ㄱ, ㄴ, ㄹ
④ ㄴ, ㄷ, ㄹ

04 다음은 S은행에서 여신거래 시 활용하는 기본약관의 일부이다. 이에 대한 내용을 바르게 이해하지 못한 직원은?

> **제3조 이자 등과 지연배상금**
>
> ① 이자・보증료・수수료 등(이하 "이자 등"이라고 함)의 이율・계산방법・지급의 시기 및 방법에 관해, 은행은 법령이 허용하는 한도 내에서 정할 수 있으며 채무자가 해당사항을 계약 체결 전에 상품설명서 및 홈페이지 등에서 확인할 수 있도록 합니다.
>
> ② 이자 등의 율은 거래계약 시에 다음의 각 호 중 하나를 선택하여 적용할 수 있습니다.
> 1. 채무의 이행을 완료할 때까지 은행이 그 율을 변경할 수 없음을 원칙으로 하는 것
> 2. 채무의 이행을 완료할 때까지 은행이 그 율을 수시로 변경할 수 있는 것
>
> ③ 제2항 제1호를 선택한 경우에 채무이행 완료 전에 국가경제・금융사정의 급격한 변동 등으로 계약 당시에 예상할 수 없는 현저한 사정변경이 생긴 때에는 은행은 채무자에 대한 개별통지에 의하여 그 율을 인상・인하할 수 있기로 합니다. 이 경우 변경요인이 없어진 때에는 은행은 없어진 상황에 부합되도록 변경하여야 합니다.
>
> ④ 제2항 제2호를 선택한 경우에 이자 등의 율에 관한 은행의 인상・인하는 건전한 금융관행에 따라 합리적인 범위 내에서 이루어져야 합니다.
>
> ⑤ 채무자가 은행에 대한 채무의 이행을 지체한 경우에는, 곧 지급하여야 할 금액에 대하여 법령이 정하는 제한 내에서 은행이 정한 율로, 1년을 365일(윤년은 366일)로 보고 1일 단위로 계산한 지체일수에 해당하는 지연배상금을 지급하기로 하되, 금융사정의 변화, 그 밖의 상당한 사유로 인하여 법령에 의하여 허용되는 한도 내에서 율을 변경할 수 있습니다. 다만, 외국환거래에 있어서는 국제관례・상관습 등에 따릅니다.
>
> ⑥ 은행이 이자 등과 지연배상금의 계산방법・지급의 시기 및 방법을 변경하는 경우에, 그것이 법령에 의하여 허용되는 한도 내이고 금융사정 및 그 밖의 여신거래에 영향을 미치는 상황의 변화로 인하여 필요한 것일 때에는 변경 후 최초로 이자를 납입하여야 할 날부터 그 변경된 사항이 적용됩니다.
>
> ⑦ 제4항, 제5항 및 제6항에 따라 변경하는 경우 은행은 그 변경 기준일로부터 1개월간 모든 영업점 및 은행이 정하는 전자매체 등에 이를 게시하여야 합니다. 다만, 특정 채무자에 대하여 개별적으로 변경하는 경우에는 개별통지를 해야 합니다.
>
> … 생략 …

① A사원 : 은행에서 율을 변경할 수 없는 것을 원칙으로 하는 것은 고정금리를, 수시로 변경할 수 있다고 하는 것은 변동금리를 적용한다는 의미이네.

② B주임 : 은행이 율을 변경할 수 없는 조건으로 계약했다고 하더라도 국가경제가 급격하게 변화하면 율을 인상・인하할 수 있구나.

③ C대리 : 지연배상금이라 하면 보통 연체이자를 의미하는데, 1년을 365일로 보고 지체일수에 해당하는 만큼 은행에서 규정한 연체이자율에 의해 지급하도록 하고 있구나.

④ D주임 : 대출 취급 시 적용하는 이자 등과 지연배상금이 변경될 경우에는 변경 기준일로부터 40일간 모든 전자매체 등에 게시해야 하는구나.

05 다음은 신문기사를 읽고 직원들이 나눈 대화이다. 이에 대한 내용을 바르게 이해하지 못한 직원은?

○○일보

○○일보 제1,358호	○○년 ○○월 ○일 안내전화 02-000-0000	www.sdxxx.com

거치기간 1년 못 넘기고, 초기부터 원금 · 이자 나눠 갚아야 …

주택담보대출을 받을 때보다 깐깐한 소득심사를 하는 가계부채 관리대책이 수도권부터 전면 시행된다. 비수도권은 3개월 후부터 적용할 방침이다.

새 여신심사 가이드라인은 상환능력 범위에서 처음부터 나눠 갚도록 유도하는 내용이 골자다. 지금까지는 돈 빌리는 사람이 금리를 '고정형 또는 변동형', 상환방식을 '거치형 또는 일시납입형' 등으로 고를 수 있었고, 이에 따라 대출금리가 결정됐다. 이 때문에 집값이 오를 줄 알고 주택을 담보로 돈을 빌린 뒤 이자만 내다가 만기에 원금을 한꺼번에 갚는 방식을 많이 택했다.

새 가이드라인은 집의 담보 가치나 소득에 비해 빌리는 돈이 많거나 소득 증빙을 제대로 못 한 경우에는 대출 후 1년 이내부터 빚을 나눠 갚도록 하는 내용을 담고 있다. 집을 사면서 그 집을 담보로 돈을 빌리는 사람도 초기부터 빚을 나눠 갚도록 하는 원칙이 적용된 것이다.

물론 명확한 대출 상환계획이 있는 등 일부 예외에 해당하면 거치식 대출을 받을 수 있다. 아파트 중도금 대출 등 집단대출도 이번 가이드라인 적용에서 예외로 인정된다.

또한 변동금리 제한도 많아진다. 상승가능금리(스트레스금리)를 추가로 고려했을 때 일정 한도를 넘어서는 대출은 고정금리로 유도하거나 아예 대출한도를 넘지 못하게 한다.

어떤 형태의 대출이 가능할지를 알아보려면 은행영업점 창구나 온라인에서 상담을 받으면 된다.

은행권에서는 무작정 대출받기가 어려워지는 것은 아니라고 설명한다. 은행 관계자는 "변동과 고정의 금리 차가 거의 없어 대출 시 다소 불편할지는 몰라도 못 받는 경우는 거의 없을 것"이라며 "실수요자들이 대출받기 어려워지는 부작용은 발생하지 않을 것"이라고 설명했다.

그럼에도 새 여신심사 가이드라인 시행을 앞두고 주택담보대출 증가세는 확연히 둔화한 것으로 나타났다.

… 생략 …

① G과장 : 최근 저금리 기조로 인해서 가계부채가 상당히 많이 늘었다고 하던데, 새로운 여신심사 가이드라인을 적용하면 가계부채 감소에 도움이 되겠군요.

② K차장 : 말도 말게나. 주택담보대출을 받을 때 만기일시상환으로 설정하면 이자만 내면 되었는데 말이야.

③ Y과장 : 맞습니다. 담보 가치나 소득에 비해 많은 대출을 하거나 혹은 소득증빙을 제대로 못하면 대출 후 1년 이내부터 원금을 상환해야 하니 대출을 받으려는 사람도 줄어들 것 같습니다.

④ Q대리 : 네, 이제는 주택담보대출을 신청할 때 까다로운 심사기준으로 인해서 대출받기가 어려워진다니 실수요자들이 피해를 입을까 걱정됩니다.

PART 1

05 나열하기

| 유형분석 |

- 글의 논리적인 전개 구조를 파악할 수 있는지 평가한다.
- 첫 문단(단락)이 제시되지 않은 문제가 출제될 가능성이 있다.

다음 글을 논리적 순서대로 바르게 나열한 것은?

(가) 그렇기 때문에 남녀 고용 평등의 확대를 위해 채용 목표제를 강화할 필요가 있다.
(나) 우리나라 대졸 이상 여성의 고용 비율은 OECD 국가 중 최하위인데 이는 채용 과정에서 여성이 부당한 차별을 받는 경우가 많다는 것을 보여준다.
(다) 우리나라 남녀 전체의 평균 고용 비율 격차는 31.8%p로 남성에 비해 여성의 고용 비율이 현저히 낮다.
(라) 강화된 법규가 준수될 수 있도록 정부의 계도와 감독 기능을 강화해야 할 것이다.
(마) 고용 시 여성에게 일정 비율을 할애하는 것은 남성에 대한 역차별이라는 주장이 있기는 하지만 남녀 고용 평등이 어느 정도 실현될 때까지 여성에 대한 배려는 불가피하다.

① (다) – (가) – (마) – (나) – (라)
② (다) – (나) – (라) – (가) – (마)
③ (라) – (나) – (마) – (다) – (가)
④ (라) – (다) – (가) – (나) – (마)

정답 ①

제시문은 우리나라 여성의 고용 비율이 남성보다 낮기 때문에 여성의 고용에 대한 배려가 필요하다는 내용이다. 따라서 (다) 우리나라는 남성에 비해 여성의 고용 비율이 현저히 낮음 – (가) 남녀 고용 평등의 확대를 위한 채용 목표제의 강화 필요 – (마) 역차별이라는 주장과 현실적인 한계 – (나) 대졸 이상 여성의 고용 비율이 OECD 국가 중 최하위인 대한민국의 현실 – (라) 강화된 법규가 준수될 수 있도록 정부의 계도와 감독 기능의 강화 필요 순으로 나열하는 것이 적절하다.

유형풀이 Tip

- 각 문단에 위치한 지시어와 접속어를 살펴본다. 문두에 접속어가 오거나 문장 중간에 지시어가 나오는 경우 글의 첫 번째 문단이 될 수 없다.
- 각 문단의 첫 문장과 마지막 문장에 집중하면서 글의 순서를 하나씩 맞춰 나간다.
- 선택지를 참고하여 문단의 순서를 생각해 보는 것도 시간을 단축하는 좋은 방법이 될 수 있다.

※ 다음 글을 논리적 순서대로 바르게 나열한 것을 고르시오. [1~2]

Hard

01

(가) 이와 같이 임베디드 금융의 개선을 위해서는 효과적인 보안 시스템과 프라이버시 보호 방안을 도입하여 사용자의 개인정보를 안전하게 관리하는 것이 필요하다. 또한 디지털 기기의 접근성을 개선하고 사용자들이 편리하게 이용할 수 있는 환경을 조성해야 한다.

(나) 임베디드 금융은 기업과 소비자 모두에게 이점을 제공한다. 기업은 제품과 서비스에 금융 기능을 통합함으로써 자사 플랫폼 의존도를 높이고, 수집한 고객의 정보를 통해 매출을 증대시킬 수 있으며, 고객들에게 편리한 금융 서비스를 제공할 수 있다. 소비자의 경우는 모바일 앱을 통해 간편하게 금융 거래를 할 수 있고, 스마트기기 하나만으로 다양한 금융 상품에 접근할 수 있어 편의성과 접근성이 크게 향상된다.

(다) 그러나 임베디드 금융은 개인정보 보호와 안전성에 대한 관리가 필요하다. 사용자의 금융 데이터와 개인정보가 디지털 플랫폼이나 기기에 저장되므로 해킹이나 데이터 유출과 같은 사고가 발생할 수 있다. 이는 사용자의 프라이버시 침해와 금융 거래 안전성에 대한 심각한 위협이 될 수 있다. 또한 모든 사람들이 안정적인 인터넷 연결과 임베디드 금융이 포함된 최신 기기를 보유하고 있지는 않기 때문에 디지털 기기에 익숙하지 않은 사람들은 임베디드 금융 서비스를 제공받는 데 제한을 받을 수 있다.

(라) 임베디드 금융은 비금융 기업이 자신의 플랫폼이나 디지털 기기에 금융 서비스를 탑재하는 것을 뜻한다. S페이나 A페이 같은 결재 서비스부터 대출이나 보험까지 임베디드 금융은 제품과 서비스에 금융 기능을 통합하여 사용자에게 편의성과 접근성을 높여준다.

① (가) – (다) – (라) – (나)
② (나) – (가) – (다) – (라)
③ (나) – (라) – (다) – (가)
④ (라) – (나) – (다) – (가)

PART 1

02

(가) '빅뱅 이전에 아무 일도 없었다.'는 말을 달리 해석하는 방법도 있다. 그것은 바로 빅뱅 이전에는 시간도 없었다고 해석하는 것이다. 그 경우 '빅뱅 이전'이라는 개념 자체가 성립하지 않으므로 그 이전에 아무 일도 없었던 것은 당연하다. 그렇게 해석한다면 빅뱅이 일어난 이유도 설명할 수 있게 된다. 즉 빅뱅은 '0년'을 나타내는 것이다. 시간의 시작은 빅뱅의 시작으로 정의되기 때문에 우주가 그 이전이든 이후이든 왜 탄생했느냐고 묻는 것은 이치에 닿지 않는다.

(나) 단지 지금 설명할 수 없다는 뜻이 아니라 설명 자체가 있을 수 없다는 뜻이다. 어떻게 설명이 가능하겠는가? 수도관이 터진 이유는 그전에 닥쳐온 추위로 설명할 수 있다. 공룡이 멸종한 이유는 그 전에 지구와 운석이 충돌했을 가능성으로 설명하면 된다. 바꿔 말해서, 우리는 한 사건을 설명하기 위해 그 사건 이전에 일어났던 사건에서 원인을 찾는다. 그러나 빅뱅의 경우에는 그 이전에 아무것도 없었으므로 어떠한 설명도 찾을 수 없는 것이다.

(다) 그런데 이런 식으로 사고하려면, 아무 일도 일어나지 않고 시간만 존재하는 것을 상상할 수 있어야 한다. 그것은 곧 시간을 일종의 그릇처럼 상상하고 그 그릇 안에 담긴 것과 무관하게 여긴다는 뜻이다. 시간을 이렇게 본다면 변화는 일어날 수 없다. 여기서 변화는 시간의 경과가 아니라 사물의 변화를 가리킨다. 이런 전제하에서 우리가 마주하는 문제는 이것이다. 어떤 변화가 생겨나기도 전에 영겁의 시간이 있었다면, 왜 우주가 탄생하게 되었는지를 설명할 수 없다.

(라) 우주론자들에 따르면 우주는 빅뱅으로부터 시작되었다고 한다. 빅뱅이란 엄청난 에너지를 가진 아주 작은 우주가 폭발하듯 갑자기 생겨난 사건을 말한다. 그게 사실이라면 빅뱅 이전에는 무엇이 있었느냐는 질문이 나오는 게 당연하다. 아마 아무것도 없었을 것이다. 하지만 빅뱅 이전에 아무것도 없었다는 말은 무슨 뜻일까? 영겁의 시간 동안 단지 진공이었다는 뜻이다. 움직이는 것도, 변화하는 것도 없었다는 것이다.

① (가) – (나) – (다) – (라)
② (가) – (다) – (나) – (라)
③ (라) – (가) – (나) – (다)
④ (라) – (다) – (나) – (가)

※ 다음 글을 읽고 첫 단락에 이어질 문단을 논리적 순서대로 바르게 나열하시오. [3~5]

Hard

03

최근 행동주의펀드가 적극적으로 목소리를 내면서 기업들의 주가가 급격히 변동하는 경우가 빈번해지고 있다. 특히 주주제안을 받아들이는 기업의 주가는 급등했지만, 이를 거부하는 기업의 경우 주가가 하락하고 있다. 이에 일각에서는 주주 보호를 위해 상법 개정이 필요하다는 지적이 나오고 있다.

(가) 이에 대한 대표적인 사례가 S사이다. 그동안 S사는 대주주의 개인회사인 L기획에 일감을 몰아주면서 부당한 이득을 취해왔는데, 이에 대해 A자산운용이 이러한 행위는 주주가치를 훼손하는 것이라며 지적한 것이다. 이에 S사는 L기획과 계약종료를 검토하겠다고 밝혔으며, 이처럼 A자산운용의 요구가 실현되면서 주가는 18.6% 급등하였다. 이 밖에도 C사와 H사 등 자본시장에 영향을 미치고 있다.

(나) 이러한 행동주의펀드는 배당 확대나 이사·감사 선임과 같은 기본적 사안부터 분리 상장, 이사회 정원 변경, 경영진 교체 등 핵심 경영 문제까지 지적하며 개선을 요구하고 있는 추세이다.

(다) 이와 같은 A자산운용의 제안을 수락한 7개의 은행 지주는 올해 들어 주가가 8 ~ 27% 급상승하는 결과를 보였으며, 이와 반대로 해당 제안을 장기적 관점에서 기업가치와 주주가치의 실익이 적다며 거부한 K사의 주가는 동일한 기간 주가가 4.15% 하락하는 모습을 보여, 다가오는 주주총회에서의 행동주의펀드 및 소액주주들과 충돌이 예상되고 있다.

(라) 이처럼 시장의 주목도가 높아진 A자산운용의 영향력은 최근 은행주에도 그 영향이 미쳤는데, K금융·S지주·H금융지주·W금융지주·B금융지주·D금융지주·J금융지주 등 은행지주 7곳에 주주환원 정책 도입을 요구한 것이다. 특히 그중 J금융지주에는 평가 결과 주주환원 정책을 수용할 만한 수준에 미치지 못한다고 판단된다며 배당확대와 사외이사의 추가 선임의 내용을 골자로 한 주주제안을 요구하였다.

① (가) – (나) – (다) – (라)
② (나) – (가) – (라) – (다)
③ (나) – (라) – (다) – (가)
④ (다) – (라) – (나) – (가)

04

> 먼저 고전학파에서는 시장에서 임금이나 물가 등의 가격 변수가 완전히 탄력적으로 작용하기 때문에 경기적 실업을 자연스럽게 해소될 수 있는 일시적 현상으로 본다.
>
> (가) 이렇게 실질임금이 상승하게 되면 경기적 실업으로 인해 실업 상태에 있던 노동자들은 노동 시장에서 일자리를 적극적으로 찾으려고 하고, 이로 인해 노동의 초과공급이 발생하게 된다. 그래서 노동자들은 노동 시장에서 경쟁하게 되고 이러한 경쟁으로 인해 명목임금은 탄력적으로 하락하게 된다. 명목임금의 하락은 실질임금의 하락으로 이어지게 되고 실질임금은 경기가 침체되기 이전과 동일한 수준으로 돌아간다.
>
> (나) 이들에 의하면 노동자들이 받는 화폐의 액수를 의미하는 명목임금이 변하지 않은 상태에서, 경기 침체로 인해 물가가 하락하게 되면 명목임금을 물가로 나눈 값, 즉 임금의 실제 가치를 의미하는 실질임금은 상승하게 된다. 예를 들어 물가가 10% 정도 하락하게 되면 명목임금으로 구매할 수 있는 재화의 양이 10% 정도 늘어날 수 있고, 이는 물가가 하락하기 전보다 실질임금이 10% 정도 상승했다는 의미이다.
>
> (다) 결국 기업에서는 명목임금이 하락한 만큼 노동의 수요량을 늘릴 수 있게 되므로 노동의 초과공급은 사라지고 실업이 자연스럽게 해소된다. 따라서 고전학파에서는 인위적 개입을 통해 경기적 실업을 감소시키려는 정부의 역할에 반대한다.

① (가) – (나) – (다)
② (가) – (다) – (나)
③ (나) – (가) – (다)
④ (다) – (가) – (나)

05

휘슬블로어란 호루라기를 뜻하는 휘슬(Whistle)과 부는 사람을 뜻하는 블로어(Blower)가 합쳐진 말이다. 즉, 호루라기를 부는 사람이라는 뜻으로 자신이 속해 있거나 속해 있었던 집단의 부정부패를 고발하는 사람을 뜻하며, 흔히 '내부고발자'라고도 불린다. 부정부패는 고발당해야 마땅한 것인데 이렇게 '휘슬블로어'라는 용어가 따로 있는 것은 그만큼 자신이 속한 집단의 부정부패를 고발하는 것이 쉽지 않다는 뜻일 것이다.

(가) 또한 법의 울타리 밖에서 행해지는 것에 대해서도 휘슬블로어는 보호받지 못한다. 일단 기업이나 조직 속에서 배신자가 되었다는 낙인과 상급자들로부터 괘씸죄로 인해 받게 되는 업무 스트레스, 집단 따돌림 등으로 인해 고립되게 되기 때문이다. 뿐만 아니라 익명성이 철저히 보장되어야 하지만 조직에서는 휘슬블로어를 찾기 위해 혈안이 된 상급자의 집요한 색출로 인해 신상이 밝혀지는 경우가 많다. 그렇게 될 경우 휘슬블로어들은 권고사직을 통해 해고를 당하거나 괴롭힘을 당한 채 일할 수밖에 없다.

(나) 실제로 휘슬블로어의 절반은 제보 후 1년간 자살충동 등 정신 및 신체적 질환으로 고통을 받는다고 한다. 또한 73%에 해당되는 상당수의 휘슬블로어들은 동료로부터 집단적으로 따돌림을 당하거나 가정에서도 불화를 겪는다고 한다. 우리는 이들이 공정한 사회와 도덕적 가치를 위해 중대한 결정을 한 사람이라는 것을 외면해서는 안 되며, 이러한 휘슬블로어들을 법적으로 보호할 필요가 있다.

(다) 내부고발이 어려운 큰 이유는 내부고발을 한 후에 맞게 되는 후폭풍 때문이다. 내부고발은 곧 기업의 이미지가 떨어지는 것부터 시작해 영업 정지와 같은 실질적 징벌로 이어지는 경우가 빈번하기 때문에 내부고발자들이 배신자로 취급되는 경우가 대부분이다. 실제로 양심에 따라 내부고발을 한 이후 닥쳐오는 후폭풍에 못 이겨 제 발로 회사를 나오는 경우도 많으며, 보복성 업무와 인사이동 등으로 불이익을 받는 경우도 많다.

(라) 현재 이러한 휘슬블로어를 보호하기 위한 법으로는 2011년 9월부터 시행되어 오고 있는 공익신고자 보호법이 있다. 하지만 이러한 법 제도만으로는 휘슬블로어들을 보호하는 데에 무리가 있다. 공익신고자 보호법은 181개 법률 위반행위에 대해서만 공익신고로 보호하고 있는데, 만일 공익신고자 보호법에서 규정하고 있는 법률 위반행위가 아닌 경우에는 보호를 받지 못하고 있는 것이다.

① (다) – (가) – (라) – (나)
② (다) – (나) – (라) – (가)
③ (라) – (가) – (다) – (나)
④ (라) – (나) – (가) – (다)

06 문장삽입

| 유형분석 |

- 논리적인 흐름에 따라 글을 이해할 수 있는지 평가한다.
- 한 문장뿐 아니라 여러 개의 문장이나 문단을 삽입하는 문제가 출제될 가능성이 있다.

다음 글에서 〈보기〉의 내용이 들어갈 위치로 가장 적절한 곳은?

밥상에 오르는 곡물이나 채소가 국내산이라고 하면 보통 그 종자도 우리나라의 것으로 생각하기 쉽다. (가) 하지만 실상은 벼, 보리, 배추 등을 제외한 많은 작물의 종자를 수입하고 있어 그 자급률이 매우 낮다고 한다. (나) 또한, 청양고추 종자는 우리나라에서 개발했음에도 현재는 외국 기업이 그 소유권을 가지고 있다. (다) 국내 채소 종자 시장의 경우 종자 매출액의 50%가량을 외국 기업이 차지하고 있다는 조사 결과도 있다. (라) 이런 상황이 지속될 경우, 우리 종자를 심고 키우기 어려워질 것이고 종자를 수입하거나 로열티를 지급하는 데 지금보다 훨씬 많은 비용이 들어가는 상황도 발생할 수 있다. 또한, 전문가들은 세계 인구의 지속적인 증가와 기상 이변 등으로 곡물 수급이 불안정하고, 국제 곡물 가격이 상승하는 상황을 고려할 때, 결국에는 종자 문제가 식량 안보에 위협 요인으로 작용할 수 있다고 지적한다.

보기

양파, 토마토, 배 등의 종자 자급률은 약 16%, 포도는 약 1%에 불과하다.

① (가)　　② (나)
③ (다)　　④ (라)

정답 ②

보기의 문장은 우리나라 작물의 낮은 자급률을 보여주는 구체적인 수치이다. 따라서 우리나라 작물의 낮은 자급률을 이야기하는 '하지만 실상은 벼, 보리, 배추 등을 제외한 많은 작물의 종자를 수입하고 있어 그 자급률이 매우 낮다고 한다.'의 뒤인 (나)에 위치하는 것이 가장 적절하다.

유형풀이 Tip

- 보기를 먼저 읽고, 선택지로 주어진 빈칸의 앞·뒤 문장을 읽어 본다. 그리고 빈칸 부분에 보기를 넣었을 때 그 흐름이 어색하지 않은 위치를 찾는다.
- 보기 문장의 중심이 되는 단어가 빈칸의 앞뒤에 언급되어 있는지 확인하도록 한다.

대표기출유형 06 기출응용문제

※ 다음 글에서 〈보기〉의 내용이 들어갈 위치로 가장 적절한 곳을 고르시오. [1~2]

01

정보란 무엇인가? 이 점은 정보화 사회를 맞이하면서 우리가 가장 깊이 생각해 보아야 할 문제이다. 정보는 그냥 객관적으로 주어진 대상인가? 그래서 그것은 관련된 당사자들에게 항상 가치중립적이고 공정한 지식이 되는가? 결코 그렇지 않다. 똑같은 현상에 대해 정보를 만들어 내는 방식은 매우 다양할 수 있다. 정보라는 것은 인간에 의해 가공되는 것이고 그 배경에는 언제나 나름대로의 입장과 가치관이 깔려 있게 마련이다.

정보화 사회가 되어 정보가 넘쳐나는 듯하지만 사실 우리 대부분은 그 소비자로 머물러 있을 뿐 적극적인 생산의 주체로 나서지 못하고 있다. 이런 상황에서는 우리의 생활을 질적으로 풍요롭게 해 주는 정보를 확보하기가 대단히 어렵다. 사실 우리가 일상적으로 구매하고 소비하는 정보란 대부분이 일회적인 심심풀이용이 많다. (가)

또한 정보가 많을수록 좋은 것만은 아니다. 오히려 정보의 과잉은 무기력과 무관심을 낳는다. 네트워크와 각종 미디어와 통신 기기의 회로들 속에서 정보가 기하급수적인 속도의 규모로 증식하고 있는 데 비해, 그것을 수용하고 처리할 수 있는 우리 두뇌의 용량은 진화하지 못하고 있다. 이 불균형은 일상의 스트레스 또는 사회적인 교란으로 표출된다. 정보 그 자체에 집착하는 태도에서 벗어나 무엇이 필요한지를 분별할 수 있는 능력이 배양되어야 한다. (나)

정보는 얼마든지 새롭게 창조될 수 있다. 컴퓨터의 기계적인 언어로 입력되기 전까지의 과정은 인간의 몫이다. 기계가 그것을 대신하기는 불가능하다. 따라서 정보화 시대의 중요한 관건은 컴퓨터에 대한 지식이나 컴퓨터를 다루는 방법이 아니라, 무엇을 담을 것인가에 대한 인간의 창조적 상상력이다. 그것은 마치 전자레인지가 아무리 좋아도 그 자체로 훌륭한 요리를 보장하지는 못하는 것과 마찬가지이다. (다)

정보와 지식 그 자체로는 딱딱하게 굳어 있는 물건처럼 존재하는 듯 보인다. 그러나 그것은 커뮤니케이션 속에서 살아 움직이며 진화한다. 끊임없이 새로운 의미가 발생하고 또한 더 고급으로 갱신되어 간다. 따라서 한 사회의 정보화 수준은 그러한 소통의 능력과 직결된다. 정보의 순환 속에서 끊임없이 새로운 정보로 거듭나는 역동성이 없이는 아무리 방대한 데이터베이스라 해도 그 기능에 한계가 있기 때문이다. (라)

보기

한 가지 예를 들어 보자. 어떤 나라에서 발행하는 관광 안내 책자는 정보가 섬세하고 정확하다. 그러나 그 책을 구입해 관광을 간 소비자들은 종종 그 내용의 오류를 발견한다. 그리고 많은 이들이 그것을 그냥 넘기지 않고 수정 사항을 엽서에 적어서 출판사에 보내준다. 출판사는 일일이 현지에 직원을 파견하지 않고도 책자를 개정할 수 있다.

① (가)　　② (나)
③ (다)　　④ (라)

Hard

02

(가) 1783년 영국 자연철학자 존 미첼은 빛은 입자라는 생각과 뉴턴의 중력이론을 결합한 이론을 제시하였다. 그는 우선 별들이 어떻게 보일 것인지 사고 실험을 통해 예측하였다.
별의 표면에서 얼마간의 초기 속도로 입자를 쏘아 올려 아무런 방해 없이 위로 올라간다고 가정해보자. (나) 만약에 초기 속도가 충분히 빠르지 않으면 별의 중력은 입자의 속도를 점점 느리게 할 것이며, 결국 그 입자를 별의 표면으로 되돌아가게 할 것이다. 만약 초기 속도가 충분히 빠르면 입자는 중력을 극복하고 별을 탈출할 수 있을 것이다. 이렇게 입자가 별을 탈출할 수 있는 최소한의 초기 속도는 '탈출 속도'라고 불린다.
(다) 이를 바탕으로 미첼은 '임계 둘레'라는 것도 추론해냈다. 임계 둘레란 탈출 속도와 빛의 속도를 같게 만드는 별의 둘레를 말한다. 빛 입자는 다른 입자들처럼 중력의 영향을 받는다. 그로 인해 빛은 임계 둘레보다 작은 둘레를 가진 별에서는 탈출할 수 없다. 그런 별에서 약 30만 km/s의 초기 속도로 빛 입자를 쏘아 올렸을 때 입자는 우선 위로 날아갈 것이다. (라) 그런 다음 멈출 때까지 느려지다가, 결국 별의 표면으로 되돌아갈 것이다. 미첼은 임계 둘레를 쉽게 계산할 수 있었다. 태양과 동일한 질량을 가진 별의 임계 둘레는 약 19km로 계산되었다. 이러한 사고 실험을 통해 미첼은 임계 둘레보다 작은 둘레를 가진 암흑의 별들이 무척 많을 테고, 그 별들에선 빛 입자가 빠져나올 수 없기에 지구에서는 볼 수 없을 것으로 추측했다.

보기

미첼은 뉴턴의 중력이론을 이용해서 탈출 속도를 계산할 수 있었으며, 그 속도가 별 질량을 별의 둘레로 나눈 값의 제곱근에 비례한다는 것을 유도하였다.

① (가)
② (나)
③ (다)
④ (라)

03 다음 글의 빈칸에 들어갈 문장을 〈보기〉에서 찾아 순서대로 바르게 나열한 것은?

요즘에는 낯선 곳을 찾아갈 때, 지도를 해석하며 어렵게 길을 찾지 않아도 된다. 기술이 발달함에 따라, 제공되는 공간 정보를 바탕으로 최적의 경로를 탐색할 수 있게 되었기 때문이다. ______________________________ 이처럼, 공간 정보가 시간에 따른 변화를 반영할 수 있게 된 것은 정보를 수집하고 분석하는 정보 통신 기술의 발전과 밀접한 관련이 있다.
공간 정보의 활용은 '위치정보시스템(GPS)'과 '지리정보시스템(GIS)' 등의 기술적 발전과 휴대전화나 태블릿 PC 등 정보 통신 기기의 보급을 기반으로 한다. 위치정보시스템은 공간에 대한 정보를 수집하고 지리정보시스템은 정보를 저장, 분류, 분석한다. 이렇게 분석된 정보는 사용자의 요구에 따라 휴대전화나 태블릿 PC 등을 통해 최적화되어 전달된다.
길 찾기를 예로 들어 이 과정을 살펴보자. 휴대전화 애플리케이션을 이용해 사용자가 목적지를 입력하고 이동수단으로 버스를 선택하였다면, 우선 사용자의 현재 위치가 위치정보시스템에 의해 실시간으로 수집된다. 그리고 목적지와 이동수단 등 사용자의 요구와 실시간으로 수집된 정보에 따라 지리정보시스템은 탑승할 버스 정류장의 위치, 다양한 버스 노선, 최단시간 등을 분석하여 제공한다. ______________________________

______________________________ 예를 들어, 여행지와 관련한 공간 정보는 여행자의 요구와 선에 따라 선별적으로 분석되어 활용된다. 나아가 유동인구를 고려한 상권 분석과 교통의 흐름을 고려한 도시 계획 수립에도 공간 정보 활용이 가능하게 되었다. 획기적으로 발전되고 있는 첨단 기술이 적용된 공간 정보가 국가 차원의 자연재해 예측 시스템에도 활발히 활용된다면 한층 정밀한 재해 예방 및 대비가 가능해질 것이다. 이로 인해 우리의 삶도 더 편리하고 안전해질 것으로 기대된다.

보기

㉠ 어떤 곳의 위치 좌표나 지리적 형상에 대한 정보뿐만 아니라 시간에 따른 공간의 변화를 포함한 공간 정보를 이용할 수 있게 되면서 가능해진 것이다.
㉡ 더 나아가 교통 정체와 같은 돌발 상황과 목적지에 이르는 경로의 주변 정보까지 분석하여 제공한다.
㉢ 공간 정보의 활용 범위는 계속 확대되고 있다.

① ㉠, ㉡, ㉢　　② ㉠, ㉢, ㉡
③ ㉡, ㉠, ㉢　　④ ㉡, ㉢, ㉠

※ 다음 글에서 〈보기〉의 문장 ㉠, ㉡이 들어갈 위치로 가장 적절한 곳을 고르시오. **[4~5]**

Easy

04

현대 사회가 다원화되고 복잡해지면서 중앙 정부는 물론, 지방 자치 단체 또한 정책 결정 과정에서 능률성과 효과성을 우선시하는 경향이 커져 왔다. 이로 인해 전문적인 행정 담당자를 중심으로 한 정책 결정이 빈번해지고 있다. 그러나 지방 자치 단체의 정책 결정은 지역 주민의 의사와 무관하거나 배치되어서는 안 된다는 점에서 이러한 정책 결정은 지역 주민의 의사에 보다 부합하는 방향으로 보완될 필요가 있다. (가)

행정 담당자 주도로 이루어지는 정책 결정의 문제점을 극복하기 위해 그동안 지방 자치 단체 자체의 개선 노력이 없었던 것은 아니다. (나) 이 둘은 모두 행정 담당자 주도의 정책 결정을 보완하기 위해 시장 경제의 원리를 부분적으로 받아들였다는 점에서는 공통되지만, 운영 방식에는 차이가 있다. 민간화는 지방 자치 단체가 담당하는 특정 업무의 운영권을 민간 기업에 위탁하는 것으로, 기업 선정을 위한 공청회에 주민들이 참여하는 등의 방식으로 주민들의 요구를 반영하는 것이다. (다) 하지만 민간화를 통해 수용되는 주민들의 요구는 제한적이므로 전체 주민의 이익이 반영되지 못하는 경우가 많고, 민간 기업의 특성상 공익의 추구보다는 기업의 이익을 우선한다는 한계가 있다. 경영화는 민간화와는 달리, 지방 자치 단체가 자체적으로 민간 기업의 운영 방식을 도입하는 것을 말한다. 주민들을 고객으로 대하며 주민들의 요구를 충족하고자 하는 것이다. (라)

이러한 한계를 해소하고 지방 자치 단체의 정책 결정 과정에서 지역 주민 전체의 의견을 보다 적극적으로 반영하기 위해서는 주민 참여 제도의 활성화가 요구된다. 현재 우리나라의 지방 자치 단체가 채택하고 있는 간담회, 설명회 등의 주민 참여 제도는 주민들의 의사를 간접적으로 수렴하여 정책에 반영하는 방식인데, 주민들의 의사를 더욱 직접적으로 반영하기 위해서는 주민 투표, 주민 소환, 주민 발안 등의 직접 민주주의 제도를 활성화하는 방향으로 주민 참여 제도가 전환될 필요가 있다.

보기

㉠ 지역 주민의 요구를 수용하기 위해 도입한 '민간화'와 '경영화'가 대표적인 사례이다.

㉡ 그러나 주민 감시나 주민자치위원회 등을 통한 외부의 적극적인 견제가 없으면 행정 담당자들이 기존의 관행에 따라 업무를 처리하는 경향이 나타나기도 한다.

	㉠	㉡
①	(가)	(나)
②	(가)	(다)
③	(나)	(다)
④	(나)	(라)

Hard

05

흔히 어떤 대상이 반드시 가져야만 하고 그것을 다른 대상과 구분해 주는 속성을 본질이라고 한다. X의 본질이 무엇인지 알고 싶으면 X에 대한 필요 충분한 속성을 찾으면 된다. 다시 말해서 모든 X에 대해 그리고 오직 X에 대해서만 해당되는 것을 찾으면 된다. 예컨대 모든 까투리가 그리고 오직 까투리만이 꿩이면서 동시에 암컷이므로, '암컷인 꿩'은 까투리의 본질이라고 생각된다. 그러나 암컷인 꿩은 애초부터 까투리의 정의라고 우리가 규정한 것이므로 그것을 본질이라고 말하기에는 허망하다. 다시 말해서 본질은 따로 존재하여 우리가 발견한 것이 아니라 까투리라는 낱말을 만들면서 사후적으로 구성된 것이다.

서로 다른 개체를 동일한 종류의 것이라고 판단하고 의사소통에 성공하기 위해서는 개체들이 공유하는 무엇인가가 필요하다. 본질주의는 그것이 우리와 무관하게 개체 내에 본질로서 존재한다고 주장한다. (가) 반면에 반(反)본질주의는 그런 본질이란 없으며, 인간이 정한 언어 약정이 본질주의에서 말하는 본질의 역할을 충분히 달성할 수 있다고 주장한다. (나)

'본질'이 존재론적 개념이라면 거기에 언어적으로 상관하는 것은 '정의'이다. 그런데 어떤 대상에 대해서 약정적이지 않으면서 완벽하고 정확한 정의를 내리기 어렵다는 사실은 반본질주의의 주장에 힘을 실어 준다. (다) 사람을 예로 들어 보자. '이성적 동물'은 사람에 대한 정의로 널리 알려져 있다. 그러면 이성적이지 않은 갓난아이를 사람의 본질에 대한 반례로 제시할 수 있다. 이번에는 '사람은 사회적 동물이다.'라고 정의를 제시할 수도 있다. 그러나 사회를 이루고 산다고 해서 모두 사람인 것은 아니다. 개미나 벌도 사회를 이루고 살지만 사람은 아니다.

서양의 철학사는 본질을 찾는 과정이라고 말할 수 있다. 본질주의는 사람뿐만 아니라 자유나 지식 등의 본질을 찾는 시도를 계속해 왔지만, 대부분의 경우 아직까지 본질적인 것을 명확히 찾는 데 성공하지 못했다. (라) 우리가 본질을 명확히 찾지 못하는 까닭은 우리의 무지 때문이 아니라 그런 본질이 있다는 잘못된 가정에서 출발했기 때문이라는 것이다. 사물의 본질이라는 것은 단지 인간의 가치가 투영된 것에 지나지 않는다는 것이 반본질주의의 주장이다.

보기

㉠ 이른바 본질은 우리가 관습적으로 부여하는 의미를 표현한 것에 불과하다는 것이다.
㉡ 그래서 숨겨진 본질을 밝히려는 철학적 탐구는 실제로는 부질없는 일이라고 반본질주의로부터 비판을 받는다.

	㉠	㉡
①	(가)	(나)
②	(가)	(다)
③	(나)	(다)
④	(나)	(라)

PART 1

대표기출유형

07 빈칸추론

| 유형분석 |

- 글의 전반적인 흐름을 파악하고 있는지 평가한다.
- 첫 문장, 마지막 문장 또는 글의 중간 등 다양한 위치에 빈칸이 주어질 수 있다.

다음 글의 빈칸에 들어갈 내용으로 가장 적절한 것은?

> 우리의 생각과 판단은 언어에 의해 결정되는가 아니면 경험에 의해 결정되는가? 언어결정론자들은 우리의 생각과 판단이 언어를 반영하고 있고 실제로 언어에 의해 결정된다고 주장한다. 언어결정론자들의 주장에 따르면 에스키모인들은 눈에 대한 다양한 언어 표현을 갖고 있어서 눈이 올 때 우리가 미처 파악하지 못한 미묘한 차이점들을 찾아낼 수 있다. 또 언어결정론자들은 '노랗다', '샛노랗다', '누르스름하다' 등 노랑에 대한 다양한 우리말 표현들이 있어서 노란색들의 미묘한 차이가 구분되고 그 덕분에 색에 대한 우리의 인지능력이 다른 언어 사용자들보다 뛰어나다고 본다. 이렇듯 언어결정론자들은 사용하는 언어에 의해서 우리의 사고능력이 결정된다고 본다.
> 정말 그럴까? 모든 색은 명도와 채도에 따라 구성된 스펙트럼 속에 놓이고, 각각의 색은 여러 언어로 표현될 수 있다. 이러한 사실에 비추어보면 우리말이 다른 언어에 비해 보다 풍부한 표현을 갖고 있다고 볼 수 없다. 나아가 ____ 따라서 우리의 생각과 판단은 언어가 아닌 경험에 의해 결정된다고 보는 쪽이 더 설득력 있다.

① 어떤 것을 가리키는 단어가 있을 때에만 우리는 그 단어에 대하여 사고할 수 있다.
② 더 풍부한 표현을 가진 언어를 사용함에도 불구하고 인지능력이 뛰어나지 못한 경우들도 있다.
③ 개개인의 언어습득능력과 속도는 모두 다르기 때문에 인지능력에 대한 언어의 영향도 제각기 다르다.
④ 언어가 사고능력에 미치는 영향과 경험이 사고능력에 미치는 영향을 계량화하여 비교하기는 곤란한 일이다.

정답 ②

제시문은 앞부분에서 언어가 사고능력을 결정한다는 언어결정론자들의 주장을 소개하고, 이어지는 문단에서 이에 대하여 반박하면서 우리의 생각과 판단이 언어가 아닌 경험에 의해 결정된다고 결론짓고 있다. 그러므로 빈칸에 들어갈 문장은 언어결정론자들이 내놓은 근거를 반박하면서도 사고능력이 경험에 의해 결정된다는 주장에 위배되지 않는 내용이어야 한다. 따라서 빈칸에는 풍부한 표현을 가진 언어를 사용함에도 인지능력이 뛰어나지 못한 경우가 있다는 내용인 ②가 들어가는 것이 적절하다.

유형풀이 Tip

- 글을 모두 읽고 풀기에는 시간이 부족하다. 따라서 빈칸의 앞·뒤 문장만을 통해 내용을 파악할 수 있어야 한다.
- 주어진 문장을 각각 빈칸에 넣었을 때 그 흐름이 어색하지 않은지 확인하도록 한다.

대표기출유형 07 기출응용문제

01 다음은 4차 산업혁명 ICT 기술을 통한 미래 에너지 신사업에 대한 글이다. 빈칸에 들어갈 ○○기업의 전략과제로 적절하지 않은 것은?

> 최근 몇 년간 발생한 굵직한 이슈들은 전력산업의 근본적인 변화를 요구하고 있다. 2015년 '신기후체제 출범'은 저탄소 사회로의 전환을 요구하며, 신재생에너지의 확산과 저탄소 기술 기반의 에너지 신사업을 이끄는 촉매작용을 하였다.
>
> ○○기업은 에너지 ICT 전문 공기업으로서, 에너지 ICT 4.0 전략을 수립하고 이를 수행할 CEO 직할의 에너지 ICT 4.0 위원회를 운영하고 있다. 이를 통해 전력그룹사와 미래 에너지 신산업을 함께 만들어 가는 역할 수행에 회사 역량을 집중하고 있다. 이를 위해 ○○기업은 전략과제로 ________________________을/를 선정하여 전력그룹사, 중소기업 및 스타트업 그리고 산학연협의체와 더불어 실천계획을 수립하여 실행하고 있다.
>
> ○○기업은 인공지능 기반의 전력계통운영 솔루션과 고장 예지 자산관리 솔루션을 한전과 함께 개발하고 있다. 그리고 미래 스마트발전 운영 솔루션 또한 발전 자회사와 공동으로 개발하고 있으며, ○○기업이 일본에 구축한 54MW 태양광발전소에 적용한 신재생에너지 관제 시스템에 인공지능 기반 발전량 예측기술을 적용하는 기술도 개발하고 있다. 이를 통한 전력계통 고도화로 계통운영의 신뢰성 제고와 자산운영 효율화를 이루어 신재생에너지 확산과 미래 에너지 신산업 창출에 매진할 수 있는 토대를 구축하는 데 기여할 것으로 생각한다.
>
> 또한 지역 상생발전과 일자리 창출을 위해 한전과 광주광역시, 전라남도와 공동으로 '에너지 밸리 조성사업'을 적극 추진하고 있다. '에너지 밸리 조성사업'은 빛가람 혁신도시를 거점으로 주요 산업단지에 전력·에너지 분야 기업 및 연구소를 유치하여, 에너지 신산업 산업생태계를 구축하는 중요한 사업이다.
>
> ○○기업은 에너지 ICT 전문공기업으로서, 전력그룹사의 ICT 동반자임과 동시에 에너지 ICT 생태계의 일원으로 지속가능한 전력산업 미래를 만들어가는 데 부단한 노력을 기울이고 있다. 깨끗하고 안전한 전기에너지를 생산에서부터 공급까지 정보통신기술과 AICBM 기술을 융합하여 선도하기 위하여 전력산업생태계 구성원 모두와 함께 4차 산업혁명 시대를 앞장서고자 한다.

① 전력계통 고도화
② 신재생에너지 확산
③ 인공지능 기반 기술 개발
④ 화력발전의 에너지 생산량 확대

PART 1

※ 다음 글의 빈칸에 들어갈 내용으로 가장 적절한 것을 고르시오. [2~4]

02

얼음의 녹는점이 0°C라는 사실은 누구나 알고 있는 보편적인 상식이다. 그런데 얼음이 녹아내리는 과정은 어떠할까? 아마도 대부분의 사람들은 주위의 온도가 0°C보다 높아야 얼음이 녹기 시작하며 물이 될 때까지 지속적으로 녹아내린다고 생각할 것이다. 하지만 실제로 얼음이 녹는 과정의 양상은 이러한 생각과는 조금 다르다.

약 150년 전, 영국의 과학자 마이클 패러데이(Michael Faraday)는 0°C 이하의 온도에서 얼음의 표면에 액체와 비슷한 얇은 층이 존재한다는 것을 처음 밝혀냈다. 이후 얼음이 미끄러지고 빙하가 움직이는 데 이 층이 중요한 역할을 한다는 사실과 0°C에서는 이 층의 두께가 약 45nm까지 두꺼워지는 것이 밝혀졌다. 하지만 최근까지도 이 층이 몇 °C에서 생기는지, 온도에 따라 두께가 어떻게 달라지는지에 대해서는 알 수 없었다.

그런데 2016년 12월 독일의 막스플랑크 고분자연구소 엘렌 바쿠스 그룹리더팀이 이 문제에 대한 중요한 연구결과를 발표하였다. 연구팀은 단결정 얼음의 표면에서 분자들의 상호작용을 관찰하기 위해 고체일 때보다 액체일 때 물 분자의 수소결합이 약하다는 점을 이용해 얼음 표면에 적외선을 쏜 뒤 온도에 따라 어떻게 달라지는지를 분석하였다.

그 결과 연구팀은 −38°C에서 이미 얼음 표면의 분자 층 하나가 준 액체로 변해 있는 것을 발견했다. 온도를 더 높이자 −16°C에서 두 번째 분자 층이 준 액체로 변했다. 우리가 흔히 생각하는 것과는 달리 영하의 온도에서 이미 얼음의 표면은 녹아내리기 시작하며 그것이 지속적으로 녹는 것이 아니라 ______________________

① 특정 온도에 도달할 때마다 한 층씩 녹아내린다는 것이다.

② −38℃와 −16℃ 그리고 0℃에서 각각 녹는다는 것이다.

③ −38℃와 −16℃ 사이에서만 지속적으로 녹지 않는다는 것이다.

④ 준 액체 상태로 유지된다는 것이다.

03

스마트팩토리는 인공지능(AI), 사물인터넷(IoT) 등 다양한 기술이 융합된 자율화 공장으로, 제품 설계와 제조, 유통, 물류 등의 산업 현장에서 생산성 향상에 초점을 맞췄다. 이곳에서는 기계, 로봇, 부품 등의 상호 간 정보 교환을 통해 제조 활동을 하고, 모든 공정 이력이 기록되며, 빅데이터 분석으로 사고나 불량을 예측할 수 있다. 스마트팩토리에서는 컨베이어 생산 활동으로 대표되는 산업 현장의 모듈형 생산이 컨베이어를 대체하고 IoT가 신경망 역할을 한다. 센서와 기기 간 다양한 데이터를 수집하고, 이를 서버에 전송하면 서버는 데이터를 분석해 결과를 도출한다. 서버는 AI 기계학습 기술이 적용돼 빅데이터를 분석하고 생산성 향상을 위한 최적의 방법을 제시한다.
스마트팩토리의 대표 사례로는 고도화된 시뮬레이션 '디지털 트윈'을 들 수 있다. 디지털 트윈은 데이터를 기반으로 가상공간에서 미리 시뮬레이션하는 기술이다. 시뮬레이션을 위해 빅데이터를 수집하고 분석과 예측을 위한 통신·분석 기술에 가상현실(VR), 증강현실(AR)과 같은 기술을 더한다. 이를 통해 산업 현장에서 작업 프로세스를 미리 시뮬레이션하고, VR·AR로 검증함으로써 실제 시행에 따른 손실을 줄이고, 작업 효율성을 높일 수 있다.
한편 '에지 컴퓨팅'도 스마트팩토리의 주요 기술 중 하나이다. 에지 컴퓨팅은 산업 현장에서 발생하는 방대한 데이터를 클라우드로 한 번에 전송하지 않고, 에지에서 사전 처리한 후 데이터를 선별해서 전송한다. 서버와 에지가 연동해 데이터 분석 및 실시간 제어를 수행하여 산업 현장에서 생산되는 데이터가 기하급수로 늘어도 서버에 부하를 주지 않는다. 현재 클라우드 컴퓨팅이 중앙 데이터센터와 직접 소통하는 방식이라면 에지 컴퓨팅은 기기 가까이에 위치한 일명 '에지 데이터 센터'와 소통하며, 저장을 중앙 클라우드에 맡기는 형식이다. 이를 통해 데이터 처리 지연 시간을 줄이고 즉각적인 현장 대처를 가능하게 한다.
이러한 스마트팩토리의 발전은 ______________________________ 최근 선진국에서 나타나는 주요 현상 중의 하나는 바로 '리쇼어링'의 가속화이다. 리쇼어링이란 인건비 등 각종 비용 절감을 이유로 해외에 나간 자국 기업들이 다시 본국으로 돌아오는 현상을 의미하는 용어이다. 2000년대 초반까지는 국가적 차원에서 세제 혜택 등의 회유책을 통해 추진되어왔지만, 스마트팩토리의 등장으로 인해 자국 내 스마트팩토리에서의 제조 비용과 중국이나 멕시코와 같은 제3국에서 제조 후 수출 비용에 큰 차이가 없어 리쇼어링 현상은 더욱 가속화되고 있다.

① 공장의 위치를 변화시키고 있다.
② 수출 비용을 줄이는 데 도움이 된다.
③ 공장의 제조 비용을 절감시키고 있다.
④ 공장의 세제 혜택을 사라지게 하고 있다.

PART 1

04

흔히들 과학적 이론이나 가설을 표현하는 엄밀한 물리학적 언어만을 과학의 언어라고 생각한다. 그러나 과학적 이론이나 가설을 검사하는 과정에는 이러한 물리학적 언어 외에 우리의 감각적 경험을 표현하는 일상적 언어도 사용될 수밖에 없다. 그런데 우리의 감각적 경험을 표현하는 일상적 언어에는 과학적 이론이나 가설을 표현하는 물리학적 언어와는 달리 매우 불명료하고 엄밀하게 정의될 수 없는 용어들이 포함되어 있다. 어떤 학자는 이러한 용어들을 '발룽엔'이라고 부른다.

이제 과학적 이론이나 가설을 검사하는 과정에 발룽엔이 개입된다고 해보자. 이 경우 우리는 증거와 가설 사이의 논리적 관계가 무엇인지 결정할 수 없게 될 것이다. 즉, 증거가 가설을 논리적으로 뒷받침하고 있는지 아니면 논리적으로 반박하고 있는지에 관해 미결정적일 수밖에 없다는 것이다. 그 이유는 증거를 표현할 때 포함될 수밖에 없는 발룽엔을 어떻게 해석할 것인지에 따라 증거와 가설 사이의 논리적 관계에 대한 다양한 해석이 나오게 될 것이기 때문이다. 발룽엔의 의미는 본질적으로 불명료할 수밖에 없다. 즉, 발룽엔을 아무리 상세하게 정의하더라도 그것의 의미를 정확하고 엄밀하게 규정할 수는 없다는 것이다.

논리실증주의자들이나 포퍼는 증거와 가설 사이의 관계를 논리적으로 정확하게 판단할 수 있고 이를 통해 가설을 정확히 검사할 수 있다고 생각했다. 그러나 증거와 가설이 상충하면 가설이 퇴출된다는 식의 생각은 너무 단순한 것이다. 증거와 가설의 논리적 관계에 대한 판단을 위해서는 증거가 의미하는 것이 무엇인지 파악하는 것이 선행되어야 하기 때문이다. 따라서 우리가 발룽엔의 존재를 염두에 둔다면, '______________________________'라고 결론지을 수 있다.

① 과학적 가설과 증거의 논리적 관계를 정확하게 판단할 수 있다는 생각은 잘못된 것이다.
② 과학적 가설을 정확하게 검사하기 위해서는 우리의 감각적 경험을 배제해야 한다.
③ 과학적 가설을 검사하기 위한 증거를 표현할 때 발룽엔을 사용해서는 안 된다.
④ 과학적 가설을 표현하는 데에도 발룽엔이 포함될 수밖에 없다.

Hard

05 다음 글의 빈칸 ㉠, ㉡에 들어갈 내용으로 가장 적절한 것은?

사람들은 모국어의 '음소'가 아닌 소리를 들으면, 그 소리를 변별적으로 인식하지 못한다. 가령, 물리적으로 다르지만 유사하게 들리는 음성 [x]와 [y]가 있다고 가정해 보자. 이때 우리는 [x]와 [y]가 서로 다르다고 인식할 수도 있고 다르다는 것을 인식하지 못할 수도 있다. [x]와 [y]가 다르다고 인식할 때 우리는 두 소리가 서로 변별적이라고 하고, [x]와 [y]가 다르다는 것을 인식하지 못할 때 두 소리가 서로 비변별적이라고 한다. 변별적으로 인식하는 소리를 음소라고 하고, 변별적으로 인식하지 못하는 소리를 이음 또는 변이음이라고 한다.
우리가 [x]와 [y]를 변별적으로 인식한다면, [x]와 [y]는 둘 다 음소로서의 지위를 갖는다. 반면 [x]와 [y] 가운데 하나는 음소이고 다른 하나가 음소가 아니라면, [x]와 [y]를 서로 변별적으로 인식하지 못한다. 다시 말해 ___㉠___
여기서 변별적이라는 것은 달리 말하면 대립을 한다는 것을 뜻한다. 어떤 소리가 대립을 한다는 말은 그 소리가 단어의 뜻을 갈라내는 기능을 한다는 것을 의미한다. 비변별적이라는 것은 대립을 하지 못한다는 것을 뜻한다. 그러므로 대립을 하는 소리는 당연히 변별적이고, 대립을 하지 못하는 소리는 비변별적이다.
인간이 발성 기관을 통해 낼 수 있는 소리의 목록은 비록 언어가 다르더라도 동일하다고 가정하지만, 변별적으로 인식하는 소리, 즉 음소의 수와 종류는 언어마다 다르다. 언어가 문화적 산물이라는 사실을 이해하면 이는 당연한 일이다. 나라마다 문화가 다르듯이 언어 역시 문화적 산물이므로 차이가 나는 것은 당연하고, 언어를 구성하는 가장 작은 단위인 음소의 수와 종류에도 차이가 나는 것은 당연하다. 우리가 다른 문화권의 사람이라는 것을 인지하는 가장 기본적인 요소 중의 하나가 언어라면, 언어가 다르다고 인지하는 가장 핵심적인 요소 중의 하나가 바로 음소 목록의 차이이다. 그렇기 때문에 모국어의 음소 목록에 포함되어 있지 않은 소리를 들었다면, ___㉡___

① ㉠ : [x]를 들어도 [y]로 인식한다면 [x]는 음소이다.
　㉡ : 소리는 들리지만 그 소리가 무슨 소리인지 알 수 없다.
② ㉠ : [y]를 들어도 [x]로 인식한다면 [y]는 음소이다.
　㉡ : 그 소리를 모국어에 존재하는 음소 중의 하나로 인식하게 된다.
③ ㉠ : [x]를 들어도 [y]로 인식한다면 [x]는 [y]의 변이음이다.
　㉡ : 그 소리를 모국어에 존재하는 음소 중의 하나로 인식하게 된다.
④ ㉠ : [x]를 들어도 [y]로 인식한다면 [x]는 [y]의 변이음이다.
　㉡ : 그 소리를 듣고 모국어에 존재하는 유사한 음소들의 중간음으로 인식하게 된다.

PART 1

08 비판 · 반박하기

| 유형분석 |

- 글의 주장과 논점을 파악하고, 이에 대립하는 내용을 판단할 수 있는지 평가한다.
- 서로 상반되는 주장 두 개를 제시하고, 하나의 관점에서 다른 하나를 비판 · 반박하는 문제 유형이 출제될 수 있다.

다음 글에서 도출한 결론을 반박하는 주장으로 가장 적절한 것은?

> 인터넷은 국경 없이 누구나 자유롭게 정보를 주고받을 수 있는 훌륭한 매체이다. 하지만 최근 급속도로 늘고 있는 성인 인터넷 방송처럼 오히려 청소년에게 해로운 매체가 될 수 있다는 사실은 선진국에서도 동감하고 있다. 따라서 인터넷 등급제를 만들어 유해한 환경으로부터 청소년들을 보호하고, 이를 어긴 사업자는 엄격한 처벌로 다스려야만 한다.

① 인터넷 등급제를 만들어 규제를 하는 것도 완전한 방법은 아니기 때문에 유해한 인터넷 내용에는 원천적으로 접속할 수 없도록 조치를 취해야 한다.

② 인터넷 등급제는 정보에 대한 책임을 일방적으로 사업자에게만 지우는 조치로, 잘못하면 국민의 표현의 자유와 알 권리를 침해할 수 있다.

③ 인터넷 등급제는 미니스커트나 장발 규제와 같은 구태의연한 조치이다.

④ 청소년들 스스로가 정보의 유해를 가릴 수 있는 식견을 마련할 수 있도록 가능한 한 많은 정보를 접해야 한다. 그러므로 인터넷 등급제는 좋은 방법이 아니다.

정답 ②

언론매체에 대한 사전 검열은 항상 표현의 자유와 개인의 알 권리를 침해할 가능성을 배제할 수 없다는 논지로 반박을 전개하는 것이 적절하다.

유형풀이 Tip

- 대립하는 두 의견의 쟁점을 찾은 후, 제시문 또는 보기에서 양측 주장의 근거를 찾아 각 주장에 연결하며 답을 찾는다.
- 문제의 난도를 높이기 위해 글의 후반부에 주장을 뒷받침할 수 있는 근거를 제시하고 선택지에 그 근거에 대한 반박을 실어 놓는 경우도 있다. 하지만 주의할 점은 제시문의 '주장'에 대한 반박을 찾는 것이지, 이를 뒷받침하기 위해 제시된 '근거'에 대한 반박을 찾는 것이 아니라는 것이다.

대표기출유형 08 기출응용문제

01 다음 글이 비판의 대상으로 삼는 주장으로 가장 적절한 것은?

> 경제 문제는 대개 해결이 가능하다. 대부분의 경제 문제에는 몇 개의 해결책이 있다. 그러나 모든 해결책은 누군가가 상당한 손실을 반드시 감수해야 한다는 특징을 갖고 있다. 하지만 누구도 이 손실을 자발적으로 감수하고자 하지 않으며, 우리의 정치제도는 누구에게도 이 짐을 짊어지라고 강요할 수 없다. 우리의 정치적·경제적 구조로는 실질적으로 제로섬(Zero-sum)적인 요소를 지니는 경제 문제에 전혀 대처할 수 없기 때문이다.
>
> 대개의 경제적 해결책은 대규모의 제로섬적인 요소를 갖기 때문에 큰 손실을 수반한다. 모든 제로섬 게임에는 승자가 있다면 반드시 패자가 있으며, 패자가 존재해야만 승자가 존재할 수 있다. 경제적 이득이 경제적 손실을 초과할 수도 있지만, 손실의 주체에게 손실의 의미란 상당한 크기의 경제적 이득을 부정할 수 있을 만큼 매우 중요하다. 어떤 해결책으로 인해 평균적으로 사회는 더 잘살게 될 수도 있지만, 이 평균이 훨씬 더 잘살게 된 수많은 사람과 훨씬 더 못살게 된 수많은 사람을 감춘다. 만약 당신이 더 못살게 된 사람 중 하나라면 내 수입이 줄어든 것보다 다른 누군가의 수입이 더 많이 늘었다고 해서 위안을 얻지는 않을 것이다. 결국 우리는 우리 자신의 수입을 보호하기 위해 경제적 변화가 일어나는 것을 막거나 혹은 사회가 우리에게 손해를 입히는 공공정책이 강제로 시행되는 것을 막기 위해 싸울 것이다.

① 빈부격차를 해소하는 것만큼 중요한 정책은 없다.
② 사회의 총생산량이 많아지게 하는 정책이 좋은 정책이다.
③ 경제문제에서 모두가 만족하는 해결책은 존재하지 않는다.
④ 경제적 변화에 대응하는 정치제도의 기능에는 한계가 존재한다.

Easy

02 다음 글에 대한 반론으로 가장 적절한 것은?

> 최근 들어 도시의 경쟁력 향상을 위한 새로운 전략의 하나로 창조 도시에 대한 논의가 활발하게 진행되고 있다. 창조 도시는 창조적 인재들이 창의성을 발휘할 수 있는 환경을 갖춘 도시이다. 즉 창조 도시는 인재들을 위한 문화 및 거주 환경의 창조성이 풍부하며, 혁신적이고도 유연한 경제 시스템을 구비하고 있는 도시인 것이다.
>
> 창조 도시의 주된 동력을 창조 산업으로 볼 것인가 창조 계층으로 볼 것인가에 대해서는 견해가 다소 엇갈리고 있다. 창조 산업을 중시하는 관점에서는, 창조 산업이 도시에 인적·사회적·문화적·경제적 다양성을 불어넣음으로써 도시의 재구조화를 가져오고 나아가 부가가치와 고용을 창출한다고 주장한다. 창의적 기술과 재능을 소득과 고용의 원천으로 삼는 창조 산업의 예로는 광고, 디자인, 출판, 공연 예술, 컴퓨터 게임 등이 있다.
>
> 창조 계층을 중시하는 관점에서는, 개인의 창의력으로 부가가치를 창출하는 창조 계층이 모여서 인재 네트워크인 창조 자본을 형성하고, 이를 통해 도시는 경제적 부를 축적할 수 있는 자생력을 갖게 된다고 본다. 따라서 창조 계층을 끌어들이고 유지하는 것이 도시의 경쟁력을 제고하는 관건이 된다. 창조 계층에는 과학자, 기술자, 예술가, 건축가, 프로그래머, 영화 제작자 등이 포함된다.

① 창조 산업을 통해 도시를 새롭게 구조화할 수 있다.

② 창조 도시를 통해 효과적으로 인재를 육성할 수 있다.

③ 광고 등의 산업을 중심으로 부가가치를 창출해 낼 수 있다.

④ 창조 산업의 산출물은 그것에 대한 소비자의 수요와 가치 평가를 예측하기 어렵다.

03 다음 글에 대한 비판으로 가장 적절한 것은?

> "향후 은행 서비스(Banking)는 필요하지만 은행(Bank)은 필요 없을 것이다." 최근 4차 산업혁명으로 대변되는 빅데이터, 사물인터넷, AI, 블록체인 등 신기술이 금융업을 강타하면서 빌 게이츠의 20년 전 예언이 화두로 부상했다. 모든 분야에서 초연결화, 초지능화가 진행되고 있는 4차 산업혁명이 데이터 주도 경제를 열어가면서 데이터에 기반을 둔 금융업에도 변화의 물결이 밀려들고 있다. 이미 전통적인 은행, 증권, 보험, 카드업 등 전 분야에서 금융기술기업인 소위 '핀테크(Fintech)'가 출현하면서 금융서비스의 가치 사슬이 해체되기 시작한 것이다. 이전에는 상상조차 하지 못했던 IT 등 이종 업종의 금융업 진출도 활발하게 이루어지면서 전통 금융회사들을 위협하고 있다.
> 빅데이터, 사물인터넷, 인공지능, 블록체인 등 새로운 기술로 무장한 4차 산업혁명으로 인해 온라인 플랫폼을 통한 크라우드 펀딩 등 P2P 금융의 출현, 로보 어드바이저에 의한 저렴한 자산관리서비스의 등장, 블록체인 기술 기반의 송금 등 다양한 가치 거래의 탈중계화가 진행되면서 금융 중계, 자산관리, 위험 관리, 지급 결제 등 금융의 본질적인 요소들이 변화하고 있는 것은 아닌지 의구심이 일어나고 있는 것이다. 혹자는 이들 변화의 종점에 금융의 정체성(Identity) 상실이 기다리고 있다며 금융업 종사자의 입장에서 보면 우울한 전망마저 내놓고 있다. 금융도 디지털카메라의 등장으로 사라진 필름회사 코닥과 같은 비운을 피하기 어렵다며 금융의 종말(The Demise of Banking), 은행의 해체(Unbundling the Banks), 탈중계화, 플랫폼 혁명(Platform Revolution) 등 다양한 화두가 미디어의 전면에 등장하고 있다.

① 로보어드바이저에 의한 자산관리서비스는 범죄에 악용될 위험이 크다.
② 금융 발전의 미래를 위해 금융업에 있어 인공지능의 도입을 막아야 한다.
③ 가치 거래의 탈중계화는 금융 거래의 보안성에 심각한 위협 요인으로 작용할 것이다.
④ 기술 발전은 금융업에 있어 효율성 향상이라는 제한적인 틀에서 크게 벗어나지 못했다.

04 다음 글의 '나'의 입장에서 비판할 수 있는 것들을 〈보기〉에서 모두 고르면?

> 어떤 사람이 내게 말했다.
> "어제 저녁, 어떤 사람이 몽둥이로 개를 때려죽이는 것을 보았네. 그 모습이 불쌍해 마음이 너무 아팠네. 그래서 이제부터는 개고기나 돼지고기를 먹지 않을 생각이네."
> 그 말을 듣고, 내가 말했다.
> "어제 저녁, 어떤 사람이 화로 옆에서 이를 잡아 태워 죽이는 것을 보고 마음이 무척 아팠네. 그래서 다시는 이를 잡지 않겠다고 맹세를 하였네."
> 그러자 그 사람은 화를 내며 말했다.
> "이는 하찮은 존재가 아닌가? 나는 큰 동물이 죽는 것을 보고 불쌍한 생각이 들어 말한 것인데, 그대는 어찌 그런 사소한 것이 죽는 것과 비교하는가? 그대는 지금 나를 놀리는 것인가?"
> 나는 좀 구체적으로 설명할 필요를 느꼈다.
> "무릇 살아 있는 것은 사람으로부터 소, 말, 돼지, 양, 곤충, 개미에 이르기까지 모두 사는 것을 원하고 죽는 것을 싫어한다네. 어찌 큰 것만 죽음을 싫어하고 작은 것은 싫어하지 않겠는가? 그렇다면 개와 이의 죽음은 같은 것이겠지. 그래서 이를 들어 말한 것이지, 어찌 그대를 놀리려는 뜻이 있었겠는가? 내 말을 믿지 못하거든, 그대의 열손가락을 깨물어 보게나. 엄지손가락만 아프고 나머지 손가락은 안 아프겠는가? 우리 몸에 있는 것은 크고 작은 마디를 막론하고 그 아픔은 모두 같은 것일세. 더구나 개나 이나 각기 생명을 받아 태어났는데, 어찌 하나는 죽음을 싫어하고 하나는 좋아하겠는가? 그대는 눈을 감고 조용히 생각해 보게. 그리하여 달팽이의 뿔을 소의 뿔과 같이 보고, 메추리를 큰 붕새와 동일하게 보도록 노력하게나. 그런 뒤에야 내가 그대와 더불어 도(道)를 말할 수 있을 걸세."
>
> – 이규보, 『슬견설』

보기

ㄱ. 중동의 분쟁에는 관심을 집중하지만, 아프리카에서 굶주림으로 죽어가는 아이들에게는 침묵하는 세계 여론
ㄴ. 우리의 역사를 객관적인 관점에서 평가해야 한다고 주장하는 한 대학의 교수
ㄷ. 집안일은 전통적으로 여자들이 해야 하는 일이므로, 남자는 집안일을 할 필요가 없다고 생각하는 우리 아빠
ㄹ. 한국인 노동자들의 처우는 개선하면서 외국인 노동자들에게 적절한 임금과 근로조건을 제공해주지 않으려 하는 한 기업의 대표
ㅁ. 구체적인 자료를 통해 범죄 사실을 입증하려는 검사

① ㄱ, ㄴ, ㄹ
② ㄱ, ㄷ, ㄹ
③ ㄴ, ㄹ, ㅁ
④ ㄱ, ㄴ, ㄷ, ㄹ

Hard

05 다음 글의 글쓴이의 태도를 비판한 내용으로 가장 적절한 것은?

생물 다양성(Biodiversity)이란 원래 한 지역에 살고 있는 생물의 종(種)이 얼마나 다양한가를 표현하는 말이었다. 그런데 오늘날에는 각 종이 갖고 있는 유전적 다양성과 생물이 살아가는 생태계의 다양성까지를 포함하는 개념으로 확장해서 사용한다. 특히 최근에는 생태계를 유지시키고 인류에게 많은 이익을 가져다준다는 점이 부각되면서 생물 다양성의 가치가 크게 주목받고 있다.

생물 다양성의 가장 기본적인 가치로 생태적 봉사 기능을 들 수 있다. 생물은 생태계의 엔지니어라 불릴 정도로 환경을 조절하고 유지하는 커다란 힘을 가지고 있다. 숲의 경우를 예로 들어 보자. 나무들은 서늘한 그늘을 만들어 주고 땅속에 있는 물을 끌어 올려 다양한 생물종이 서식할 수 있는 적절한 환경을 제공해 준다. 숲이 사라지면 수분 배분 능력이 떨어져 우기에는 홍수가 나고 건기에는 토양이 완전히 말라 버린다. 이로 인해 생물 서식지의 환경이 급격하게 변화되고 마침내 상당수의 종이 사라지게 된다. 이처럼 숲을 이루고 있는 나무, 물, 흙과 그곳에서 살아가는 다양한 생명체는 서로 유기적인 관계를 형성하면서 생태계의 환경을 조절하고 유지하는 역할을 담당하는 것이다.

또한 생물 다양성은 경제적으로도 커다란 가치가 있다. 대표적인 사례로 의약품 개발을 꼽을 수 있다. 자연계에 존재하는 수많은 식물 중에서 인류는 약 20,000여 종의 식물을 약재로 사용해 왔다. 그 가운데 특정 약효 성분을 추출하여 상용화한 것이 이제 겨우 100여 종에 불과하다는 사실을 고려하면, 전체 식물이 가지고 있는 잠재적 가치는 상상을 뛰어넘는다. 그리고 부전나비의 날개와 사슴벌레의 다리 등에서 항암 물질을 추출한 경우나 야생의 미생물에서 페니실린, 마이신 등 약 3,000여 가지의 항생제를 추출한 경우에서도 알 수 있듯이, 동물과 미생물 역시 막대한 경제적 이익을 가져다준다. 의약품 개발 외에도 다양한 생물이 화장품과 같은 상품 개발에 이용되고 있으며, 생태 관광을 통한 부가가치 창출에도 기여한다.

생물 다양성은 학술적으로도 매우 중요하다. 예를 들어 다윈(C. Darwin)은 현존하는 여러 동물들의 상이한 눈을 비교하여, 정교하고 복잡한 인간의 눈이 진화해 온 과정을 추적하였다. 그에 따르면 인간의 눈은 해파리에서 나타나는 원시적 빛 감지 세포로부터, 불가사리처럼 빛의 방향을 감지할 수 있는 오목한 원시 형태의 눈을 거친 다음, 빛에 대한 수용력과 민감도를 높인 초기 수정체 형태의 눈을 지나, 선명한 상을 제공하는 현재의 눈으로 진화되었다는 것이다. 이 사례에서 보듯이 모든 생물종은 고유한 형태적 특성을 가지고 있어서 생물 진화의 과정을 추적하는 데 중요한 정보를 제공해 준다. 형태적 특성 외에도 각각의 생물종이 지닌 독특한 생리적·유전적 특성 등에 대한 비교 연구를 통해 생물을 더 깊이 있게 이해할 수 있다. 그리고 이렇게 축적된 정보는 오늘날 눈부시게 성장하고 있는 생명과학의 기초가 된다.

이와 같이 인간은 생물 다양성에 기초하여 무한한 생태적·경제적 이익을 얻고 과학 발전의 토대를 구축한다. 그런데 최근 급격한 기후 변화와 산업화 및 도시화에 따른 자연 파괴로 생물 다양성이 크게 감소하고 있다. 따라서 이를 억제하기 위한 생태계 보존 대책을 시급히 마련해야 한다. 동시에 생물 다양성 보존을 위한 연구 기관을 건립하고 전문 인력의 양성 체계를 갖추어야 할 것이다.

① 문제 해결을 위한 실천 의지가 전혀 없다.
② 생물 다양성의 경제적 가치를 지나치게 강조하고 있다.
③ 생물 다양성 문제를 주로 인간 중심적 시각으로 해석하고 있다.
④ 자연을 우선시하여 자연과 인간의 공존 가능성을 모색하고 있다.

PART 1

대표기출유형

09 추론하기

| 유형분석 |

- 글에 명시적으로 드러나 있지 않은 내용을 문맥을 통해 유추할 수 있는지 평가한다.
- 글 뒤에 이어질 내용 찾기, 글을 뒷받침할 수 있는 근거 찾기 등 다양한 유형으로 출제될 수 있다.

다음 글을 읽고 ㉠의 사례가 아닌 것을 고르면?

> ㉠ 닻내림 효과란 닻을 내린 배가 크게 움직이지 않듯 처음 접한 정보가 기준점이 돼 판단에 영향을 미치는 일종의 편향(왜곡) 현상을 말한다. 즉, 사람들이 어떤 판단을 하게 될 때 초기에 접한 정보에 집착해, 합리적 판단을 내리지 못하는 현상을 일컫는 행동경제학 용어이다. 대부분의 사람은 제시된 기준을 그대로 받아들이지 않고, 기준점을 토대로 약간의 조정과정을 거치기는 하나, 그런 조정과정이 불완전하므로 최초 기준점에 영향을 받는 경우가 많다.

① 연봉 협상 시 본인의 적정 기준보다 더 높은 금액을 제시한다.
② 원래 1만 원이던 상품에 2만 원의 가격표를 붙이고 50% 할인한 가격에 판매한다.
③ 명품 매장에서 최고가 상품들의 가격표를 보이게 진열하여 다른 상품들이 그다지 비싸지 않은 것처럼 느끼게 만든다.
④ 홈쇼핑에서 '이번 시즌 마지막 세일', '오늘 방송만을 위한 한정 구성' '매진 임박' 등의 표현을 사용하여 판매한다.

정답 ④

④는 밴드왜건 효과(편승효과)의 사례로, 밴드왜건 효과란 유행에 따라 상품을 구입하는 소비현상을 뜻하는 경제용어이다. 기업은 이러한 현상을 충동구매 유도 마케팅 전략으로 활용하고, 정치계에서는 특정 유력 후보를 위한 선전용으로 활용한다. 따라서 ㉠의 사례로 적절하지 않다.

유형풀이 Tip

글에 명시적으로 드러나 있지 않은 부분을 추론하여 답을 도출해야 하는 유형이기 때문에 자신의 주관적인 판단보다는 제시된 글에 대한 이해를 기반으로 문제를 풀어야 한다.
추론하기 문제는 다음 두 가지 유형으로 구분할 수 있다.

1) 세부적인 내용을 추론하는 유형 : 주어진 선택지를 먼저 읽고 지문을 읽으면서 답이 아닌 선택지를 지워나가는 방법이 효율적이다.
2) 글쓴이의 주장 / 의도를 추론하는 유형 : 글에 나타난 주장 · 근거 · 논증 방식을 파악하는 유형으로, 주장의 타당성을 평가하여 글쓴이의 관점을 이해하며 읽는다.

01 다음은 한국은행 금융통화위원회가 통화정책방향에 대해 발표한 의결서이다. 이를 읽고 추론한 내용으로 적절하지 않은 것은?

〈통화정책방향〉

금융통화위원회는 다음 통화정책방향 결정 시까지 한국은행 기준금리를 현 수준(1.50%)에서 유지하여 통화정책을 운용하기로 하였다.
세계경제는 견조한 성장세를 지속하였다. 국제금융시장을 보면, 대외건전성이 취약한 일부 신흥시장국에서 환율 급등, 자본유출 등의 불안한 움직임이 다시 나타났다. 앞으로 세계경제의 성장세는 보호무역주의 확산 움직임, 주요국 통화정책 정상화 속도, 미국 정부 정책방향 등에 영향을 받을 것으로 보인다.
국내경제는 설비 및 건설 투자의 조정이 지속되었으나 소비와 수출이 양호한 흐름을 보이면서 견실한 성장세를 이어간 것으로 판단된다. 고용 상황은 취업자 수 증가폭이 크게 축소되는 등 더욱 부진한 모습을 보였다. 앞으로 국내경제는 지난 7월 전망경로와 대체로 부합하는 잠재성장률 수준의 성장세를 지속할 것으로 예상된다. 투자가 둔화되겠으나 소비는 꾸준한 증가세를 이어가고 수출도 세계경제의 호조에 힘입어 양호한 흐름을 지속할 것으로 예상된다.
소비자물가는 석유류가격의 상승세가 확대되었으나, 서비스요금과 농산물가격의 상승세가 둔화되면서 1%대 중반의 오름세를 이어갔다. 근원인플레이션율(식료품 및 에너지 제외 지수)은 1% 수준으로 하락하였으며 일반인 기대인플레이션율은 2%대 중후반을 나타내었다. 소비자물가 상승률은 당분간 1%대 중반 수준을 보이다가 오름세가 확대되면서 목표수준에 점차 근접할 것으로 전망된다. 근원인플레이션율도 완만하게 상승할 것으로 보인다.
금융시장은 대체로 안정된 모습을 보였다. 장기시장금리는 일부 신흥시장국 금융불안, 고용 부진 등으로 하락하였다. 주가는 미·중 무역분쟁 등으로 하락하였다가 그 우려가 다소 완화되면서 반등하였다. 원/달러 환율은 세계적인 달러화 가치 변동에 따라 등락하였다. 가계대출은 증가규모가 다소 축소되었으나 예년보다 높은 증가세를 지속하였다. 주택가격은 보합세를 나타내었으나 수도권 일부 지역에서 상승세가 확대되었다.

① 소비자물가 상승률은 점차 증가할 것이다.
② 주가는 환율 외에도 국제분쟁의 영향을 받는다.
③ 앞으로 세계경제에 보호무역주의가 확산될 것이다.
④ 석유류가격과 농산물가격은 서로 상반되는 증감추세를 보인다.

02 다음 글을 읽고 추론한 내용으로 적절하지 않은 것은?

> 다의어란 두 가지 이상의 의미를 가진 단어로 기본이 되는 핵심 의미를 중심 의미라고 하고, 중심 의미에서 확장된 의미를 주변 의미라고 한다. 중심 의미는 일반적으로 주변 의미보다 언어 습득의 시기가 빠르며 사용 빈도가 높다.
> 다의어가 주변 의미로 사용되었을 때는 문법적 제약이 나타나기도 한다. 예를 들어 '한 살을 먹다.'는 가능하지만, '한 살이 먹히다.'나 '한 살을 먹이다.'는 어법에 맞지 않는다. 또한 '손'이 '노동력'의 의미로 쓰일 때는 '부족하다, 남다' 등 몇 개의 용언과만 함께 쓰여 중심 의미로 쓰일 때보다 결합하는 용언의 수가 적다.
> 다의어의 주변 의미는 기존의 의미가 확장되어 생긴 것으로서, 새로 생긴 의미는 기존의 의미보다 추상성이 강화되는 경향이 있다. '손'의 중심 의미가 확장되어 '손이 부족하다.', '손에 넣다.'처럼 각각 '노동력', '권한이나 범위'로 쓰이는 것이 그 예이다.
> 다의어의 의미들은 서로 관련성을 갖는다. 예를 들어 '줄'의 중심 의미는 '새끼 따위와 같이 무엇을 묶거나 동이는 데에 쓸 수 있는 가늘고 긴 물건'인데 길게 연결되어 있는 모양이 유사하여 '길이로 죽 벌이거나 늘여 있는 것'의 의미를 갖게 되었다. 또한 연결이라는 속성이나 기능이 유사하여 '사회생활에서의 관계나 인연'의 뜻도 지니게 되었다.
> 그런데 다의어의 의미들이 서로 대립적 관계를 맺는 경우가 있다. 예를 들어 '앞'은 '향하고 있는 쪽이나 곳'이 중심 의미인데 '앞 세대의 입장', '앞으로 다가올 일'에서는 각각 '이미 지나간 시간'과 '장차 올 시간'을 가리킨다. 이것은 시간의 축에서 과거나 미래 중 어느 방향을 바라보는지에 따른 차이로서 이들 사이의 의미적 관련성은 유지된다.

① 동음이의어와 다의어는 단어의 문법적 제약이나 의미의 추상성 및 관련성 등으로 구분할 수 있을 것이다.

② '손에 넣다.'에서 '손'은 '권한이나 범위'의 의미로 사용될 수 있지만, '노동력'의 의미로 사용될 수 없을 것이다.

③ '먹다'가 중심 의미인 '음식 따위를 입을 통하여 배 속에 들여보내다.'로 사용된다면 '먹히다', '먹이다'로 제약 없이 사용될 것이다.

④ '줄'의 '사회생활에서의 관계나 인연'의 의미는 '길이로 죽 벌이거나 늘여 있는 것'의 의미보다 사용 빈도가 높을 것이다.

03 다음 글을 읽고 추론한 내용으로 가장 적절한 것은?

지식의 본성을 다루는 학문인 인식론은 흔히 지식의 유형을 나누는 데에서 이야기를 시작한다. 지식의 유형은 '안다'는 말의 다양한 용례들이 보여주는 의미 차이를 통해서 드러나기도 한다. 예컨대 '그는 자전거를 탈 줄 안다.'와 '그는 이 사과가 둥글다는 것을 안다.'에서 '안다'가 바로 그런 경우이다. 전자의 '안다'는 능력의 소유를 의미하는 것으로 '절차적 지식'이라 부르고, 후자의 '안다'는 정보의 소유를 의미하는 것으로 '표상적 지식'이라고 부른다.

어떤 사람이 자전거에 대해서 많은 정보를 갖고 있다고 해서 자전거를 탈 수 있게 되는 것은 아니며, 자전거를 탈 줄 알기 위해서 반드시 자전거에 대해서 많은 정보를 갖고 있어야 하는 것도 아니다. 아무 정보 없이 그저 넘어지거나 다치거나 하는 과정을 거쳐 자전거를 탈 줄 알게 될 수도 있다. 자전거 타기와 같은 절차적 지식을 갖기 위해서는 훈련을 통하여 몸과 마음을 특정한 방식으로 조직화해야 한다. 그러나 정보를 마음에 떠올릴 필요는 없다.

반면, '이 사과는 둥글다.'는 것을 알기 위해서는 둥근 사과의 이미지가 되었건 '이 사과는 둥글다.'는 명제가 되었건 어떤 정보를 마음속에 떠올려야 한다. '마음속에 떠올린 정보'를 표상이라고 할 수 있으므로, 이러한 지식을 표상적 지식이라고 부른다. 그런데 어떤 표상적 지식을 새로 얻게 됨으로써 이전에 할 수 없었던 어떤 것을 하게 될지는 분명하지 않다. 이런 점에서 표상적 지식은 절차적 지식과 달리 특정한 일을 수행하는 능력과 직접 연결되어 있지 않다.

① 표상적 지식은 특정 능력의 습득에 전혀 도움을 주지 못한다.
② '이 사과는 둥글다.'라는 지식은 이미지 정보에만 해당한다.
③ 절차적 지식은 정보가 없음에도 습득할 수 있다.
④ 인식론은 머릿속에서 처리되는 정보의 유형만을 다루는 학문이다.

PART 1

Hard

04 다음 글을 읽고 밑줄 친 ㉠의 구체적 내용을 추론한 것으로 가장 적절한 것은?

1억 6천만 년 동안 지구를 지배해오던 공룡이 6천 5백만 년 전 갑자기 지구에서 사라졌다. 공룡들은 어쩌다 갑자기 사라지게 된 걸까? 이러한 미스터리는 1820년대 공룡 화석이 처음 발견된 후 지금까지 여전히 풀리지 않고 있다. 그동안 공룡 멸종의 원인을 밝혀보려는 노력은 수없이 많았지만, 여러 멸종 이론 중 어느 것도 공룡이 왜 지구상에서 자취를 감추었는지 명쾌하게 설명하지 못했다. 하지만 대부분의 과학자는 거대한 운석이 지구에 부딪힌 사건을 공룡 멸종의 가장 큰 이유로 꼽고 있다.
과학자들은 멕시코의 유카탄 반도에서 지름이 180km나 되는 커다란 운석 구덩이의 연대를 측정했는데, 이 운석 구덩이의 생성 연대가 공룡이 멸종한 시기와 일치한다는 사실을 확인하였다. 하지만 운석이 지구와 충돌하면서 생긴 직접적 충격으로 인해 공룡을 비롯한 수많은 종이 갑자기 멸종되었다고 보기는 어려우며, 그 충돌 때문에 발생한 이차적 영향이 있었을 것으로 짐작된다. 그처럼 거대한 구덩이가 생길 정도의 파괴력이면 물리적 충격은 물론 지구의 대기를 비롯한 생존 환경에 장기간 ㉠ <u>엄청난 영향을 주었을 것</u>이고, 그로 인해 생명체들이 멸종될 수 있다는 결론을 내린 것이다.
실제로 최근 뉴질랜드 국립 지리·핵 과학 연구소(GNS)의 조사팀은 운석과 충돌한 지점과 반대편에 있는 '사우스' 섬의 서부 해안에서 발견된 '탄화된 작은 꽃가루들'에 대해 연구하였다. 이 연구를 통해 환경의 변화가 운석과의 충돌 지점뿐만 아니라 전 지구적으로 진행되었음을 밝혔다. 또한, 6천 5백만 년 전의 지층인 K-T 퇴적층에서는 지구에는 없는 원소인 팔라듐이 다량 발견되었고, 운석에 많이 함유된 이리듐(Ir)의 함량이 지구의 어느 암석보다 높다는 사실도 밝혀졌는데, 이것 역시 '운석에 의한 충돌설'을 뒷받침한다. 그뿐만 아니라 공룡이 멸종됐던 백악기 말과 신생대 제3기 사이에 바다에 녹아있던 탄산칼슘의 용해 정도가 갑자기 증가한 것도 당시 지구에 급속한 기온의 변화가 있었다는 증거가 되고 있다.
이렇게 운석에 의한 공룡의 멸종설은 점점 설득력 있게 받아들여지고 있다. 문제는 그러한 상황에서도 살아남은 생물들이 있다는 데에 있다. 씨앗으로 동면(冬眠)할 수 있는 식물들과 비교적 조그만 동물들이, 대기권을 가득 메운 먼지로 인해 닥친 '길고 긴 겨울'의 추위를 견디고 생존하였다. 거대한 몸집의 공룡보다는 은신처와 먹잇감이 상대적으로 많았을 것이며, 생존에 필요한 기초 활동들이 공룡보다는 용이했을 것이기 때문이다.
공룡이 멸종하게 된 직접적인 이유가 운석과의 충돌에 있다고 할지라도, 결국 인간이나 공룡을 비롯한 지구상의 모든 종(種)이 갑작스럽게 멸종하느냐 진화하면서 생존하느냐의 여부는 '자연에 대한 적응력'에 달려있다고 보인다. 이것이 생존의 조건인 셈인데, 환경에 대한 적응력이 뛰어나면 당연히 더 많은 생존 가능성을 가지게 되고, 새로운 환경에 적응하며 번성할 수도 있다. 적응력이 뛰어난 어떤 돌연변이의 후손들은 새로운 종으로 진화하며 생존하기도 한다. 그런데 환경의 변화가 급격한 시기에는 생명체 대부분이 변화에 적응하기가 매우 어렵다. 만일 공룡이 급변하는 환경에 대한 적응력이 뛰어 났다면 살아남을 가능성이 훨씬 많았을 것이고, 그렇다면 지금껏 지구를 지배하고 있었을 지도 모른다.

① 운석과의 충돌은 반대쪽에도 엄청난 반사 충격파를 전달하여 전 지구적인 화산 활동을 초래하였다.
② 운석과의 충돌은 지구의 공전궤도에 변화를 주어 밤낮의 길이나 계절이 바뀌는 등의 환경 변화가 일어났다.
③ 운석 충돌로 발생한 먼지가 지구 대기를 완전히 뒤덮어 햇빛이 차단되었고, 따라서 기온이 급속히 내려갔다.
④ 운석과의 충돌은 엄청난 양의 유독 가스를 발생시켜 생명체의 생존에 필요한 산소가 부족하게 되었다.

Easy

05 다음 글의 논지를 강화하기 위한 내용으로 적절하지 않은 것은?

뉴턴은 이렇게 말했다. "플라톤은 내 친구이다. 아리스토텔레스는 내 친구이다. 하지만 진리야말로 누구보다 소중한 내 친구이다." 케임브리지에서 뉴턴에게 새로운 전환점을 준 사람이 있다. 수학자이며 당대 최고의 교수였던 아이작 배로우(Isaac Barrow)였다. 배로우는 뉴턴에게 수학과 기하학을 가르치고 그의 탁월함을 발견하여 후원자가 됐다. 이처럼 뉴턴은 타고난 천재가 아니라, 자신의 피나는 노력과 위대한 스승들의 도움을 통해 후천적으로 키워진 것이다.

뉴턴이 시대를 관통하는 천재로 여겨진 것은 "사과는 왜 땅에 수직으로 떨어질까?"라는 질문에서 시작했다. 이 질문을 던진 지 20여 년이 지나고 마침내 모든 물체가 땅으로 떨어지는 것은 지구 중력에 의한 만유인력이라는 개념을 발견한 것이 계기가 되었다. 사과가 떨어지는 것을 관찰하여 온갖 질문을 던지고, 새로운 가설을 만든 후에 그것을 증명하기 위해 오랜 시간 연구하고 실험을 한 결과가 위대한 발견으로 이어진 것이다. 위대한 발명이나 발견은 어느 한 순간 섬광처럼 오는 것이 아니다. 시작 단계의 작은 아이디어가 질문과 논쟁을 통해 점차 다른 아이디어들과 충돌하고 합쳐지면서 숙성의 시간을 갖고, 그런 후에야 세상에 유익한 발명이나 발견이 나오는 것이다.

이전부터 천재가 선천적인 것인지, 후천적인 것인지에 대한 논란은 계속되어 왔다. 과거에는 천재가 신적인 영감을 받아 선천적으로 탄생한다는 주장이 힘을 얻었다. 플라톤의 저서 『이온』에도 음유시인이 기술이나 지식이 아닌 신적인 힘과 영감을 받는 존재임이 언급된다. 그러나 아리스토텔레스의 『시학』은 『이온』과 조금 다른 관점을 취하고 있다. 기본적으로 시가 모방미학이라는 입장은 같지만, 아리스토텔레스는 이것이 신적인 힘을 모방한 것이 아닌 인간의 모방이라고 믿었다.

최근 연구에 의하면 천재라 불리는 모든 사람들이 선천적으로 타고난 것이 아니고 후천적인 학습을 통해 수준을 점차 더 높은 단계로 발전시켰다고 한다. 선천적 재능과 후천적 학습을 모두 거친 절충적 천재가 각광받는 것이다. 이것이 우리에게 주는 시사점은 비록 지금은 창의적이지 않더라도 꾸준히 포기하지 말고 창의성을 개발하고 실현하는 방법을 배워서 실천한다면 모두가 창의적인 사람이 될 수 있다는 교훈이다. 타고난 천재가 아니고 훈련과 노력으로 새롭게 태어나는 창재(창의적인 인재)로 거듭나야 한다.

① 칸트는 천재가 선천적인 것이라고 하였다.

② 세계적인 발레리나 강수진은 고된 연습으로 발이 기형적으로 변해버렸다.

③ 뉴턴뿐만 아니라 아인슈타인 역시 끊임없는 연구와 노력을 통해 천재로 인정받았다.

④ 1만 시간의 법칙은 한 분야에서 전문가가 되기 위해서는 최소 1만 시간의 훈련이 필요하다는 것이다.

CHAPTER 02

수리능력

합격 CHEAT KEY

수리능력은 사칙연산・통계・확률의 의미를 정확하게 이해하고 이를 업무에 적용하는 능력으로, 기초연산과 기초통계, 도표분석 및 작성의 문제 유형으로 출제된다. 수리능력 역시 채택하지 않는 금융권이 거의 없을 만큼 필기시험에서 중요도가 높은 영역이다.

수리능력은 NCS 기반 채용을 진행한 거의 모든 금융권에서 다루었으며, 문항 수는 전체의 평균 16% 정도로 많이 출제되었다. 특히, 난도가 높은 금융권의 시험에서는 도표분석, 즉 자료해석 유형의 문제가 많이 출제되고 있고, 응용수리 역시 꾸준히 출제하는 금융권이 많기 때문에 기초연산과 기초통계에 대한 공식의 암기와 자료해석능력을 기를 수 있는 꾸준한 연습이 필요하다.

01 응용수리능력의 공식은 반드시 암기하라!

응용수리능력은 지문이 짧지만, 풀이 과정은 긴 문제도 자주 볼 수 있다. 그렇기 때문에 응용수리능력의 공식을 반드시 암기하여 문제의 상황에 맞는 공식을 적절하게 적용하여 답을 도출해야 한다. 따라서 문제에서 묻는 것을 정확하게 파악하여 그에 맞는 공식을 적절하게 적용하는 꾸준한 노력과 공식을 암기하는 연습이 필요하다.

02 통계에서의 사건이 동시에 발생하는지 개별적으로 발생하는지 구분하라!

통계에서는 사건이 개별적으로 발생했을 때, 경우의 수는 합의 법칙, 확률은 덧셈정리를 활용하여 계산하며, 사건이 동시에 발생했을 때, 경우의 수는 곱의 법칙, 확률은 곱셈정리를 활용하여 계산한다. 특히, 기초통계능력에서 출제되는 문제 중 순열과 조합의 계산 방법이 필요한 문제도 다수이므로 순열(순서대로 나열)과 조합(순서에 상관없이 나열)의 차이점을 숙지하는 것 또한 중요하다. 통계 문제에서의 사건 발생 여부만 잘 판단하여도 계산과 공식을 적용하기가 수월하므로 문제의 의도를 잘 파악하는 것이 중요하다.

03 자료의 해석은 자료에서 즉시 확인할 수 있는 지문부터 확인하라!

대부분의 수험생들이 어려워 하는 영역이 수리영역 중 도표분석, 즉 자료해석능력이다. 자료는 표 또는 그래프로 제시되고, 쉬운 지문은 증가 혹은 감소 추이, 간단한 사칙연산으로 풀이가 가능한 문제 등이 있고, 자료의 조사기간 동안 전년 대비 증가율 혹은 감소율이 가장 높은 기간을 찾는 문제들도 있다. 따라서 일단 증가·감소 추이와 같이 눈으로 확인이 가능한 지문을 먼저 확인한 후 복잡한 계산이 필요한 지문을 확인하는 방법으로 문제를 풀이한다면, 시간을 조금이라도 아낄 수 있다. 특히, 그래프와 같은 경우에는 그래프에 대한 특징을 알고 있다면, 그래프의 길이 혹은 높낮이 등으로 대강의 수치를 빠르게 확인이 가능하므로 이에 대한 숙지도 필요하다. 또한, 여러 가지 보기가 주어진 문제 역시 지문을 잘 확인하고 문제를 풀이한다면 불필요한 계산을 생략할 수 있으므로 항상 지문부터 확인하는 습관을 들이기를 바란다.

04 도표작성능력에서 지문에 작성된 도표의 제목을 반드시 확인하라!

도표작성은 하나의 자료 혹은 보고서와 같은 수치가 표현된 자료를 도표로 작성하는 형식으로 출제되는데, 대체로 표보다는 그래프를 작성하는 형태로 많이 출제된다. 지문을 살펴보면 각 지문에서 주어진 도표에도 소제목이 있는 경우가 대부분이다. 이때, 자료의 수치와 도표의 제목이 일치하지 않는 경우 함정이 존재하는 문제일 가능성이 높으므로 도표의 제목을 반드시 확인하는 것이 중요하다. 도표작성의 경우 대부분 비율 계산이 많이 출제되는데, 도표의 제목과는 다른 수치로 작성된 도표가 존재하는 경우가 있다. 그렇기 때문에 지문에서 작성된 도표의 소제목을 먼저 확인하는 연습을 하여 간단하지 않은 비율 계산을 두 번 하는 일이 없도록 해야 한다.

대표기출유형

01 거리 · 속력 · 시간

| 유형분석 |

- (거리)=(속력)×(시간), $(속력)=\frac{(거리)}{(시간)}$, $(시간)=\frac{(거리)}{(속력)}$
- 기차와 터널의 길이, 물과 같이 속력이 있는 장소 등 추가적인 거리 · 속력 · 시간에 대한 조건과 결합하여 난도 높은 문제로 출제된다.

A사원은 회사 근처 카페에서 거래처와 미팅을 갖기로 했다. 처음에는 4km/h로 걸어가다가 약속 시간에 늦을 것 같아서 10km/h로 뛰어서 24분 만에 미팅 장소에 도착했다. 회사에서 카페까지의 거리가 2.5km일 때, A사원이 뛴 거리는?

① 0.6km ② 0.9km

③ 1.2km ④ 1.5km

정답 ④

총거리와 총시간이 주어져 있으므로 걸은 거리와 뛴 거리 또는 걸은 시간과 뛴 시간을 미지수로 잡을 수 있다.
미지수를 잡기 전에 문제에서 묻는 것을 정확하게 파악해야 나중에 답을 구할 때 헷갈리지 않는다.
문제에서 A사원이 뛴 거리를 물어보았으므로 거리를 미지수로 놓는다.
A사원이 회사에서 카페까지 걸어간 거리를 $x$km, 뛴 거리를 $y$km라고 하면,
회사에서 카페까지의 거리는 2.5km이므로 걸어간 거리 $x$km와 뛴 거리 $y$km를 합하면 2.5km이다.
$x+y=2.5$ … ㉠
A사원이 회사에서 카페까지 24분이 걸렸으므로 걸어간 시간$\left(\frac{x}{4}\text{시간}\right)$과 뛰어간 시간$\left(\frac{y}{10}\text{시간}\right)$을 합치면 24분이다.
이때 속력은 시간 단위이므로 '분'으로 바꾸어 계산한다.
$\frac{x}{4}\times60+\frac{y}{10}\times60=24 \rightarrow 5x+2y=8$ … ㉡
㉠과 ㉡을 연립하여 ㉡−(2×㉠)을 하면 $x=1$이고, 구한 x의 값을 ㉠에 대입하면 $y=1.5$이다.
따라서 A사원이 뛴 거리는 $y$km이므로 1.5km이다.

유형풀이 Tip

- 미지수를 정할 때에는 문제에서 묻는 것을 정확하게 파악해야 한다.
- 속력과 시간의 단위를 처음부터 정리하여 계산하면 실수 없이 풀이할 수 있다.
  예 1시간=60분=3,600초
  예 1km=1,000m=100,000cm

Easy

01 어떤 공원의 트랙 모양의 산책로를 걷는데 민주는 시작 지점에서 40m/min의 속력으로 걷고, 같은 지점에서 세희는 45m/min의 속력으로 서로 반대 방향으로 걷고 있다. 출발한 지 40분 후에 둘이 두 번째로 마주치게 된다고 할 때, 산책로의 길이는?

① 1,320m　　② 1,400m
③ 1,550m　　④ 1,700m

02 출발지로부터 거리가 2km인 도착지를 향해 20분 동안 30m/min의 속력으로 갔다. 1시간 안에 도착지까지 가려면 20분 후에 얼마의 속력으로 가야 하는가?

① 25m/min　　② 30m/min
③ 35m/min　　④ 40m/min

03 운송업체에서 택배 기사로 일하고 있는 A씨는 5곳에 배달을 할 때, 첫 배송지에서 마지막 배송지까지 총 1시간 20분이 걸린다. 평균적으로 이와 같은 속도로 배달한다면 12곳에 배달을 할 때, 첫 배송지에서 출발해서 마지막 배송지까지 배달을 마치는 데 걸리는 시간은?(단, 배송지에서 머무는 시간은 고려하지 않는다)

① 3시간 12분　　② 3시간 25분
③ 3시간 36분　　④ 3시간 40분

대표기출유형

02 농도

| 유형분석 |

- (농도)$=\frac{(\text{용질의 양})}{(\text{용액의 양})}\times 100$
- (소금물의 양)=(물의 양)+(소금의 양)이라는 것에 유의하고, 더해지거나 없어진 것을 미지수로 두고 풀이한다.

소금물 500g이 있다. 이 소금물에 농도가 3%인 소금물 200g을 온전히 섞었더니 소금물의 농도는 7%가 되었다. 500g의 소금물에 녹아 있던 소금의 양은?

① 31g
② 37g
③ 43g
④ 49g

정답 ③

문제에서 구하고자 하는 500g의 소금물에 녹아 있던 소금의 양을 미지수로 놓는다.

500g의 소금물에 녹아 있던 소금의 양을 xg이라고 하면,

농도가 3%인 소금물 200g에 녹아 있던 소금의 양은 $\frac{3}{100}\times 200=6$g이다.

소금물 500g에 농도가 3%인 소금물 200g을 섞었을 때 소금물의 농도가 주어졌으므로 농도를 기준으로 식을 세우면 다음과 같다.

$\frac{x+6}{500+200}\times 100=7$

→ $(x+6)\times 100=7\times(500+200)$

→ $(x+6)\times 100=4,900$

→ $100x+600=4,900$

→ $100x=4,300$

∴ $x=43$

따라서 500g의 소금물에 녹아 있던 소금의 양은 xg이므로 43g이다.

유형풀이 Tip

- 숫자의 크기를 최대한 간소화해야 한다. 특히 농도의 경우 분수와 정수가 같이 제시되고, 최근에는 비율을 활용한 문제가 많이 출제되고 있으므로 통분이나 약분을 통해 수를 간소화시켜 계산 실수를 줄일 수 있도록 한다.
- 항상 미지수를 구해서 그 값을 계산하여 풀이해야 하는 것은 아니다. 문제에서 원하는 값은 정확한 미지수를 구하지 않아도 풀이 과정에서 답이 제시되는 경우가 있으므로 문제에서 묻는 것을 명확히 해야 한다.

01 농도가 25%인 소금물 200g에 농도가 10%인 소금물을 섞었다. 섞은 후 소금물에 함유된 소금의 양이 55g일 때, 섞은 후의 소금물의 농도는 얼마인가?

① 20% ② 21%

③ 22% ④ 23%

02 농도 20%의 설탕물 100g이 있다. 설탕물 xg을 덜어내고, 덜어낸 양만큼의 설탕을 첨가하였다. 거기에 농도 11%의 설탕물 yg을 섞었더니 농도 26%의 설탕물 300g이 되었다. 이때 $x+y$의 값은?

① 195 ② 213

③ 235 ④ 245

Easy

03 지윤이는 농도 5%의 오렌지 주스와 농도 11%의 오렌지 주스를 섞어서 농도 8%의 오렌지 주스를 400g을 만들려고 한다. 이때, 농도 11%의 오렌지 주스는 몇 g을 섞어야 하는가?

① 150g ② 170g

③ 190g ④ 200g

대표기출유형

03 일의 양

| 유형분석 |

- $(\text{일률})=\frac{(\text{작업량})}{(\text{작업기간})}$, $(\text{작업기간})=\frac{(\text{작업량})}{(\text{일률})}$, $(\text{작업량})=(\text{일률})\times(\text{작업기간})$
- 전체 일의 양을 1로 두고 풀이하는 유형이다.
- 분이나 초 단위 계산이 가장 어려운 유형으로 출제되고 있다.

한 공장에서는 기계 2대를 운용하고 있다. 이 공장의 전체 작업을 수행할 때 A기계로는 12시간이 걸리며, B기계로는 18시간이 걸린다. 이미 절반의 작업이 수행된 상태에서 A기계로 4시간 동안 작업하다가 이후로는 A, B 두 기계를 모두 동원해 작업을 수행했다면, A, B 두 기계를 모두 동원해 작업을 수행하는 데 소요된 시간은?

① 1시간　　② 1시간 12분

③ 1시간 20분　　④ 1시간 30분

정답 ②

전체 일의 양을 1이라고 하면, A기계가 1시간 동안 작업할 수 있는 일의 양은 $\frac{1}{12}$이고, B기계가 1시간 동안 작업할 수 있는 일의 양은 $\frac{1}{18}$이다. 이미 절반의 작업이 수행되었으므로 남은 일의 양은 $1-\frac{1}{2}=\frac{1}{2}$이다.

이 중 A기계로 4시간 동안 작업을 수행했으므로 A기계와 B기계가 함께 작업해야 하는 일의 양은 $\frac{1}{2}-\left(\frac{1}{12}\times4\right)=\frac{1}{6}$이다.

따라서 A, B 두 기계를 모두 동원해 남은 $\frac{1}{6}$을 수행하는 데는 $\frac{\frac{1}{6}}{\left(\frac{1}{12}+\frac{1}{18}\right)}=\frac{\frac{1}{6}}{\frac{5}{36}}=\frac{6}{5}$시간, 즉 1시간 12분이 걸린다.

유형풀이 Tip

- 전체의 값을 모르는 상태에서 비율을 묻는 문제의 경우 전체를 1이라고 하면 쉽게 풀이할 수 있다.

  예 1개의 빵을 만드는 데 3시간이 걸린다. 1개의 빵을 만드는 일의 양을 1이라고 하면 1시간에 $\frac{1}{3}$만큼의 빵을 만든다.
- 난도가 높은 일의 양 문제를 접근할 때 전체 일의 양을 막대 그림으로 표현하면서 풀이하면 한눈에 파악할 수 있다.

  예

$\frac{1}{2}$ 수행됨	A기계로 4시간 동안 작업	A, B 두 기계를 모두 동원해 작업

01 S사 서비스센터의 직원들은 의류 건조기의 모터를 교체하는 업무를 진행하고 있다. 1대의 모터를 교체하는 데 A직원이 혼자 업무를 진행하면 2시간이 걸리고, A직원과 B직원이 함께 업무를 진행하면 80분이 걸리며, B직원과 C직원이 함께 진행하면 1시간이 걸린다. A～C직원이 모두 함께 건조기 1대의 모터를 교체하는 데 걸리는 시간은?

① 40분 ② 1시간
③ 1시간 12분 ④ 1시간 20분

02 500개의 상자를 접는 데 갑은 5일, 을은 13일이 소요된다. 2,500개 상자 접기를 갑과 을이 같이 일을 시작하여 중간에 을이 그만두고, 갑이 혼자서 남은 상자를 다 접었다고 한다. 총소요시간은 20일이었을 때, 갑과 을이 같이 일을 한 날은 며칠인가?

① 12일 ② 13일
③ 14일 ④ 15일

Easy

03 갑은 곰인형 100개를 만드는 데 4시간, 을은 25개를 만드는 데 10시간이 걸린다. 이들이 함께 일을 하면 각각 원래 능력보다 20% 효율이 떨어진다. 이들이 함께 곰인형 132개를 만드는 데 걸리는 시간은?

① 5시간 ② 6시간
③ 7시간 ④ 8시간

대표기출유형

04 금액

| 유형분석 |

- (정가)=(원가)+(이익), (이익)=(정가)−(원가)

  a원에서 $b\%$ 할인한 가격$=a\times\left(1-\frac{b}{100}\right)$
- 원가, 정가, 할인가, 판매가 등의 개념을 명확히 한다.
- 난이도가 어려운 편은 아니지만 비율을 활용한 계산 문제이기 때문에 실수하기 쉽다.

종욱이는 25,000원짜리 피자 두 판과 8,000원짜리 샐러드 세 개를 주문했다. 통신사 멤버십 혜택으로 피자는 15%, 샐러드는 25%를 할인받을 수 있고, 이벤트로 통신사 멤버십 혜택을 적용한 금액의 10%를 추가 할인받았다고 한다. 종욱이가 할인받은 총금액은?

① 12,150원　　② 13,500원

③ 18,600원　　④ 19,550원

정답 ④

할인받기 전 종욱이가 지불할 금액은 25,000×2+8,000×3=74,000원이다.

통신사 할인과 이벤트 할인을 적용한 금액은 (25,000×2×0.85+8,000×3×0.75)×0.9=54,450원이다.

따라서 종욱이가 할인받은 총금액은 74,000−54,450=19,550원이다.

유형풀이 Tip

전체 금액을 구하는 것이 아니라 할인된 금액을 구하면 수의 크기도 작아지고, 풀이 과정을 단축시킬 수 있다.
예를 들어 위의 문제에서 피자는 15%, 샐러드는 25%를 할인받았으므로 할인받은 금액은 각각 7,500원, 6,000원이다. 할인받은 금액의 합을 원래 지불했어야 하는 금액에서 빼면 60,500원이고, 이의 10%는 6,050원이므로 종욱이가 할인받은 총금액은 7,500+6,000+6,050=19,550원이다.

Hard

01 처음 생산된 물건을 도매업자가 구매하여 1.2배의 가격으로 판매하고, 이를 소매업자가 구매하여 2배의 가격으로 판매한다. 소매업자가 온라인으로 판매하는 데 100개당 3,000원의 배송비가 든다. 500개를 온라인으로 구매했을 때의 가격이 447,000원이라고 하면 이 물건의 원가는?

① 360원 ② 380원
③ 400원 ④ 420원

02 세희네 가족의 올해의 여름휴가 비용은 작년 대비 교통비는 15%, 숙박비는 24% 증가하여 전체 휴가비용이 20% 증가하였다. 작년 전체 휴가비용이 36만 원일 때, 올해 숙박비는?(전체 휴가비는 교통비와 숙박비의 합이다)

① 160,000원 ② 184,000원
③ 200,000원 ④ 248,000원

03 A와 B가 시장에 가서 각각 2번에 걸쳐 물건을 사는 데 총 32,000원이 들었다. A는 두 번째 구매 시 첫 번째보다 50% 감소한 금액을 냈고, B는 두 번째 구매 시 첫 번째보다 50% 증가한 금액을 냈다. 나중에 서로 비교해 보니 B가 A보다 5,000원을 더 소비한 것을 알게 되었다고 할 때, A가 첫 번째로 낸 금액은?

① 7,400원 ② 8,500원
③ 9,000원 ④ 9,700원

대표기출유형

05 날짜 · 요일

| 유형분석 |

- 1일=24시간=1,440(=24×60)분=86,400(=1,440×60)초
- 월별 일수 : 31일 – 1, 3, 5, 7, 8, 10, 12월
  30일 – 4, 6, 9, 11월
  28일 또는 29일(윤년, 4년에 1회) – 2월
- 날짜 · 요일 단위별 기준이 되는 숫자가 다르므로 실수하지 않도록 유의한다.

어느 해의 3월 2일은 금요일일 때, 한 달 후인 4월 2일은 무슨 요일인가?

① 월요일　　② 화요일
③ 수요일　　④ 목요일

정답 ①

3월은 31일까지 있고 일주일은 7일이므로, $31 \div 7 = 4 \cdots 3$이다.
따라서 4월 2일은 금요일부터 3일이 지난 월요일이다.

유형풀이 Tip

- 일주일은 7일이므로, 전체 일수를 구한 뒤 7로 나누면 빠르게 해결할 수 있다.
- 날짜와 요일의 단위를 처음부터 정리하여 계산하면 실수 없이 풀이할 수 있다.

Easy

01 S은행은 신입행원들을 대상으로 3개월 동안 의무적으로 강연을 듣게 하였다. 강연은 월요일과 수요일에 1회씩 열리고 금요일에는 격주로 1회씩 열린다고 한다. 8월 1일 월요일에 처음 강연을 들은 신입행원이 13번째 강연을 듣는 날은 언제인가?(단, 첫 주 금요일 강연은 열리지 않았다)

① 8월 31일 ② 9월 2일
③ 9월 5일 ④ 9월 7일

02 철수는 매일 1,000원씩, 영희는 800원씩 저금하기로 했다. 며칠 후 정산을 해보니 철수의 저금액이 영희의 2배가 되어 있었다. 영희가 철수보다 3일 후에 저금하기 시작했다면, 정산은 며칠 후에 한 것인가?

① 7일 ② 8일
③ 9일 ④ 10일

03 A회사와 B회사의 휴무 간격은 각각 5일, 7일이다. 일요일인 오늘 두 회사가 함께 휴일을 맞았다면, 앞으로 4번째로 함께하는 휴일은 무슨 요일인가?

① 수요일 ② 목요일
③ 금요일 ④ 토요일

대표기출유형

06 경우의 수

| 유형분석 |

- ${}_nP_m = n\times(n-1)\times\cdots\times(n-m+1)$

  ${}_nC_m = \frac{{}_nP_m}{m!} = \frac{n\times(n-1)\times\cdots\times(n-m+1)}{m!}$
- 벤 다이어그램을 활용한 문제가 출제되기도 한다.

S은행은 토요일에 2명의 사원이 당직 근무를 서도록 사칙으로 규정하고 있다. S은행의 B팀에는 8명의 사원이 있다. B팀이 앞으로 3주 동안 토요일 당직 근무를 선다고 할 때, 가능한 모든 경우의 수는?(단, 모든 사원은 당직 근무를 2번 이상 서지 않는다)

① 1,520가지 ② 2,520가지

③ 5,040가지 ④ 10,080가지

정답 ②

8명을 2명씩 3개의 그룹으로 나누는 경우의 수는 ${}_8C_2\times{}_6C_2\times{}_4C_2\times\frac{1}{3!}=28\times15\times6\times\frac{1}{6}=420$가지이다.

3개의 그룹을 각각 A, B, C라 하면, 3주 동안 토요일에 근무자를 배치하는 경우의 수는 A, B, C를 일렬로 나열하는 경우의 수와 같으므로 3개의 그룹을 일렬로 나열하는 경우의 수는 $3\times2\times1=6$가지이다.

$\therefore$ $420\times6=2,520$

따라서 가능한 모든 경우의 수는 2,520가지이다.

유형풀이 Tip

경우의 수의 합의 법칙과 곱의 법칙 등에 관해 명확히 한다.

1) 합의 법칙

① 두 시건 A, B가 동시에 일이니지 않을 때, A가 일어니는 경우의 수를 m, B가 일어나는 경우의 수를 n이라고 하면, 사건 A 또는 B가 일어나는 경우의 수는 $m+n$이다.

② '또는', '~이거나'라는 말이 나오면 합의 법칙을 사용한다.

2) 곱의 법칙

① A가 일어나는 경우의 수를 m, B가 일어나는 경우의 수를 n이라고 하면, 사건 A와 B가 동시에 일어나는 경우의 수는 $m\times n$이다.

② '그리고', '동시에'라는 말이 나오면 곱의 법칙을 사용한다.

01 S중학교 2학년 A～F 6개의 학급이 체육대회에서 줄다리기 경기를 다음과 같은 토너먼트로 진행하려고 한다. 이때, A반과 B반이 모두 두 번의 경기를 거쳐 결승에서 만나게 되는 경우의 수는?

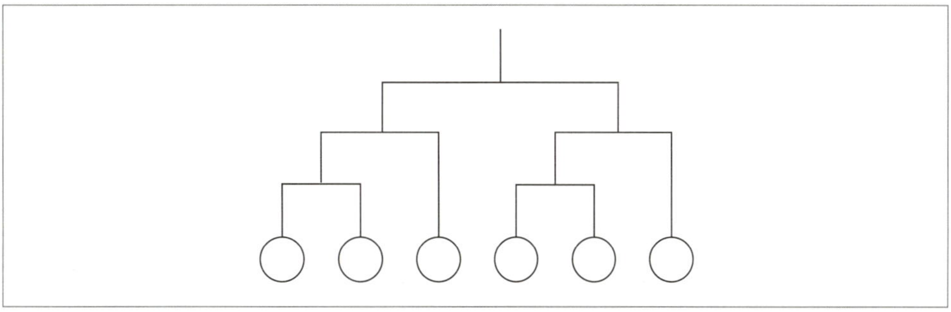

① 6가지　② 24가지
③ 120가지　④ 180가지

02 S은행의 마케팅부, 영업부, 영업지원부에서 2명씩 대표로 회의에 참석하기로 하였다. 원탁에 같은 부서 사람이 옆자리에 앉는 방식으로 자리배치를 한다고 할 때, 6명이 앉을 수 있는 경우의 수는?

① 15가지　② 16가지
③ 17가지　④ 18가지

Hard

03 S은행 채용시험 결과 10명이 최종합격하였다. 하지만 그중 2명이 부정한 방법으로 합격한 사실이 밝혀져 채용이 취소되었다. 이 2명을 제외한 합격자들 중 2명을 회계부서에 배치하고, 남은 인원을 절반씩 각각 인사부서와 홍보부서로 배치하였다고 할 때, 가능한 경우의 수는?

① 18,800가지　② 21,400가지
③ 25,200가지　④ 28,400가지

대표기출유형

07 확률

| 유형분석 |

- 순열(P)과 조합(C)을 활용한 문제이다.
- 조건부 확률 문제가 출제되기도 한다.

주머니에 1부터 10까지의 숫자가 적힌 카드 10장이 들어있다. 주머니에서 카드를 세 번 뽑는다고 할 때, 1, 2, 3이 적힌 카드 중 하나 이상을 뽑을 확률은?(단, 꺼낸 카드는 다시 넣지 않는다)

① $\frac{7}{24}$

② $\frac{5}{8}$

③ $\frac{17}{24}$

④ $\frac{7}{8}$

정답 ③

(1, 2, 3이 적힌 카드 중 하나 이상을 뽑을 확률)$=1-$(세 번 모두 $4\sim10$이 적힌 카드를 뽑을 확률)

세 번 모두 $4\sim10$이 적힌 카드를 뽑을 확률은 $\frac{7}{10}\times\frac{6}{9}\times\frac{5}{8}=\frac{7}{24}$이다.

따라서 1, 2, 3이 적힌 카드 중 하나 이상을 뽑을 확률은 $1-\frac{7}{24}=\frac{17}{24}$이다.

유형풀이 Tip

1) 여사건의 확률
   ① 사건 A가 일어날 확률이 p일 때, 사건 A가 일어나지 않을 확률은 $(1-p)$이다.
   ② '적어도'라는 말이 나오면 주로 사용한다.
2) 확률의 덧셈
   두 사건 A, B가 동시에 일어나지 않을 때, A가 일어날 확률을 p, B가 일어날 확률을 q라고 하면, 사건 A 또는 B가 일어날 확률은 $p+q$이다.
3) 확률의 곱셈
   A가 일어날 확률을 p, B가 일어날 확률을 q라고 하면, 사건 A와 B가 동시에 일어날 확률은 $p\times q$이다.

대표기출유형 07 기출응용문제

Hard

01 S사의 감사팀은 과장 2명, 대리 3명, 사원 3명으로 구성되어 있다. A ~ D 4개 지역의 지사로 2명씩 나눠서 출장을 간다고 할 때, 각 출장 지역에 대리급 이상이 1명 이상 포함되어 있어야 하고 과장 2명이 각각 다른 지역으로 가야 한다. 과장과 대리가 한 조로 출장에 갈 확률은?

① $\frac{1}{2}$ ② $\frac{1}{3}$

③ $\frac{2}{3}$ ④ $\frac{3}{4}$

02 10%의 확률로 불량품이 들어 있는 제품 중에서 임의로 4개의 제품을 택할 때, 2개의 제품이 불량품일 확률은?

① 0.0025 ② 0.0125

③ 0.0486 ④ 0.0492

03 어느 학교의 3학년 학생은 A과목과 B과목 중 한 과목만을 선택하여 수업을 받는다고 한다. A과목과 B과목을 선택한 학생의 비율이 각각 전체의 40%, 60%이고, A과목을 선택한 학생 중 여학생은 30%, B과목을 선택한 학생 중 여학생은 40%라고 한다면, 이 학교의 3학년 학생 중에서 임의로 뽑은 학생이 여학생일 때, 그 학생이 B과목을 선택했을 확률은?

① $\frac{1}{4}$ ② $\frac{1}{3}$

③ $\frac{2}{3}$ ④ $\frac{3}{4}$

대표기출유형

08 환율

| 유형분석 |

- $(\text{환율}) = \frac{(\text{자국 화폐 가치})}{(\text{외국 화폐 가치})}$
- (자국 화폐 가치)=(환율)×(외국 화폐 가치)
- $(\text{외국 화폐 가치}) = \frac{(\text{자국 화폐 가치})}{(\text{환율})}$

수인이는 베트남 여행을 위해 환전하기로 하였다. 다음은 S환전소의 환전 당일 환율 및 수수료에 대한 자료이다. 수인이가 한국 돈으로 베트남 현금 1,670만 동을 환전한다고 할 때, 수수료까지 포함하여 필요한 금액은?(단, 모든 계산과정에서 구한 값은 일의 자리에서 버림한다)

〈S환전소 환율 및 수수료〉

- 베트남 환율 : 483원/만 동
- 수수료 : 0.5%
- 우대사항 : 50만 원 이상 환전 시 70만 원까지 수수료 0.4%로 인하 적용
  100만 원 이상 환전 시 총금액 수수료 0.4%로 인하 적용

① 808,840원 ② 808,940원
③ 809,840원 ④ 809,940원

정답 ④

베트남 현금 1,670만 동을 환전하기 위해 필요한 한국 돈은 수수료를 제외하고 1,670만 동×483원/만 동=806,610원이다.
우대사항에 따르면 50만 원 이상 환전 시 70만 원까지 수수료가 0.4%로 낮아지므로, 70만 원에는 수수료가 0.4% 적용되고 나머지는 0.5%가 적용되어 총수수료를 구하면 700,000×0.004+(806,610−700,000)×0.005=2,800+533.05≒3,330원이다(∵ 일의 자리에서 버림).
따라서 수수료를 포함하여 수인이가 원하는 금액을 환전하는 데 필요한 총금액은 806,610+3,330=809,940원이다.

유형풀이 Tip

- 우대사항 등 문제에서 요구하는 조건을 놓치지 않도록 주의한다.

대표기출유형 08 기출응용문제

※ 다음은 국가별 외화의 매매기준율 및 환전수수료에 대한 자료이다. 이어지는 질문에 답하시오. [1~2]

〈국가별 외화의 매매기준율 및 환전수수료〉

구분	미국	호주	대만
매매기준율	1,300원/USD	880원/AUD	40원/TWD
환전수수료	1.75%	2%	9%

※ 환전수수료는 외화를 사고 팔 때 모두 같은 비율로 적용하는 것으로 함

※ 모든 계산 시 우대환율은 적용하지 않음

Easy

01 대만 달러 600,000TWD를 환전수수료를 고려하여 원화로 환전할 때 받을 수 있는 원화는 얼마인가?

① 15,670,000원 ② 21,840,000원

③ 27,260,000원 ④ 33,560,000원

02 A환전소에서 호주 3,500AUD를 미국 USD로 환전하고자 한다. A환전소에서는 외화를 다른 외화로 환전하려면 먼저 외화를 원화로 환전 후 그 원화를 다른 외화로 환전해야 한다고 할 때, 환전 후 받는 USD는 얼마인가?

① 약 2,281.91USD ② 약 2,870.33USD

③ 약 3,375.43USD ④ 약 4,087.54USD

03 K씨는 지난 영국출장 때 사용하고 남은 1,400파운드를 주거래 은행인 S은행에서 환전해 이번 독일 출장 때 가지고 가려고 한다. S은행에서 고시한 환율은 1파운드당 1,500원, 1유로당 1,200원일 때, K씨가 환전한 유로화는 얼마인가?(단, 국내 은행에서 파운드화에서 유로화로 환전 시 이중환전을 해야 하며, 환전 수수료는 고려하지 않는다)

① 1,700유로 ② 1,750유로

③ 1,800유로 ④ 1,850유로

대표기출유형

09 금융상품 활용

| 유형분석 |

- 금융상품을 정확하게 이해하고 문제에서 요구하는 답을 도출해낼 수 있는지 평가한다.
- 단리식, 복리식, 이율, 우대금리, 중도해지, 만기해지 등 조건에 유의해야 한다.

S은행은 '더 커지는 적금'을 새롭게 출시하였다. A씨는 이 적금의 모든 우대금리 조건을 만족하여 이번 달부터 이 상품에 가입하려고 한다. 만기 시 A씨가 받을 수 있는 이자는 얼마인가?(단, 이자 소득에 대한 세금은 고려하지 않으며, $1.025^{\frac{1}{12}}=1.002$로 계산한다)

〈더 커지는 적금〉

- 가입기간 : 12개월
- 가입금액 : 매월 초 200,000원 납입
- 적용금리 : 기본금리(연 2.1%)+우대금리(최대 연 0.4%p)
- 저축방법 : 정기적립식
- 이자지급방식 : 만기일시지급, 연복리식
- 우대금리 조건
  - 당행 입출금통장 보유 시 : +0.1%p
  - 연 500만 원 이상의 당행 예금상품 보유 시 : +0.1%p
  - 급여통장 지정 시 : +0.1%p
  - 이체실적이 20만 원 이상 시 : +0.1%p

① 105,000원　② 107,000원
③ 108,000원　④ 111,000원

정답 ①

모든 우대금리 조건을 만족하므로 최대 연 0.4%p가 기본금리에 적용되어 2.1+0.4=2.5%가 된다.

n개월 후 연복리 이자는 (월납입금)$\times\dfrac{(1+r)^{\frac{1}{12}}\left\{(1+r)^{\frac{n}{12}}-1\right\}}{(1+r)^{\frac{1}{12}}-1}$−(적립원금)이므로, 다음과 같은 식이 성립한다.

$$200,000\times\frac{1.025^{\frac{1}{12}}(1.025-1)}{\left(1.025^{\frac{1}{12}}-1\right)}-200,000\times12$$

$$=200,000\times1.002\times\frac{(1.025-1)}{0.002}-2,400,000$$

$$=2,505,000-2,400,000$$

=105,000원

PART 1

유형풀이 Tip

1) 단리
① 개념 : 원금에만 이자가 발생
② 계산 : 이율이 r%인 상품에 원금 a를 총 n번 이자가 붙는 동안 예치한 경우 $a(1+nr)$

2) 복리
① 개념 : 원금과 이자에 모두 이자가 발생
② 계산 : 이율이 r%인 상품에 원금 a를 총 n번 이자가 붙는 동안 예치한 경우 $a(1+r)^n$

3) 이율과 기간
① (월이율)$=\dfrac{(\text{연이율})}{12}$
② n개월$=\dfrac{n}{12}$년

4) 예치금의 원리합계
원금 a원, 연이율 r%, 예치기간 n개월일 때,
- 단리 예금의 원리합계 : $a\left(1+\dfrac{r}{12}n\right)$
- 월복리 예금의 원리합계 : $a\left(1+\dfrac{r}{12}\right)^n$
- 연복리 예금의 원리합계 : $a(1+r)^{\frac{n}{12}}$

5) 적금의 원리합계
월초 a원씩, 연이율 r%일 때, n개월 동안 납입한다면
- 단리 적금의 n개월 후 원리합계 : $an+a\times\dfrac{n(n+1)}{2}\times\dfrac{r}{12}$
- 월복리 적금의 n개월 후 원리합계 : $\dfrac{a\left(1+\dfrac{r}{12}\right)\left\{\left(1+\dfrac{r}{12}\right)^n-1\right\}}{\left(1+\dfrac{r}{12}\right)-1}$
- 연복리 적금의 n개월 후 원리합계 : $\dfrac{a(1+r)^{\frac{1}{12}}\left\{(1+r)^{\frac{n}{12}}-1\right\}}{(1+r)^{\frac{1}{12}}-1}=\dfrac{a\left\{(1+r)^{\frac{n+1}{12}}-(1+r)^{\frac{1}{12}}\right\}}{(1+r)^{\frac{1}{12}}-1}$

01 다음의 고객 정보를 토대로 귀하가 안내해야 할 중도상환 수수료는 얼마인가?(단, 100원 미만은 절사한다)

〈고객 정보〉

- 2024년 6월, 담보대출 실행
  - 대출원금 : 12,000,000원
  - 대출이자 : 4%(원금균등상환)
  - 대출기간 : 60개월

- 2025년 6월, 중도상환
  - [중도상환 수수료(100원 미만 절사)]=(중도상환 원금)×(중도상환 수수료율)× $\frac{36개월-(대출경과월수)}{36개월}$
  - (중도상환 원금)=(대출원금)−[원금상환액(월)]×(대출경과월수)
  - 중도상환 수수료율(%)

대출상환기간	3 ~ 14개월	15 ~ 24개월	25 ~ 36개월
수수료율	3.8	2.8	2.0

※ 3년 초과 중도상환 시 면제

① 128,000원
② 179,200원
③ 243,200원
④ 274,400원

02 자산관리사 A씨는 6개월 전 20,000,000원의 원금을 가지고 자금 운용을 시작하였으며, 현재 누적 수익률은 4%이다. 현재로부터 6개월 후 누적 수익률이 원금의 10%가 되려면, 앞으로 6개월 동안의 누적 수익률은 몇 %가 되어야 하는가?(단, 누적 수익률은 원금을 대상으로 계산된 이자만을 고려한다)

① 4%
② 5%
③ 6%
④ 12%

Hard

03 S은행의 연금 상품에 가입한 A고객은 올해부터 10년 동안 연초에 연 10%의 물가상승률이 적용되는 연금을 받기로 하였으며, 올해 말에는 500(1+0.1)만 원이 나온다고 한다. 갑자기 사정이 생겨 목돈이 필요한 A고객이 해당 연금을 올해 초에 일시불로 받으려고 은행을 찾았다면, A고객이 일시불로 받을 수 있는 금액은?(단, 만의 자리 미만은 절사하며, $1.1^{10}=2.5$로 계산한다)

① 2,300만 원 ② 2,800만 원

③ 3,000만 원 ④ 3,300만 원

PART 1

04 A사에서 근무하는 B과장은 30개월 전에 가입하였던 적금을 불가피한 사정으로 해지하려고 한다. 가입한 상품의 정보가 다음과 같을 때 환급금은?

〈상품 정보〉

- 상품명 : S은행 함께 적금
- 가입기간 : 6년
- 가입금액 : 1,500만 원
- 이자지급방식 : 만기일시지급, 단리식
- 기본금리 : 연 2.5%
- 중도해지이율(연 %, 세전)
  - 12개월 미만 : 0.2
  - 18개월 미만 : 0.3
  - 24개월 미만 : (기본금리)×40%
  - 36개월 미만 : (기본금리)×60%

① 15,050,000원 ② 15,562,500원

③ 15,737,500원 ④ 15,975,000원

대표기출유형

10 자료계산

| 유형분석 |

- 제시된 자료를 통해 문제에서 주어진 특정한 값을 찾고, 자료의 변동량을 구할 수 있는지 평가하는 유형이다.
- 자료상에 주어진 공식을 활용하는 계산문제와 증감률, 비율, 합, 차 등을 활용한 문제가 출제된다.
- 많은 문제가 출제되지는 않지만, 숫자가 큰 경우가 많으므로 정확한 수치와 제시된 조건을 꼼꼼히 확인하여 실수하지 않는 것이 중요하다.

다음은 시·군지역의 성별 비경제활동 인구에 대해 조사한 자료이다. 빈칸 (가), (다)에 들어갈 수가 바르게 연결된 것은?(단, 인구수는 백의 자리에서 반올림하고, 비중은 소수점 첫째 자리에서 반올림한다)

〈성별 비경제활동 인구〉

(단위 : 천 명, %)

구분	총계	남자		여자	
		인구수	비중	인구수	비중
시지역	7,800	2,574	(가)	5,226	(나)
군지역	1,149	(다)	33.5	(라)	66.5

	(가)	(다)
①	30	385
②	30	392
③	33	378
④	33	385

정답 ④

- (가) : $\frac{2,574}{7,800} \times 100 = 33$
- (다) : $1,149 \times 0.335 \fallingdotseq 385$

유형풀이 Tip

- 빈칸이 여러 개인 경우 계산이 간단한 한두 개의 빈칸의 값을 먼저 찾고, 역으로 대입하여 풀이 시간을 단축한다.
- 금융권 필기전형의 경우 마지막 자리까지 정확하게 계산하는 것을 요구한다. 따라서 선택지에 주어진 값의 차이가 크지 않다면 어림값을 활용하는 것이 오히려 풀이 속도를 지연시킬 수 있으므로 주의해야 한다.

대표기출유형 10 기출응용문제

01 다음은 연령계층별 경제활동 인구를 보여 주는 자료이다. 경제활동 참가율이 가장 높은 연령대와 가장 낮은 연령대의 차이는 얼마인가?(단, 경제활동 참가율은 소수점 둘째 자리에서 반올림한다)

〈연령계층별 경제활동 인구〉

(단위 : 천 명)

구분	전체 인구	경제활동 인구	취업자	실업자	비경제활동 인구	실업률(%)
15 ~ 19세	2,944	265	242	23	2,679	8.7
20 ~ 29세	6,435	4,066	3,724	342	2,369	8.3
30 ~ 39세	7,519	5,831	5,655	176	1,688	3
40 ~ 49세	8,351	6,749	6,619	130	1,602	1.9
50 ~ 59세	8,220	6,238	6,124	114	1,982	1.8
60세 이상	10,093	3,885	3,804	81	6,208	2.1
합계	43,562	27,034	26,168	866	16,528	25.8

※ $[\text{경제활동 참가율}(\%)]=\frac{(\text{경제활동 인구})}{(\text{전체 인구})}\times 100$

① 54.2%p　② 66.9%p
③ 68.6%p　④ 71.8%p

Easy

02 다음은 국내 스포츠 경기 수 현황에 대한 자료이다. 빈칸에 들어갈 수치로 옳은 것은?(단, 각 수치는 매년 일정한 규칙으로 변화한다)

〈연도별 국내 스포츠 경기 수〉

(단위 : 경기)

구분	2019년	2020년	2021년	2022년	2023년	2024년
농구	450	460	420	450	440	460
야구	410	420	400	430	420	
배구	350	360	340	350	340	360
축구	380	390	370	380	370	380

① 410　② 415
③ 420　④ 425

03 다음은 S은행의 2025년 1·2분기 전체 민원 건수 및 해결률에 대한 자료이다. 2025년 2분기 금융 해결 건수는 직전 분기의 $\frac{5}{7}$이다. 2025년 2분기 서비스 해결 건수가 97건이고, 2025년 1분기 총건수 해결률이 (다)%라고 할 때, (가)+(나)+(다)의 값은?(단, 건수 및 해결률은 소수점 첫째 자리에서 반올림한다)

〈S은행 2025년 1·2분기 민원 해결 건수〉

(단위 : 건, %)

구분		민원 건수	
		2025년 1분기	2025년 2분기
금융	전체 민원 건수	102	72
	해결률	96	(가)
서비스	전체 민원 건수	20	(나)
	해결률	100	(가)

※ (총건수)=(금융 건수)+(서비스 건수)

※ 해결률 : 민원 건수 중 해결된 건수의 비율

① 290　　② 292

③ 294　　④ 296

Easy

04 다음은 S중학교 여름방학 방과 후 학교 신청 학생 중 과목별 학생 수를 비율로 나타낸 그래프이다. 방과 후 학교를 신청한 전체 학생이 200명일 때, 수학을 선택한 학생은 미술을 선택한 학생보다 몇 명이 더 적은가?

〈과목별 신청 학생 현황〉

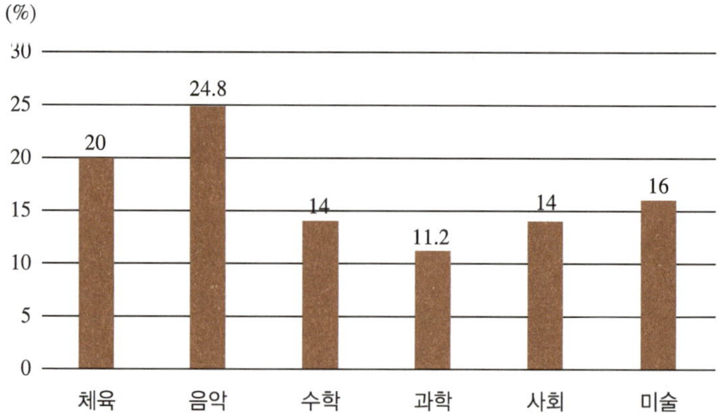

① 3명　　② 4명

③ 5명　　④ 6명

05 다음은 2024년 연령별 인구수 현황을 나타낸 그래프이다. 각 연령대를 기준으로 남성 인구가 40% 이하인 연령대 (가)와 여성 인구가 50% 초과 60% 이하인 연령대 (나)가 바르게 연결된 것은?

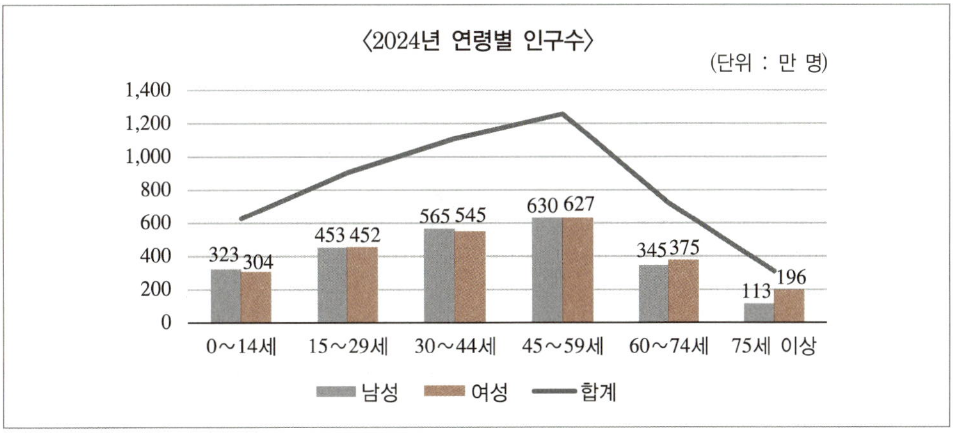

	(가)	(나)
①	0 ~ 14세	15 ~ 29세
②	30 ~ 44세	15 ~ 29세
③	45 ~ 59세	60 ~ 74세
④	75세 이상	60 ~ 74세

대표기출유형

11 자료추론

| 유형분석 |

- 문제에 주어진 상황과 정보를 적절하게 활용하여 잘못된 내용을 찾아낼 수 있는지 평가한다.
- 비율·증감폭·증감률·수익(손해)율 등의 계산을 요구하는 문제가 출제된다.

다음은 S기업 직원 250명을 대상으로 조사한 독감 예방접종 여부에 대한 자료이다. 이에 대한 설명으로 옳은 것은?(단, 소수점 첫째 자리에서 버림한다)

〈2023년 독감 예방접종 여부〉

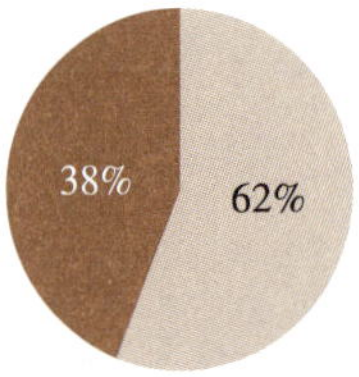

〈2024년 독감 예방접종 여부〉

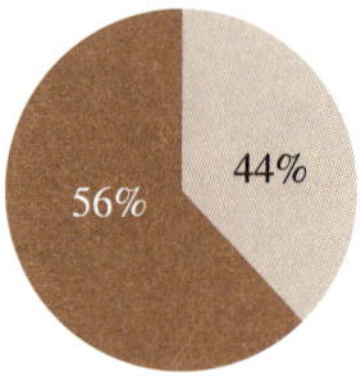

〈부서별 직원 현황〉

(단위 : %)

구분	총무부서	회계부서	영업부서	제조부서	합계
비율	16	12	28	44	100

※ 제시된 것 외의 부서는 없음

※ 2023년과 2024년 부서별 직원 현황은 변동이 없음

① 2023년의 독감 예방접종자가 모두 2024년에도 예방접종을 했다면, 2023년에는 예방접종을 하지 않았지만 2024년에 예방접종을 한 직원은 총 54명이다.

② 2023년 대비 2024년에 예방접종을 한 직원의 수는 49% 이상 증가했다.

③ 위의 2024년 독감 예방접종 여부 그래프가 2023년의 예방접종을 하지 않은 직원들을 대상으로 2024년의 독감 예방접종 여부를 조사한 자료라고 한다면, 2023년과 2024년 모두 예방접종을 하지 않은 직원은 총 65명이다.

④ 위의 2023년과 2024년의 독감 예방접종 여부 그래프가 총무부서에 대한 자료라고 한다면, 총무부서 직원 중 예방접종을 한 직원은 2023년 대비 2024년에 약 7명 증가했다.

정답 ④

총무부서 직원은 총 250×0.16=40명이다. 2023년과 2024년의 독감 예방접종 여부 그래프가 총무부서에 대한 자료라고 한다면, 총무부서 직원 중 2023년과 2024년의 예방접종자 수의 비율 차는 56−38=18%p이다. 따라서 40×0.18=7.2이므로 2023년 대비 2024년에 약 7명 증가했다.

오답분석

① 2023년 독감 예방접종자 수는 250×0.38=95명, 2024년 독감 예방접종자 수는 250×0.56=140명이므로, 2023년에는 예방접종을 하지 않았지만, 2024년에는 예방접종을 한 직원은 총 140−95=45명이다.

② 2023년의 예방접종자 수는 95명이고, 2024년의 예방접종자 수는 140명이다. 따라서 $\frac{140-95}{95}\times 100 \fallingdotseq 47\%$ 증가했다.

③ 2023년의 예방접종을 하지 않은 직원들을 대상으로 2024년의 독감 예방접종 여부를 조사한 자료라고 한다면, 2023년과 2024년 모두 예방접종을 하지 않은 직원은 총 250×0.62×0.44≒68명이다.

유형풀이 Tip

증가률(%) : $\frac{(\text{비교값})-(\text{기준값})}{(\text{기준값})}\times 100$

예 S은행의 작년 신입사원 수는 500명이고, 올해는 700명이다. S은행의 전년 대비 올해 신입사원 수의 증가율은?

$\frac{700-500}{500}\times 100=\frac{200}{500}\times 100=40\%$ → 전년 대비 40% 증가하였다.

예 S은행의 올해 신입사원 수는 700명이고, 내년에는 350명을 채용할 예정이다. S은행의 올해 대비 내년 신입사원 수의 감소율은?

$\frac{350-700}{700}\times 100=-\frac{350}{700}\times 100=-50\%$ → 올해 대비 50% 감소할 것이다.

대표기출유형 11 기출응용문제

01 다음은 2022년 1분기부터 2024년 4분기까지의 전체 시설자금 및 운전자금 대출 금액에 대한 자료이다. 이에 대한 설명으로 옳지 않은 것은?

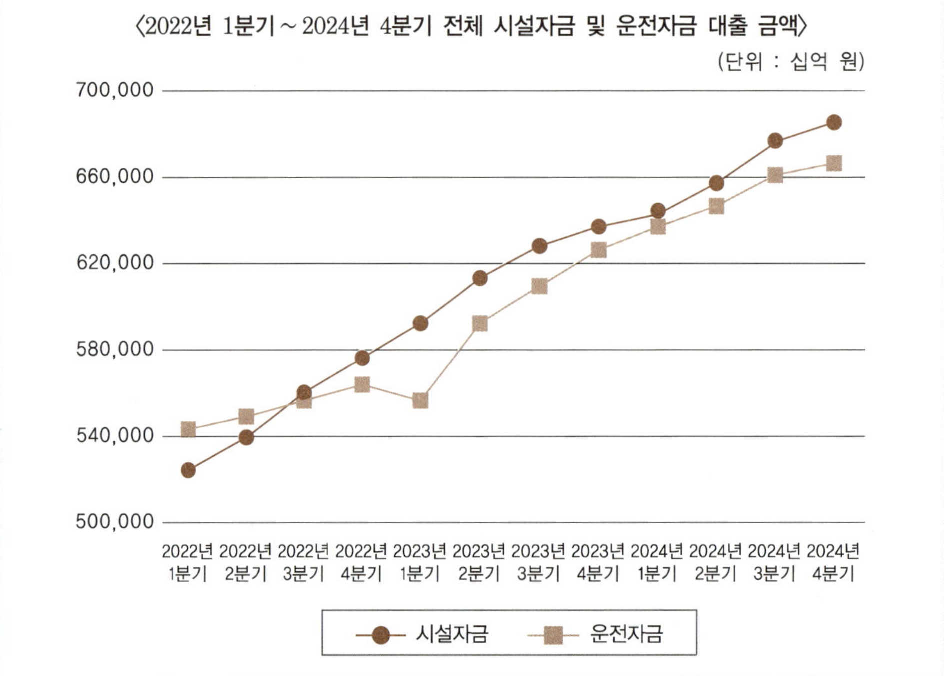

① 시설자금 대출 금액이 운전자금 대출 금액을 앞서기 시작한 때는 2022년 4분기이다.

② 2022년 2분기부터 2024년 4분기까지 전분기 대비 시설자금 대출 금액은 증가 추세이다.

③ 2022년 1분기 대비 2024년 4분기의 대출 금액의 증가율이 더 큰 것은 시설자금 대출 금액이다.

④ 2022년 2분기부터 2024년 4분기까지 전분기 대비 운전자금 대출 금액이 가장 크게 증가한 때는 2023년 2분기이다.

Easy

02 다음은 한 · 중 · 일의 평판 TV 시장점유율 추이를 나타낸 자료이다. 이에 대한 설명으로 옳지 않은 것은?

〈한 · 중 · 일의 평판 TV 시장점유율 추이〉

(단위 : %)

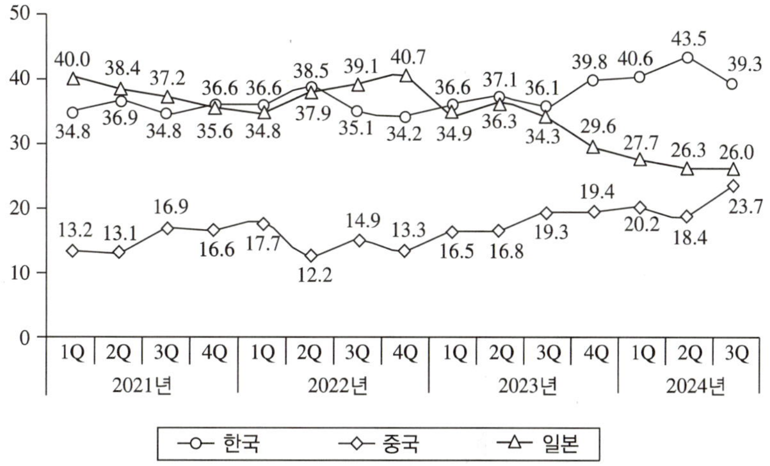

① 15분기 동안 한국이 10번, 일본이 5번, 시장점유율 1위를 차지했다.

② 2023년 4분기의 한국과 일본, 일본과 중국의 점유율 차이는 같다.

③ 중국과 일본의 점유율 차이는 2023년부터 계속 줄어들고 있다.

④ 한국과 중국의 점유율 차이는 매분기 15%p 이상이다.

PART 1

Hard

03 다음은 S은행에서 판매하고 있는 보험상품 및 적금상품과 예금상품에 대한 자료이다. S은행 이용자 1,230,000명 중 25%는 보험상품에 가입했고 40%는 적금상품에 가입했다. 보험상품과 적금상품에 중복으로 가입한 사람은 없으며, 보험상품 가입자의 10%, 적금상품 가입자의 20% 그리고 두 상품 모두 가입하지 않은 S은행 이용자의 30%가 예금상품에 가입했다고 할 때, 이에 대한 〈보기〉의 설명 중 옳은 것을 모두 고르면?

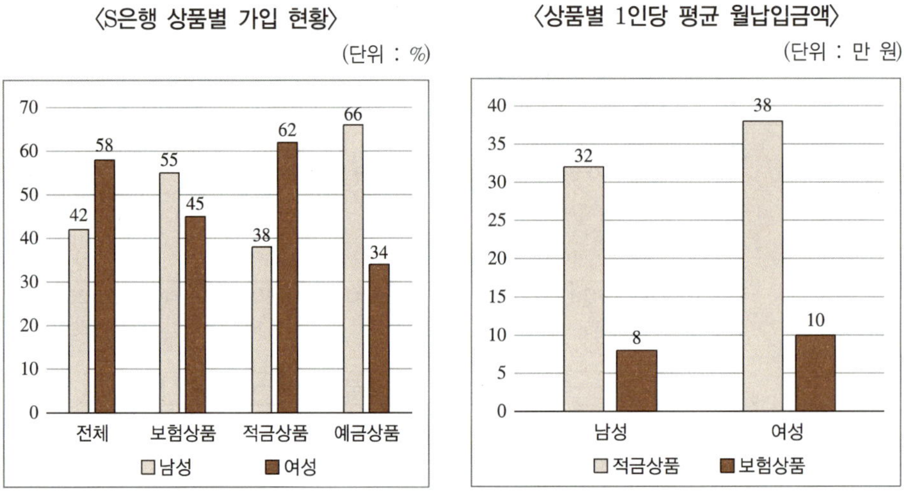

※ 예금상품의 1인당 평균 예치금은 남성 2,000만 원, 여성 2,200만 원임

※ 적금상품과 예금상품은 5년 만기, 보험상품은 20년 만기임

보기

ㄱ. S은행 이용자 중 예금상품 가입자가 차지하는 비율은 20% 이하이다.

ㄴ. 예금상품에 가입한 여성 중에는 보험상품 또는 적금상품에 가입한 여성이 없을 때, 예금상품만 가입한 남성이 S은행 남성 이용자 전체에서 차지하는 비율은 8%이다.

ㄷ. 보험 · 적금 · 예금상품 전체 가입건수에서 남성 가입건수와 여성 가입건수의 차이는 5,000건 이하이다.

ㄹ. 남성과 여성의 1인당 평균 총 납입금액의 차액이 가장 적은 상품은 예금상품이다.

① ㄱ, ㄷ　　② ㄴ, ㄹ

③ ㄱ, ㄴ, ㄹ　　④ ㄴ, ㄷ, ㄹ

04 다음은 A기업의 금융 구조조정 자금 총지원 현황에 대한 자료이다. 이에 대한 〈보기〉의 설명 중 옳은 것을 모두 고르면?

〈금융 구조조정 자금 총지원 현황〉

(단위 : 억 원)

구분	은행	증권사	보험사	제2금융	저축은행	협동조합	소계
출자	222,039	99,769	159,198	26,931	1	0	507,938
출연	139,189	4,143	31,192	7,431	4,161	0	186,116
부실자산 매입	81,064	21,239	3,495	0	0	0	105,798
보험금 지급	0	113	0	182,718	72,892	47,402	303,125
대출	0	0	0	0	5,969	0	5,969
합계	442,292	125,264	193,885	217,080	83,023	47,402	1,108,946

보기

ㄱ. 출자 부문에서 은행이 지원받은 금융 구조조정 자금은 증권사가 지원받은 금융 구조조정 자금의 3배 이상이다.

ㄴ. 보험금 지급 부문에서 지원된 금융 구조조정 자금 중 저축은행이 지원받은 금액의 비중은 20%를 초과한다.

ㄷ. 제2금융에서 지원받은 금융 구조조정 자금 중 보험금 지급 부문으로 지원받은 금액이 차지하는 비중은 80% 이상이다.

ㄹ. 부실자산 매입 부문에서 지원된 금융 구조조정 자금 중 은행이 지급받은 금액의 비중은 보험사가 지급받은 금액 비중의 20배 이상이다.

① ㄱ
② ㄴ, ㄹ
③ ㄱ, ㄴ, ㄷ
④ ㄴ, ㄷ, ㄹ

PART 1

12 자료변환

| 유형분석 |

- 도표의 형태별 특징을 파악하고, 다양한 종류로 변환하여 표현할 수 있는지 평가한다.
- 수치를 일일이 확인하기보다 증감 추이를 먼저 판단한 후 그래프 모양이 크게 차이 나는 곳의 수치를 확인하는 것이 효율적이다.

다음은 2020 ~ 2024년 S기업의 매출표에 대한 자료이다. 이를 변환한 그래프로 옳은 것은?

〈S기업 매출표〉

(단위 : 억 원)

구분	2020년	2021년	2022년	2023년	2024년
매출액	1,485	1,630	1,410	1,860	2,055
매출원가	1,360	1,515	1,280	1,675	1,810
판관비	30	34	41	62	38

※ (영업이익)=(매출액)−[(매출원가)+(판관비)]

※ (영업이익률)=(영업이익)÷(매출액)×100

① 2020 ~ 2024년 영업이익

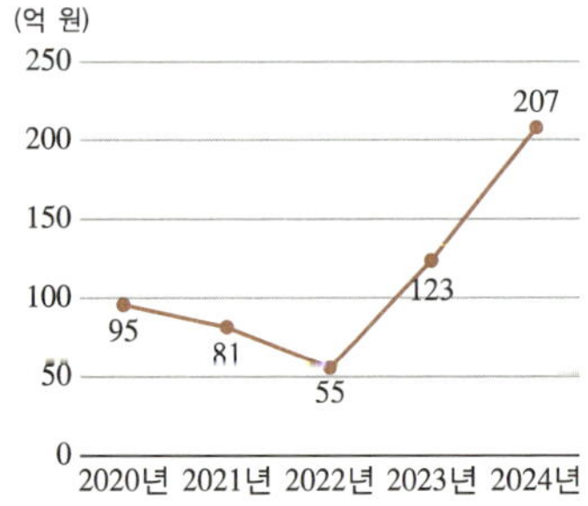

② 2020 ~ 2024년 영업이익

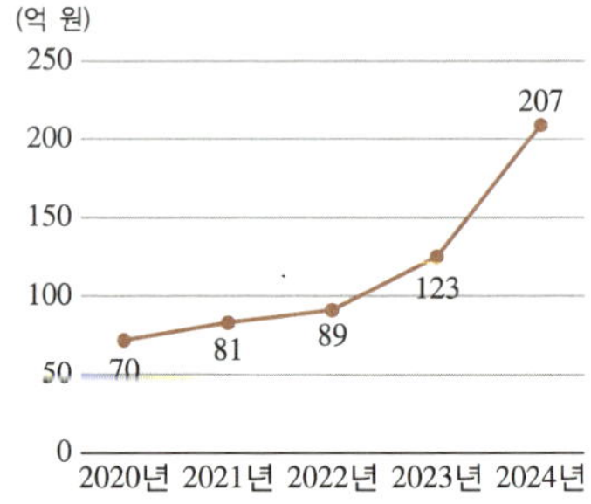

③ 2020 ~ 2024년 영업이익률

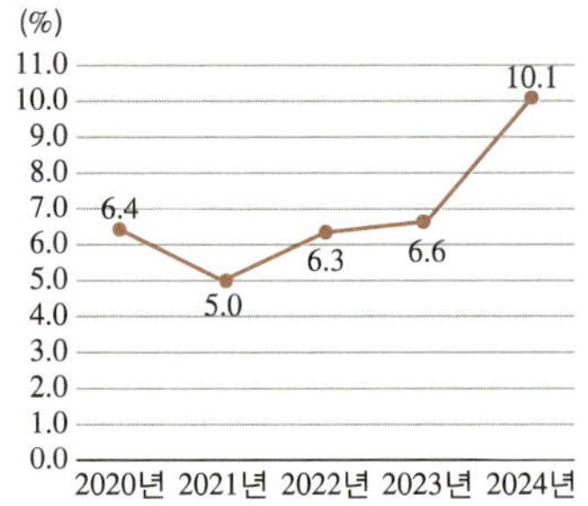

④ 2020 ~ 2024년 영업이익률

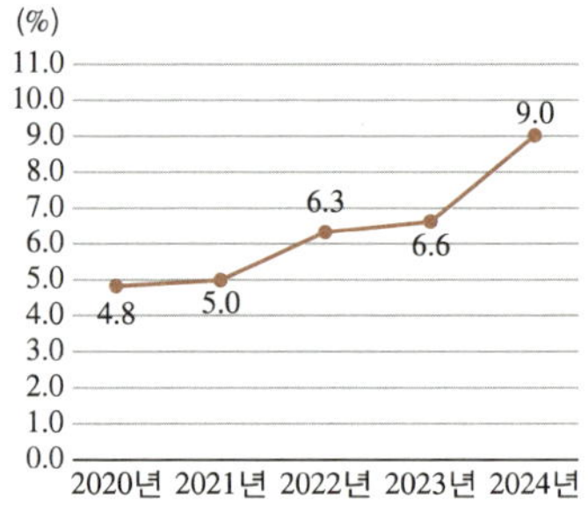

정답 ③

연도별 영업이익과 영업이익률은 다음과 같다.

(단위 : 억 원)

구분	2020년	2021년	2022년	2023년	2024년
매출액	1,485	1,630	1,410	1,860	2,055
매출원가	1,360	1,515	1,280	1,675	1,810
판관비	30	34	41	62	38
영업이익	95	81	89	123	207
영업이익률	6.4%	5.0%	6.3%	6.6%	10.1%

유형풀이 Tip

그래프의 종류

종류	내용
선 그래프	시간적 추이(시계열 변화)를 표시하고자 할 때 적합 예 연도별 매출액 추이 변화
막대 그래프	수량 간의 대소관계를 비교하고자 할 때 적합 예 영업소별 매출액
원 그래프	내용의 구성비를 분할하여 나타내고자 할 때 적합 예 제품별 매출액 구성비
층별 그래프	합계와 각 부분의 크기를 백분율로 나타내고 시간적 변화를 보고자 할 때 적합 예 상품별 매출액 추이
점 그래프	지역분포를 비롯한 기업 등의 평가나 위치, 성격을 표시하고자 할 때 적합 예 광고비율과 이익률의 관계
방사형 그래프	다양한 요소를 비교하고자 할 때 적합 예 매출액의 계절변동

대표기출유형 12 기출응용문제

Easy

01 다음은 가계 금융자산에 대한 국가별 비교 자료이다. 이를 변환한 그래프로 옳지 않은 것은?

〈각국의 연도별 가계 금융자산 비율〉

(단위 : %)

국가 \ 연도	2019년	2020년	2021년	2022년	2023년	2024년
A	0.24	0.22	0.21	0.19	0.17	0.16
B	0.44	0.45	0.48	0.41	0.40	0.45
C	0.39	0.36	0.34	0.29	0.28	0.25
D	0.25	0.28	0.26	0.25	0.22	0.21

※ 가계 총자산은 가계 금융자산과 가계 비금융자산으로 이루어지며, 가계 금융자산 비율은 가계 총자산 대비 가계 금융자산이 차지하는 비율임

〈2024년 각국의 가계 금융자산 구성비〉

(단위 : %)

국가 \ 가계 금융자산	예금	보험	채권	주식	투자신탁	기타
A	0.62	0.18	0.10	0.07	0.02	0.01
B	0.15	0.30	0.10	0.31	0.12	0.02
C	0.35	0.27	0.11	0.09	0.14	0.04
D	0.56	0.29	0.03	0.06	0.02	0.04

① 연도별 B국과 C국 가계 비금융자산 비율

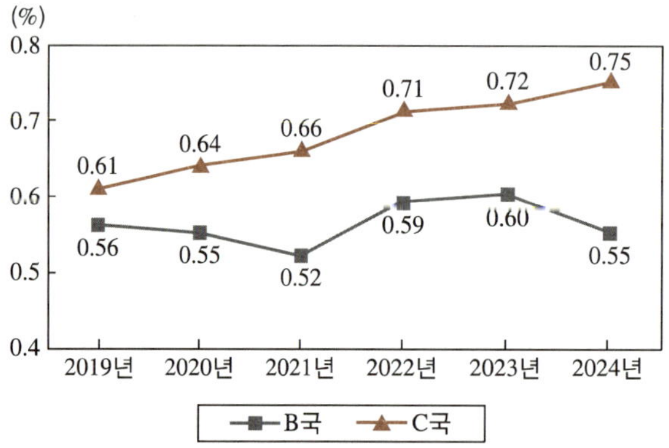

② 2021년 각국의 가계 총자산 구성비

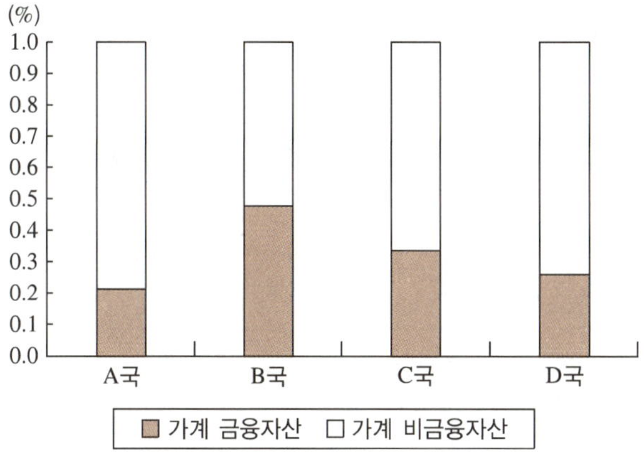

③ 2024년 C국의 가계 금융자산 구성비

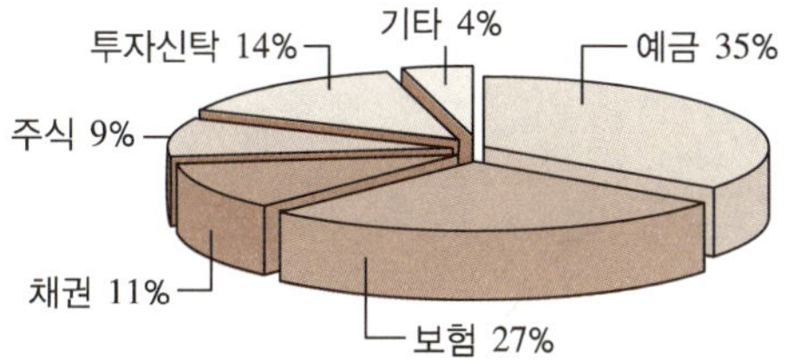

④ 2024년 각국의 가계 총자산 대비 예금 구성비

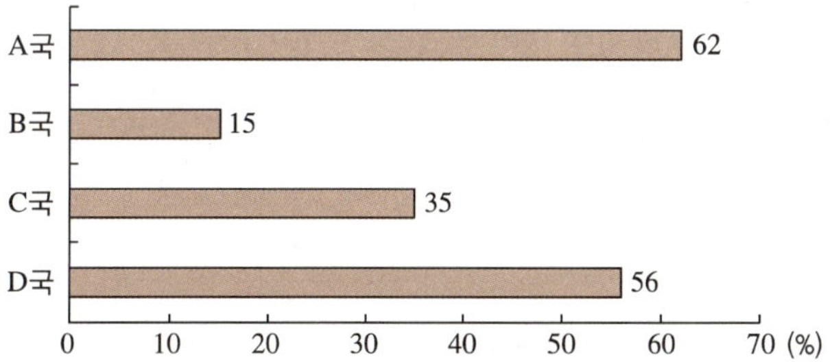

02 다음은 S국의 2014년부터 2024년까지 주식시장의 현황에 대한 자료이다. 이를 바탕으로 종목당 평균 주식 수를 변환한 그래프로 옳은 것은?

〈주식시장 현황〉

구분	2014년	2015년	2016년	2017년	2018년	2019년	2020년	2021년	2022년	2023년	2024년
종목 수 (종목)	958	925	916	902	884	861	856	844	858	885	906
주식 수 (억 주)	90	114	193	196	196	265	237	234	232	250	282

※ (종목당 평균 주식 수)$=\frac{\text{(주식 수)}}{\text{(종목 수)}}$

①
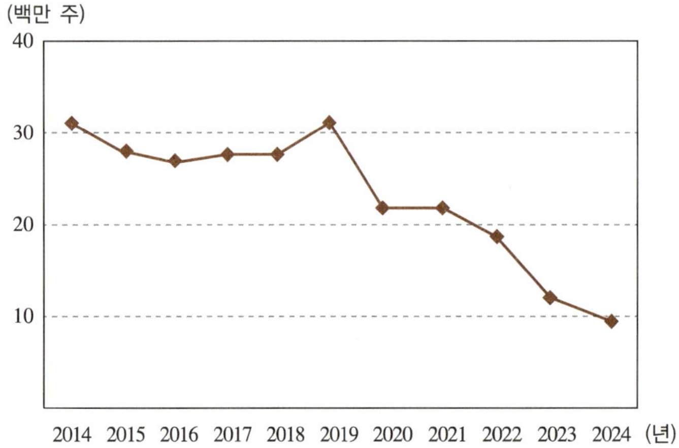

②
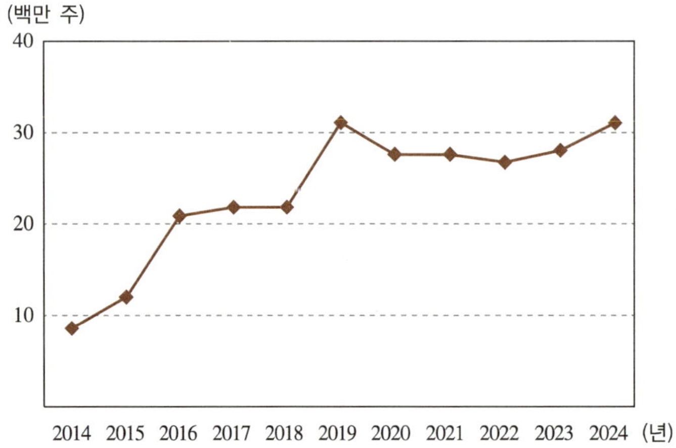

③ (백만 주)

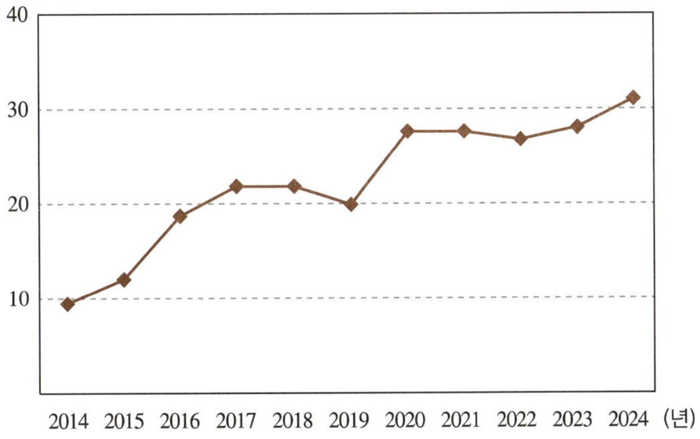

④ (백만 주)

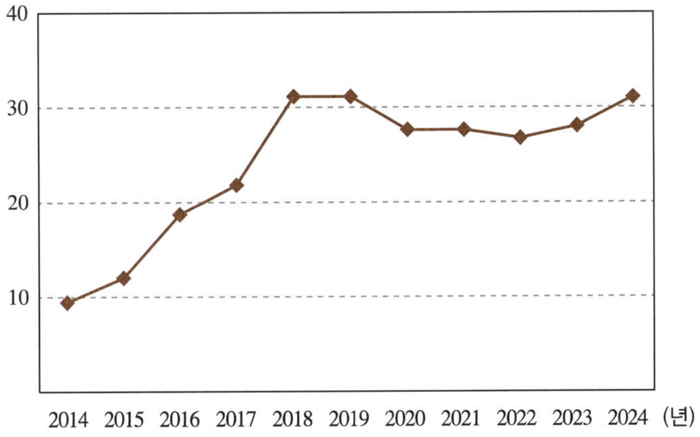

PART 1

03 다음은 A지역의 연도별 아파트 분쟁신고 현황이다. 이에 대한 그래프로 옳은 것을 〈보기〉에서 모두 고르면?

〈연도별 아파트 분쟁신고 현황〉

(단위 : 건)

구분	2021년	2022년	2023년	2024년
관리비 회계 분쟁	220	280	340	350
입주자대표회의 운영 분쟁	40	60	100	120
정보공개 관련 분쟁	10	20	10	30
하자처리 분쟁	20	10	10	20
여름철 누수 분쟁	80	110	180	200
층간소음 분쟁	430	520	860	1,280

보기

ㄱ. 연도별 층간소음 분쟁 현황

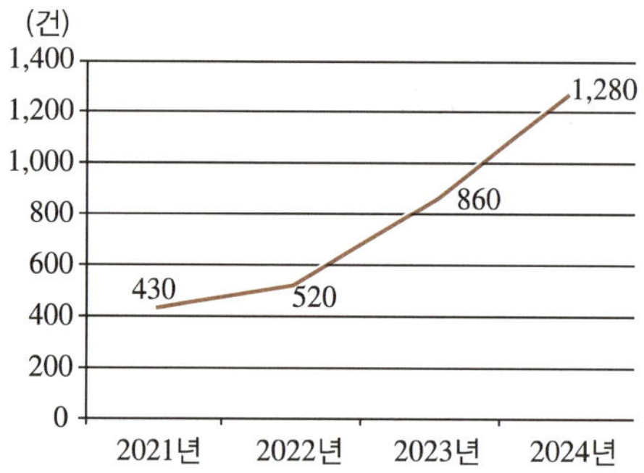

ㄴ. 2022년 아파트 분쟁신고 현황

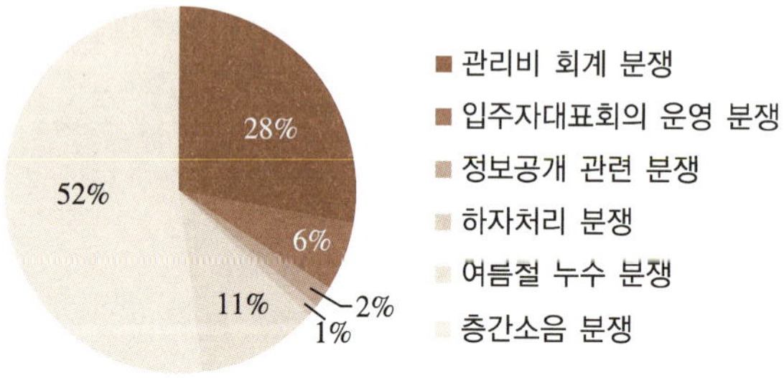

ㄷ. 전년 대비 아파트 분쟁신고 증가율

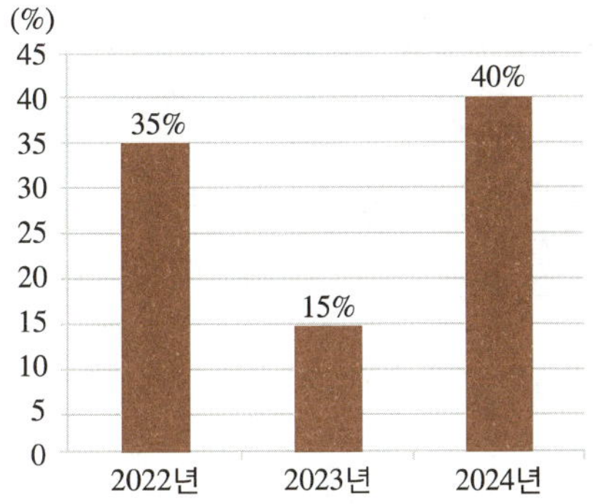

ㄹ. 3개년 연도별 아파트 분쟁신고 현황

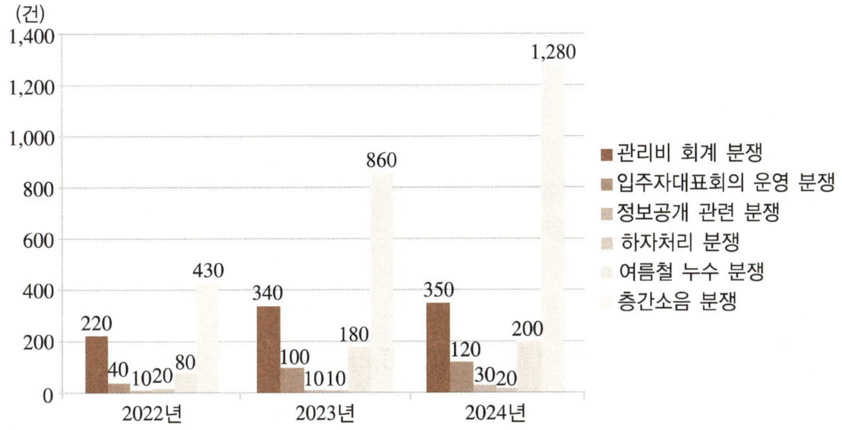

① ㄱ, ㄴ
② ㄱ, ㄷ
③ ㄴ, ㄷ
④ ㄴ, ㄹ

PART 1

CHAPTER 03 문제해결능력

합격 CHEAT KEY

문제해결능력은 업무를 수행하면서 여러 가지 문제 상황이 발생하였을 때, 창의적이고 논리적인 사고를 통하여 이를 올바르게 인식하고 적절히 해결하는 능력을 말한다. 하위능력으로는 사고력과 문제처리능력이 있다.

문제해결능력은 NCS 기반 채용을 진행하는 대다수의 금융권에서 채택하고 있으며, 문항 수는 평균 24% 정도로 상당히 많이 출제되고 있다. 하지만 많은 수험생들은 더 많이 출제되는 다른 영역에 몰입하고 문제해결능력에는 집중하지 않는 실수를 하고 있다. 다른 영역보다 더 많은 노력이 필요할 수는 있지만 그렇기에 차별화를 할 수 있는 득점 영역이므로 포기하지 말고 꾸준하게 노력해야 한다.

01 질문의 의도를 정확하게 파악하라!

문제해결능력은 문제에서 무엇을 묻고 있는지 정확하게 파악하여 먼저 풀이 방향을 설정하는 것이 가장 효율적인 방법이다. 특히, 조건이 주어지고 답을 찾는 창의적·분석적인 문제가 주로 출제되고 있기 때문에 처음에 정확한 풀이 방향이 설정되지 않는다면 시간만 허비하고 결국 문제도 풀지 못하게 되므로 첫 번째로 출제의도 파악에 집중해야 한다.

02 중요한 정보는 반드시 표시하라!

위에서 말한 출제의도를 정확히 파악하기 위해서는 문제의 중요한 정보는 반드시 표시나 메모를 하여 하나의 조건, 단서도 잊고 넘어가는 일이 없도록 해야 한다. 실제 시험에서는 시간의 압박과 긴장감으로 정보를 잘못 적용하거나 잊어버리는 실수가 많이 발생하므로 사전에 충분한 연습이 필요하다.
가령 명제 문제의 경우 주어진 명제와 그 명제의 대우를 본인이 한눈에 파악할 수 있도록 기호화, 도식화하여 메모하면 흐름을 이해하기가 더 수월하다. 이를 통해 자신만의 풀이 순서와 방향, 기준 또한 생길 것이다.

03 반복 풀이를 통해 취약 유형을 파악하라!

길지 않은 한정된 시간 동안 모든 문제를 다 푸는 것은 조금은 어려울 수도 있다. 따라서 고득점을 할 수 있는 효율적인 문제 풀이 방법을 찾아야 한다. 이때, 반복적인 문제 풀이를 통해 자신이 취약한 유형을 파악하는 것이 중요하다. 취약 유형 파악은 종료 시간이 임박했을 때 빛을 발할 것이다. 풀 수 있는 문제부터 빠르게 풀고 취약한 유형은 나중에 푸는 효율적인 문제 풀이를 통해 최대한의 고득점을 하는 것이 중요하다. 그러므로 본인의 취약 유형을 파악하기 위해서는 많은 문제를 풀어 봐야 한다.

04 타고나는 것이 아니므로 열심히 노력하라!

대부분의 수험생들이 문제해결능력은 공부해도 실력이 늘지 않는 영역이라고 생각한다. 하지만 그렇지 않다. 문제해결능력이야말로 노력을 통해 충분히 고득점이 가능한 영역이다. 정확한 질문 의도 파악, 취약한 유형의 반복적인 풀이, 빈출유형 파악 등의 방법으로 충분히 실력을 향상시킬 수 있다. 자신감을 갖고 공부하기 바란다.

대표기출유형

01 수열추리

| 유형분석 |

- 나열된 수의 규칙을 찾아 해결하는 문제이다.
- 등차・등비수열 등 다양한 수열 규칙에 대한 사전 학습이 요구된다.

다음과 같이 일정한 규칙으로 수를 나열할 때, 빈칸에 들어갈 수는?

0	3	5	10	17	29	48	( )

① 55 ② 60
③ 71 ④ 79

정답 ④

n을 자연수라 하면 $(n+1)$항에서 n항을 더하고 $+2$를 한 값인 $(n+2)$항이 되는 수열이다.
따라서 ( )$=48+29+2=79$이다.

유형풀이 Tip

- 수열을 풀이할 때는 다음과 같은 규칙이 적용되는지를 순차적으로 판단한다.
  1) 각 항에 일정한 수를 사칙연산(+, −, ×, ÷)하는 규칙
  2) 홀수 항, 짝수 항 규칙
  3) 피보나치 수열과 같은 계차를 이용한 규칙
  4) 군수열을 활용한 규칙
  5) 항끼리 사칙연산을 하는 규칙

주요 수열 규칙

구분	내용
등차수열	앞의 항에 일정한 수를 더해 이루어지는 수열
등비수열	앞의 항에 일정한 수를 곱해 이루어지는 수열
피보나치 수열	앞의 두 항의 합이 그다음 항의 수가 되는 수열
건너뛰기 수열	두 개 이상의 수열 또는 규칙이 일정한 간격을 두고 번갈아가며 적용되는 수열
계차수열	앞의 항과 차가 일정하게 증가하는 수열
군수열	일정한 규칙성으로 몇 항씩 묶어 나눈 수열

대표기출유형 01 기출응용문제

※ 다음과 같이 일정한 규칙으로 수를 나열할 때, 빈칸에 들어갈 수를 고르시오. **[1~3]**

Easy

01

2	5	14	41	122	( )

① 364　　② 365
③ 366　　④ 367

02

$$2 \quad 3 \quad 1 \quad -0.7 \quad (\ \ ) \quad -4.9 \quad \frac{1}{4} \quad -9.6$$

① $\frac{1}{2}$　　② -1
③ -2.5　　④ -3

03

$$\underline{5 \quad 2 \quad 1} \quad \underline{\frac{3}{2} \quad \frac{3}{2} \quad 3} \quad \underline{12 \quad (\ \ ) \quad -1}$$

① $\frac{10}{3}$　　② $\frac{11}{3}$
③ $\frac{13}{3}$　　④ 3

대표기출유형

02 문자추리

| 유형분석 |

- 나열된 문자의 규칙을 찾아 해결하는 문제이다.
- 문자열에 해당하는 한글 자·모, 알파벳을 순서에 따라 맞춰본 후 풀이하면 시간을 절약할 수 있다.

다음과 같이 일정한 규칙으로 문자를 나열할 때, 빈칸에 들어갈 문자는?

E　I　O　W　G　(　)

① J　② M
③ P　④ S

정답 ④

다음과 같이 알파벳에 따라 숫자로 변환하면, 앞의 항에 +4, +6, +8, +10, +12를 하는 수열임을 알 수 있다.

E	I	O	W	G	(S)
5	9	15	23	33(=26+7)	45(=26+19)

유형풀이 Tip

- 한글 자음, 한글 모음, 알파벳이 숫자로 제시되는 경우 각각의 주기를 갖는다. 이를 고려하여 풀이에 활용한다.
  예 한글 자음 : +14 / 한글 모음 : +10 또는 +21(이중모음 포함 시) / 알파벳 : +26

한글 자음의 숫자 변환

ㄱ	ㄴ	ㄷ	ㄹ	ㅁ	ㅂ	ㅅ	ㅇ	ㅈ	ㅊ	ㅋ	ㅌ	ㅍ	ㅎ
1	2	3	4	5	6	7	8	9	10	11	12	13	14
ㄱ	ㄴ	ㄷ	ㄹ	ㅁ	ㅂ	ㅅ	ㅇ	ㅈ	ㅊ	ㅋ	ㅌ	ㅍ	ㅎ
15	16	17	18	19	20	21	22	23	24	25	26	27	28

알파벳의 숫자 변환

A	B	C	D	E	F	G	H	I	J	K	L	M
1	2	3	4	5	6	7	8	9	10	11	12	13
N	O	P	Q	R	S	T	U	V	W	X	Y	Z
14	15	16	17	18	19	20	21	22	23	24	25	26

대표기출유형 02 기출응용문제

※ 다음과 같이 일정한 규칙에 따라 문자를 나열할 때, 빈칸에 들어갈 문자를 고르시오. [1~3]

01

ㅈ　ㄷ　ㅅ　ㅁ　ㅁ　(　)

① ㄷ　② ㅁ
③ ㅅ　④ ㅊ

Easy

02

J　M　P　(　)　V

① Q　② S
③ P　④ T

03

A　ㄴ　B　三　ㄷ　C　iv　四　(　)　D

① ㄹ　② 7
③ ㅈ　④ 9

03 명제

| 유형분석 |

- 연역추론을 활용해 주어진 문장을 치환하여 성립하지 않는 내용을 찾는 문제이다.

다음 〈조건〉이 모두 참일 때, 반드시 참인 명제는?

조건

- 재현이가 춤을 추면 서현이나 지훈이가 춤을 춘다.
- 재현이가 춤을 추지 않으면 종열이가 춤을 춘다.
- 종열이가 춤을 추지 않으면 지훈이도 춤을 추지 않는다.
- 종열이는 춤을 추지 않았다.

① 재현이만 춤을 추었다.
② 서현이만 춤을 추었다.
③ 지훈이만 춤을 추었다.
④ 재현이와 서현이 모두 춤을 추었다.

정답 ④

먼저 이름의 첫 글자만 이용하여 명제를 도식화한다. 재 ○ → 서 or 지 ○, 재 × → 종 ○, 종 × → 지 ×, 종 ×
세 번째, 네 번째 명제에 의해 종열이와 지훈이는 춤을 추지 않았다. 종 × → 지 ×
또한, 두 번째 명제의 대우(종 × → 재 ○)에 의해 재현이가 춤을 추었다.
마지막으로 첫 번째 명제에 따라 서현이가 춤을 추었다. 따라서 재현이와 서현이 모두 춤을 추었다.

유형풀이 Tip

- 명제 유형의 문제에서는 항상 '명제의 역은 성립하지 않지만, 대우는 항상 성립한다.'
- 단어의 첫 글자나 알파벳을 이용하여 명제를 도식화한 후 명제의 대우를 활용하여 각 명제들을 연결하여 답을 찾는다.

  예 채식주의자라면 고기를 먹지 않을 것이다.
  → (역) 고기를 먹지 않으면 채식주의자이다.
  → (이) 채식주의자가 아니라면 고기를 먹을 것이다.
  → (대우) 고기를 먹는다면 채식주의자가 아닐 것이다.

명제의 역, 이, 대우

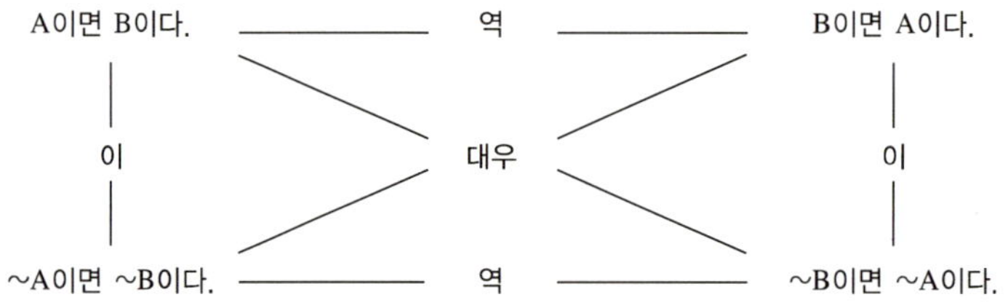

※ 다음 명제가 모두 참일 때, 빈칸에 들어갈 명제로 가장 적절한 것을 고르시오. [1~2]

Easy

01

- 저녁에 일찍 자면 상쾌하게 일어날 수 있다.
- ________________________________
- 자기 전 휴대폰을 보면 저녁에 일찍 잘 수 없다.

① 저녁에 일찍 자면 자기 전 휴대폰을 본 것이다.
② 자기 전 휴대폰을 보면 상쾌하게 일어날 수 없다.
③ 저녁에 일찍 자면 자기 전 휴대폰을 보지 않은 것이다.
④ 저녁에 일찍 잘 수 없으면 상쾌하게 일어나지 않은 것이다.

02

- 양식 자격증이 없다면 레스토랑에 취직할 수 없다.
- 양식 자격증을 획득하려면 양식 실기시험에 합격해야 한다.
- ________________________________

① 양식 자격증이 있으면 레스토랑에 취직할 수 있다.
② 양식 실기시험에 합격하면 레스토랑에 취직할 수 있다.
③ 레스토랑에 취직하려면 양식 실기시험에 합격해야 한다.
④ 양식 실기시험에 합격하면 양식 자격증을 획득할 수 있다.

※ 다음 명제가 모두 참일 때, 반드시 참인 명제를 고르시오. [3~4]

03

- 현명한 사람은 거짓말을 하지 않는다.
- 건방진 사람은 남의 말을 듣지 않는다.
- 거짓말을 하지 않으면 다른 사람의 신뢰를 얻는다.
- 남의 말을 듣지 않으면 친구가 없다.

① 건방진 사람은 친구가 있다.
② 거짓말을 하지 않으면 현명한 사람이다.
③ 현명한 사람은 다른 사람의 신뢰를 얻는다.
④ 다른 사람의 신뢰를 얻으면 거짓말을 하지 않는다.

Easy

04

- A가 외근을 나가면 B도 외근을 나간다.
- A가 외근을 나가면 D도 외근을 나간다.
- D가 외근을 나가면 E도 외근을 나간다.
- C가 외근을 나가지 않으면 B도 외근을 나가지 않는다.
- D가 외근을 나가지 않으면 C도 외근을 나가지 않는다.

① B가 외근을 나가면 A도 외근을 나간다.
② D가 외근을 나가면 C도 외근을 나간다.
③ A가 외근을 나가면 E도 외근을 나간다.
④ C가 외근을 나가지 않으면 D도 외근을 나가지 않는다.

05 **S은행의 A～F팀은 월요일부터 토요일까지 하루에 2팀씩 함께 회의를 진행한다. 다음 〈조건〉을 참고할 때, 반드시 참인 것은?(단, 월요일부터 토요일까지 각 팀의 회의 진행 횟수는 서로 같다)**

> **조건**
> - 오늘은 목요일이고 A팀과 F팀이 함께 회의를 진행했다.
> - B팀은 A팀과 연이은 요일에 회의를 진행하지 않는다.
> - B팀은 오늘을 포함하여 이번 주에는 더 이상 회의를 진행하지 않는다.
> - C팀은 월요일에 회의를 진행했다.
> - D팀과 C팀은 이번 주에 B팀과 한 번씩 회의를 진행한다.
> - A팀과 F팀은 이번 주에 이틀을 연이어 함께 회의를 진행한다.

① E팀은 수요일과 토요일 하루 중에만 회의를 진행한다.
② 화요일에 회의를 진행한 팀은 B팀과 E팀이다.
③ C팀과 E팀은 함께 회의를 진행하지 않는다.
④ F팀은 목요일과 금요일에 회의를 진행한다.

Hard

06 **S회사 1층의 ○○커피숍에서는 모든 음료를 주문할 때마다 음료의 수에 따라 쿠폰에 도장을 찍어 준다. 10개의 도장을 모두 채울 경우 한 잔의 음료를 무료로 받을 수 있다고 할 때, 다음을 읽고 바르게 추론한 것은?(단, 서로 다른 2장의 쿠폰은 1장의 쿠폰으로 합칠 수 있으며, 음료를 무료로 받을 때 쿠폰은 반납해야 한다)**

> - A사원은 B사원보다 2개의 도장을 더 모았다.
> - C사원은 A사원보다 1개의 도장을 더 모았으나, 무료 음료를 받기엔 2개의 도장이 모자라다.
> - D사원은 오늘 무료 음료 한 잔을 포함하여 총 3잔을 주문하였다.
> - E사원은 D사원보다 6개의 도장을 더 모았다.

① A사원의 쿠폰과 D사원의 쿠폰을 합치면 무료 음료 한 잔을 받을 수 있다.
② A사원은 4개의 도장을 더 모아야 무료 음료 한 잔을 받을 수 있다.
③ D사원이 오늘 모은 도장 개수는 B사원보다 많다.
④ C사원과 E사원이 모은 도장 개수는 서로 같다.

대표기출유형

04 참 · 거짓

| 유형분석 |

- 주어진 문장을 토대로 논리적으로 추론하여 참 또는 거짓을 구분하는 문제이다.

어느 호텔 라운지에 둔 화분이 투숙자 중 1명에 의하여 깨진 사건이 발생했다. 이 호텔에는 A ~ D 4명의 투숙자가 있었으며, 각 투숙자는 다음과 같이 3가지 사실을 진술하였다. 4명의 투숙자 중 3명은 진실을 말하고, 1명이 거짓을 말하고 있다면 화분을 깬 사람은 누구인가?

- A : 나는 깨지 않았다. B도 깨지 않았다. C가 깨뜨렸다.
- B : 나는 깨지 않았다. C도 깨지 않았다. D도 깨지 않았다.
- C : 나는 깨지 않았다. D도 깨지 않았다. A가 깨뜨렸다.
- D : 나는 깨지 않았다. B도 깨지 않았다. C도 깨지 않았다.

① A　　② B

③ C　　④ D

정답 ①

- A가 거짓말을 한다면 A가 깨뜨린 것이 된다.
- B가 거짓말을 한다면 1명은 C가 깼다고 말하고, 2명은 깨지 않았다고 말한 것이 된다.
- C가 거짓말을 한다면 1명은 C가 깼다고 말하고, 2명은 깨지 않았다고 말한 것이 된다.
- D가 거짓말을 한다면 1명은 C가 깼다고 말하고, 1명은 깨지 않았다고 말한 것이 된다.

따라서 A가 거짓말을 하였고, A가 화분을 깨뜨렸다.

유형풀이 Tip

참 · 거짓 유형의 90% 이상은 다음 두 가지 방법으로 풀 수 있다.
주어진 진술을 빠르게 훑으며 두 가지 중 어떤 경우에 해당하는지 확인한 후 문제를 풀어나간다.

1) 2명 이상의 발언 중 한쪽이 진실이면 다른 한쪽이 거짓인 경우
   ① A가 진실이고 B가 거짓인 경우, B가 진실이고 A가 거짓인 경우 두 가지로 나눌 수 있다.
   ② 두 가지 경우에서 각 발언의 진위 여부를 판단한다.
   ③ 주어진 조건과 비교한다(범인의 숫자가 맞는지, 진실 또는 거짓을 말한 인원수가 조건과 맞는지 등).
2) 2명 이상의 발언 중 한쪽이 진실이면 다른 한쪽도 진실인 경우와 한쪽이 거짓이면 다른 한쪽도 거짓인 경우
   ① A와 B가 모두 진실인 경우, A와 B가 모두 거짓인 경우 두 가지로 나눌 수 있다.
   ② 두 가지 경우에서 각 발언의 진위 여부를 판단하여 범인을 찾는다.
   ③ 주어진 조건과 비교한다(범인의 숫자가 맞는지, 진실 또는 거짓을 말한 인원수가 조건과 맞는지 등).

01 백화점에서 함께 쇼핑을 한 A～E는 일정 금액 이상 구매 시 추첨을 통해 경품을 제공하는 백화점 이벤트에 응모하였다. 얼마 후 당첨자가 발표되었고, A～E 5명 중 1명이 1등에 당첨되었다. 다음 A～E의 대화에서 1명이 거짓말을 한다고 할 때, 1등 당첨자는 누구인가?

- A : C는 1등이 아닌 3등에 당첨됐어.
- B : D가 1등에 당첨됐고, 나는 2등에 당첨됐어.
- C : A가 1등에 당첨됐어.
- D : C의 말은 거짓이야.
- E : 나는 5등에 당첨되었어.

① A ② B
③ C ④ D

Easy

02 다음 중 1명만 거짓말을 할 때 항상 옳은 것은?(단, 한 층에 1명만 내린다)

- A : B는 1층에서 내렸다.
- B : C는 1층에서 내렸다.
- C : D는 적어도 3층에서 내리지 않았다.
- D : A는 4층에서 내렸다.
- E : A는 4층에서 내리고 나는 5층에 내렸다.

① C는 1층에서 내렸다.
② D는 3층에서 내렸다.
③ A는 4층에서 내리지 않았다.
④ A는 D보다 높은 층에서 내렸다.

03 S사는 해외지사에서 사용될 설비를 구축할 업체 2곳을 선정하려고 한다. 구축해야 할 설비는 중동, 미국, 서부, 유럽에 2개씩 총 8개이며, 경쟁업체는 A~C업체 3곳이다. 다음 정보가 참 또는 거짓이라고 할 때, 항상 참을 말하는 직원을 〈보기〉에서 모두 고르면?

〈정보〉

- A업체는 최소한 3개의 설비를 구축할 예정이다.
- B업체는 중동, 미국, 서부, 유럽에 설비를 하나씩 구축할 예정이다.
- C업체는 중동지역 2개, 유럽지역 2개의 설비를 구축할 예정이다.

보기

- 이사원 : A업체 정보가 참일 경우, B업체 정보는 거짓이 된다.
- 김주임 : B업체 정보가 거짓일 경우, A업체 정보는 참이 된다.
- 장대리 : C업체 정보가 참일 경우, A업체 정보도 참이 된다.

① 이사원
② 김주임
③ 장대리
④ 김주임, 장대리

04 S은행 사무실에 도둑이 들었다. 범인은 2명이고, 용의자로 지목된 A~E 5명이 다음과 같이 진술했다. 이 중 2명이 거짓말을 하고 있다고 할 때, 동시에 범인이 될 수 있는 사람으로 짝지어진 것은?

- A : B나 C 중에 1명만 범인이에요.
- B : 저는 확실히 범인이 아닙니다.
- C : 제가 봤는데 E가 범인이에요.
- D : A가 범인이 확실해요.
- E : 사실은 제가 범인이에요.

① A, B
② B, C
③ B, D
④ D, E

05 기말고사를 치르고 난 후 A～E 5명의 친구가 다음과 같이 성적에 대해 이야기를 나누었는데, 이 중 1명의 진술은 거짓이다. 다음 중 항상 참인 것은?(단, 동점은 없으며, 모든 사람은 진실 또는 거짓만 말한다)

> • A : E는 1등이고, D는 C보다 성적이 높다.
> • B : B는 E보다 성적이 낮고, C는 A보다 성적이 높다.
> • C : A는 B보다 성적이 낮다.
> • D : B는 C보다 성적이 높다.
> • E : D는 B보다, A는 C보다 성적이 높다.

① B가 1등이다.
② A가 2등이다.
③ E가 2등이다.
④ D가 3등이다.

Hard

06 5명이 이야기를 하고 있는데, 이 중 2명은 진실만을 말하고 3명은 거짓만을 말하고 있다. 지훈이가 거짓을 말할 때, 다음 중 진실만을 말하는 사람을 짝지은 것은?

> • 동현 : 정은이는 지훈이와 영석이를 싫어해.
> • 정은 : 아니야. 난 둘 중 한 사람은 좋아해.
> • 선영 : 동현이는 정은이를 좋아해.
> • 지훈 : 선영이는 거짓말만 해.
> • 영석 : 선영이는 동현이를 싫어해.
> • 선영 : 맞아. 그런데 정은이는 지훈이와 영석이 둘 다 좋아해.

① 선영, 영석
② 정은, 영석
③ 동현, 영석
④ 정은, 선영

05 순서추론

| 유형분석 |

- 조건을 토대로 순서·위치 등을 추론하여 배열·배치하는 문제이다.
- 방·숙소 배정하기, 부서 찾기, 날짜 찾기, 테이블 위치 찾기 등 다양한 유형의 문제가 출제된다.

A ~ E 5명이 다음 〈조건〉과 같이 일렬로 나란히 자리에 앉는다고 할 때, 바르게 추론한 것은?

조건

- 자리의 순서는 왼쪽을 기준으로 첫 번째 자리로 한다.
- D는 A의 바로 왼쪽에 있다.
- B와 D 사이에 C가 있다.
- A는 마지막 자리가 아니다.
- A와 B 사이에 C가 있다.
- B는 E의 바로 오른쪽에 앉는다.

① D는 두 번째 자리에 앉을 수 있다.
② E는 네 번째 자리에 앉을 수 있다.
③ C는 두 번째 자리에 앉을 수 있다.
④ C는 E의 오른쪽에 앉을 수 있다.

정답 ②

두 번째 조건에서 D는 A의 바로 왼쪽에 앉으며, 마지막 조건에서 B는 E의 바로 오른쪽에 앉으므로 'D – A', 'E – B'를 각각 한 묶음으로 생각할 수 있다. 세 번째 조건에서 C는 세 번째 자리에 앉아야 하며, 네 번째 조건에 의해 'D – A'는 각각 첫 번째, 두 번째 자리에 앉아야 한다. 이를 정리하면 다음과 같다.

첫 번째 자리	두 번째 자리	세 번째 자리	네 번째 자리	다섯 번째 자리
D	A	C	E	B

따라서 'E는 네 번째 자리에 앉을 수 있다.'인 ②가 정답이다.

오답분석

① D는 첫 번째 자리에 앉는다.
③ C는 세 번째 자리에 앉는다.
④ C는 E의 왼쪽에 앉는다.

유형풀이 Tip

- 주어진 명제를 자신만의 방법으로 도식화하여 빠르게 문제를 해결한다.
- 경우의 수가 여러 개인 명제보다 1 ~ 2개인 명제를 먼저 도식화하면, 그만큼 경우의 수가 줄어들어 문제를 빠르게 해결할 수 있다.

대표기출유형 05 기출응용문제

Easy

01 다음 〈조건〉을 참고할 때, 5층에 있는 부서로 옳은 것은?(단, 한 층에 한 부서씩 있다)

조건

- 기획조정실의 층수에서 경영지원실의 층수를 빼면 3이다.
- 보험급여실은 경영지원실 바로 위층에 있다.
- 급여관리실은 빅데이터운영실보다는 아래층에 있다.
- 빅데이터운영실과 보험급여실 사이에는 두 층이 있다.
- 경영지원실은 가장 아래층이다.

① 빅데이터운영실 ② 보험급여실

③ 경영지원실 ④ 기획조정실

02 8개의 좌석이 있는 원탁에 수민, 성찬, 진모, 성표, 영래, 현석 6명이 앉아 있다. 다음 〈조건〉을 참고할 때, 항상 참이 되는 것은?

조건

- 수민이와 현석이는 서로 옆자리이다.
- 성표의 맞은편에는 진모가, 현석이의 맞은편에는 영래가 앉아 있다.
- 영래와 수민이는 둘 다 한쪽 옆자리만 비어 있다.
- 진모의 양 옆자리에는 항상 누군가가 앉아 있다.

① 영래의 오른쪽에는 성표가 앉는다.

② 성표는 어떤 경우에도 빈자리 옆이 아니다.

③ 진모와 수민이는 1명을 사이에 두고 앉는다.

④ 성찬이는 어떤 경우에도 빈자리 옆이 아니다.

03 다음 〈조건〉과 같이 서로 다른 무게의 공 5개가 있다. 무거운 순서대로 나열한 것은?

> **조건**
> - 파란공은 가장 무겁지도 않고, 세 번째로 무겁지도 않다.
> - 빨간공은 가장 무겁지도 않고, 두 번째로 무겁지도 않다.
> - 흰공은 세 번째로 무겁지도 않고, 네 번째로 무겁지도 않다.
> - 검은공은 파란공과 빨간공보다는 가볍다.
> - 노란공은 파란공보다 무겁고, 흰공보다는 가볍다.

① 흰공 – 빨간공 – 노란공 – 파란공 – 검은공
② 흰공 – 노란공 – 빨간공 – 검은공 – 파란공
③ 흰공 – 노란공 – 검은공 – 빨간공 – 파란공
④ 흰공 – 노란공 – 빨간공 – 파란공 – 검은공

04 S은행에 재직 중인 김대리는 10월에 1박 2일로 할머니댁을 방문하려고 한다. 다음 〈조건〉을 참고할 때, 김대리가 할머니댁을 방문하는 날짜로 가능한 날은?

> **조건**
> - 10월은 1일부터 31일까지이며, 1일은 목요일, 9일은 한글날이다.
> - 10월 1일은 추석이며, 추석 다음 날부터 5일간 제주도 여행을 가고, 돌아오는 날이 휴가 마지막 날이다.
> - 김대리는 이틀까지 휴가 외에 연차를 더 쓸 수 있다.
> - 김대리는 셋째 주 화요일부터 4일간 외부출장이 있으며, 그다음 주 수요일과 목요일은 프로젝트 발표가 있다.
> - 제주도 여행에서 돌아오는 마지막 날이 있는 주가 첫째 주이다.
> - 주말 및 공휴일에는 할머니댁에 가지 않는다.
> - 휴가에는 가지 않고 따로 연차를 쓰고 방문할 것이다.

① 3 ~ 4일　　② 6 ~ 7일
③ 12 ~ 13일　　④ 21 ~ 22일

05 S은행의 사내 체육대회에서 A ~ F 6명은 키가 큰 순서에 따라 2명씩 1팀, 2팀, 3팀으로 나뉘어 배치된다. 다음 〈조건〉에 따라 배치된다고 할 때, 가장 키가 큰 사람은?

> **조건**
> - A, B, C, D, E, F의 키는 서로 다르다.
> - 2팀의 B는 A보다 키가 작다.
> - D보다 키가 작은 사람은 4명이다.
> - A는 1팀에 배치되지 않는다.
> - E와 F는 한 팀에 배치된다.

① A ② B
③ C ④ D

06 S사의 임직원들은 출장지에서 묵을 방을 배정받는다고 한다. 출장 인원은 대표를 포함한 10명이며, 그중 6명은 숙소 배정표와 같이 미리 배정되었다. 생산팀 장과장, 인사팀 유과장, 총무팀 박부장, 대표 4명이 다음 〈조건〉에 따라 방을 배정받아야 할 때, 내용 중 항상 거짓인 것은?

> **조건**
> - 같은 직급은 옆방으로 배정하지 않는다.
> - 마주보는 방은 같은 부서 임직원이 배정받을 수 없다.
> - 대표의 옆방은 부장만 배정받을 수 있다.
> - 빈방은 나란히 있거나 마주보지 않는다.

〈숙소 배정표〉

101호 인사팀 최부장	102호	103호 생산팀 강차장	104호	105호	106호 생산팀 이사원

복도

112호 관리팀 김부장	111호	110호	109호 총무팀 이대리	108호 인사팀 한사원	107호

① 인사팀 유과장은 105호에 배정받을 수 없다.
② 104호는 아무도 배정받지 않을 수 있다.
③ 111호에는 생산팀 장과장이 묵는다.
④ 총무팀 박부장은 110호에 배정받는다.

PART 1

대표기출유형

06 문제처리

| 유형분석 |

- 상황과 정보를 토대로 조건에 적절한 것을 찾는 문제이다.
- 자원관리능력 영역과 결합한 계산 문제가 출제될 가능성이 있다.

S은행은 직원들의 여가를 위해 하반기 동안 다양한 프로그램을 운영하고자 한다. 운영할 프로그램은 수요도 조사 결과를 통해 결정된다. 다음 〈조건〉에 따라 프로그램을 선정할 때, 운영될 프로그램들로 바르게 짝지어진 것은?

〈프로그램 후보별 수요도 조사 결과〉

(단위 : 점)

구분	프로그램명	인기 점수	필요성 점수
운동	강변 자전거 타기	6	5
진로	나만의 책 쓰기	5	7
여가	자수교실	4	2
운동	필라테스	7	6
교양	독서토론	6	4
여가	볼링모임	8	3

※ 수요도 조사에는 전 직원이 참여하였음

조건

- 수요도는 인기 점수와 필요성 점수에 가점을 적용한 후, 2 : 1의 가중치에 따라 합산하여 판단한다.
- 각 프로그램의 인기 점수와 필요성 점수는 10점 만점으로 하여 전 직원이 부여한 점수의 평균값이다.
- 운영 분야에 하나의 프로그램만 있는 경우, 그 프로그램의 필요성 점수에 2점을 가산한다.
- 운영 분야에 복수의 프로그램이 있는 경우, 분야별로 필요성 점수가 가장 낮은 프로그램은 후보에서 탈락한다.
- 수요도 점수가 동점일 경우, 인기 점수가 높은 프로그램을 우선시한다.
- 수요도 점수가 가장 높은 2개의 프로그램을 선정한다.

① 강변 자전거 타기, 볼링모임
② 나만의 책 쓰기, 필라테스
③ 자수교실, 독서토론
④ 필라테스, 볼링모임

정답 ④

제시된 조건에 따라 각 프로그램의 점수와 선정 여부를 나타내면 다음과 같다.

(단위 : 점)

구분	프로그램명	가중치 반영 인기 점수	가중치 반영 필요성 점수	수요도 점수	비고
운동	강변 자전거 타기	12	5	–	탈락
진로	나만의 책 쓰기	10	7+2	19	–
여가	자수교실	8	2	–	탈락
운동	필라테스	14	6	20	선정
교양	독서토론	12	4+2	18	–
여가	볼링모임	16	3	19	선정

수요도 점수는 '나만의 책 쓰기'와 '볼링모임'이 19점으로 동일하므로 다섯 번째 조건에 따라 인기 점수가 더 높은 '볼링모임'이 선정된다.

따라서 하반기 동안 운영될 프로그램은 '필라테스, 볼링모임'이다.

유형풀이 Tip

- 문제에서 묻는 것을 파악한 후, 필요한 상황과 정보를 활용하여 문제를 풀어간다.
- 전체적으로 적용되는 공통 조건과 추가로 적용되는 조건이 동시에 제시될 수 있다. 따라서 공통 조건이 무엇인지 먼저 판단한 후 경우에 따라 추가 조건을 고려하여 풀이한다. 추가 조건은 표 하단에 작은 글자로 제시되기도 하므로 유의한다.

대표기출유형 06 기출응용문제

01 김대리는 현재 소비습관에 따른 혜택 금액이 가장 큰 신용카드를 새로 신청하고자 한다. 김대리의 결제부문별 결제정보 및 신용카드별 혜택이 다음과 같을 때, 김대리가 신청할 신용카드로 가장 적절한 것은?

〈김대리 결제정보〉

구분	결제금액	비고
외식	540,000원	T사 페이 결제 350,000원
쇼핑	290,000원	N사 페이 결제 150,000원
공과금	150,000원	자동이체
문화생활	95,000원	–
유류비	135,000원	–
총결제액	1,210,000원	1개 신용카드로 전체 금액을 결제함

〈신용카드별 혜택〉

<table>
<tr><th>구분</th><th>A카드</th><th>B카드</th><th>C카드</th><th>D카드</th></tr>
<tr><td>할인 부문</td><td>외식</td><td>쇼핑</td><td>공과금</td><td>유류비</td></tr>
<tr><td>이용실적별
할인 혜택</td><td colspan="3">– 50만 원 이상 : 할인 부문 결제액의 10% 할인
– 100만 원 이상 : 할인 부문 결제액의 15% 할인</td><td>총결제액의 3% 할인</td></tr>
<tr><td>추가 혜택정보</td><td>페이 결제분에 대한 할인은 미적용</td><td>N사 페이 결제 시 5% 추가 할인</td><td>자동이체 설정 시 3% 추가 할인</td><td>–</td></tr>
<tr><td>월간 할인한도</td><td>28,000원</td><td>25,000원</td><td>–</td><td>30,000원</td></tr>
</table>

※ 이용실적은 총결제액을 기준으로 산정함

① A카드
② B카드
③ C카드
④ D카드

02 A고객은 3일 후 떠날 3주간의 제주도 여행에 대비하여 가족 모두 여행자 보험에 가입하고자 S은행에 방문하였다. 이에 담당자가 A고객에게 여행자 보험 상품을 추천하고자 할 때, 설명으로 적절하지 않은 것은?(단, A고객 가족의 나이는 만 14세, 17세, 45세, 51세, 75세이다)

〈S은행 여행자 보험〉

- 가입연령 : 만 1 ~ 79세(인터넷 가입 만 19 ~ 70세)
- 납입방법 : 일시납
- 납입기간 : 일시납
- 보험기간 : 2일 ~ 최대 1개월
- 보장내용

구분	보험금 지급사유	지급금액
상해사망 및 후유장해	여행 중 사고로 상해를 입고 그 직접적인 결과로 사망하거나 후유장해 상태가 되었을 때	– 사망 시 가입금액 전액 지급 – 후유장해 시 장해정도에 따라 가입금액의 30 ~ 100% 지급
질병사망	여행 중 발생한 질병으로 사망 또는 장해지급률 80% 이상의 후유장해가 남았을 경우	가입금액 전액 지급
휴대품 손해	여행 중 우연한 사고로 휴대품이 도난 또는 파손되어 손해를 입은 경우	가입금액 한도 내에서 보상하되 휴대품 1개 또는 1쌍에 대하여 20만 원 한도로 보상(단, 자기부담금 1만 원 공제)

- 유의사항
  – 보험계약 체결일 기준 만 15세 미만자의 경우 사망은 보장하지 않음
  – 보장금액과 상해, 질병 의료실비에 대한 보장내용은 홈페이지 참조

① 고객님, 후유장해 시 보험금은 장해정도에 따라 차등 지급됩니다.
② 고객님, 가족 모두 가입하시려면 반드시 은행에 방문해주셔야 합니다.
③ 고객님, 만 14세 자녀의 경우 본 상품에 가입하셔도 사망보험금은 지급되지 않습니다.
④ 고객님, 여행 도중 귀중품을 분실하셨을 경우에 분실물의 수량과 관계없이 최대 20만 원까지 보상해드립니다.

03 S은행에 근무하는 A씨는 예금주 명의변경에 대한 문의를 받았다. 다음 약관을 바탕으로 고객의 문의에 답하려고 할 때, 옳지 않은 것은?

1. **법인대표자 변경**
   - (사고변경) 신고 및 재발급의뢰서
   - 신대표자임 입증서류
     - 법인 : 법인등기부등본과 사업자등록증 원본
     - 임의단체 : 고유번호증 또는 납세번호증
     - 관공서 : 감독기관 또는 소속관서장 임명증명서
   - 대표자 신분증
   - 통장, 도장
2. **개명에 의한 변경**

   〈개인 개명〉
   - (사고변경) 신고 및 재발급의뢰서
   - 기본증명서 또는 주민등록초본(신명의와 구명의 확인 가능)
   - 통장, 도장

   〈법인명칭 변경〉
   - (사고변경) 신고 및 재발급의뢰서
   - 법인등기부등본과 사업자등록증 원본
     - 임의단체 : 고유번호증 또는 납세번호증
     - 관공서 : 감독기관 또는 소속관서장 임명증명서
   - 대표자 신분증
   - 통장, 도장
3. **사망에 의한 변경**
   - 상속인 전원 연서한 (사고변경) 신고 및 재발급의뢰서
   - 피상속인(예금주)의 가족관계 등록부(가족관계 증명서, 기본증명서) 및 제적등본
   - 상속인 전원 인감증명서(다만, 본인 내점하는 경우 인감증명서 대신 실명확인증표 가능)
   - 위임 있는 경우 인감증명서(또는 서명사실확인서) 첨부된 위임장
4. **대리인에 의한 명의변경**

   〈개인 개명, 사망, 유증에 의한 변경〉
   - 본인 위임장(인감도장 날인)
   - 본인 인감증명서 또는 본인 서명사실확인서
   - 대리인 신분증
   - 주민등록초본 및 기본증명서(신명의와 구명의 확인 가능)
   - 통장, 도장
5. **법인 상호변경, 대표자 변경에 의한 경우**
   - 사업자등록증 또는 사업자등록증명원
     - 임의단체 : 고유번호증 또는 납세번호증
     - 관공서 : 감독기관 또는 소속관서장 임명증명서
   - 법인등기부등본
   - 대표자 위임장(법인인감 날인)

• 법인임감증명서
• 대리인 신분증
• 통장, 도장

6. **명의변경 제한 상품**
   • 농어가목돈마련저축
   • 세금우대(비과세)예금
   • 비과세가계저축
   • 근로자우대저축
   • 장학적금
   • 생계형비과세저축

7. **명의변경 수수료**
   • 징수기준 : 고객으로부터 예금(신탁포함)계좌에 대한 명의변경 요청 시 징수
   • 징수금액 : 건당 5,000원[단, 예금명의변경에 따른 통장(증서) 재발급수수료는 면제 가능]

제목 : [예금] 예금주 명의변경 시 처리 절차

안녕하세요. 예금주 명의변경 처리 절차에 대한 문의가 있습니다. 이번에 개명을 하게 되어 통장 명의를 변경하고자 하는데, 어떤 서류들이 필요하나요? 아, 참고로 개인 개명입니다. 또 명의변경을 할 경우 수수료는 따로 드나요? 그리고 이 통장이 근로자우대저축 통장인데 상관없는 거죠? 아, 만약에 제가 시간이 안 되면 다른 사람이 대신 가도 상관 없나요? 만약에 그게 가능하다면 필요한 서류는 뭐가 있을까요? 빠른 답변 부탁드립니다.

답변 : 안녕하세요. 고객님 S은행입니다.

안녕하세요. 은행입니다. 우선 저희 은행에 많은 관심을 주셔서 감사드립니다.
예금주 명의변경과 관련한 문의에 대한 답변을 하나씩 해드리겠습니다.

• **개인 개명에 의한 변경 시 필요한 서류**
  ① (사고변경) 신고 및 재발급의뢰서, 기본증명서 또는 주민등록초본, 통장, 도장이 필요합니다.
• **명의변경 수수료**
  ② 명의변경과 관련한 수수료는 따로 들지 않습니다.
• **근로자우대저축 통장의 명의변경 가능 여부**
  ③ 근로자우대저축은 명의변경에 제한되는 상품입니다.
• **대리인 명의변경 여부**
  ④ 개인 개명에 대한 명의변경도 대리인에 의해서 가능합니다. 이때 필요한 서류는 본인 위임장(인감도장 날인), 본인 인감증명서 또는 본인 서명사실확인서, 대리인 신분증, 주민등록초본 및 기본증명서, 통장, 도장입니다.

문의하신 답변이 도움되었길 바라며 추가 문의가 있으면 언제든지 게시판에 문의해주세요.
오늘도 즐거운 하루 보내세요. 감사합니다.

04 다음은 S손해보험 고객지원센터에 접수된 질문사항들이다. 제시된 보험금 청구 절차 안내문을 토대로 고객들의 질문에 답변할 때, 적절하지 않은 것은?

〈보험금 청구 절차 안내문〉

단계	구분	내용
Step 1	사고 접수 및 보험금 청구	피보험자, 가해자, 피해자가 사고발생 통보 및 보험금 청구를 합니다. 접수는 가까운 영업점에 관련 서류를 제출합니다.
Step 2	보상팀 및 보상처리 담당자 지정	보상처리 담당자가 지정되어 고객님께 담당자의 성명, 연락처를 SMS로 전송해 드립니다. 자세한 보상 관련 문의사항은 보상처리 담당자에게 문의하시면 됩니다.
Step 3	손해사정법인 (현장확인자)	보험금 지급 여부 결정을 위해 사고현장조사를 합니다. (병원 공인된 손해사정법인에게 조사업무를 위탁할 수 있음)
Step 4	보험금 심사 (심사자)	보험금 지급 여부를 심사합니다.
Step 5	보험금 심사팀	보험금 지급 여부가 결정되면 피보험자 예금통장에 보험금이 입금됩니다.

※ 3만 원 초과 10만 원 이하 소액통원의료비를 청구할 경우, 보험금 청구서와 병원영수증, 질병분류기호(질병명)가 기재된 처방전만으로 접수가 가능함

※ 의료기관에서 환자가 요구할 경우 처방전 발급 시 질병분류기호(질병명)가 기재된 처방전 2부 발급이 가능함

※ 온라인 접수 절차는 S손해보험 홈페이지에서 확인할 수 있음

① Q : 자전거를 타다가 팔을 다쳐서 병원비가 56,000원이 나왔습니다. 보험금을 청구하려고 하는데 제출할 서류는 어떻게 되나요?

A : 고객님의 의료비는 10만 원이 넘지 않는 관계로 보험금 청구서와 병원영수증, 진단서가 필요합니다.

② Q : 사고를 낸 당사자도 보험금을 청구할 수 있나요?

A : 네, 고객님. 사고의 가해자와 피해자 모두 보험금을 청구하실 수 있습니다.

③ Q : 사고 접수는 인터넷으로 접수가 가능한가요?

A : 네, 가능합니다. 자세한 접수 절차는 S손해보험 홈페이지에서 확인하실 수 있습니다.

④ Q : 질병분류기호가 기재된 처방전은 어떻게 발급하나요?

A : 처방전 발급 시 해당 의료기관에 질병분류기호를 포함해달라고 요청하시면 됩니다.

Hard

05 S회사는 창립 10주년을 맞이하여 전 직원 단합대회를 준비하고 있다. 이를 위해 사장 B는 여행상품 한 가지를 선정할 계획을 갖고 있는데, 직원 투표 결과를 참고하여 결정하려고 한다. 직원 투표 결과와 여행상품별 1인당 경비가 다음 표와 같이 주어져 있으며, 추가로 행사를 위한 부서별 고려 사항을 참고하여 선택할 경우 〈보기〉에서 옳은 것을 모두 고르면?

상품내용		투표 결과					
여행상품	1인당 비용(원)	총무팀	영업팀	개발팀	홍보팀	공장 1	공장 2
A	500,000	2	1	2	0	15	6
B	750,000	1	2	1	1	20	5
C	600,000	3	1	0	1	10	4
D	1,000,000	3	4	2	1	30	10
E	850,000	1	2	0	2	5	5

〈여행 상품별 혜택 정리〉

상품명	날짜	장소	식사제공	차량지원	편의시설	체험시설
A	5/10 ~ 5/11	해변	O	O	×	×
B	5/10 ~ 5/11	해변	O	O	O	×
C	6/7 ~ 6/8	호수	O	O	O	×
D	6/15 ~ 6/17	도심	O	×	O	O
E	7/10 ~ 7/13	해변	O	O	O	×

〈부서별 고려 사항〉

- 총무팀 : 행사 시 차량 지원 가능함
- 영업팀 : 6월 초순에 해외 바이어와 가격 협상 회의 일정
- 공장 1 : 3일 연속 공장 비가동 시 품질 저하 예상됨
- 공장 2 : 7월 중순 공장 이전 계획 있음

보기

ㄱ. 총 여행상품 비용은 1억 500만 원이 필요하다.
ㄴ. 가장 인기가 높은 여행 상품은 B이다.
ㄷ. 공장 1은 여행 상품 선택에 가장 큰 영향력을 발휘했다.

① ㄱ　　② ㄱ, ㄴ
③ ㄱ, ㄷ　　④ ㄴ, ㄷ

PART 1

07 환경분석

| 유형분석 |

- 상황에 대한 환경 분석을 통해 주요 과제 및 해결 방안을 도출하는 문제이다.
- SWOT 분석뿐 아니라 3C 분석을 활용하는 문제가 출제될 수 있으므로, 해당 분석 도구에 대한 사전 학습이 요구된다.

다음 수제 초콜릿에 대한 분석 기사를 읽고 〈보기〉에서 설명하는 SWOT 분석에 의한 마케팅 전략을 진행하고자 할 때, 적절하지 않은 것은?

오늘날 식품 시장을 보면 원산지와 성분이 의심스러운 제품들이 넘쳐 납니다. 이로 인해 소비자들은 고급스럽고 안전한 먹거리를 찾고 있습니다. 우리의 수제 초콜릿은 이러한 요구를 완벽하게 충족시켜주고 있습니다. 풍부한 맛, 고급 포장, 모양, 건강상의 혜택, 강력한 스토리텔링 모두 높은 품질을 원하는 소비자들의 요구를 충족시키는 요인들입니다. 사실 수제 초콜릿을 만드는 데에는 비용이 많이 듭니다. 각종 장비 및 유지 보수에서부터 값비싼 포장, 유통업체의 높은 수익을 보장해주다 보면 초콜릿을 생산하는 업체에게 남는 이익은 많지 않습니다. 또한 수제 초콜릿의 존재 자체를 많은 사람들이 알지 못하는 상황입니다. 하지만 보다 좋은 식품에 대한 인기가 높아짐에 따라 더 많은 업체들이 수제 초콜릿을 취급하기를 원하고 있습니다. 따라서 수제 초콜릿은 일반 초콜릿보다 더 높은 가격으로 판매될 수 있을 것입니다. 현재 초콜릿을 대량으로 생산하는 대형 기업들은 자신들의 일반 초콜릿과 수제 초콜릿의 차이를 줄이는 데 최선을 다하고 있습니다. 그리고 직접 맛을 보기 전에는 일반 초콜릿과 수제 초콜릿의 차이를 알 수 없기 때문에 소비자들은 굳이 초콜릿에 더 많은 돈을 지불해야 하는 이유를 알지 못할 수 있습니다. 따라서 수제 초콜릿의 효과적인 마케팅 전략이 필요한 시점입니다.

보기

〈SWOT 분석에 의한 마케팅 전략〉

- SO전략(강점 – 기회전략) : 강점을 살려 기회를 포착
- ST전략(강점 – 위협전략) : 강점을 살려 위협을 회피
- WO전략(약점 – 기회전략) : 약점을 보완하여 기회를 포착
- WT전략(약점 – 위협전략) : 약점을 보완하여 위협을 회피

① 수제 초콜릿의 값비싸고 과장된 포장을 바꾸고, 그 비용으로 안전하고 맛있는 수제 초콜릿을 홍보하면 어떨까.

② 수제 초콜릿을 고급 포장하여 수제 초콜릿의 스토리텔링을 더 살려보는 것은 어떨까.

③ 수제 초콜릿의 스토리텔링을 포장에 명시한다면 소비자들이 믿고 구매할 수 있을 거야.

④ 수제 초콜릿의 마케팅을 강화하는 방법으로 수제 초콜릿의 차이를 알려 대기업과의 경쟁에서 이겨야겠어.

정답 ②

고급 포장과 스토리텔링은 모두 수제 초콜릿의 강점에 해당되므로 SWOT 분석에 의한 마케팅 전략으로 볼 수 없다. SO전략과 ST전략으로 보일 수 있으나, 기회를 포착하거나 위협을 회피하는 모습을 보이지 않기에 적절하지 않다.

오답분석

① 값비싼 포장(약점)을 보완하여 좋은 식품에 대한 인기(기회)에 발맞춰 홍보하는 WO전략에 해당한다.
③ 수제 초콜릿의 스토리텔링(강점)을 포장에 명시하여 소비자들의 요구를 충족(기회)시키는 SO전략에 해당한다.
④ 수제 초콜릿의 존재를 모르는(약점) 소비자들을 겨냥한 마케팅을 강화하여 대기업과의 경쟁(위협)을 이겨내는 WT전략에 해당한다.

유형풀이 Tip

SWOT 분석

기업의 내부환경과 외부환경을 분석하여 강점(Strength), 약점(Weakness), 기회(Opportunity), 위협(Threat) 요인을 규정하고 이를 토대로 경영전략을 수립하는 기법으로, 미국의 경영컨설턴트인 알버트 험프리(Albert Humphrey)에 의해 고안되었다. SWOT 분석의 가장 큰 장점은 기업의 내·외부환경 변화를 동시에 파악할 수 있다는 것이다. 기업의 내부환경을 분석하여 강점과 약점을 찾아내며, 외부환경 분석을 통해서는 기회와 위협을 찾아낸다. SWOT 분석은 외부로부터의 기회는 최대한 살리고 위협은 회피하는 방향으로 자신의 강점은 최대한 활용하고 약점은 보완한다는 논리에 기초를 두고 있다. SWOT 분석에 의한 경영전략은 다음과 같이 정리할 수 있다.

Strength 강점 기업 내부환경에서의 강점 (S)	Weakness 약점 기업 내부환경에서의 약점 (W)
Opportunity 기회 기업 외부환경으로부터의 기회 (O)	Threat 위협 기업 외부환경으로부터의 위협 (T)

3C 분석

자신(Company)	고객(Customer)	경쟁사(Competitor)
• 자사의 핵심역량은 무엇인가? • 자사의 장단점은 무엇인가? • 자사의 다른 사업과 연계되는가?	• 주 고객군은 누구인가? • 그들은 무엇에 열광하는가? • 그들의 정보 습득 / 교환은 어디에서 일어나는가?	• 경쟁사는 어떤 회사가 있는가? • 경쟁사의 핵심역량은 무엇인가? • 잠재적인 경쟁사는 어디인가?

01 다음은 농민·농촌을 사업 근거로 하는 특수은행인 N은행의 SWOT 분석 결과를 정리한 것이다. ㉠~㉣ 중 SWOT 분석에 들어갈 내용으로 적절하지 않은 것은?

〈SWOT 분석 결과〉

강점 (Strength)	• 공적 기능을 수행하는 농민·농촌의 은행이라는 위상은 대체 불가능함 • 전국에 걸친 국내 최대의 영업망을 기반으로 안정적인 사업 기반 및 수도권 이외의 지역에서 우수한 사업 지위를 확보함 • 지자체 시금고 예치금 등 공공금고 예수금은 안정적인 수신 기반으로 작용함 • ㉠ <u>은행권 최초로 보이스피싱 차단을 위해 24시간 '대포통장 의심 계좌 모니터링' 도입</u> • BIS자기자본비율, 고정이하여신비율, 고정이하여신 대비 충당금커버리지비율 등 자산 건전성 지표가 우수함 • 디지털 전환(DT)을 위한 중장기 전략을 이행 중이며, 메타버스·인공지능(AI)을 활용한 개인 맞춤형 상품 등 혁신 서비스 도입 추진
약점 (Weakness)	• ㉡ <u>수수료 수익 등 비이자 이익의 감소 및 이자 이익에 편중된 수익 구조</u> • 본사에 매년 지급하는 농업지원 사업비와 상존하는 대손 부담으로 인해 시중은행보다 수익성이 낮음 • ㉢ <u>인터넷전문은행의 활성화 및 빅테크의 금융업 진출 확대 추세</u> • 금리 상승, 인플레이션, 경기 둔화 등의 영향으로 차주의 상환 부담이 높아짐에 따라 일정 수준의 부실여신비율 상승이 불가피할 것으로 예상
기회 (Opportunity)	• ㉣ <u>마이데이터(Mydata)로 제공할 수 있는 정보 범위의 확대 및 암호화폐 시장의 성장</u> • 2023년 홍콩, 중국, 호주, 인도에서 최종 인가를 획득하는 등 해외 영업망 확충 • 금융 당국의 유동성 지원 정책과 정책자금 대출을 기반으로 유동성 관리가 우수함 • 법률에 의거해 농업금융채권의 원리금 상환을 국가가 전액 보증하는 등 유사시 정부의 지원 가능성이 높음 • 귀농·귀촌 인구의 증가 및 농촌에 대한 소비자의 인식 변화로 새로운 사업 발굴 가능
위협 (Threat)	• 자산관리 시장에서의 경쟁 심화 • 사이버 위협에 대응해 개인정보 보안 대책 및 시스템 마련 시급 • 이자 이익 의존도가 높은 은행의 수익 구조에 대한 비판 여론 • 금리 및 물가 상승 영향에 따른 자산 건전성 저하 가능성 존재 • 주택 시장 침체, 고금리 지속 등으로 가계여신 수요 감소 전망 • 경기 침체, 투자 심리 위축으로 기업여신 대출 수요 감소 전망 • 보험사, 증권사, 카드사 등의 은행업(지급 결제, 예금·대출) 진입 가능성 • 은행에 있던 예금·적금을 인출해 주식·채권으로 이동하는 머니무브의 본격화 조짐

① ㉠
② ㉡
③ ㉢
④ ㉣

02 다음은 국내 금융기관에 대한 SWOT 분석 자료이다. 이를 통해 SWOT 전략을 세운다고 할 때, 〈보기〉 중 분석 결과에 대응하는 전략과 그 내용이 바르게 연결된 것을 모두 고르면?

> 국내 대부분의 예금과 대출을 국내 은행이 차지하고 있을 정도로 국내 금융기관에 대한 우리나라 국민들의 충성도는 높은 편이다. 또한 국내 금융기관은 철저한 신용 리스크 관리로 해외 금융기관과 비교해 자산건전성 지표가 매우 우수한 편이다. 시장 리스크 관리도 해외 선진 금융기관 수준에 도달한 것으로 평가받는다. 국내 금융기관은 외환위기와 글로벌 금융위기 등을 거치며 꾸준히 자산건전성을 강화해왔기 때문이다.
> 그러나 은행과 이자 이익에 수익이 편중돼 있다는 점은 국내 금융기관의 가장 큰 약점이 된다. 대부분 예금과 대출 거래 중심의 영업구조로 되어 있기 때문이다. 취약한 해외 비즈니스도 문제로 들 수 있다. 최근 동남아 시장을 중심으로 해외 진출에 박차를 가하고 있지만, 아직은 눈에 띄는 성과가 많지 않은 상황이다.
> 많은 어려움에도 불구하고 국내 금융기관의 발전 가능성은 아직 무궁무진하다. 우선 해외 시장으로 눈을 돌리면 다양한 기회가 열려있다. 전 세계 신용·단기 자금 확대, 글로벌 무역 회복세로 국내 금융기관의 해외 진출 여건은 양호한 편이다. 따라서 해외 시장 개척을 통해 어떻게 신규 수익원을 확보하느냐가 성장의 새로운 기회로 작용할 전망이다. IT 기술 발달에 따른 핀테크의 등장도 새로운 기회가 될 수 있다. 국내의 발달된 인터넷과 모바일뱅킹 서비스, IT 인프라를 활용한 새로운 수익 창출 가능성이 열려 있는 것이다.
> 역설적으로 핀테크의 등장은 오히려 국내 금융기관의 발목을 잡을 수 있다. 블록체인 기술에 기반한 암호화폐, 간편결제와 송금, 로보어드바이저, 인터넷 은행, P2P 대출 등 다양한 핀테크 분야의 새로운 서비스들이 기존 금융 서비스의 대체재로서 출현하고 있기 때문이다. 금융시장 개방에 따른 글로벌 금융기관과의 경쟁 심화도 넘어야 할 산이다. 특히 중국 은행을 비롯한 중국 금융이 급성장하고 있어 이에 대한 대비책 마련이 시급하다.

보기

ㄱ. SO전략 – 높은 국내 시장점유율을 기반으로 국내 핀테크 사업에 진출한다.
ㄴ. WO전략 – 위기관리 역량을 강화하여 해외 금융시장에 진출한다.
ㄷ. ST전략 – 해외 금융기관과 비교해 우수한 자산건전성을 강조하여 글로벌 금융기관과의 경쟁에서 우위를 차지한다.
ㄹ. WT전략 – 해외 비즈니스 역량을 강화하여 해외 금융시장에 진출한다.

① ㄱ, ㄴ　　② ㄱ, ㄷ
③ ㄴ, ㄷ　　④ ㄴ, ㄹ

PART 1

Hard

03 다음은 국내 여행업계 점유율 1위의 기업으로 평가받는 S사에 대한 SWOT 분석 결과이다. 이를 참고하여 세운 경영 전략 판단으로 적절하지 않은 것을 〈보기〉에서 모두 고르면?

〈SWOT 분석 결과〉

구분	분석 결과
강점(Strength)	• 우월한 시장 점유율과 인지도를 바탕으로 한 규모의 경제로 가격 경쟁력에서 우위 • 높은 브랜드 가치를 바탕으로 한 안정화된 네트워크 조직과 자본 구조 • 국내 기업 중 최대 규모의 조직과 독보적인 브랜드 충성도 • 차별화된 개인 맞춤형 여행 패키지 상품 출시 등으로 상품 종류의 다양화를 이룸 • 본업인 여행·관광과 관련한 다양한 산업군에서 다각화된 사업 영위
약점(Weakness)	• 대리점과의 관계 유지 비용 • S사는 주로 패키지 여행 상품으로 수익을 창출하고 있는데, 시장에서 패키지 상품의 인기는 감소하는 반면 자유 여행(FIT) 상품은 상대적으로 약진함 • 코로나19로 타격을 입은 여행 산업이 아직은 완전히 회복하지는 못했음
기회(Opportunity)	• 주5일제의 확산으로 여가 시간의 증가 • 코로나19 팬데믹 종식으로 인바운드(외국인들의 국내여행), 아웃바운드(내국인들의 외국여행) 수요 증가로 여행업 회복세 • 차별화된 프리미엄 여행 수요 증가세 • 저가 항공사의 저변 확대
위협(Threat)	• 코로나19 이전 대비 낮은 성장률 • 중국·일본과의 갈등, 환율, 유가 등 외부의 정치적·경제적 변수의 영향에 민감함 • 불경기 지속으로 인한 소비 심리 위축 • 네이버, 쿠팡, 야놀자 등의 이종 기업들이 여행업 진출을 본격화함으로써 여행업의 경계가 모호해지고 경쟁은 심화됨

보기

㉠ 여가 시간의 증가로 자유를 즐기려는 소비자군을 대상으로 보다 세분화된 아웃바운드 상품을 출시해 선택지를 다양하게 하는 차별화 전략은 SO전략에 해당한다.

㉡ 수십 년 동안 구축해온 해외 네트워크, 직원들의 전문적인 역량, 견실한 자본 구조를 홍보해 고객 충성도를 높이는 전략은 SO전략에 해당한다.

㉢ 여행 시장 점유율 1위라는 기업 이미지를 활용해 동종 업체와의 경쟁을 극복함으로써 부동의 1위라는 위상을 더욱 공고히 하는 전략은 ST전략에 해당한다.

㉣ 코로나19 팬데믹이 종식되어 중국 시장이 리오프닝한 것을 활용해 중국 관광객들에게 인바운드 상품을 할인 판매함으로써 코로나19 사태 이전으로의 회복을 도모하는 전략은 WO전략에 해당한다.

㉤ 자유 여행 상품보다는 주로 패키지 여행 상품으로 수익을 창출하고 있는 S사가 패키지 상품 판매율을 높여 자유 상품 판매에서의 부진을 상쇄하려는 전략은 WT전략에 해당한다.

㉥ S사가 네이버 등 여행 시장에 등장한 신흥 강자와 제휴해 특화된 자유 여행 상품을 공동 출시해 판매함으로써 경쟁사와의 공존상생을 도모하는 전략은 WT전략에 해당한다.

① ㉠, ㉡, ㉣ ② ㉡, ㉢, ㉤
③ ㉠, ㉡, ㉤, ㉥ ④ ㉢, ㉣, ㉤, ㉥

Easy

04 다음은 SWOT 분석에 대한 설명과 유전자 관련 사업을 진행 중인 A사의 SWOT 분석 결과이다. 자료를 참고하여 〈보기〉의 ㉠~㉣ 중 빈칸 (가), (나)에 들어갈 내용을 바르게 연결한 것은?

SWOT 분석은 기업의 내부환경과 외부환경을 분석하여 강점(Strength), 약점(Weakness), 기회(Opportunity), 위협(Threat) 요인을 규정하고 이를 토대로 경영전략을 수립하는 기법으로, 미국의 경영컨설턴트인 알버트 험프리(Albert Humphrey)에 의해 고안되었다.

- 강점(Strength) : 내부환경(자사 경영자원)의 강점
- 약점(Weakness) : 내부환경(자사 경영자원)의 약점
- 기회(Opportunity) : 외부환경(경쟁, 고객, 거시적 환경)에서 비롯된 기회
- 위협(Threat) : 외부환경(경쟁, 고객, 거시적 환경)에서 비롯된 위협

〈SWOT 분석 결과〉

강점(Strength)	약점(Weakness)
• 유전자 분야에 뛰어난 전문가로 구성 • (가)	• 유전자 실험의 장기화
기회(Opportunity)	**위협(Threat)**
• 유전자 관련 업체 수가 적음 • (나)	• 고객들의 실험 부작용에 대한 두려움 인식

보기

㉠ 투자 유치의 어려움
㉡ 특허를 통한 기술 독점 가능
㉢ 점점 증가하는 유전자 의뢰
㉣ 높은 실험 비용

	(가)	(나)
①	㉠	㉢
②	㉠	㉣
③	㉡	㉠
④	㉡	㉢

PART 1

CHAPTER 04 자원관리능력

합격 CHEAT KEY

자원관리능력은 현재 NCS 기반 채용을 진행하는 많은 금융권에서 핵심영역으로 자리 잡아, 대부분의 시험에서 출제 영역으로 꼽히고 있다. 전체 문항수의 10 ~ 15% 비중으로 출제되고 있고, 난도가 대부분 높기 때문에 NCS를 치를 수험생이라면 반드시 준비해야 할 필수 과목이다.

실제 시험 기출 키워드를 살펴보면 비용 계산, 해외파견 지원금 계산, 주문 제작 단가 계산, 일정 조율, 일정 선정, 행사 대여 장소 선정, 최단거리 구하기, 시차 계산, 소요 시간 구하기, 해외파견 근무 기준에 부합한 또는 부합하지 않는 직원 고르기 등 크게 자원계산, 자원관리 문제유형이 출제된다. 대표유형을 바탕으로 응용되는 방식의 문제가 출제되고 있기 때문에 비슷한 유형을 계속해서 풀어보면서 감을 익히는 것이 중요하다.

01 시차를 먼저 계산하자!

시간자원관리문제의 대표유형 중 시차를 계산하여 일정에 맞는 항공권을 구입하거나 회의시간을 구하는 문제에서는 각각의 나라 시간을 한국 시간으로 전부 바꾸어 계산하는 것이 편리하다. 조건에 맞는 나라들의 시간을 전부 한국 시간으로 바꾸고 한국 시간과의 시차만 더하거나 빼면 시간을 단축하여 풀 수 있다.

02 선택지를 활용하자!

예산자원관리문제의 대표유형에서는 계산을 해서 값을 요구하는 문제들이 있다. 이런 문제유형에서는 문제 선택지를 먼저 본 후 자리 수가 몇 단위로 끝나는지 확인한다. 예를 들어 412,300원, 426,700원, 434,100원, 453,800원인 선택지가 있다고 할 때, 이 선택지는 100원 단위로 끝나기 때문에 제시된 조건에서 100원 단위로 나올 수 있는 항목을 찾아 그 항목만 계산하여 시간을 단축시키는 방법이 있다.

또한, 일일이 계산하는 문제가 많다. 예를 들어 640,000원, 720,000원, 810,000원 등의 수를 이용해 푸는 문제가 있다고 할 때, 만 원 단위를 절사하고 계산하여 64, 72, 81처럼 요약하여 적는 것도 시간을 단축하는 방법이다.

03 최적의 값을 구하는 문제인지 파악하자!

물적자원관리문제의 대표유형에서는 제한된 자원 내에서 최대의 만족 또는 이익을 얻을 수 있는 방법을 강구하는 문제가 출제된다. 이때, 구하고자 하는 값을 x, y로 정하고 연립방정식을 이용해 x, y 값을 구한다. 최소 비용으로 목표생산량을 달성하기 위한 업무 및 인력 할당, 정해진 시간 내에 최대 이윤을 낼 수 있는 업체 선정, 정해진 인력으로 효율적 업무 배치 등을 구하는 문제에서 사용되는 방법이다.

04 각 평가항목을 비교해보자!

인적자원관리문제의 대표유형에서는 각 평가항목을 비교하여 기준에 적합한 인물을 고르거나, 저렴한 업체를 선정하거나, 총점이 높은 업체를 선정하는 문제가 출제된다. 이런 문제를 해결할 때는 평가항목에서 가격이나 점수 차이에 영향을 많이 미치는 항목을 찾아 지우면 $1\sim2$개의 선택지를 삭제하고 $3\sim4$개의 선택지만 계산하여 시간을 단축할 수 있다.

05 문제의 단서를 이용하자!

자원관리능력은 계산문제가 많기 때문에, 복잡한 계산은 딱 떨어지게끔 조건을 제시하는 경우가 많다. 단서를 보고 부합하지 않는 선택지를 $1\sim2$개 먼저 소거한 뒤 계산을 하는 것도 시간을 단축하는 방법이다.

대표기출유형

01 시간계획

| 유형분석 |

- 시간 자원과 관련된 다양한 정보를 활용하여 풀어가는 문제이다.
- 대체로 교통편 정보나 국가별 시차 정보가 제공되며, 이를 근거로 '현지 도착시간 또는 약속된 시간 내에 도착하기 위한 방안'을 고르는 문제가 출제된다.

한국은 뉴욕보다 16시간 빠르고, 런던은 한국보다 8시간 느리다. 다음 비행기가 현지에 도착할 때의 시간(㉠, ㉡)으로 옳은 것은?

구분	출발 일자	출발 시간	비행 시간	도착 시간
뉴욕행 비행기	6월 6일	22:20	13시간 40분	㉠
런던행 비행기	6월 13일	18:15	12시간 15분	㉡

	㉠	㉡
①	6월 6일 09시	6월 13일 09시 30분
②	6월 6일 20시	6월 13일 22시 30분
③	6월 7일 09시	6월 14일 09시 30분
④	6월 7일 13시	6월 14일 15시 30분

정답 ②

㉠ 뉴욕행 비행기는 한국에서 6월 6일 22시 20분에 출발하고, 13시간 40분 동안 비행하기 때문에 6월 7일 12시에 도착한다. 한국 시간은 뉴욕보다 16시간 빠르므로 현지에 도착하는 시간은 6월 6일 20시가 된다.

㉡ 런던행 비행기는 한국에서 6월 13일 18시 15분에 출발하고, 12시간 15분 동안 비행하기 때문에 현지에 6월 14일 6시 30분에 도착한다. 한국 시간은 런던보다 8시간이 빠르므로 현지에 도착하는 시간은 6월 13일 22시 30분이 된다.

유형풀이 Tip

- 문제에서 묻는 것을 정확히 파악한 후 제시된 상황과 정보를 활용하여 문제를 풀어간다.
- 추가 조건이나 제한사항은 문제를 해결하는 데 중요한 변수가 될 수 있으므로 유의한다.

대표기출유형 01 기출응용문제

01 한국의 A사, 오스트레일리아의 B사, 아랍에미리트의 C사, 러시아의 D사는 상호협력프로젝트를 추진하고자 화상회의를 하려고 한다. 한국 시각을 기준으로 화상회의가 가능한 시각은?(단, 화상회의는 1시간이 소요된다)

〈국가별 시간〉

국가(도시)	현지시각
한국(서울)	2025. 06. 20. 08:00am
오스트레일리아(캔버라)	2025. 06. 20. 10:00am
아랍에미리트(두바이)	2025. 06. 20. 03:00am
러시아(모스크바)	2025. 06. 20. 02:00am

※ 각 회사의 위치는 위 자료에 있는 도시에 있음
※ 모든 회사의 근무시간은 현지시각으로 오전 9시 ~ 오후 6시임
※ A, B, D사의 식사시간은 현지시각으로 오후 12 ~ 1시임
※ 단, C사의 식사시간은 오전 11시 30분 ~ 오후 12시 30분이고, 오후 12시 30분부터 오후 1시까지 전 직원이 종교활동을 함

① 오후 1 ~ 2시
② 오후 2 ~ 3시
③ 오후 3 ~ 4시
④ 오후 4 ~ 5시

Easy

02 다음 시간계획에 대한 〈보기〉의 설명 중 옳지 않은 것을 모두 고르면?

보기

ㄱ. 실현 가능한 시간계획을 세우는 것이 중요하다.
ㄴ. 시간계획을 따르는 것이 가장 중요하므로 무슨 일이 있어도 계획에 따라 실천해야 한다.
ㄷ. 시간계획을 효과적으로 세운다면 실제 행동할 때와 차이가 거의 발생하지 않는다.
ㄹ. 자유로운 여유시간은 시간계획에 포함되지 않는다.

① ㄱ, ㄴ
② ㄴ, ㄷ
③ ㄷ, ㄹ
④ ㄴ, ㄷ, ㄹ

대표기출유형

02 비용계산

| 유형분석 |

- 예산 자원과 관련된 다양한 정보를 활용하여 풀어가는 문제이다.
- 대체로 한정된 예산 내에서 수행할 수 있는 업무 및 예산 가격을 묻는 문제가 출제된다.

A사원은 이번 출장을 위해 KTX 승차권을 미리 40% 할인된 가격에 구매하였으나, 출장 일정이 바뀌는 바람에 하루 전날 승차권을 취소하였다. 다음 환불 규정에 따라 16,800원을 돌려받았을 때, 할인되지 않은 KTX 승차권의 가격은 얼마인가?

〈KTX 승차권 환불 규정〉

출발 2일 전	출발 1일 전~열차 출발 전	열차 출발 후
100%	70%	50%

① 40,000원
② 48,000원
③ 56,000원
④ 67,200원

정답 ①

할인되지 않은 KTX 승차권의 가격을 x원이라 하면, 승차권을 40% 할인된 가격으로 구매하였으므로 구매 가격은 $(1-0.4)x=0.6x$원이다.

환불 규정에 따르면 하루 전에 승차권을 취소하는 경우 70%의 금액을 돌려받을 수 있으므로 다음과 같은 식이 성립한다.

$0.6x \times 0.7=16,800$

$\rightarrow 0.42x=16,800$

$\therefore x=40,000$

따라서 할인되지 않은 KTX 승차권의 가격은 40,000원이다.

유형풀이 Tip

- 제한사항인 예산을 고려하여, 문제에 제시된 정보에서 필요한 것을 선별해 문제를 풀어간다.

대표기출유형 02 기출응용문제

Easy

01 S사원은 개인사유로 인해 5년간 재직했던 회사를 그만두게 되었다. S사원에게 지급된 퇴직금이 1,900만 원일 때, S사원의 평균연봉을 바르게 계산한 것은?(단, 평균연봉은 1일 평균임금으로 계산하며 평균 임금 계산 시 천의 자리에서 반올림한다)

〈퇴직금 산정방법〉

- 고용주는 퇴직하는 근로자에게 계속근로기간 1년에 대해 30일분 이상의 평균임금을 퇴직금으로 지급해야 합니다.
  - '평균임금'이란 이를 산정해야 할 사유가 발생한 날 이전 3개월 동안에 해당 근로자에게 지급된 임금의 총액을 그 기간의 총 일수로 나눈 금액을 말합니다.
  - 평균임금이 근로자의 통상임금보다 적으면 그 통상임금을 평균임금으로 합니다.
- 퇴직금 산정공식
  (퇴직금)=[(1일 평균임금)×30일×(총 계속근로기간)]÷365

① 4,110만 원 ② 4,452만 원
③ 4,650만 원 ④ 4,745만 원

02 다음은 S은행에서 근무하는 A사원의 4월 근태기록이다. 다음 규정을 참고하여 A사원이 받을 시간외근무수당은 얼마인가?(단, 정규근로시간은 09:00 ~ 18:00이다)

〈시간외근무 규정〉

- 시간외근무(조기출근 포함)는 1일 4시간, 월 57시간을 초과할 수 없다.
- 시간외근무수당은 1일 1시간 이상 시간외근무를 한 경우에 발생하며, 1시간을 공제한 후 매분 단위까지 합산하여 계산한다(단, 월 단위 계산 시 1시간 미만은 절사함).
- 시간외근무수당 지급단가 : 사원(7,000원), 대리(8,000원), 과장(10,000원)

〈A사원의 4월 근태기록(출근시간 / 퇴근시간)〉

- 4월 1일부터 4월 15일까지의 시간외근무시간은 12시간 50분(1일 1시간 공제 적용)이다.

18일(월)	19일(화)	20일(수)	21일(목)	22일(금)
09:00 / 19:10	09:00 / 18:00	08:00 / 18:20	08:30 / 19:10	09:00 / 18:00
25일(월)	**26일(화)**	**27일(수)**	**28일(목)**	**29일(금)**
08:00 / 19:30	08:30 / 20:40	08:30 / 19:40	09:00 / 18:00	09:00 / 18:00

※ 주말 특근은 고려하지 않음

① 112,000원 ② 119,000원
③ 126,000원 ④ 133,000원

대표기출유형

03 품목확정

| 유형분석 |

- 물적 자원과 관련된 다양한 정보를 활용하여 풀어가는 문제이다.
- 주로 공정도·제품·시설 등에 대한 가격·특징·시간 정보가 제시되며, 이를 종합적으로 고려하는 문제가 출제된다.

S은행은 신축 본사에 비치할 사무실 명패를 제작하기 위해 다음과 같은 팸플릿을 참고하고 있다. 신축 본사에 비치할 사무실 명패는 사무실마다 국문과 영문을 함께 주문했고, 총 주문 비용이 80만 원이라면 사무실에 최대 몇 개의 국문과 영문 명패를 함께 비치할 수 있는가?(단, 추가 구입 가격은 1SET를 구입할 때 한 번씩만 적용된다)

〈명패 제작 가격〉

- 국문 명패 : 1SET(10개)에 10,000원, 5개 추가 시 2,000원
- 영문 명패 : 1SET(5개)에 8,000원, 3개 추가 시 3,000원

① 345개 ② 350개

③ 355개 ④ 360개

정답 ④

국문 명패 최저가는 15개에 12,000원이고, 영문 명패 최저가는 8개에 11,000원이다. 각 명패를 최저가에 구입하는 개수의 최소공배수를 구하면 120개이다. 이때의 비용은 12,000×8+11,000×15=96,000+165,000=261,000원이다.

그러므로 한 사무실에 국문과 영문 명패를 함께 비치한다면 120개의 사무실에 명패를 비치하는 비용은 261,000원이다.

360개의 사무실에 명패를 비치한다면 783,000원이 필요하고, 남은 17,000원으로 국문 명패와 영문 명패를 동시에 구입할 수 없다.

따라서 80만 원으로 최대 360개의 국문 명패와 영문 명패를 동시에 비치할 수 있다.

유형풀이 Tip

- 문제에서 제시한 물적 자원의 정보를 문제의 의도에 맞게 선별하면서 풀어간다.

01 다음은 S은행에서 판매하는 펀드 상품과 펀드 가입을 원하는 고객의 요구사항이다. 이에 따라 고객에게 가장 적합한 상품은 무엇인가?(단, 고객의 투자 성향 분석 결과는 보통 수준이다)

〈S은행 펀드 상품〉

구분	종류	수익률(%)	환매기간	환매 수수료	보수(%)			위험등급
A상품	주식형	13	4영업일	없음	1	0.4	0.045	높음
B상품	채권형	2.3	5영업일	없음	0.3	0.075	0.020	낮음
C상품	혼합형	7	4영업일	없음	0.55	0.2	0.033	다소 높음
D상품	혼합형	7	5영업일	있음	0.8	0.4	0.033	보통

※ 투자 성향은 '매우 높음, 높음, 다소 높음, 보통, 낮음, 매우 낮음'의 6단계로 구분함

〈고객 요구사항〉

- 어느 정도 위험을 감수하더라도 가능한 한 많은 수익을 올릴 수 있으면 좋겠는데, 주식형 펀드는 너무 위험하지 않나요?
- 수익이 비슷하다면 총 보수가 낮은 상품으로 추천해 주세요.
- 해외 펀드도 상관없어요.
- 환매 후 빠른 시일 내로 지급되는 게 좋겠어요.

① A상품　　② B상품
③ C상품　　④ D상품

Easy

02 S회사 총무부에 근무하고 있는 C사원은 업무에 필요한 프린터를 구매할 예정이다. 프린터 성능별 가중치를 고려하여 성능 점수가 가장 높은 프린터를 구매한다고 할 때 C사원이 구매할 프린터는?

〈제품별 프린터 성능〉

구분	출력 가능 용지 장수	출력 속도	인쇄 해상도
A프린터	5,500장	10ppm	500dpi
B프린터	7,300장	7ppm	900dpi
C프린터	4,700장	15ppm	600dpi
D프린터	10,000장	11ppm	400dpi

〈프린터 성능 점수표〉

출력 가능 용지 장수	출력 속도	인쇄 해상도	점수
4,000장 미만	10ppm 미만	500dpi 미만	60점
4,000장 이상 5,000장 미만	10ppm 이상 13ppm 미만	500dpi 이상 700dpi 미만	70점
5,000장 이상 6,000장 미만	13ppm 이상 15ppm 미만	700dpi 이상 900dpi 미만	80점
6,000장 이상 7,000장 미만	15ppm 이상 18ppm 미만	900dpi 이상 1,200dpi 미만	90점
7,000장 이상	18ppm 이상	1,200dpi 이상	100점

〈프린터 성능 가중치〉

출력 가능 용지 장수	출력 속도	인쇄 해상도
50%	30%	20%

① A프린터
② B프린터
③ C프린터
④ D프린터

03 A회사 마케팅 팀장은 팀원 50명에게 연말 선물을 하기 위해 물품을 구매하려고 한다. 다음 업체별 품목 금액과 팀원들의 품목 선호도를 나타낸 자료에 따라 팀장이 구매할 물품과 업체를 순서대로 바르게 연결한 것은?

〈업체별 품목 금액〉

구분		한 벌당 가격(원)
A업체	티셔츠	6,000
	카라 티셔츠	8,000
B업체	티셔츠	7,000
	후드 집업	10,000
	맨투맨	9,000

〈구성원 품목 선호도〉

순위	품목
1	카라 티셔츠
2	티셔츠
3	후드 집업
4	맨투맨

조건

- 구성원의 선호도를 우선으로 품목을 선택한다.
- 총구매금액이 30만 원 이상이면 총금액에서 5% 할인을 해준다.
- 차순위 품목이 1순위 품목보다 총금액이 20% 이상 저렴하면 차순위를 선택한다.

① 티셔츠 – A업체 ② 카라 티셔츠 – A업체

③ 맨투맨 – B업체 ④ 후드 집업 – B업체

대표기출유형

04 인원선발

| 유형분석 |

- 인적 자원과 관련된 다양한 정보를 활용하여 풀어가는 문제이다.
- 주로 근무명단, 휴무일, 업무할당 등의 주제로 다양한 정보를 활용하여 종합적으로 풀어가는 문제가 출제된다.

다음 글의 내용이 참일 때, S은행의 신입사원으로 채용될 수 있는 지원자들의 최대 인원은 몇 명인가?

금년도 신입사원 채용에서 S은행이 요구하는 자질은 이해능력, 의사소통능력, 대인관계능력, 실행능력이다. S은행은 이 4가지 자질 중 적어도 3가지 자질을 지닌 사람을 채용하고자 한다. 지원자는 갑, 을, 병, 정 4명이며, 이들이 지닌 자질을 평가한 결과 다음과 같은 정보가 주어졌다.

ㄱ. 갑이 지닌 자질과 정이 지닌 자질 중 적어도 두 개는 일치한다.
ㄴ. 대인관계능력은 병만 가진 자질이다.
ㄷ. 만약 지원자가 의사소통능력을 지녔다면 그는 대인관계능력의 자질도 지닌다.
ㄹ. 의사소통능력의 자질을 지닌 지원자는 1명뿐이다.
ㅁ. 갑, 병, 정은 이해능력이라는 자질을 지니고 있다.

① 1명　　② 2명
③ 3명　　④ 4명

정답 ①

ㄴ, ㄷ, ㄹ에 의해 의사소통능력과 대인관계능력을 지닌 사람은 오직 병뿐이라는 사실을 알 수 있다. 또한 ㅁ에 의해 병이 이해능력도 가지고 있음을 알 수 있다. 이처럼 병은 4가지 자질 중에 3가지를 갖추고 있으므로 S은행의 신입사원으로 채용될 수 있다. 신입사원으로 채용되기 위해서는 적어도 3가지 자질이 필요한데, 4가지 자질 중 의사소통능력과 대인관계능력은 병만 지닌 자질임이 확인되었으므로 나머지 갑, 을, 정은 채용될 수 없다. 따라서 신입사원으로 채용될 수 있는 최대 인원은 병 1명이다.

유형풀이 Tip

- 주어진 규정 혹은 규칙을 근거로 하여 선택지를 하나씩 검토하며 소거해 나간다.

대표기출유형 04 기출응용문제

01 S사의 기획재정부는 35시간 근무제도를 적용한 계약직 신입사원 2명을 채용하려 한다. 서류와 필기전형을 통과한 갑, 을, 병, 정 4명의 최종 면접을 실시할 때, 다음과 같이 4개 부서의 팀장이 각각 4명을 모두 면접하여 채용 우선순위를 결정하였다. 면접 결과에 대한 〈보기〉의 설명 중 옳은 것을 모두 고르면?

〈면접 결과〉

순위 \ 면접관	인사팀장	경영관리팀장	영업팀장	회계팀장
1순위	을	갑	을	병
2순위	정	을	병	정
3순위	갑	정	정	갑
4순위	병	병	갑	을

※ 우선순위가 높은 사람 순으로 2명을 채용함

※ 동점자는 인사, 경영관리, 영업, 회계팀 순서로 부여한 고순위자로 결정함

※ 각 팀장이 매긴 순위에 대한 가중치는 모두 동일함

보기

ㄱ. '을' 또는 '정' 중 1명이 입사를 포기하면 '갑'이 채용된다.

ㄴ. 인사팀장이 '을'과 '정'의 순위를 바꿨다면 '갑'이 채용된다.

ㄷ. 경영관리팀장이 '갑'과 '병'의 순위를 바꿨다면 '정'은 채용되지 못한다.

① ㄱ ② ㄱ, ㄴ

③ ㄱ, ㄷ ④ ㄴ, ㄷ

02 S사는 동절기에 인력을 감축하여 운영한다. 다음 〈조건〉을 참고할 때, 동절기 업무시간 단축 대상자끼리 바르게 짝지어진 것은?

〈동절기 업무시간 단축 대상자 현황〉

구분	업무성과 평가	통근 거리	자녀 유무
최나래	C	3km	×
박희영	B	5km	○
이지규	B	52km	×
박슬기	A	55km	○
황보연	D	30km	○
김성배	B	75km	×
이상윤	C	60km	○
이준서	B	70km	○
김태란	A	68km	○
한지혜	C	50km	×

조건

- S사의 동절기 업무시간 단축 대상자는 총 2명이다.
- 업무성과 평가에서 상위 40% 이내에 드는 경우 동절기 업무시간 단축 대상 후보자가 된다.
  ※ 단, A>B>C>D 순서로 매기고, 동순위자 발생 시 동순위자를 모두 고려함
- 통근 거리가 50km 이상인 경우에만 동절기 업무시간 단축 대상자가 될 수 있다.
- 동순위자 발생 시 자녀가 있는 경우에는 동절기 업무시간 단축 대상 우선순위를 준다.
- 위의 조건에서 대상자가 정해지지 않은 경우, 통근 거리가 가장 먼 직원부터 대상자로 선정한다.

① 황보연, 이상윤　　② 박슬기, 김태란

③ 이준서, 김태란　　④ 이준서, 김성배

Hard

03 다음 주 당직 근무에 대한 일정표를 작성하고 있는데, 작성하고 봤더니 잘못된 점이 보여 수정을 하려 한다. 한 사람만 옮겨 일정표를 완성하려고 할 때, 일정을 변경해야 하는 사람은?

〈당직 근무 규칙〉

- 낮에 2명, 야간에 2명은 항상 당직을 서야 하고, 더 많은 사람이 당직을 설 수도 있다.
- 낮과 야간을 합하여 하루에 최대 6명까지 당직을 설 수 있다.
- 같은 날에 낮과 야간 당직 근무는 함께 설 수 없다.
- 낮과 야간 당직을 합하여 주에 세 번 이상 다섯 번 미만으로 당직을 서야 한다.
- 월요일부터 일요일까지 모두 당직을 선다.

〈당직 근무 일정〉

직원	낮	야간	직원	낮	야간
가	월요일	수요일, 목요일	바	금요일, 일요일	화요일, 수요일
나	월요일, 화요일	수요일, 금요일	사	토요일	수요일, 목요일
다	화요일, 수요일	금요일, 일요일	아	목요일	화요일, 금요일
라	토요일	월요일, 수요일	자	목요일, 금요일	화요일, 토요일
마	월요일, 수요일	화요일, 토요일	차	토요일	목요일, 일요일

① 라 ② 마
③ 바 ④ 사

PART 1

CHAPTER 05

조직이해능력

합격 CHEAT KEY

조직이해능력은 업무를 원활하게 수행하기 위해 조직의 체제와 경영을 이해하고 국제적인 추세를 이해하는 능력이다. 현재 많은 금융권에서 출제 비중을 높이고 있는 영역이기 때문에 미리 대비하는 것이 중요하다. 실제 업무 능력에서 조직이해능력을 요구하기 때문에 중요도는 점점 높아질 것이다.

국가직무능력표준 홈페이지 자료에 따르면 조직이해능력의 세부 유형은 조직체제이해능력 · 경영이해능력 · 업무이해능력 · 국제감각으로 나눌 수 있다. 조직도를 제시하는 문제가 출제되거나 조직의 체계를 파악해 경영의 방향성을 예측하고, 업무의 우선순위를 파악하는 문제가 출제된다.

조직이해능력은 NCS 기반 채용을 진행한 기업 중 70% 정도가 다뤘으며, 문항 수는 전체에서 평균 5% 정도로 상대적으로 적게 출제되었다.

01 문제 속에 정답이 있다!

경력이 없는 경우 조직에 대한 이해가 낮을 수밖에 없다. 그러나 문제 자체가 실무적인 내용을 담고 있어도 문제 안에는 해결의 단서가 주어진다. 부담을 갖지 않고 접근하는 것이 중요하다.

02 경영 · 경제학원론 정도의 수준은 갖추도록 하라!

지원한 직군마다 차이는 있을 수 있으나, 경영 · 경제이론을 접목시킨 문제가 꾸준히 출제되고 있다. 따라서 기본적인 경영 · 경제이론은 익혀 둘 필요가 있다.

03 지원하는 기업의 조직도를 파악하자!

출제되는 문제는 각 기업의 세부내용일 경우가 많기 때문에 지원하는 기업의 조직도를 파악해두어야 한다. 조직이 운영되는 방법과 전략을 이해하고, 조직을 구성하는 체제를 파악하고 간다면 조직이해능력영역에서 조직도가 나올 때 단기간에 문제를 풀 수 있을 것이다.

04 실제 업무에서도 요구되므로 이론을 익혀두자!

각 기업의 직무 특성상 일부 영역에 중요도가 가중되는 경우가 있어서 많은 취업준비생들이 일부 영역에만 집중하지만, 실제 업무 능력에서 직업기초능력 10개 영역이 골고루 요구되는 경우가 많고, 현재는 필기시험에서도 조직이해능력을 출제하는 기관의 비중이 늘어나고 있기 때문에 미리 이론을 익혀 둔다면 모듈형 문제에서 고득점을 노릴 수 있다.

대표기출유형

01 경영전략

| 유형분석 |

- 경영전략에서 대표적으로 출제되는 문제는 마이클 포터(Michael E. Porter)의 본원적 경쟁전략이다.
- 본원적 경쟁전략의 기본적인 이해와 구조를 물어보는 문제가 자주 출제되므로 전략별 특징 및 개념에 대한 이론 학습이 요구된다.

다음 사례에서 나타난 마이클 포터의 본원적 경쟁전략으로 가장 적절한 것은?

> 전자제품 시장에서 경쟁회사가 가격을 낮추는 저가 전략을 사용하여 점유율을 높이려 하자, 이에 맞서 오히려 고급 기술을 적용한 고품질 프리미엄 제품을 선보이고 서비스를 강화해 시장의 점유율을 높였다.

① 차별화 전략　　② 원가우위 전략
③ 집중화 전략　　④ 마케팅 전략

정답 ①

마이클 포터의 본원적 경쟁전략

- 차별화 전략 : 조직이 생산품이나 서비스를 차별화하여 고객에게 가치 있고 독특하게 인식되도록 하는 전략으로, 이를 활용하기 위해서는 연구개발이나 광고를 통하여 기술, 품질, 서비스, 브랜드 이미지를 개선할 필요가 있다.
- 원가우위 전략 : 원가절감을 통해 해당 산업에서 우위를 점하는 전략으로, 이를 위해서는 대량생산을 통해 단위 원가를 낮추거나 새로운 생산기술을 개발할 필요가 있다.
- 집중화 전략 : 특정 시장이나 고객에게 한정된 전략으로, 특정 산업을 대상으로 한다. 즉, 경쟁 조직들이 소홀히 하고 있는 한정된 시장을 원가우위나 차별화 전략을 써서 집중 공략하는 방법이다.

유형풀이 Tip

- 대부분의 기업들은 마이클 포터의 본원적 경쟁전략을 사용하고 있다. 각 전략에 해당하는 대표적인 기업을 연결하고, 그들의 경영전략을 상기하며 문제를 풀어보도록 한다.
- 본원적 경쟁전략의 기본적인 이해와 구조를 물어보는 문제가 자주 출제되므로, 전략별 특징 및 개념에 대한 이론 학습이 요구된다.

대표기출유형 01 기출응용문제

01 **다음 중 마이클 포터의 본원적 경쟁전략에 대한 설명으로 옳은 것은?**

① 차별화 전략은 특정 산업을 대상으로 한다.

② 해당 사업에서 경쟁우위를 확보하기 위한 전략이다.

③ 원가우위 전략에서는 연구개발이나 광고를 통하여 기술, 품질, 서비스 등을 개선할 필요가 있다고 본다.

④ 집중화 전략에서는 대량생산을 통해 단위 원가를 낮추거나 새로운 생산기술을 개발할 필요가 있다고 본다.

02 **다음은 경영전략 추진과정을 나타낸 내용이다. (가)에 대한 사례 중 그 성격이 다른 것은?**

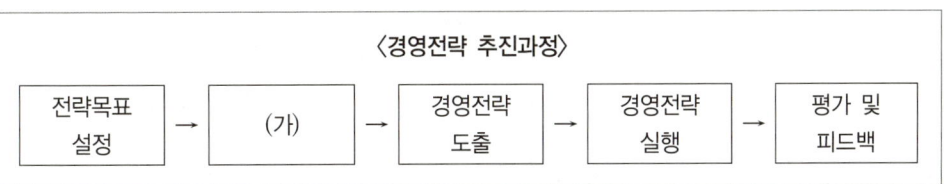

〈경영전략 추진과정〉

전략목표 설정 → (가) → 경영전략 도출 → 경영전략 실행 → 평가 및 피드백

① 신제품 출시를 위해 경쟁사들의 동향을 파악해 봐야겠어.

② 제품 개발을 위해 우리가 가진 예산의 현황을 파악해야 해.

③ 우리 제품의 시장 개척을 위해 법적으로 문제가 없는지 확인해 봐야겠군.

④ 이번에 발표된 정부의 정책으로 우리 제품이 어떠한 영향을 받을 수 있는지 확인해 볼 필요가 있어.

03 C씨는 취업스터디에서 기업 분석을 하다가 〈보기〉에서 제시하고 있는 기업의 경영전략을 정리하였다. 다음 중 〈보기〉의 내용과 경영전략이 바르게 짝지어진 것은?

- 차별화 전략 : 가격 이상의 가치로 브랜드 충성심을 이끌어 내는 전략
- 원가우위 전략 : 업계에서 가장 낮은 원가로 우위를 확보하는 전략
- 집중화 전략 : 특정 세분시장만 집중 공략하는 전략

보기

㉠ S기업은 S/W에 집중하기 위해 H/W의 한글 전용 PC 분야를 한국계 기업과 전략적으로 제휴하고 회사를 설립해 조직체에 위양하였으며 이후 고유 분야였던 S/W에 자원을 집중하였다.
㉡ B마트는 재고 네트워크를 전산화해 원가를 절감하고 양질의 제품을 최저가격에 판매하고 있다.
㉢ A호텔은 5성급 호텔로 하루 숙박비용이 상당히 비싸지만, 환상적인 풍경과 더불어 친절한 서비스를 제공하고 객실 내 제품이 모두 최고급으로 비치되어 있어 이용객들에게 높은 만족도를 준다.

	차별화 전략	원가우위 전략	집중화 전략
①	㉠	㉡	㉢
②	㉠	㉢	㉡
③	㉡	㉠	㉢
④	㉢	㉡	㉠

04 다음은 S기업의 해외시장 진출 및 지원 확대를 위한 전략과제의 필요성을 제시한 자료이다. 이를 통해 도출된 과제의 추진 방향으로 옳지 않은 것은?

〈전략과제 필요성〉

- 해외시장에서 기관이 수주할 수 있는 산업 발굴
- 국제사업 수행을 통한 경험축적 및 컨소시엄을 통한 기술·노하우 습득
- 해당 산업 관련 민간기업의 해외진출 활성화를 위한 실질적 지원

① 국제기관의 다양한 자금을 활용하여 사업을 발굴하고, 해당 사업의 해외진출을 위한 기술역량을 강화한다.
② 해외봉사활동 등과 연계하여 기관 이미지 제고 및 사업에 대한 사전조사, 시장조사를 통한 선제적 마케팅 활동을 추진한다.
③ 국제경쟁입찰의 과열 경쟁 심화와 컨소시엄 구성 시 민간기업과 업무배분, 이윤추구성향 조율에 어려움이 예상된다.
④ 해당 산업 민간(중소)기업을 대상으로 입찰 정보제공, 사업전략 상담, 동반 진출 등을 통한 실질적 지원을 확대한다.

※ **다음은 마이클 포터의 산업구조분석기법(5 Force Model)에 대한 자료이다. 이어지는 질문에 답하시오. [5~6]**

마이클 포터의 산업구조분석기법에 따르면 특정 산업의 수익성 및 매력도는 산업의 구조적 특성에 의해 영향을 받으며, 이는 5가지 힘에 의해 결정된다고 보았다.

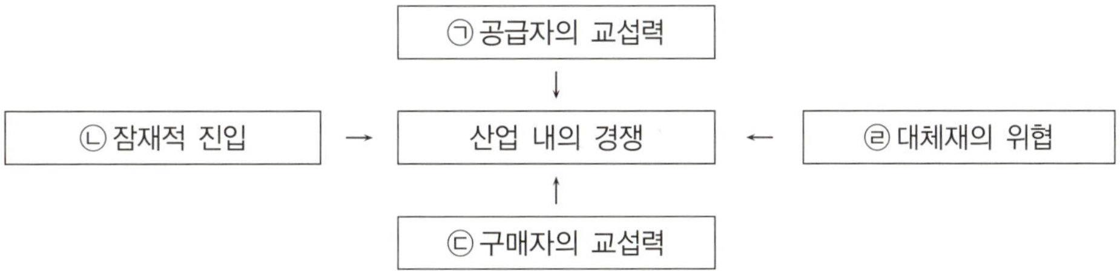

Hard

05 **마이클 포터의 산업구조분석기법에 따라 반도체산업의 구조를 분석한다고 할 때, 다음 중 ㉠~㉣에 해당하는 사례로 옳지 않은 것은?**

① ㉠ : IT 시장의 지속적인 성장에 따라 반도체의 수요가 증가하면서 반도체산업의 수익률도 증가하고 있다.

② ㉡ : 생산설비 하나를 설치하는 데에도 막대한 비용이 발생하는 반도체산업에 투자할 수 있는 기업은 많지 않다.

③ ㉢ : 반도체산업에는 컴퓨터 제조업자와 같은 대형구매자가 존재한다.

④ ㉣ : 메모리형 반도체는 일상재로 품질과 디자인 면에서 어느 회사의 제품이든 별 차이가 없기 때문에 가격경쟁이 치열하다.

06 **다음 중 구매자의 교섭력이 가장 높은 상황으로 옳은 것은?**

① 구매자의 구매량이 판매자의 규모보다 작을 때

② 시장에 소수 기업의 제품만 존재할 때

③ 구매자가 공급자를 바꾸는 데 전환 비용이 발생할 때

④ 구매자가 직접 상품을 생산할 수 있을 때

02 조직구조

| 유형분석 |

- 조직구조 유형에 대한 특징을 물어보는 문제가 자주 출제된다.
- 기계적 조직과 유기적 조직의 차이점과 사례 등을 숙지하고 있어야 한다.
- 조직구조 형태에 따라 기능적 조직, 사업별 조직으로 구분하여 출제되기도 한다.

다음 조직구조에 대한 〈보기〉의 설명 중 옳지 않은 것을 모두 고르면?

보기

ㄱ. 기계적 조직은 구성원들의 업무분장이 명확하게 이루어져 있는 편이다.
ㄴ. 기계적 조직은 조직 내 의사소통이 비공식적 경로를 통해 활발히 이루어진다.
ㄷ. 유기적 조직은 의사결정 권한이 조직 하부 구성원들에게 많이 위임되어 있으며, 업무내용이 명확히 규정되어 있는 것이 특징이다.
ㄹ. 유기적 조직은 기계적 조직에 비해 조직의 형태가 가변적이다.

① ㄱ, ㄴ
② ㄱ, ㄷ
③ ㄴ, ㄷ
④ ㄴ, ㄹ

정답 ③

ㄴ. 기계적 조직 내 의사소통은 비공식적 경로가 아닌 공식적 경로를 통해 주로 이루어진다.
ㄷ. 유기적 조직은 의사결정 권한이 조직 하부 구성원들에게 많이 위임되어 있으나, 업무내용은 기계적 조직에 비해 가변적이다.

오답분석

ㄱ. 기계적 조직은 위계질서 및 규정, 업무분장이 모두 명확하게 확립되어 있는 조직이다.
ㄹ. 유기적 조직에서는 비공식적인 상호 의사소통이 원활히 이루어지며, 규제나 통제의 정도가 낮아 변화에 따라 쉽게 변할 수 있는 특성을 가진다.

유형풀이 Tip

조직구조는 유형에 따라 기계적 조직과 유기적 조직으로 나눌 수 있다. 기계적 조직과 유기적 조직은 서로 상반된 특징을 가지고 있으며, 기계적 조직이 관료제의 특징과 비슷하다는 것을 파악하고 있다면, 이와 상반된 유기적 조직의 특징도 수월하게 파악할 수 있다.

1) 기계적 조직 : 구성원들의 업무나 권한이 분명하게 정의된 조직
2) 유기적 조직 : 의사결정권이 하부 구성원들에게 많이 위임되고 업무가 고정적이지 않은 조직

대표기출유형 02 기출응용문제

01 다음 대학생인 지수의 일과를 통해 알 수 있는 사실로 가장 적절한 것은?

> 지수는 화요일에 학교 수업, 아르바이트, 스터디, 봉사활동 등을 한다.
> 다음은 지수의 화요일 일과이다.
> • 지수는 오전 11시부터 오후 4시까지 수업이 있다.
> • 수업이 끝나고 학교 앞 프랜차이즈 카페에서 아르바이트를 3시간 동안 한다.
> • 아르바이트를 마친 후 NCS 공부를 하기 위해 스터디를 2시간 동안 한다.

① 영리조직에서 2시간 있었다.
② 하루 중 공식조직에서 9시간 있었다.
③ 비공식적이면서 소규모조직에서 3시간 있었다.
④ 비영리조직이면서 대규모조직에서 5시간 있었다.

Easy

02 귀하는 S기업의 영업팀에 채용되어 일주일간의 신입사원 교육을 마친 뒤 오늘부터 본격적인 업무를 시작하게 되었다. 영업팀 팀장은 첫 출근한 귀하를 자리로 불러 "다른 팀장들에게 인사하기 전에 인사기록카드를 작성해서 관련 팀에 제출하도록 하세요. 그리고 우리 팀 비품 신청 건이 어떻게 처리되고 있는지도 확인 부탁해요."라고 지시했다. 다음의 조직도를 기반으로 팀장의 지시를 모두 처리하기 위한 귀하의 행동으로 가장 적절한 것은?

〈S기업 조직도〉

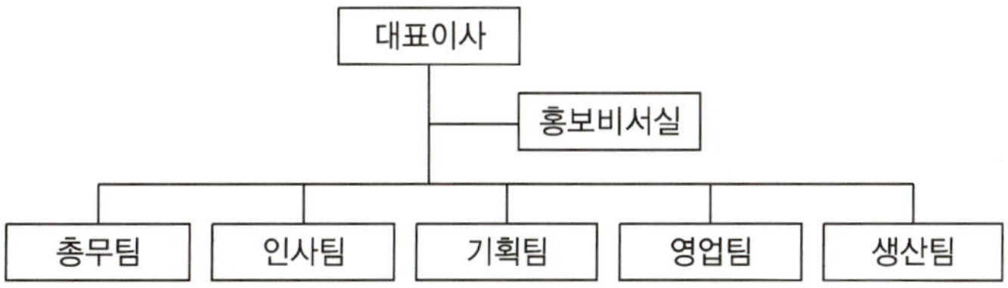

① 비서실에 가서 인사기록카드를 제출하고, 영업팀 비품 신청 상황을 묻는다.
② 인사팀에 가서 인사기록카드를 제출하고, 영업팀 비품 신청 상황을 묻는다.
③ 기획팀에 가서 인사기록카드를 제출하고, 영업팀 비품 신청 상황을 묻는다.
④ 인사팀에 가서 인사기록카드를 제출하고, 총무팀에 가서 영업팀 비품 신청 상황을 묻는다.

03 다음 〈보기〉 중 S사 조직도에 대해 바르게 설명한 사람을 모두 고르면?

〈S사 조직도〉

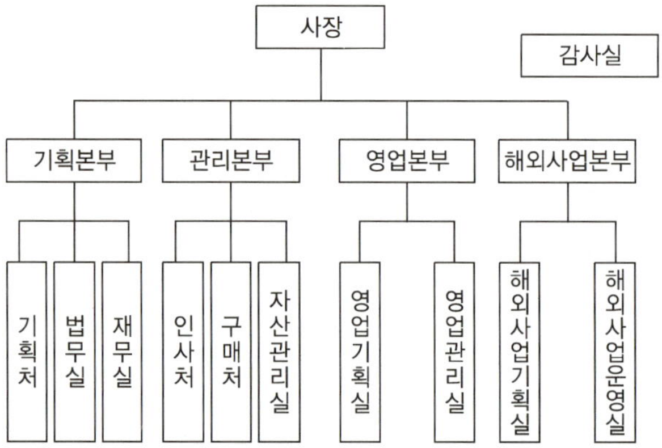

보기

A : 조직도를 보면 4개 본부, 3개의 처, 8개의 실로 구성되어 있어.
B : 사장 직속으로 4개의 본부가 있고, 그중 한 본부에서는 인사업무만을 전담하고 있네.
C : 감사실은 사장 직속이지만 별도로 분리되어 있구나.
D : 해외사업기획실과 해외사업운영실은 둘 다 해외사업과 관련이 있으니까 해외사업본부에 소속되어 있는 것이 맞아.

① A, B ② A, D
③ B, C ④ B, D

04 새로운 조직 개편 기준에 따라 다음에 제시된 조직도 (가)를 조직도 (나)로 변경하려 한다. 조직도 (나)의 빈칸에 들어갈 팀으로 적절하지 않은 것은?

(가)

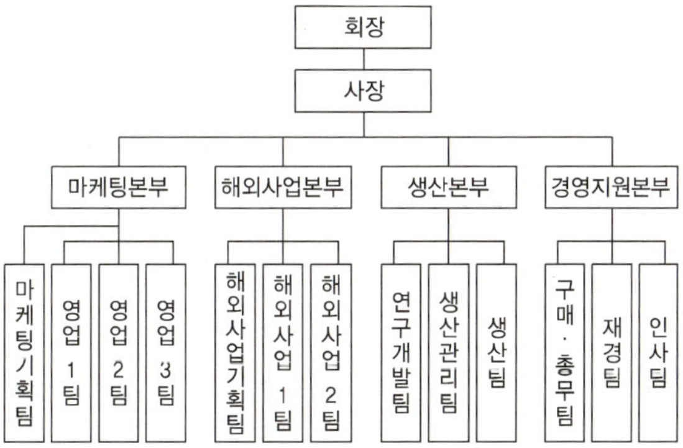

조직 개편 방향 및 기준
□ 명칭 변경 : 해외사업기획팀 → 해외마케팅기획팀 본부 이동 : 해외사업 1·2팀(해외사업본부 → 마케팅본부) □ 기능중심의 조직 개편 ○ 해외사업본부의 해외사업기획팀과 마케팅본부의 마케팅기획팀을 신설한 마케팅기획본부로 이동 ○ 마케팅본부의 영업 1·2·3팀을 두 개의 팀으로 통합 ○ 해외사업 1·2팀 통합 후 해외영업팀 신설 ○ 구매·총무팀에서 구매팀과 총무팀으로 분리 ○ 총무팀과 재경팀 통합 후 재무팀 신설

(나)

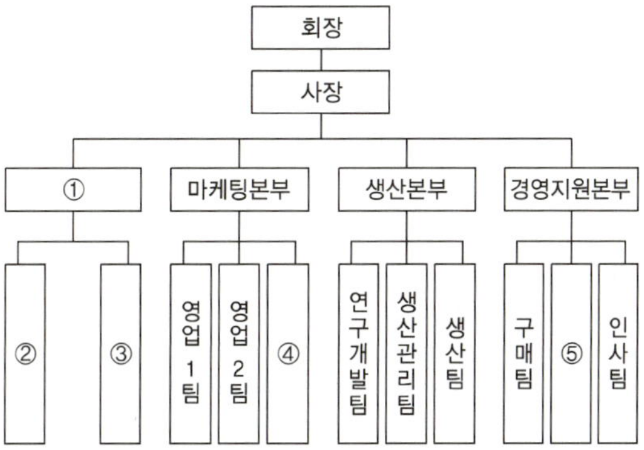

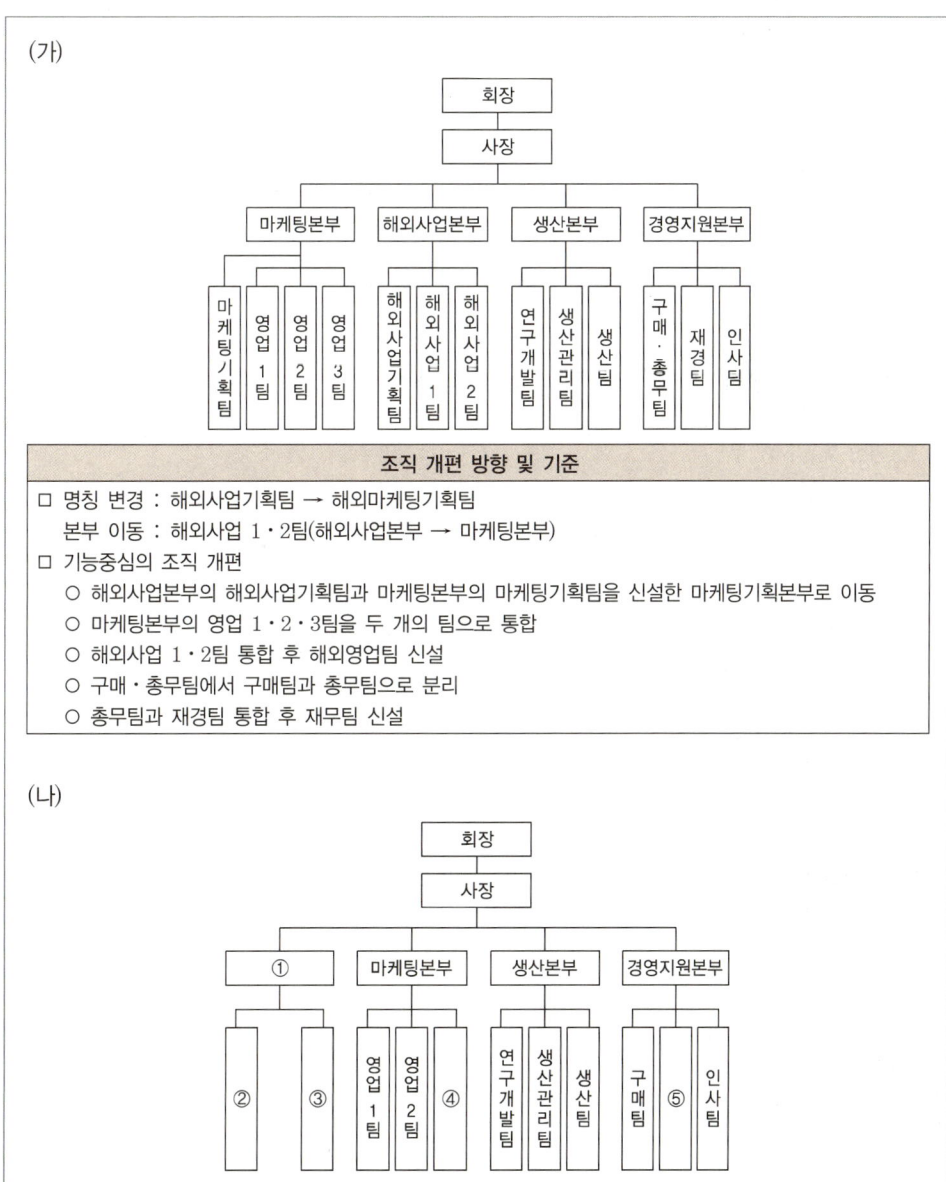

① 마케팅기획본부
② 해외마케팅기획팀
③ 영업 3팀
④ 해외영업팀

대표기출유형

03 업무이해

| 유형분석 |

- 부서별 주요 업무에 대해 묻는 문제이다.
- 부서별 특징과 담당 업무에 대한 이해가 필요하다.

다음은 기업의 각 부서에서 하는 일이다. 일반적인 상황에서 부서와 그 업무를 바르게 연결한 것은?

ㄱ. 의전 및 비서업무	ㄴ. 업무분장 및 조정
ㄷ. 결산 관련 업무	ㄹ. 임금제도
ㅁ. 소모품의 구입 및 관리	ㅂ. 법인세, 부가가치세
ㅅ. 판매 예산 편성	ㅇ. 보험가입 및 보상 업무
ㅈ. 견적 및 계약	ㅊ. 국내외 출장 업무 협조
ㅋ. 외상매출금 청구	ㅌ. 직원수급 계획 및 관리

① 총무부 : ㄱ, ㅁ, ㅅ
② 영업부 : ㅅ, ㅈ, ㅋ
③ 회계부 : ㄷ, ㅇ, ㅋ
④ 인사부 : ㄱ, ㄴ, ㄹ

정답 ②

영업부의 업무로는 판매 계획, 판매 예산 편성(ㅅ), 견적 및 계약(ㅈ), 외상매출금 청구(ㅋ) 및 회수, 시장조사, 판매 원가 및 판매 가격의 조사 검토 등이 있다.

오답분석

① 총무부 : ㄱ, ㅁ, ㅊ
③ 회계부 : ㄷ, ㅂ, ㅇ
④ 인사부 : ㄴ, ㄹ, ㅌ

유형풀이 Tip

- 조직은 목적을 달성하기 위해 업무를 효과적으로 분배하고 처리할 수 있는 구조를 확립하고 있으며, 조직의 목적이나 규모에 따라 업무의 종류는 다양하다.
- 대부분의 조직에서는 총무, 인사, 기획, 회계, 영업으로 부서를 나누어 업무를 담당하고 있다. 따라서 5가지 업무 종류에 대해서는 미리 숙지해야 한다.

01 다음 글을 읽고 S사원이 해야 할 업무를 순서대로 바르게 나열한 것은?

상사 : 벌써 2시 50분이네. 3시에 팀장 회의가 있어서 지금 업무 지시를 할게요. 업무보고는 내일 9시 30분에 받을게요. 업무보고 전 아침에 회의실과 마이크 체크를 한 내용을 업무보고에 반영해 주세요. 내일 있을 3시 팀장 회의도 차질 없이 준비해야 합니다. 아, 그리고 오늘 P사원이 아파서 조퇴했으니 P사원 업무도 부탁할게요. 간단한 겁니다. 사업 브로슈어에 사장님의 개회사를 추가하는 건데, 브로슈어 인쇄는 2시간밖에 걸리지 않지만 인쇄소가 오전 10시부터 6시까지 하니 비서실에 방문해 파일을 미리 받아 늦지 않게 인쇄소에 넘겨주세요. 비서실은 본관 15층에 있으니 가는 데 15분 정도 걸릴 거예요. 브로슈어는 다음 날 오전 10시까지 준비되어야 하는 거 알죠? 팀장 회의에 사용할 케이터링 서비스는 매번 시키는 D업체로 예약해 주세요. 24시간 전에는 예약해야 하니 서둘러주세요.

보기

(A) 비서실 방문
(B) 회의실, 마이크 체크
(C) 케이터링 서비스 예약
(D) 인쇄소 방문
(E) 업무보고

① (A) – (C) – (D) – (B) – (E)
② (B) – (A) – (D) – (E) – (C)
③ (C) – (A) – (D) – (B) – (E)
④ (C) – (B) – (A) – (D) – (E)

Easy

02 다음은 S사 디자인팀의 주간회의록이다. 이에 대한 설명으로 가장 적절한 것은?

<table>
<tr><th colspan="6">주간회의록</th></tr>
<tr><th>회의일시</th><td>2025-10-14(화)</td><th>부서</th><td>디자인팀</td><th>작성자</th><td>이사원</td></tr>
<tr><th>참석자</th><td colspan="5">김과장, 박주임, 최사원, 이사원</td></tr>
<tr><th>회의안건</th><td colspan="5">1. 개인 주간 스케줄 및 업무 점검
2. 2026년 회사 홍보 브로슈어 기획</td></tr>
<tr><th rowspan="3">회의내용</th><th colspan="3">내용</th><th colspan="2">비고</th></tr>
<tr><td colspan="3">1. 개인 주간 스케줄 및 업무 점검
• 김과장 : 브로슈어 기획 관련 홍보팀 미팅, 외부 디자이너 미팅
• 박주임 : 신제품 SNS 홍보 이미지 작업, 회사 영문 서브페이지 2차 리뉴얼 작업 진행
• 최사원 : 2026년도 홈페이지 개편 작업 진행
• 이사원 : 10월 사보 편집 작업</td><td colspan="2">• 10월 21일 AM 10:00 디자인팀 전시회 관람</td></tr>
<tr><td colspan="3">2. 2026년도 회사 홍보 브로슈어 기획
• 브로슈어 주제 : ‘신뢰’
– 창립 ○○주년을 맞아 고객의 신뢰로 회사가 성장했음을 강조
– 한결같은 모습으로 고객들의 지지를 받아왔음을 기업 이미지로 표현
• 20페이지 이내로 구성 예정</td><td colspan="2">• 10월 17일까지 홍보팀에서 2026년도 브로슈어 최종원고 전달 예정</td></tr>
<tr><th rowspan="3">결정사항</th><th colspan="2">내용</th><th>작업자</th><th colspan="2">진행일정</th></tr>
<tr><td colspan="2">브로슈어 표지 이미지 샘플 조사</td><td>최사원, 이사원</td><td colspan="2">2025-10-14 ~ 2025-10-17</td></tr>
<tr><td colspan="2">브로슈어 표지 시안 작업 및 제출</td><td>박주임</td><td colspan="2">2025-10-14 ~ 2025-10-21</td></tr>
<tr><th>특이사항</th><td colspan="5">다음 회의 일정 : 10월 24일
• 브로슈어 표지 결정, 내지 1차 시안 논의</td></tr>
</table>

① S사는 외부 디자이너에게 브로슈어 표지 이미지 샘플을 요청하였다.

② 디자인팀은 이번 주 수요일에 전시회를 관람할 예정이다.

③ 김과장은 이번 주에 내부 미팅, 외부 미팅을 모두 할 예정이다.

④ 이사원은 이번 주에 10월 사보 편집 작업만 하면 된다.

03 다음은 S공단의 보안업무취급 규칙에 따른 보안업무 책임자 및 담당자와 이들의 임무에 대한 자료이다. 이를 이해한 내용으로 적절하지 않은 것은?

〈보안업무 책임자 및 담당자〉

구분	이사장	총무국장	비서실장	팀장
보안책임관	○			
보안담당관		○		
비밀보관책임자				○
시설방호책임자	○			
시설방호부책임자		○		
보호구역관리책임자			○ (이사장실)	○ (지정보호구역)

〈보안업무 책임자 및 담당자의 임무〉

구분	수행임무
보안책임관	• 공단의 보안업무 전반에 대한 지휘, 감독총괄
보안담당관	• 자체 보안업무 수행에 대한 계획, 조정 및 감독 • 보안교육 및 비밀관리, 서약서 집행 • 통신보안에 관한 사항 • 비밀의 복제, 복사 및 발간에 대한 통제 및 승인 • 기타 보안업무 수행에 필요하다고 인정하는 사항 • 비밀취급인가
비밀보관책임자	• 비밀의 보관 및 안전관리 • 비밀관계부철의 기록 유지
시설방호책임자	• 자체 시설 방호계획 수립 및 안전관리 • 자위소방대 편성, 운영 • 시설방호 부책임자에 대한 지휘, 감독
시설방호부책임자	• 시설방호책임자의 보좌 • 자체 시설 방호계획 및 안전관리에 대한 실무처리 • 자위소방대 편성, 운영
보호구역관리책임자	• 지정된 보호구역의 시설안전관리 및 보안유지 • 보호구역내의 출입자 통제

① 비밀취급인가를 신청할 때 필요한 서약서는 이사장에게 제출해야 한다.

② 비밀관리기록부를 갱신할 때에는 담당부서 팀장의 확인을 받아야 한다.

③ 비서실장은 이사장실을 수시로 관리하고, 외부인의 출입을 통제해야 한다.

④ 이사장과 총무국장은 화재 예방을 위해 자위소방대를 편성·운영해야 한다.

CHAPTER 06

정보능력

합격 CHEAT KEY

정보능력은 업무를 수행함에 있어 기본적인 컴퓨터를 활용하여 필요한 정보를 수집, 분석, 활용하는 능력을 의미한다. 또한 업무와 관련된 정보를 수집하고, 이를 분석하여 의미있는 정보를 얻는 능력이다.

국가직무능력표준에 따르면 정보능력의 세부 유형은 컴퓨터활용능력 · 정보처리능력으로 나눌 수 있다.

정보능력은 NCS 기반 채용을 진행한 곳 중 52% 정도가 다뤘으며, 문항 수는 전체에서 평균 6% 정도 출제되었다.

01 평소에 컴퓨터 활용 스킬을 틈틈이 익혀라!

윈도우(OS)에서 어떠한 설정을 할 수 있는지, 응용프로그램(엑셀 등)에서 어떠한 기능을 활용할 수 있는지를 평소에 직접 사용해 본다면 문제를 보다 수월하게 해결할 수 있다. 여건이 된다면 컴퓨터활용능력에 관련된 자격증 공부를 하는 것도 이론과 실무를 익히는 데 도움이 될 것이다.

02 문제의 규칙을 찾는 연습을 하라!

일반적으로 코드체계나 시스템 논리체계를 제공하고 이를 분석하여 문제를 해결하는 유형이 출제된다. 이러한 문제는 문제해결능력과 같은 맥락으로 규칙을 파악하여 접근하는 방식으로 연습이 필요하다.

03 현재 보고 있는 그 문제에 집중하자!

정보능력의 모든 것을 공부하려고 한다면 양이 너무나 방대하다. 그렇기 때문에 수험서에서 본인이 현재 보고 있는 문제들을 집중적으로 공부하고 기억하려고 해야 한다. 그러나 엑셀의 함수 수식, 연산자 등 암기를 필요로 하는 부분들은 필수적으로 암기를 해서 출제가 되었을 때 오답률을 낮출 수 있도록 한다.

04 사진·그림을 기억하자!

컴퓨터활용능력을 파악하는 영역이다 보니 컴퓨터 속 옵션, 기능, 설정 등의 사진·그림이 문제에 같이 나오는 경우들이 있다. 그런 부분들은 직접 컴퓨터를 통해서 하나하나 확인을 하면서 공부한다면 더 기억에 잘 남게 된다. 조금 귀찮더라도 한 번씩 클릭하면서 확인을 해보도록 한다.

대표기출유형

01 정보이해

| 유형분석 |

- 정보능력 전반에 대한 이해를 확인하는 문제이다.
- 정보능력 이론이나 새로운 정보 기술에 대한 문제가 자주 출제된다.

다음 중 정보처리 절차에 대한 설명으로 옳지 않은 것은?

① 정보의 기획은 정보의 입수대상, 주제, 목적 등을 고려하여 전략적으로 이루어져야 한다.

② 정보처리는 기획 – 수집 – 활용 – 관리의 순서로 이루어진다.

③ 다양한 정보원으로부터 목적에 적합한 정보를 수집해야 한다.

④ 정보 관리 시에 고려하여야 할 3요소는 목적성, 용이성, 유용성이다.

정답 ②

정보처리는 기획 – 수집 – 관리 – 활용 순서로 이루어진다.

오답분석

① 전략적 기획은 정보수집의 첫 단계로서 정보처리 과정 전반에 필요한 전략적 계획수립 단계이다.
③ 다양한 정보원으로부터 합목적적 정보를 수집하는 것이 좋다.
④ 정보 관리 시 고려 요소 3가지는 목적성, 용이성, 유용성이다.

유형풀이 Tip

- 자주 출제되는 정보능력 이론을 확인하고, 확실하게 암기해 두어야 한다.
- 4차 산업혁명과 관련된 새로운 ICT 기술 이슈를 틈틈이 체크해 두어야 한다.

대표기출유형 01 기출응용문제

01 운영체제를 제어 프로그램(Control Program)과 처리 프로그램(Processing Program)으로 분류했을 때, 다음 중 제어 프로그램에 해당하지 않는 것은?

① 데이터 관리 프로그램(Data Management Program)
② 문제 프로그램(Problem Program)
③ 작업 제어 프로그램(Job Control Program)
④ 감시 프로그램(Supervisor Program)

Easy

02 다음 중 프로그램이 컴퓨터의 기종에 관계없이 수행될 수 있는 성질을 의미하는 것은?

① 신뢰성
② 호환성
③ 안정성
④ 가용성

03 다음 중 SQL문의 DROP 명령문에서 사용되는 RESTRICT 옵션에 대한 설명으로 옳은 것은?

① 중첩된 질의를 수행한 결과로 구한 튜플들 중에 같은 값을 모두 삭제
② 제거될 테이블을 참조하는 모든 제약과 뷰가 자동적으로 삭제
③ 제거할 요소가 다른 개체에서 참조되지 않는 경우에만 삭제
④ 데이터베이스 스키마뿐만 아니라 테이블, 도메인 등 모든 원소 삭제

대표기출유형

02 엑셀 함수

| 유형분석 |

- 업무수행에 필요한 스프레드 시트(엑셀)의 사용법을 이해하고 활용할 수 있는지 평가한다.
- 주로 스프레드 시트의 기능, 스프레드 시트 함수와 관련된 문제가 출제된다.
- 대표적인 엑셀 함수(COUNTIF, ROUND, MAX, SUM, COUNT, AVERAGE, …)에 대한 사전 학습이 요구된다.

다음 중 엑셀에 제시된 함수식의 결괏값으로 옳지 않은 것은?

	A	B	C	D	E	F
1						
2		120	200	20	60	
3		10	60	40	80	
4		50	60	70	100	
5						
6		함수식			결괏값	
7		=MAX(B2:E4)			A	
8		=MODE(B2:E4)			B	
9		=LARGE(B2:E4,3)			C	
10		=COUNTIF(B2:E4,E4)			D	
11		=ROUND(B2,－1)			E	
12						

① A=200 ② B=60

③ C=100 ④ E=100

정답 ④

ROUND 함수는 지정한 자릿수를 반올림하는 함수이다. 함수식에서 '－1'은 일의 자리를 뜻하며, '－2'는 십의 자리를 뜻한다. 여기서 '－' 기호를 빼면 소수점 자리로 인식한다. 따라서 일의 자리를 반올림하기 때문에 결괏값은 120이다.

유형풀이 Tip

- 문제 상황에 필요한 엑셀 함수가 무엇인지 파악한 후 선택지에서 적절한 함수식을 골라 식을 만들어야 한다.
- 대표적인 엑셀 함수와 풀이 방법에 대해 사전에 학습해두면 문제를 빠르게 해결할 수 있다.

대표기출유형 02 기출응용문제

01 다음 시트에 「=VLOOKUP(SMALL(A2:A10,3),A2:E10,4,0)」 함수를 입력했을 때, 결괏값으로 옳은 것은?

	A	B	C	D	E
1	번호	억양	발표	시간	자료준비
2	1	80	84	91	90
3	2	89	92	86	74
4	3	72	88	82	100
5	4	81	74	89	93
6	5	84	95	90	88
7	6	83	87	72	85
8	7	76	86	83	87
9	8	87	85	97	94
10	9	98	78	96	81

① 82 ② 83

③ 86 ④ 87

02 다음 시트에서 [F2:F6] 영역처럼 표시하려고 할 때, [F5] 셀에 입력할 수식으로 옳은 것은?

	A	B	C	D	E	F
1	카페이름	주제	가입 인원	즐겨찾기 멤버	전체글	순위
2	영카	영화	172,789	22,344	827,581	4
3	농산물	건강	679,497	78,293	1,074,510	3
4	북카페	문화	71,195	8,475	891,443	5
5	강사모	반려동물	1,847,182	283,602	10,025,638	1
6	부동산	경제	1,126,853	183,373	784,700	2

① =RANK(C2,C2:C6) ② =RANK.EQ(C2,C2:C6)

③ =RANK(C5,C2:C6) ④ =RANK(F5,F2:F6)

Hard

03 S사 영업2팀은 〈조건〉에 따라 이달의 성실사원을 선정하고자 한다. 영업2팀 구성원의 근무 현황을 다음과 같이 엑셀로 정리하였을 때, 이달의 성실사원을 선정하기 위해 [E2]에 들어갈 함수식으로 옳은 것은?

	A	B	C	D	E
1	이름	매출 성과[원]	야근[회]	외근 수[회]	성실사원 여부
2		500,000	3	5	
3		0	4	8	
4		300,000	2	8	
5		50,000	0	0	
6		250,000	2	2	
7		150,000	0	10	

조건

- 매출 성과는 200,000원 이상이어야 한다.
- 야근 3회 이상 또는 외근 5회 이상이어야 한다.
- 위 두 조건을 모두 만족하면 성실사원으로 선정한다.

① =IF(OR(B2>=200000,AND(C2>=3,D2>=5)),"성실사원")
② =IF(OR(B2>=200000,NOT(C2>=3,D2>=5)),"성실사원")
③ =IF(AND(B2>=200000,NOT(C2>=3,D2>=5),"성실사원")
④ =IF(AND(B2>=200000,OR(C2>=3,D2>=5)),"성실사원")

Easy

04 S중학교에서 근무하는 P교사는 반 학생들의 과목별 수행평가 제출 여부를 확인하기 위해 다음과 같이 자료를 정리하였다. P교사가 [D11] ~ [D13] 셀에 〈보기〉와 같이 함수식을 입력하였을 때, [D11] ~ [D13] 셀에 나타날 결괏값이 바르게 연결된 것은?

	A	B	C	D
1			(제출했을 경우 '1'로 표시)	
2	이름	A과목	B과목	C과목
3	김혜진	1	1	1
4	이방숙	1		
5	정영교	재제출 요망	1	
6	정혜운		재제출 요망	1
7	이승준		1	
8	이혜진			1
9	정영남	1		1
10				
11				
12				
13				

보기

[D11] 셀에 입력한 함수 → =COUNTA(B3:D9)
[D12] 셀에 입력한 함수 → =COUNT(B3:D9)
[D13] 셀에 입력한 함수 → =COUNTBLANK(B3:D9)

	[D11]	[D12]	[D13]
①	12	10	11
②	12	10	9
③	10	12	11
④	10	12	9

대표기출유형

03 프로그램 언어(코딩)

| 유형분석 |

- 업무수행에 필요한 프로그램 언어(코딩)을 정확하게 이해하고 있는지 평가한다.
- 빈번하게 출제되는 프로그램 언어(코딩) 문제 유형에 대한 사전 학습이 요구된다.

다음 중 프로그램의 실행 결과로 옳은 것은?

```
#include <stdio.h>

int main(){
        int i=4;
        int k=2;
        switch(i) {
                case 0:
                case 1:
                case 2:
                case 3: k=0;
                case 4: k+=5;
                case 5: k-=20;
                default: k++;
        }
        printf("%d", k);
}
```

① 12　　② −12
③ 10　　④ −10

정답 ②

i가 4이기 때문에 case 4부터 시작한다. k는 2이고, k+=5를 하면 7이 되고, Case 5에서 k−=20을 하면 −13이 되며, default에서 1이 증가하여 결괏값은 −12가 된다.

유형풀이 Tip

- 주어진 실행 프로그램을 확인한 후 핵심 키워드를 파악한 다음 문제에서 요구하는 내용을 도출해낸다.
- 대표적인 프로그램 언어와 풀이 방법에 대해 사전에 학습해두면 문제를 빠르게 해결할 수 있다.

01 다음 프로그램에서 빈칸 ㉠에 들어갈 식으로 옳은 것은?

```
#include <stdio.h>
void main() {
  int *numPtr;
  int num=10;
  ______㉠______
  printf("num : %d₩n", *numPtr);
}

실행결과
num : 10
```

① numPtr=num;
② numPtr=#
③ *numPtr=#
④ numPtr=*num;

02 다음 C 프로그램의 실행 결과에서 p의 값으로 옳은 것은?

```
#include <stdio.h>
int main()
{
   int x, y, p;
   x=3;
   y=x++;
   printf("x=%d y=%d\n", x, y);
   x=10;
   y=++x;
   printf("x=%d y=%d\n", x, y);
   y=++;
   p=x+y;
   printf("x=%d y=%d\n", x, y);
   printf("p=%d\n", p);
   return 0;
}
```

① p=22
② p=23
③ p=24
④ p=25

시대에듀

M E M O

PART 2

직무상식시험

CHAPTER

01 금융

빈출키워드 1 통화정책

01 A국의 통화량은 현금통화 150, 예금통화 450이며, 지급준비금이 90이라고 할 때 통화승수는?(단, 현금통화비율과 지급준비율은 일정하다)

① 2.5
② 3
③ 4.5
④ 5

02 다음에서 설명하는 정책에 대한 내용으로 옳지 않은 것은?

> 중앙은행의 정책으로 금리 인하를 통한 경기부양 효과가 한계에 다다랐을 때 중앙은행이 국채매입 등을 통해 유동성을 시중에 직접 푸는 정책을 뜻한다.

① 수출 증대의 효과가 있다.
② 디플레이션을 초래할 수 있다.
③ 유동성을 무제한으로 공급하는 것이다.
④ 경기후퇴를 막음으로써 시장의 자신감을 향상시킨다.

01

정답 ①

$M=\frac{1}{c+\gamma(1-c)}B$ (단, c는 현금통화비율, γ는 지급준비율, B는 본원통화, M은 통화량)

여기서 $c=150/600=0.25$, $\gamma=90/450=0.2$이므로, 통화승수는 $\frac{1}{c+\gamma(1-c)}=\frac{1}{0.25+0.2(1-0.25)}=2.5$이다.

한편, 통화량=민간보유현금통화+예금통화=150+450=600, 본원통화=민간보유현금통화+지급준비금=150+90=240이다.
따라서 통화승수=통화량÷본원통화=600÷240=2.5이다.

02

정답 ②

양적완화

- 금리중시 통화정책을 시행하는 중앙은행이 정책금리가 0%에 근접하거나, 혹은 다른 이유로 시장경제의 흐름을 정책금리로 제어할 수 없는 이른바 유동성 저하 상황하에서 유동성을 충분히 공급함으로써 중앙은행의 거래량을 확대하는 정책이다.
- 수출 증대의 효과가 있는 반면 인플레이션을 초래할 수도 있다.
- 자국의 경제에는 소기의 목적을 달성하더라도 타국의 경제에 영향을 미쳐 자산 가격을 급등시킬 수도 있다.

이론 더하기

중앙은행

① 중앙은행의 역할

- 화폐를 발행하는 발권은행으로서의 기능을 한다.
- 은행의 은행으로서의 기능을 한다.
- 통화가치의 안정과 국민경제의 발전을 위한 통화금융정책을 집행하는 기능을 한다.
- 국제수지 불균형의 조정, 환율의 안정을 위하여 외환관리업무를 한다.
- 국고금 관리 등의 업무를 수행하며 정부의 은행으로서의 기능을 한다.

② 중앙은행의 통화정책 운영체계

한국은행은 통화정책 운영체계로서 물가안정목표제(Inflation Targeting)를 채택하고 있다.

③ 물가안정목표제란 '통화량' 또는 '환율' 등 중간목표를 정하고 이에 영향을 미쳐 최종목표인 물가안정을 달성하는 것이 아니라, 최종목표인 '물가' 자체에 목표치를 정하고 중기적 시기에 이를 달성하려는 방식이다.

금융정책

정책수단	→	운용목표	→	중간목표	→	최종목표
공개시장조작 지급준비율	→	콜금리 본원통화 재할인율	→	통화량 이자율	→	완전고용 물가안정 국제수지균형

① 공개시장조작정책

- 중앙은행이 직접 채권시장에 참여하여 금융기관을 상대로 채권을 매입하거나 매각하여 통화량을 조절하는 통화정책수단을 의미한다.
- 중앙은행이 시중의 금융기관을 상대로 채권을 매입하는 경우 경제 전체의 통화량은 증가하게 되고 이는 실질이자율을 낮춰 총수요를 증가시킨다.
- 중앙은행이 시중의 금융기관을 상대로 채권을 매각하는 경우 경제 전체의 통화량은 감소하게 되고 이는 실질이자율을 상승과 투자의 감소로 이어져 총수요가 감소하게 된다.

② 지급준비율정책

- 법정지급준비율이란 중앙은행이 예금은행으로 하여금 예금자 예금인출요구에 대비하여 총예금액의 일정비율 이상을 대출할 수 없도록 규정한 것을 말한다.
- 지급준비율정책이란 법정지급준비율을 변경시킴으로써 통화량을 조절하는 것을 말한다.
- 지급준비율이 인상되면 통화량이 감소하고 실질이자율을 높여 총수요를 억제한다.

③ 재할인율정책

- 재할인율정책이란 일반은행이 중앙은행으로부터 자금을 차입할 때 차입규모를 조절하여 통화량을 조절하는 통화정책수단을 말한다.
- 재할인율 상승은 실질이자율을 높여 경제 전체의 통화량을 줄이고자 할 때 사용하는 통화정책의 수단이다.
- 재할인율 인하는 실질이자율을 낮춰 경제 전체의 통화량을 늘리고자 할 때 사용하는 통화정책의 수단이다.

빈출키워드 2 금융지표(금리 · 환율 · 주가)

다음 그래프는 경제 지표의 추이를 나타낸 것이다. 이와 같은 추이가 계속된다고 할 때, 나타날 수 있는 현상으로 옳은 것을 〈보기〉에서 모두 고르면?(단, 지표 외 다른 요인은 고려하지 않는다)

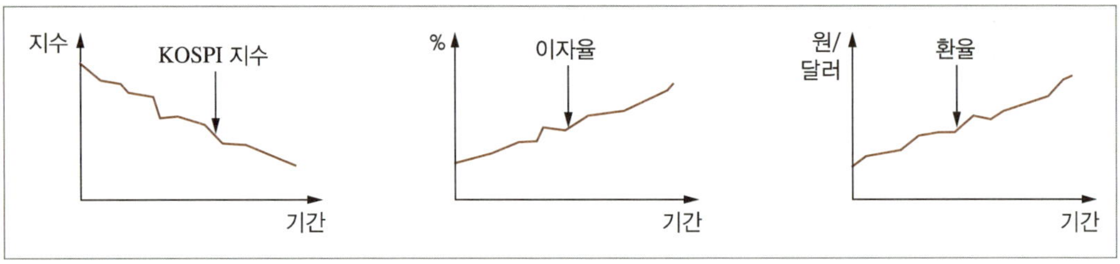

보기

ㄱ. KOSPI 지수 추이를 볼 때, 기업은 주식시장을 통한 자본 조달이 어려워질 것이다.
ㄴ. 이자율 추이를 볼 때, 은행을 통한 기업의 대출 수요가 증가할 것이다.
ㄷ. 환율 추이를 볼 때, 수출제품의 가격 경쟁력이 강화될 것이다.

① ㄱ
② ㄴ
③ ㄱ, ㄷ
④ ㄴ, ㄷ

정답 ③

ㄱ. KOSPI 지수가 지속적으로 하락하고 있기 때문에 주식시장이 매우 침체되어 있다고 볼 수 있다. 이 경우 주식에 대한 수요와 증권시장의 약세 장세 때문에 주식 발행을 통한 자본 조달은 매우 어려워진다.
ㄷ. 원·달러 환율이 지속적으로 상승하게 되면 원화의 약세로 수출제품의 외국에서의 가격은 달러화에 비해 훨씬 저렴하게 된다. 따라서 상대적으로 외국제품에 비하여 가격 경쟁력이 강화되는 효과가 발생한다.

오답분석

ㄴ. 이자율이 지속적으로 상승하면 대출 금리도 따라 상승하게 되어 기업의 부담이 커지게 되고 이에 따라 기업의 대출 수요는 감소하게 된다.

이론 더하기

금리

① 개념 : 원금에 지급되는 이자를 비율로 나타낸 것으로 '이자율'이라는 표현을 사용하기도 한다.

② 특징

- 자금에 대한 수요와 공급이 변하면 금리가 변동한다. 즉, 자금의 수요가 증가하면 금리가 올라가고, 자금의 공급이 증가하면 금리는 하락한다.
- 중앙은행이 금리를 낮추겠다는 정책목표를 설정하면 금융시장의 국채를 매입하게 되고 금리에 영향을 준다.
- 가계 : 금리가 상승하면 소비보다는 저축이 증가하고, 금리가 하락하면 저축보다는 소비가 증가한다.
- 기업 : 금리가 상승하면 투자비용이 증가하므로 투자가 줄어들고, 금리가 하락하면 투자가 증가한다.
- 국가 간 자본의 이동 : 본국과 외국의 금리 차이를 보고 상대적으로 외국의 금리가 높다고 판단되면 자금은 해외로 이동하고, 그 반대의 경우 국내로 이동한다.

③ 금리의 종류

- 기준금리 : 중앙은행이 경제활동 상황을 판단하여 정책적으로 결정하는 금리로, 경제가 과열되거나 물가상승이 예상되면 기준금리를 올리고, 경제가 침체되고 있다고 판단되면 기준금리를 하락시킨다.
- 시장금리 : 개인의 신용도나 기간에 따라 달라지는 금리이다.

1년 미만 단기 금리	콜금리	영업활동 과정에서 남거나 모자라는 초단기자금(콜)에 대한 금리이다.
	환매조건부채권(RP)	일정 기간이 지난 후에 다시 매입하는 조건으로 채권을 매도함으로써 수요자가 단기자금을 조달하는 금융거래방식의 하나이다.
	양도성예금증서(CD)	은행이 발행하고 금융시장에서 자유로운 매매가 가능한 무기명의 정기예금 증서이다.
1년 이상 장기 금리	국채, 회사채, 금융채	

환율

국가 간 화폐의 교환비율로, 우리나라에서 환율을 표시할 때에는 외국 돈 1단위당 원화의 금액으로 나타낸다.

예 1,193.80원/$, 170.76원/¥

주식과 주가

① 주식 : 주식회사의 자본을 이루는 단위로서 금액 및 이를 전제한 주주의 권리와 의무단위이다.

② 주가 : 주식의 시장가격으로, 주식시장의 수요와 공급에 의해 결정된다.

빈출키워드 3 환율

01 다음 중 변동환율제도에 대한 설명으로 옳지 않은 것은?

① 원화 환율이 오르면 물가가 상승하기 쉽다.
② 원화 환율이 오르면 수출업자가 유리해진다.
③ 원화 환율이 오르면 외국인의 국내 여행이 많아진다.
④ 국가 간 자본거래가 활발하게 이루어진다면 독자적인 통화정책을 운용할 수 없다.

02 다음 빈칸 ㉠~㉢에 들어갈 경제 용어로 옳은 것은?

> 구매력평가 이론(Purchasing Power Parity Theory)은 모든 나라의 통화 한 단위의 구매력이 같도록 환율이 결정되어야 한다는 것이다. 구매력평가 이론에 따르면 양국통화의 ___㉠___은 양국의 ___㉡___에 의해 결정되며, 구매력평가 이론이 성립하면 ___㉢___은 불변이다.

	㉠	㉡	㉢
①	실질환율	물가수준	명목환율
②	명목환율	경상수지	실질환율
③	실질환율	경상수지	명목환율
④	명목환율	물가수준	실질환율

01

정답 ④

변동환율제도에서는 중앙은행이 외환시장에 개입하여 환율을 유지할 필요가 없고, 외환시장의 수급 상황이 국내 통화량에 영향을 미치지 않으므로 독자적인 통화정책의 운용이 가능하다.

02

정답 ④

일물일가의 법칙을 가정하는 구매력평가설에 따르면 두 나라에서 생산된 재화의 가격이 동일하므로 명목환율은 두 나라의 물가수준의 비율로 나타낼 수 있다. 한편, 구매력평가설이 성립하면 실질환율은 불변한다.

이론 더하기

환율

① 개념 : 국내화폐와 외국화폐가 교환되는 시장을 외환시장(Foreign Exchange Market)이라고 한다. 그리고 여기서 결정되는 두 나라 화폐의 교환비율을 환율이라고 한다. 즉, 환율이란 자국화폐단위로 표시한 외국화폐 1단위의 가격을 말한다.

② 환율의 변화

환율의 상승을 환율 인상(Depreciation), 환율의 하락을 환율 인하(Appreciation)라고 한다. 환율이 인상되는 경우 자국화폐의 가치가 하락하는 것을 의미하며 환율이 인하되는 경우는 자국화폐가치가 상승함을 의미한다.

평가절상(=환율 인하, 자국화폐가치 상승)	평가절하(=환율 인상, 자국화폐가치 하락)
• 수출 감소 • 수입 증가 • 경상수지 악화 • 외채부담 감소	• 수출 증가 • 수입 감소 • 경상수지 개선 • 외채부담 증가

③ 환율제도

구분	고정환율제도	변동환율제도
국제수지불균형의 조정	정부개입에 의한 해결(평가절하, 평가절상)과 역외국에 대해서는 독자관세 유지	시장에서 환율의 변화에 따라 자동적으로 조정
환위험	적음	환율의 변동성에 기인하여 환위험에 크게 노출되어 있음
환투기의 위험	적음	높음(이에 대해 프리드먼은 환투기는 환율을 오히려 안정시키는 효과가 존재한다고 주장)
해외교란요인의 파급 여부	국내로 쉽게 전파됨	환율의 변화가 해외교란요인의 전파를 차단(차단효과)
금융정책의 자율성 여부	자율성 상실(불가능성 정리)	자율성 유지
정책의 유효성	금융정책 무력	재정정책 무력

빈출키워드 4 주식과 주가지수

01 **다음 중 서킷 브레이커(Circuit Breakers)에 대한 설명으로 옳지 않은 것은?**

① 단계별로 하루에 2번씩 발동할 수 있다.
② 주식시장에서 주가가 급등 또는 급락하는 경우 주식매매를 일시 정지하는 제도이다.
③ 1～2단계 서킷 브레이커는 1일 1회 주식시장 개장 5분 후부터 장이 끝나기 40분 전까지 발동할 수 있다.
④ 코스피 또는 코스닥 지수가 전일 종가 대비 10% 이상 하락한 상태가 1분 이상 지속되면 모든 주식 거래를 20분간 정지한다.

02 **다음 중 주가가 떨어질 것을 예측해 주식을 빌려 파는 공매도를 했으나, 반등이 예상되면서 빌린 주식을 되갚자 주가가 오르는 현상은?**

① 사이드카
② 디노미네이션
③ 서킷브레이커
④ 숏커버링

01

정답 ①

서킷 브레이커

- 원래 전기 회로에 과부하가 걸렸을 때 자동으로 회로를 차단하는 장치를 말하는데 주식시장에서 주가가 급등 또는 급락하는 경우 주식매매를 일시 정지하는 제도이다.
- 서킷 브레이커 발동조건
  - 1단계 : 종합주가지수가 전 거래일보다 8% 이상 하락하여 1분 이상 지속되는 경우
  - 2단계 : 종합주가지수가 전 거래일보다 15% 이상 하락하여 1분 이상 지속되는 경우
  - 3단계 : 종합주가지수가 전 거래일보다 20% 이상 하락하여 1분 이상 지속되는 경우
- 서킷 브레이커 발동 시 효과
  - 서킷 브레이커가 발동되면 매매가 20분간 정지되고, 20분이 지나면 10분간 동시호가, 단일가매매 전환이 이루어진다.
- 서킷 브레이커 유의사항
  - 총 3단계로 이루어진 서킷 브레이커의 각 단계는 하루에 한 번만 발동할 수 있다.
  - 1～2단계는 주식시작 개장 5분 후부터 종료 40분전까지만 발동한다. 단, 3단계 서킷 브레이커는 40분 이후에도 발동될 수 있고, 3단계 서킷 브레이커가 발동하면 장이 종료된다.

02

정답 ④

없는 주식이나 채권을 판 후 보다 싼 값으로 주식이나 그 채권을 구해 매입자에게 넘기는데, 예상을 깨고 강세장이 되어 해당 주식이 오를 것 같으면 손해를 보기 전에 빌린 주식을 되갚게 된다. 이때 주가가 오르는 현상을 숏커버링이라 한다.

이론 더하기

주가지수

① 개념 : 주식가격의 상승과 하락을 판단하기 위한 지표(Index)가 필요하므로 특정 종목의 주식을 대상으로 평균적으로 가격이 상승했는지 하락했는지를 판단한다. 때문에 주가지수의 변동은 경제상황을 판단하게 해주는 지표가 될 수 있다.

② 주가지수 계산 : $\frac{\text{비교시점의 시가총액}}{\text{기준시점의 시가총액}} \times 100$

③ 주요국의 종합주가지수

구분	지수명	기준시점	기준지수
한국	코스피	1980년	100
	코스닥	1996년	1,000
미국	다우존스 산업평균지수	1896년	100
	나스닥	1971년	100
	S&P 500	1941년	10
일본	니케이 225	1949년	50
중국	상하이종합	1990년	100
홍콩	항셍지수	1964년	100
영국	FTSE 100지수	1984년	1,000
프랑스	CAC 40지수	1987년	1,000

주가와 경기 변동

① 주식의 가격은 장기적으로 기업의 가치에 따라 변동한다.
② 주가는 경제성장률이나 이자율, 통화량과 같은 경제변수에 영향을 받는다.
③ 통화공급의 증가와 이자율이 하락하면 소비와 투자가 늘어나서 기업의 이익이 커지므로 주가는 상승한다.

주식관련 용어

① 서킷브레이커(CB) : 주식시장에서 주가가 급등 또는 급락하는 경우 주식매매를 일시 정지하는 제도이다.
② 사이드카 : 선물가격이 전일 종가 대비 5%(코스피), 6%(코스닥) 이상 급등 혹은 급락 상태가 1분간 지속될 경우 주식시장의 프로그램 매매 호가를 5분간 정시시키는 것을 의미한다.
③ 네 마녀의 날 : 주가지수 선물과 옵션, 개별 주식 선물과 옵션 등 네 가지 파생상품 만기일이 겹치는 날이다. '쿼드러플위칭데이'라고도 한다.
④ 레드칩 : 중국 정부와 국영 기업이 최대주주로 참여해 홍콩에 설립한 우량 중국 기업들의 주식을 일컫는 말이다.
⑤ 블루칩 : 오랜 시간 동안 안정적인 이익을 창출하고 배당을 지급해온 수익성과 재무구조가 건전한 기업의 주식으로 대형 우량주를 의미한다.
⑥ 숏커버링 : 외국인 등이 공매도한 주식을 되갚기 위해 시장에서 주식을 다시 사들이는 것으로, 주가 상승 요인으로 작용한다.
⑦ 공매도 : 주식을 가지고 있지 않은 상태에서 매도 주문을 내는 것이다. 3일 안에 해당 주식이나 채권을 구해 매입자에게 돌려주면 되기 때문에, 약세장이 예상되는 경우 시세차익을 노리는 투자자가 주로 활용한다.

빈출키워드 5 채권

다음 중 유로채와 외국채에 대한 설명으로 옳지 않은 것은?

① 유로채는 채권의 표시통화 국가에서 발행되는 채권이다.
② 유로채는 이자소득세를 내지 않는다.
③ 외국채는 감독 당국의 규제를 받는다.
④ 외국채는 신용 평가가 필요하다.

정답 ①

외국채는 채권의 표시통화 국가에서 발행되는 채권이고, 유로채는 채권의 표시통화 국가 이외의 국가에서 발행되는 채권이다.

오답분석

② 외국채는 이자소득세를 내야 하지만, 유로채는 세금을 매기지 않는다.
③ 외국채는 감독 당국의 규제를 받지만, 유로채는 규제를 받지 않는다.
④ 외국채는 신용 평가가 필요하지만, 유로채는 필요하지 않다.

이론 더하기

채권

정부, 공공기관, 특수법인과 주식회사 형태를 갖춘 사기업이 일반 대중 투자자들로부터 비교적 장기의 자금을 조달하기 위해 발행하는 일종의 차용증서로, 채권을 발행한 기관은 채무자, 채권의 소유자는 채권자가 된다.

발행주체에 따른 채권의 분류

국채	• 국가가 발행하는 채권으로 세금과 함께 국가의 중요한 재원 중 하나이다. • 국고채, 국민주택채권, 국채관리기금채권, 외국환평형기금채권 등이 있다.
지방채	• 지방자치단체가 지방재정의 건전한 운영과 공공의 목적을 위해 재정상의 필요에 따라 발행하는 채권이다. • 지하철공채, 상수도공채, 도로공채 등이 있다.
특수채	• 공사와 같이 특별법에 따라 설립된 법인이 자금조달을 목적으로 발행하는 채권으로 공채와 사채의 성격을 모두 가지고 있다. • 예금보험공사 채권, 한국전력공사 채권, 리스회사의 무보증 리스채, 신용카드회사의 카드채 등이 있다.
금융채	• 금융회사가 발행하는 채권으로 발생은 특정한 금융회사의 중요한 자금조달수단 중 하나이다. • 산업금융채, 장기신용채, 중소기업금융채 등이 있다.
회사채	• 상법상의 주식회사가 발행하는 채권으로 채권자는 주주들의 배당에 우선하여 이자를 지급받게 되며 기업이 도산하는 경우에도 주주들을 우선하여 기업자산에 대한 청구권을 갖는다. • 전환사채(CB), 신주인수권부사채(BW), 교환사채(EB) 등이 있다.

이자지급방법에 따른 채권의 분류

이표채	액면가로 채권을 발행하고, 이자지급일이 되면 발행할 때 약정한 대로 이자를 지급하는 채권이다.
할인채	이자가 붙지는 않지만, 이자 상당액을 미리 액면가격에서 차감하여 발행가격이 상환가격보다 낮은 채권이다.
복리채(단리채)	정기적으로 이자가 지급되는 대신에 복리(단리) 이자로 재투자되어 만기상환 시에 원금과 이자를 지급하는 채권이다.
거치채	이자가 발생한 이후에 일정기간이 지난 후부터 지급되는 채권이다.

상환기간에 따른 채권의 분류

단기채	통상적으로 상환기간이 1년 미만인 채권으로, 통화안정증권, 양곡기금증권 등이 있다.
중기채	상환기간이 1～5년인 채권으로 우리나라 대부분의 회사채 및 금융채가 만기 3년으로 발행된다.
장기채	상환기간이 5년 초과인 채권으로 국채가 이에 해당한다.

특수한 형태의 채권

일반사채와 달리 계약 조건이 다양하게 변형된 특수한 형태의 채권으로 다양한 목적에 따라 발행된 채권이다.

전환사채 (CB; Convertible Bond)	발행을 할 때에는 순수한 회사채로 발행되지만, 일정기간이 경과한 후에는 보유자의 청구에 의해 발행회사의 주식으로 전환될 수 있는 사채이다.
신주인수권부사채 (BW; Bond with Warrant)	발행 이후 일정기간 내에 미리 약정된 가격으로 발행회사에 일정한 금액에 해당하는 주식을 매입할 수 있는 권리가 부여된 사채이다.
교환사채 (EB; Exchangeable Bond)	투자자가 보유한 채권을 일정기간이 지난 후 발행회사가 보유 중인 다른 회사 유가증권으로 교환할 수 있는 권리가 있는 사채이다.
옵션부사채 (BO; Bond with Imbedded Option)	• 콜옵션과 풋옵션이 부여되는 사채이다. • 콜옵션은 발행회사가 만기 전 조기상환을 할 수 있는 권리이고, 풋옵션은 사채권자가 만기중도상환을 청구할 수 있는 권리이다.
변동금리부채권 (FRN; Floating Rate Note)	• 채권 지급 이자율이 변동되는 금리에 따라 달라지는 채권이다. • 변동금리부채권의 지급이자율은 기준금리에 가산금리를 합하여 산정한다.
자산유동화증권 (ABS; Asset Backed Security)	유동성이 없는 자산을 증권으로 전환하여 자본시장에서 현금화하는 일련의 행위를 자산유동화라고 하는데, 기업 등이 보유하고 있는 대출채권이나 매출채권, 부동산 자산을 담보로 발행하여 제3자에게 매각하는 증권이다.

PART 2

빈출키워드 6 ELS / ELF / ELW

01 **다음 중 주가지수 상승률이 미리 정해 놓은 수준에 단 한 번이라도 도달하면 만기 수익률이 미리 정한 수준으로 확정되는 ELS는?**

① 녹아웃형(Knock-out)
② 불스프레드형(Bull-spread)
③ 리버스컨버터블형(Reverse Convertible)
④ 디지털형(Digital)

02 **주식이나 ELW를 매매할 때 보유시간을 통상적으로 2 ~ 3분 단위로 짧게 잡아 하루에 수십 번 또는 수백 번씩 거래를 하며 박리다매식으로 매매차익을 얻는 초단기매매자들이 있다. 다음 중 이들을 가리키는 용어는?**

① 스캘퍼　② 데이트레이더
③ 스윙트레이더　④ 포지션트레이더

01

정답 ①

주가지수연계증권(ELS)의 유형

- 녹아웃형(Knock-out) : 주가지수 상승률이 미리 정해 놓은 수준에 단 한 번이라도 도달하면 만기 수익률이 미리 정한 수준으로 확정되는 상품
- 불스프레드형(Bull-spread) : 만기 때 주가지수 상승률에 따라 수익률이 결정되는 상품
- 리버스컨버터블형(Reverse Convertible) : 미리 정해 놓은 하락폭 밑으로만 빠지지 않는다면 주가지수가 일정부분 하락해도 약속한 수익률을 지급하는 상품
- 디지털형(Digital) : 만기일의 주가지수가 사전에 약정한 수준 이상 또는 이하에 도달하면 확정 수익을 지급하고 그렇지 못하면 원금만 지급하는 상품

02

정답 ①

스캘퍼(Scalper)는 ELW 시장 등에서 거액의 자금을 갖고 몇 분 이내의 초단타 매매인 스캘핑(Scalping)을 구사하는 초단타 매매자를 말한다. 속칭 '슈퍼 메뚜기'로 불린다.

오답분석

② 데이트레이더(Day Trader) : 주가의 움직임만 보고 차익을 노리는 주식 투자자
③ 스윙트레이더(Swing Trader) : 선물시장에서 통상 2 ~ 3일 간격으로 매매 포지션을 바꾸는 투자자
④ 포지션트레이더(Position Trader) : 몇 주간 또는 몇 개월 동안 지속될 가격 변동에 관심을 갖고 거래하는 자로서 비회원 거래자

이론 더하기

ELS(주가연계증권) / ELF(주가연계펀드)

① 개념 : 파생상품 펀드의 일종으로 국공채 등과 같은 안전자산에 투자하여 안전성을 추구하면서 확정금리 상품 대비 고수익을 추구하는 상품이다.

② 특징

ELS (주가연계증권)	• 개별 주식의 가격이나 주가지수에 연계되어 투자수익이 결정되는 유가증권이다. • 사전에 정한 2 ~ 3개 기초자산 가격이 만기 때까지 계약 시점보다 40 ~ 50%가량 떨어지지 않으면 약속된 수익을 지급하는 형식이 일반적이다. • 다른 채권과 마찬가지로 증권사가 부도나거나 파산하면 투자자는 원금을 제대로 건질 수 없다. • 상품마다 상환조건이 다양하지만 만기 3년에 6개월마다 조기상환 기회가 있는 게 일반적이다. 수익이 발생해서 조기상환 또는 만기상환되거나, 손실을 본 채로 만기상환된다. • 녹아웃형, 불스프레드형, 리버스컨버터블형, 디지털형 등이 있다.
ELF (주가연계펀드)	• 투자신탁회사들이 ELS 상품을 펀드에 편입하거나 자체적으로 원금보존 추구형 펀드를 구성해 판매하는 형태의 상품이다. • ELF는 펀드의 수익률이 주가나 주가지수 움직임에 의해 결정되는 구조화된 수익구조를 갖는다. • 베리어형, 디지털형, 조기상환형 등이 있다.

ELW(주식워런트증권)

① 개념 : 자산을 미리 정한 만기에 미리 정해진 가격에 사거나(콜) 팔 수 있는 권리(풋)를 나타내는 증권이다.

② 특징

- 주식워런트증권은 상품특성이 주식옵션과 유사하나 법적 구조, 시장 구조, 발행주체와 발행조건 등에 차이가 있다.
- 주식처럼 거래가 이루어지며, 만기 시 최종보유자가 권리를 행사하게 된다.
- ELW 시장에서는 투자자의 환금성을 보장할 수 있도록 호가를 의무적으로 제시하는 유동성공급자(LP; Liquidity Provider) 제도가 운영된다.

CHAPTER 01

금융 기출응용문제

정답 및 해설 p.042

01 다음 내용과 관련이 깊은 금융과 금융회사를 바르게 짝지은 것은?

> S씨는 출판 회사를 세우고 출판 사업을 시작하면서 은행에서 대출을 받아 필요한 사업 자금을 조달하였다.

① 간접금융 – 상업은행
② 직접금융 – 투자은행
③ 간접금융 – 투자은행
④ 직접금융 – 상업은행

02 다음 중 한국은행의 정책을 관리하는 기구는?

① 중앙경제위원회
② 국민경제자문회의
③ 금융통화위원회
④ 정책금융공사

Hard

03 다음 〈보기〉에서 IRP의 특징으로 옳지 않은 것을 모두 고르면?

> 보기
> ㄱ. IRP는 개인형 퇴직연금으로, 근로자가 본인의 퇴직금의 투자처를 직접 지정할 수 있다.
> ㄴ. IRP의 경직적인 운용을 보완하고자 IRA가 등장하였다.
> ㄷ. IRP는 근로자의 퇴직금을 회사가 운용한 후 근로자에게 정해진 금액을 지급하는 방식이다.
> ㄹ. IRP 가입 시 납입금에 대해 정해진 조건하에서 세액공제 혜택을 받을 수 있다.

① ㄱ, ㄴ
② ㄱ, ㄹ
③ ㄴ, ㄷ
④ ㄷ, ㄹ

Easy

04 다음 중 성격이 다른 금융상품은 무엇인가?

① 주택청약저축 ② ISA

③ 양도성예금증서 ④ 퇴직연금

05 다음 중 기준금리에 대한 설명으로 옳지 않은 것은?

① 한국은행의 금융통화위원회에서 기준금리를 결정한다.

② 미국의 기준금리가 올라갈 경우 한국은 경기부양 효과가 나타난다.

③ 자금을 조달·운용 시에 적용하는 금리의 기준이 되므로 금융시장에서 각종 금리를 지배한다.

④ 2008년 3월부터 한국은행은 정책금리의 실체를 익일물 콜금리 목표에서 기준금리로 변경했다.

06 다음 중 파생상품에 대한 설명으로 옳지 않은 것은?

① 풋옵션에는 조기상환권이 부여된다.

② 스왑은 미래의 현금흐름을 현재 교환하는 파생상품이다.

③ 이자율스왑은 하나의 통화의 고정금리와 변동금리를 교환하는 것을 의미한다.

④ 옵션은 기초자산을 만기시점에 행사가격으로 사거나 팔 수 있는 권리를 거래하는 계약이다.

07 다음 중 예금자보호법에 따라 예금이 보호되는 기관에 해당하지 않는 곳은?

① 보험회사 ② 증권회사

③ 수협은행 ④ 새마을금고

Easy

08 다음 중 주식을 공매도할 때 직전 거래가격 이상으로 매도호가를 제시하도록 한 규정은?

① 제로틱룰
② 섀도보팅
③ 숏커버링
④ 업틱룰

09 다음 중 신주 모집을 하면서 그 역할의 중요성에 따라 인수기관의 이름을 순서대로 표시하는 것은?

① 섀도보팅
② 캐리트레이드
③ 브래키팅
④ 피보팅

10 다음 중 개인책임형 퇴직연금 가입자의 운용 지시 없이, 금융사가 사전에 정한 방법으로 운영하는 제도는?

① LBO
② 디폴트 옵션
③ 그림자 금융
④ ABS

11 다음 중 국제결제은행에서 일반은행에 권고하는 자기자본비율 수치를 일컫는 용어는?

① BIS비율
② 지급준비율
③ DSR비율
④ DTI비율

12 다음 중 세계 금융기관에 국제 표준화된 데이터 통신망을 제공하는 국제기구는?

① CHIPS　② SWIFT
③ BOK-WIRE　④ GATT

13 다음 중 자기자본에 해당하지 않는 것은?

① 자본금　② 자본잉여금
③ 이익잉여금　④ 차입금

Hard

14 (주)한국의 당기 말 타인자본은 2,000억 원이고 자기자본은 1,000억 원이다. 전년도 말 기준 부채비율이 300%를 기록하였다고 할 때, 당기 말 기준 전년도 대비 부채비율의 변동률은?(단, 소수점 이하는 생략한다)

① 25% 상승　② 25% 하락
③ 33% 상승　④ 33% 하락

15 다음 중 금리 인하를 통한 경기 부양 효과가 한계에 봉착했을 때, 중앙은행이 국채 매입 등을 통해 유동성을 시중에 직접 공급함으로써 신용경색을 해소하고 경기를 부양시키는 통화 정책은?

① 양적완화　② 출구전략
③ 테이퍼링　④ 오퍼레이션 트위스트

CHAPTER

02 경제

빈출키워드 1 수요와 공급의 법칙, 탄력성

다음 중 수요의 탄력성에 대한 내용으로 옳은 것은?

① 수요의 가격탄력성이 탄력적이라면 가격인하는 총수입을 증가시키는 좋은 전략이다.

② 가격이 올랐을 때 시간이 경과될수록 적응이 되기 때문에 수요의 가격탄력성은 작아진다.

③ 수요곡선의 기울기가 −1인 직선일 경우 수요곡선상의 어느 점에서나 가격탄력성은 동일하다.

④ X재의 가격이 5% 인상되자 Y재 수요가 10% 상승했다면 수요의 교차탄력성은 $\frac{1}{2}$ 이고, 두 재화는 보완재이다.

정답 ①

수요곡선이 우하향하는 직선이면 수요곡선상에서 우하방으로 이동할수록 수요의 가격탄력성이 점점 작아진다.
수요의 가격탄력성이 1보다 크다면 가격이 1% 하락할 때 판매량은 1%보다 크게 증가하므로 판매자의 총수입은 증가한다.
따라서 수요의 가격탄력성이 탄력적이라면 가격인하는 총수입을 증가시키는 좋은 전략이다.

오답분석

② 장기가 될수록 대체재가 생겨날 가능성이 크기 때문에 수요의 가격탄력성이 커진다.

④ 수요의 교차탄력성은 $\varepsilon_{XY}=\dfrac{\frac{\Delta Q_Y}{Q_Y}}{\frac{\Delta P_X}{P_X}}=\dfrac{10}{5}=2\%$이고, 두 재화는 대체재이다.

이론 더하기

수요의 법칙

수요의 법칙이란 가격이 상승하면 수요량이 감소하는 것을 말한다. 수요의 법칙이 성립하는 경우 수요곡선은 우하향한다. 단, 기펜재의 경우와 베블런 효과가 존재하는 경우는 성립하지 않는다.

수요량의 변화와 수요의 변화

① 수요량의 변화 : 당해 재화의 가격 변화로 인한 수요곡선상의 이동을 의미한다.

② 수요의 변화 : 당해 재화 가격 이외의 다른 요인의 변화로 수요곡선 자체가 이동하는 경우를 의미한다. 수요가 증가하면 수요곡선이 우측으로 이동하고, 수요가 감소하면 수요곡선이 좌측으로 이동한다.

공급의 법칙

다른 조건이 일정할 때 가격이 상승하면 공급량이 증가하는 것을 말한다.

공급량의 변화와 공급의 변화

① 공급량의 변화 : 당해 재화가격의 변화로 인한 공급곡선상의 이동을 의미한다.

② 공급의 변화 : 당해 재화 가격 이외의 다른 요인의 변화로 공급곡선 자체가 이동하는 경우를 의미한다. 공급이 증가하면 공급곡선이 우측으로 이동하고, 공급이 감소하면 공급곡선이 좌측으로 이동한다.

수요의 가격탄력성

① 개념 : 수요량이 가격에 얼마나 민감하게 반응하는지를 나타낸다.

② 가격탄력성의 도출

$$\varepsilon_P = \frac{\text{수요량의 변화율}}{\text{가격의 변화율}} = \frac{\frac{\Delta Q}{Q}}{\frac{\Delta P}{P}} = \left(\frac{\Delta Q}{\Delta P}\right)\left(\frac{P}{Q}\right)$$ (단, △은 변화율, Q는 수요량, P는 가격)

③ 가격탄력성과 판매수입

구분	$\varepsilon_P > 1$ (탄력적)	$\varepsilon_P = 1$ (단위탄력적)	$0 < \varepsilon_P < 1$ (비탄력적)	$\varepsilon_P = 0$ (완전 비탄력적)
가격 상승	판매 수입 감소	판매 수입 변동 없음	판매 수입 증가	판매 수입 증가
가격 하락	판매 수입 증가	판매 수입 변동 없음	판매 수입 감소	판매 수입 감소

공급의 가격탄력성

① 개념 : 공급량이 가격에 얼마나 민감하게 반응하는지를 나타낸다.

② 가격탄력성의 도출

$$\varepsilon_P = \frac{\text{공급량의 변화율}}{\text{가격의 변화율}} = \frac{\frac{\Delta Q}{Q}}{\frac{\Delta P}{P}} = \left(\frac{\Delta Q}{\Delta P}\right)\left(\frac{P}{Q}\right)$$ (단, △은 변화율, Q는 공급량, P는 가격)

③ 공급의 가격탄력성 결정요인 : 생산량 증가에 따른 한계비용 상승이 완만할수록, 기술수준 향상이 빠를수록, 유휴설비가 많을수록, 측정시간이 길어질수록 공급의 가격탄력성은 커진다.

빈출키워드 2 기회비용

01 **밀턴 프리드만은 '공짜 점심은 없다(There is no such thing as a free lunch).'라는 말을 즐겨했다고 한다. 다음 중 이 말을 설명할 수 있는 경제 원리는?**

① 규모의 경제
② 긍정적 외부성
③ 기회비용
④ 수요공급의 원리

02 **다음 내용에 대한 〈보기〉의 설명 중 옳은 것을 모두 고르면?**

> 우리나라에 거주 중인 광성이는 ㉠ 여름휴가를 앞두고 휴가 동안 발리로 서핑을 갈지, 빈 필하모닉 오케스트라의 3년 만의 내한 협주를 들으러 갈지 고민하다가 ㉡ 발리로 서핑을 갔다. 그러나 화산폭발의 위험이 있어 안전의 위협을 느끼고 ㉢ 환불이 불가능한 숙박비를 포기한 채 우리나라로 돌아왔다.

> **보기**
> 가. ㉠의 고민은 광성이의 주관적 희소성 때문이다.
> 나. ㉠의 고민을 할 때는 기회비용을 고려한다.
> 다. ㉡의 기회비용은 빈 필하모닉 오케스트라 내한 협주이다.
> 라. ㉡은 경제재이다.
> 마. ㉢은 비합리적 선택 행위의 일면이다.

① 가, 나, 라
② 나, 다, 라
③ 나, 다, 마
④ 가, 나, 다, 라

01

정답 ③

'공짜 점심은 없다.'라는 의미는 무엇을 얻고자 하면 보통 그 대가로 무엇인가를 포기해야 한다는 뜻으로 해석할 수 있다. 즉, 어떠한 선택에는 반드시 포기하게 되는 다른 가치가 존재한다는 의미이다. 시간이나 자금의 사용은 다른 활동에의 시간 사용, 다른 서비스나 재화의 구매를 불가능하게 만들어 기회비용을 유발한다. 따라서 정부의 예산배정, 여러 투자상품 중 특정 상품의 선택, 경기활성화와 물가안정 사이의 상충관계 등이 기회비용의 사례가 될 수 있다.

02

정답 ④

오답분석

마. 환불 불가한 숙박비는 회수 불가능한 매몰비용이므로 선택 시 고려하지 않은 ㉢의 행위는 합리적 선택 행위의 일면이라고 할 수 있다.

이론 더하기

경제재와 자유재

경제재(Economic Goods)	자유재(Free Goods)
• 경제재란 희소성을 가지고 있는 자원으로 합리적인 의사결정을 통해 선택해야 하는 재화를 말한다. • 우리가 일상생활에서 돈을 지불하고 구입하는 일련의 재화 또는 서비스를 모두 포함한다.	• 자유재란 희소성을 가지고 있지 않아 값을 지불하지 않고도 누구나 마음대로 쓸 수 있는 물건을 말한다. • 공기나 햇빛같이 우리의 욕구에 비해 자원의 양이 풍부해서 경제적 판단을 요구하지 않는 재화를 모두 포함한다.

기회비용(Opportunity Cost)

① 개념

- 여러 선택 가능한 대안들 중 한 가지를 선택함으로써 포기해야 하는 다른 대안 중에서 가장 가치가 큰 것을 의미한다.
- 경제학에서 사용하는 비용은 전부 기회비용 개념이며, 합리적인 선택을 위해서는 항상 기회비용의 관점에서 의사결정을 내려야 한다.
- 기회비용은 객관적으로 나타난 비용(명시적 비용) 외에 포기한 대안 중 가장 큰 순이익(암묵적 비용)까지 포함한다.
- 편익(매출액)에서 기회비용을 차감한 이윤을 경제적 이윤이라고 하는데, 이는 기업 회계에서 일반적으로 말하는 회계적 이윤과 다르다. 즉, 회계적 이윤은 매출액에서 명시적 비용(회계적 비용)만 차감하고 암묵적 비용(잠재적 비용)은 차감하지 않는다.

경제적 비용 (기회비용)	명시적 비용 (회계적 비용)	기업이 생산을 위해 타인에게 실제적으로 지불한 비용 예 임금, 이자, 지대
	암묵적 비용 (잠재적 비용)	기업 자신의 생산 요소에 대한 기회비용 예 귀속 임금, 귀속 이자, 귀속 지대

② 경제적 이윤과 회계적 이윤

경제적 이윤	회계적 이윤
• 매출액에서 기회비용을 차감한 이윤을 말한다. • 사업주가 자원배분이 합리적인지 판단하기 위한 지표이다. • 경제적 이윤은 경제적 부가가치(EVA)로 나타내기도 한다. • 경제학에서 장기적으로 기업의 퇴출 여부 판단의 기준이 된다.	• 매출액에서 명시적 비용만 차감한 이윤을 말한다. • 사업주가 외부 이해관계자(채권자, 주주, 금융기관 등)에게 사업성과를 보여주기 위한 지표이다. • 즉, 회계적 이윤에는 객관적으로 측정 가능한 명시적 비용만을 반영한다.

매몰비용(Sunk Cost)

이미 투입된 비용으로서 사업을 중단하더라도 회수할 수 없는 비용으로, 매몰비용은 사업을 중단하더라도 회수할 수 없기 때문에 사업 중단에 따른 기회비용은 0이다. 따라서 합리적인 선택을 위해서는 이미 지출되었으나 회수가 불가능한 매몰비용은 고려해서는 안 된다.

빈출키워드 3 최고가격제 · 최저가격제

01 다음 〈보기〉 중 최고가격제에 대한 설명으로 옳은 것을 모두 고르면?

> **보기**
> ㄱ. 암시장을 출현시킬 가능성이 있다.
> ㄴ. 초과수요를 야기한다.
> ㄷ. 사회적 후생을 증대시킨다.
> ㄹ. 최고가격은 시장의 균형가격보다 높은 수준에서 설정되어야 한다.

① ㄱ, ㄴ
② ㄱ, ㄷ
③ ㄴ, ㄹ
④ ㄷ, ㄹ

02 가격이 10% 상승할 때 수요량이 12% 감소하는 재화에 대해 최저가격제가 적용되어 가격이 10% 상승하였다고 할 때, 매출의 변화로 바르게 짝지어진 것은?

	매출량	매출액
①	증가	증가
②	증가	감소
③	감소	증가
④	감소	감소

01

정답 ①

오답분석

ㄷ·ㄹ. 최고가격은 시장의 균형가격보다 낮은 수준에서 설정되어야 하며, 최고가격제가 실시되면 사회적 후생 손실이 발생한다.

02

정답 ④

수요의 가격탄력성은 가격의 변화율에 대한 수요량의 변화율이므로 1.2이다. 이는 탄력적이라는 것을 암시하며, 최저가격제는 가격의 상승을 가져오므로 매출량과 판매수입이 감소한다.

이론 더하기

최고가격제(가격상한제)

① 개념 : 물가를 안정시키고, 소비자를 보호하기 위해 시장가격보다 낮은 수준에서 최고가격을 설정하는 규제이다.

  예 아파트 분양가격, 금리, 공공요금

② 특징

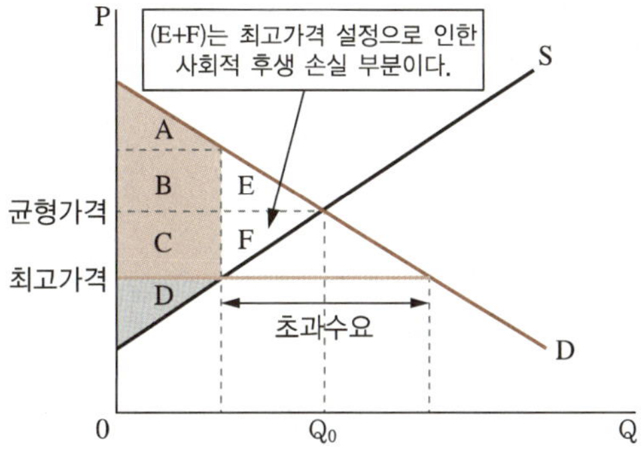

- 소비자들은 시장가격보다 낮은 가격으로 재화를 구입할 수 있다.
- 초과수요가 발생하기 때문에 암시장이 형성되어 균형가격보다 높은 가격으로 거래될 위험이 있다.
- 재화의 품질이 저하될 수 있다.
- 그래프에서 소비자 잉여는 A+B+C, 생산자 잉여는 D, 사회적 후생 손실은 E+F만큼 발생한다.
- 공급의 가격탄력성이 탄력적일수록 사회적 후생 손실이 커진다.

최저가격제

① 개념 : 최저가격제란 공급자를 보호하기 위하여 시장가격보다 높은 수준에서 최저가격을 설정하는 규제를 말한다.

  예 최저임금제

② 특징

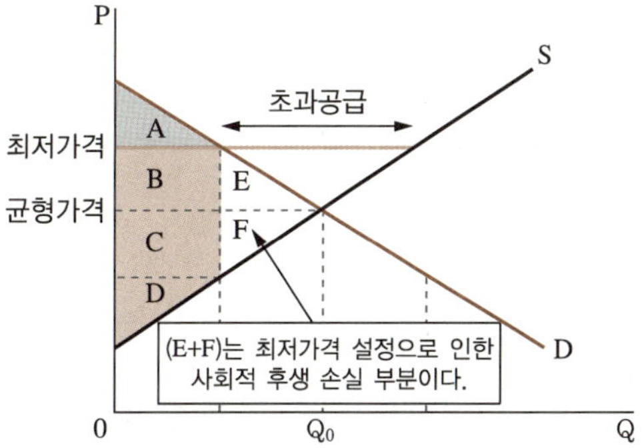

- 최저가격제를 실시하면 생산자는 균형가격보다 높은 가격을 받을 수 있다.
- 소비자의 지불가격이 높아져 소비자의 소비량을 감소시키기 때문에 초과공급이 발생하고, 실업, 재고 누적 등의 부작용이 발생한다.
- 그래프에서 소비자 잉여는 A, 생산자 잉여는 B+C+D, 사회적 후생 손실은 E+F만큼 발생한다.
- 수요의 가격탄력성이 탄력적일수록 사회적 후생 손실이 커진다.

빈출키워드 4 무차별곡선

01 두 재화 X와 Y를 소비하여 효용을 극대화하는 소비자 A의 효용함수는 U=X+2Y이고, X재 가격이 2, Y재 가격이 1이다. X재 가격이 1로 하락할 때 소비량의 변화는?

	X재 소비량	Y재 소비량
①	불변	불변
②	증가	증가
③	감소	증가
④	증가	감소

02 다음 중 재화의 성질 및 무차별곡선에 대한 설명으로 옳지 않은 것은?

① 모든 기펜재(Giffen Goods)는 열등재이다.
② 두 재화가 완전보완재인 경우 무차별곡선은 L자 모형이다.
③ X축에는 홍수를, Y축에는 쌀을 나타내는 경우 무차별곡선은 우하향한다.
④ 두 재화가 대체재인 경우 두 재화 간 교차탄력성은 양(+)의 값을 가진다.

01

정답 ①

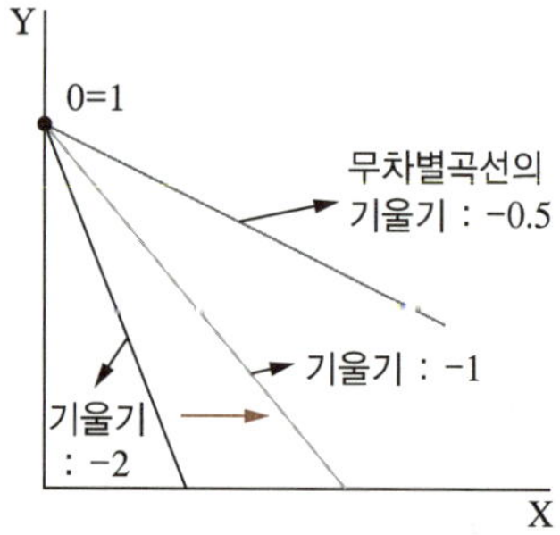

가격이 변하기 전 예산선의 기울기는 −2, 무차별곡선의 기울기는 −0.5이므로 소비자 A는 자신의 소득 전부를 Y재를 구매하는 데에 사용한다. 그런데 X재 가격이 1로 하락하더라도 예산선의 기울기는 −1이므로 여전히 Y재만을 소비하는 것이 효용을 극대화한다. 따라서 가격이 변하더라도 X재와 Y재의 소비량은 변화가 없다.

02

정답 ③

X재가 한계효용이 0보다 작은 비재화이고 Y재가 정상재인 경우, X재의 소비가 증가할 때 효용이 동일한 수준으로 유지되기 위해서는 Y재의 소비가 증가하여야 한다. 따라서 무차별곡선은 우상향의 형태로 도출된다.

이론 더하기

효용함수(Utility Function)

재화소비량과 효용 간의 관계를 함수 형태로 나타낸 것을 의미한다.

무차별곡선(Indifference Curve)

① 개념 : 동일한 수준의 효용을 가져다주는 모든 상품의 묶음을 연결한 궤적을 말한다.

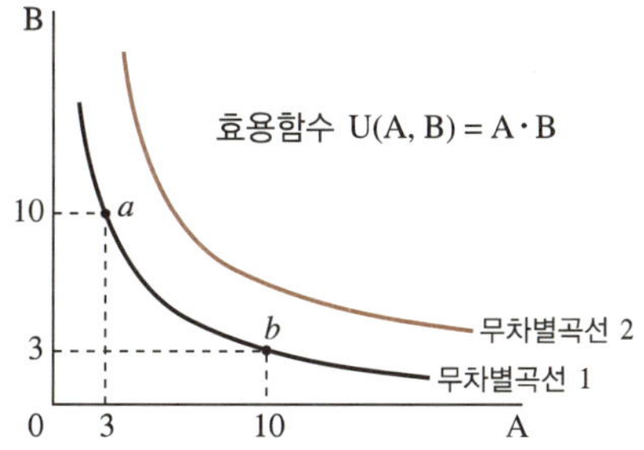

② 무차별곡선의 성질

- A재와 B재 모두 재화라면 무차별곡선은 우하향하는 모양을 갖는다(대체가능성).
- 원점에서 멀어질수록 높은 효용수준을 나타낸다(강단조성).
- 두 무차별곡선은 서로 교차하지 않는다(이행성).
- 모든 점은 그 점을 지나는 하나의 무차별곡선을 갖는다(완비성).
- 원점에 대하여 볼록하다(볼록성).

③ 예외적인 무차별곡선

구분	두 재화가 완전 대체재인 경우	두 재화가 완전 보완재인 경우	두 재화가 모두 비재화인 경우
그래프	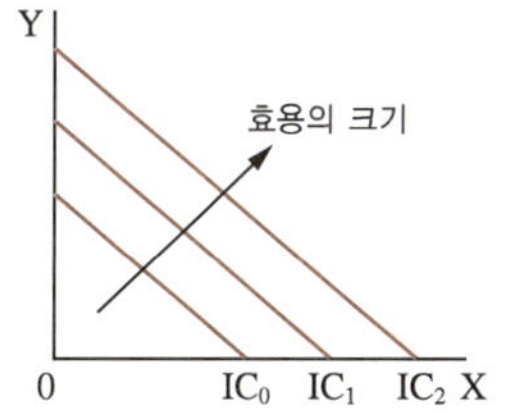	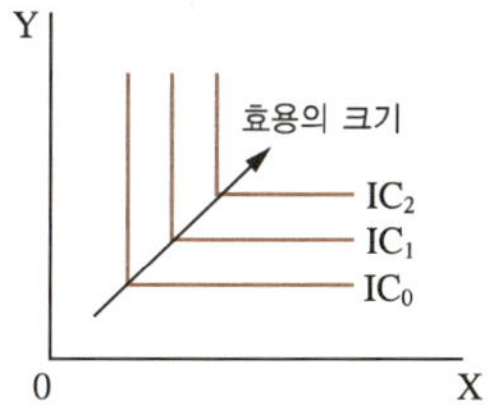	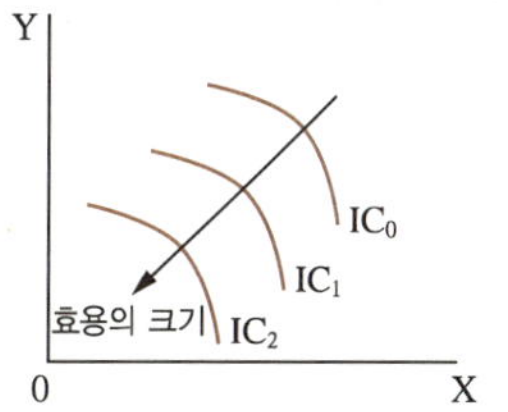
효용함수	$U(X,\ Y)=aX+bY$	$U(X,\ Y)=\min\left(\frac{X}{a},\ \frac{Y}{b}\right)$	$U(X,\ Y)=\frac{1}{X^2+Y^2}$
특징	한계대체율(MRS)이 일정하다.	두 재화의 소비비율이 $\frac{b}{a}$로 일정하다.	X재와 Y재 모두 한계효용이 0보다 작다. ($MU_X<0$, $MU_Y<0$)
사례	(X, Y) =(10원짜리 동전, 50원짜리 동전)	(X, Y) =(왼쪽 양말, 오른쪽 양말)	(X, Y) =(매연, 소음)

소비자균형

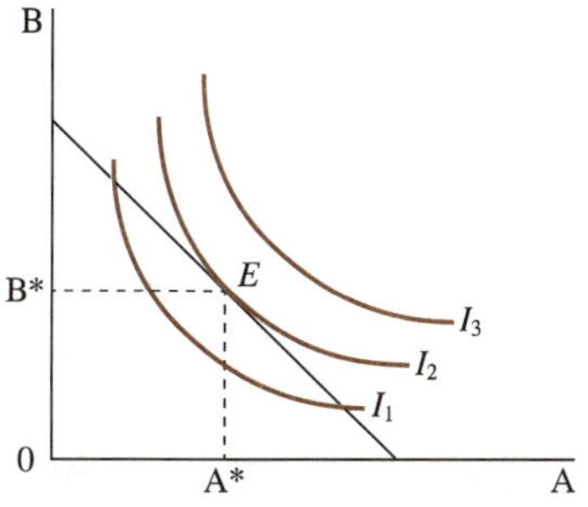

무차별곡선 기울기의 절댓값인 MRS_{AB}, 즉 소비자의 A재와 B재의 주관적인 교환비율과 시장에서 결정된 A재와 B재의 객관적인 교환비율인 상대가격 $\frac{P_A}{P_B}$가 일치하는 점에서 소비자균형이 달성된다(E).

빈출키워드 5 역선택과 도덕적 해이

다음 사례를 역선택(Adverse Selection)과 도덕적 해이(Moral Hazard)의 개념에 따라 바르게 구분한 것은?

> 가. 자동차 보험 가입 후 더 난폭하게 운전한다.
> 나. 건강이 좋지 않은 사람이 민간 의료보험에 더 많이 가입한다.
> 다. 실업급여를 받게 되자 구직 활동을 성실히 하지 않는다.
> 라. 사망 확률이 낮은 건강한 사람이 주로 종신연금에 가입한다.
> 마. 의료보험제도가 실시된 이후 사람들의 의료수요가 현저하게 증가하였다.

	역선택	도덕적 해이
①	가, 나	다, 라, 마
②	나, 라	가, 다, 마
③	다, 마	가, 나, 라
④	나, 다, 라	가, 마

정답 ②

역선택이란 감추어진 특성이 있는 상황에서 정보 수준이 낮은 측이 사전적으로 바람직하지 않은 상대방을 만날 가능성이 높아지는 현상을 의미한다. 반면, 도덕적 해이는 감추어진 행동이 있는 상황에서 어떤 거래 이후에 정보를 가진 측이 바람직하지 않은 행동을 하는 현상을 의미한다. 따라서 나・라는 역선택, 가・다・마는 도덕적 해이에 해당한다.

이론 더하기

역선택(Adverse Selection)

① 개념 : 시장에서 거래를 할 때 경제주체 간 정보 비대칭으로 인하여 부족한 정보를 가지고 있는 쪽이 불리한 선택을 하게 되어 경제적 비효율이 발생하는 상황을 의미한다.

② 사례

- 중고차를 판매하는 사람은 그 차량의 결점에 대해 알지만 구매자는 잘 모르기 때문에 성능이 나쁜 중고차만 거래된다. 즉, 정보의 비대칭성으로 인해 비효율적인 자원 배분 현상이 나타나며, 이로 인해 사회적인 후생 손실이 발생한다.
- 보험사에서 평균적인 사고 확률을 근거로 보험료를 산정하면 사고 발생 확률이 높은 사람이 보험에 가입할 가능성이 큰 것을 의미한다. 이로 인해 평균적인 위험을 기초로 보험금과 보험료를 산정하는 보험회사는 손실을 보게 된다.

③ 해결방안

- 선별(Screening) : 정보를 갖지 못한 사람이 상대방의 정보를 알기 위해 노력하는 것이다.
- 신호 보내기(Signaling) : 정보를 가진 측에서 정보가 없는 상대방에게 자신을 알림으로써 정보의 비대칭을 해결하는 것이다.
- 정부의 역할 : 모든 당사자가 의무적으로 수행하게 하는 강제집행과 정보흐름을 촉진할 수 있는 정보정책 수립 등이 있다.

도덕적 해이(Moral Hazard)

① 개념 : 어떤 계약 거래 이후에 대리인의 감추어진 행동으로 인해 정보격차가 존재하여 상대방의 향후 행동을 예측할 수 없거나 본인이 최선을 다한다 해도 자신에게 돌아오는 혜택이 별로 없는 경우에 발생한다.

② 사례

- 화재보험에 가입하고 나면 화재예방 노력에 따른 편익이 감소하므로 노력을 소홀히 하는 현상이 발생한다.
- 의료보험에 가입하면 병원 이용에 따른 한계비용이 낮아지므로 그 전보다 병원을 더 자주 찾는 현상이 발생한다.
- 금융기관에서 자금을 차입한 이후에 보다 위험이 높은 투자 상품에 투자하는 현상이 발생한다.

③ 해결방안

- 보험회사가 보험자 손실의 일부만을 보상해주는 공동보험제도를 채택한다.
- 금융기관이 기업의 행동을 주기적으로 감시한다(사회이사제도, 감사제도).
- 금융기관은 대출 시 담보를 설정하여 위험이 높은 투자를 자제하도록 한다.

역선택과 도덕적 해이 비교

구분	역선택	도덕적 해이
정보의 비대칭 발생시점	계약 이전	계약 이후
정보의 비대칭 유형	숨겨진 특성	숨겨진 행동
해결 방안	선별, 신호발송, 신용할당, 효율성임금, 평판, 표준화, 정보정책, 강제집행 등	유인설계(공동보험, 기초동제제도, 성과급지급 등), 효율성임금, 평판, 담보설정 등

PART 2

빈출키워드 6 공공재

다음 중 밑줄 친 부분이 나타내는 용어가 바르게 연결된 것은?

> 국방은 한 국가가 현존하는 적국이나 가상의 적국 또는 내부의 침략에 대응하기 위하여 강구하는 다양한 방위활동을 말하는데 이러한 국방은 ㉠ <u>많은 사람들이 누리더라도 다른 사람이 이용할 수 있는 몫이 줄어들지 않는다</u>. 또한 국방비에 대해 ㉡ <u>가격을 지급하지 않는 사람들이 이용하지 못하게 막기가 어렵다</u>. 따라서 국방은 정부가 담당하게 된다.

	㉠	㉡
①	공공재	외부효과
②	배제성	경합성
③	무임승차	비배제성
④	비경합성	비배제성

정답 ④

배제성이란 어떤 특정한 사람이 재화나 용역을 사용하는 것을 막을 수 있는 가능성을 말한다. 반대로 그렇지 못한 경우는 비배제성이 있다고 한다. 경합성이란 재화나 용역을 한 사람이 사용하게 되면 다른 사람의 몫은 그만큼 줄어든다는 것으로 희소성의 가치에 의해 발생하는 경제적인 성격의 문제이다. 일반적으로 접하는 모든 재화나 용역에는 경합성이 있으며, 한 사람이 재화나 용역을 소비해도 다른 사람의 소비를 방해하지 않는다면 비경합성에 해당한다. 따라서 비경합성과 비배제성 모두 동시에 가지고 있는 재화나 용역은 제시문과 같은 국방, 치안 등 공공재가 있다.

이론 더하기

재화의 종류

구분	배제성	비배제성
경합성	**사유재** 예 음식, 옷, 자동차	**공유자원** 예 산에서 나는 나물, 바닷속의 물고기
비경합성	**클럽재(자연 독점 재화)** 예 케이블 TV방송, 전력, 수도	**공공재** 예 국방, 치안

공공재

① 개념 : 모든 사람들이 공동으로 이용할 수 있는 재화 또는 서비스로 비경쟁성과 비배제성이라는 특징을 갖는다.

② 성격

- 비경합성 : 소비하는 사람의 수에 관계없이 모든 사람이 동일한 양을 소비한다. 비경합성에 기인하여 1인 추가 소비에 따른 한계비용은 0이다. 공공재의 경우 양의 가격을 매기는 것은 바람직하지 않음을 의미한다.
- 비배제성(배제불가능성) : 재화 생산에 대한 기여 여부에 관계없이 소비가 가능한 특성을 의미한다.

③ 종류

- 순수 공공재 : 국방, 치안 서비스 등
- 비순수 공공재 : 불완전한 비경합성을 가진 클럽재(혼합재), 지방 공공재

무임승차자 문제

① 공공재는 배제성이 없으므로 효율적인 자원 분배가 이루어지지 않는 현상이 발생할 수 있다. 이로 인해 시장실패가 발생하게 되는데 구체적으로 두 가지 문제를 발생시킨다.

- 무임승차자의 소비로 인한 공공재나 공공 서비스의 공급부족 현상
- 공유자원의 남용으로 인한 사회문제 발생으로 공공 시설물 파괴 또는 환경오염

② 기부금을 통해 공공재를 구입하거나, 공공재를 이용하는 사람에게 일정의 요금을 부담시키는 방법, 국가가 강제로 조세를 거두어 무상으로 공급하는 방법 등으로 해결 가능하다.

공유자원

① 개념 : 소유권이 어느 개인에게 있지 않고, 사회 전체에 속하는 자원이다.

② 종류

- 자연자본 : 공기, 하천, 국가 소유의 땅
- 사회간접자본 : 공공의 목적으로 축조된 항만, 도로

공유지의 비극(Tragedy of Commons)

경합성은 있지만 비배제성은 없는 공유자원의 경우, 공동체 구성원이 자신의 이익에만 따라 행동하여 결국 공동체 전체가 파국을 맞이하게 된다는 이론이다.

빈출키워드 7 GDP, GNP, GNI

01 다음 중 국내총생산(GDP)에 대한 설명으로 옳은 것을 모두 고르면?

ㄱ. 여가가 주는 만족은 삶의 질에 매우 중요한 영향을 미치므로 GDP에 포함된다.
ㄴ. 환경오염으로 파괴된 자연을 치유하기 위해 소요된 지출은 GDP에 포함된다.
ㄷ. 우리나라의 지하경제 규모는 엄청나기 때문에 한국은행은 이를 반영하여 GDP를 측정한다.
ㄹ. 가정주부의 가사노동은 GDP에 불포함되지만 가사도우미의 가사노동은 GDP에 포함된다.

① ㄱ, ㄷ
② ㄱ, ㄹ
③ ㄴ, ㄷ
④ ㄴ, ㄹ

02 다음 중 국민총소득(GNI), 국내총생산(GDP), 국민총생산(GNP)에 대한 설명으로 옳지 않은 것은?

① 명목GNI는 명목GNP와 명목 국외순수취요소소득의 합이다.
② GNI는 한 나라 국민이 국내외 생산활동에 참여한 대가로 받은 소득의 합계이다.
③ 원화표시 GNI에 아무런 변동이 없더라도 환율변동에 따라 달러화표시 GNI는 변동될 수 있다.
④ 실질GDP는 생산활동의 수준을 측정하는 생산지표인 반면, 실질GNI는 생산활동을 통하여 획득한 소득의 실질 구매력을 나타내는 소득지표이다.

01

정답 ④

오답분석

ㄱ. 여가, 자원봉사 등의 활동은 생산활동이 아니므로 GDP에 포함되지 않는다.
ㄷ. GDP는 마약밀수 등의 지하경제를 반영하지 못하는 한계점이 있다.

02

정답 ①

과거에는 국민총생산(GNP)이 소득지표로 사용되었으나 수출품과 수입품의 가격변화에 따른 실질소득의 변화를 제대로 반영하지 못했기 때문에 현재는 국민총소득(GNI)을 소득지표로 사용한다.
반면, 명목GNP는 명목GDP에 국외순수취요소소득을 더하여 계산하는데, 명목GDP는 당해년도 생산량에 당해년도의 가격을 곱하여 계산하므로 수출품과 수입품의 가격변화에 따른 실질소득 변화가 모두 반영된다. 즉, 명목으로 GDP를 집계하면 교역조건변화에 따른 실질무역손익이 0이 된다. 따라서 명목GNP는 명목GNI와 동일하다.

이론 더하기

GDP(국내총생산)

① 정의 : GDP(국내총생산)란 일정기간 한 나라의 국경 안에서 생산된 모든 최종 재화와 서비스의 시장가치를 시장가격으로 평가하여 합산한 것이다.

② GDP의 계산 : 가계소비(C)+기업투자(I)+정부지출(G)+순수출(NX)

※ 순수출(NX) : 수출－수입

③ 명목GDP와 실질GDP

명목GDP	• 당해의 생산량에 당해년도 가격을 곱하여 계산한 GDP이다. • 명목GDP는 물가가 상승하면 상승한다. • 당해년도의 경제활동 규모와 산업구조를 파악하는 데 유용하다.
실질GDP	• 당해의 생산량에 기준년도 가격을 곱하여 계산한 GDP이다. • 실질GDP는 물가의 영향을 받지 않는다. • 경제성장과 경기변동 등을 파악하는 데 유용하다.

④ GDP디플레이터 : $\frac{\text{명목GDP}}{\text{실질GDP}} \times 100$

⑤ 실제GDP와 잠재GDP

실제GDP	• 한 나라의 국경 안에서 실제로 생산된 모든 최종 생산물의 시장가치를 의미한다.
잠재GDP	• 한 나라에 존재하는 노동과 자본 등 모든 생산요소를 정상적으로 사용할 경우 달성할 수 있는 최대 GDP를 의미한다. • 잠재GDP=자연산출량=완전고용산출량

GNP(국민총생산)

① 개념 : GNP(국민총생산)란 일정기간 동안 한 나라의 국민이 소유하는 노동과 자본으로 생산된 모든 최종 생산물의 시장가치를 의미한다.

② GNP의 계산 : GDP+대외순수취요소소득=GDP+(대외수취요소소득－대외지급요소소득)

※ 대외수취요소소득 : 우리나라 기업이나 근로자가 외국에서 일한 대가

※ 대외지급요소소득 : 외국의 기업이나 근로자가 우리나라에서 일한 대가

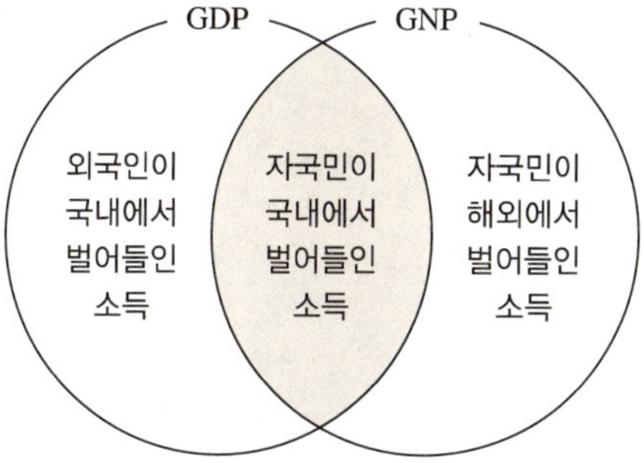

GNI(국민총소득)

① 개념 : 한 나라의 국민이 국내외 생산활동에 참가하거나 생산에 필요한 자산을 제공한 대가로 받은 소득의 합계이다.

② GNI의 계산 : GDP+교역조건변화에 따른 실질무역손익+대외순수취요소소득

=GDP+교역조건변화에 따른 실질무역손익+(대외수취요소소득－대외지급요소소득)

빈출키워드 8 비교우위

다음은 A국과 B국의 2016년과 2024년에 자동차와 TV 생산에 대한 생산가능곡선을 나타내는 자료이다. 이에 대한 설명으로 옳은 것은?

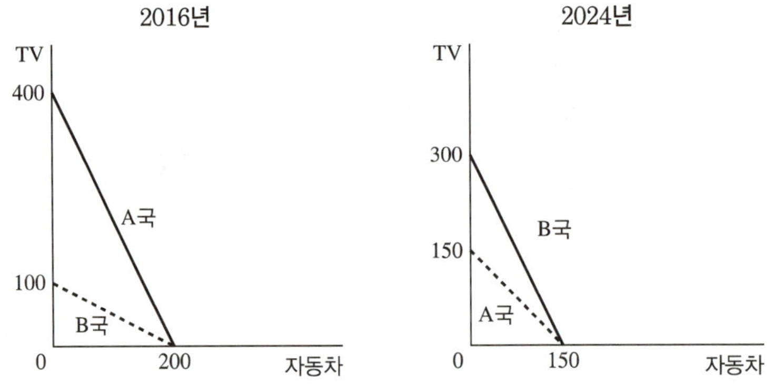

① 2016년의 자동차 수출국은 A국이다.

② B국의 자동차 1대 생산 기회비용은 감소하였다.

③ 두 시점의 생산가능곡선 변화 원인은 생산성 향상 때문이다.

④ 2024년에 자동차 1대가 TV 2대와 교환된다면 무역의 이익은 B국만 갖게 된다.

정답 ③

오답분석

① 2016년에 A국이 자동차 1대를 생산하기 위한 기회비용은 TV 2대이며, B국이 자동차 1대를 생산하기 위한 기회비용은 TV $\frac{1}{2}$대이므로 상대적으로 자동차 생산에 대한 기회비용이 적은 B국에서 자동차를 수출해야 한다.

② 2016년 B국의 자동차 1대 생산에 대한 기회비용은 TV $\frac{1}{2}$대인 반면, 2024년 B국의 자동차 1대 생산에 대한 기회비용은 TV 2대이므로 기회비용은 증가하였다.

④ 2024년에 A국은 비교우위가 있는 자동차 생산에 특화하고, B국은 비교우위가 있는 TV 생산에 특화하여 교환한다. 이 경우 교환 비율이 자동차 1대당 TV 2대이면, B국은 아무런 무역이익을 가지지 못하고, A국만 무역의 이익을 갖는다.

이론 더하기

애덤 스미스의 절대우위론

절대우위론이란 각국이 절대적으로 생산비가 낮은 재화생산에 특화하여 그 일부를 교환함으로써 상호이익을 얻을 수 있다는 이론이다.

리카도의 비교우위론

① 개념

- 비교우위란 교역 상대국보다 낮은 기회비용으로 생산할 수 있는 능력으로 정의된다.
- 비교우위론이란 한 나라가 두 재화생산에 있어서 모두 절대우위에 있더라도 양국이 상대적으로 생산비가 낮은 재화생산에 특화하여 무역을 할 경우 양국 모두 무역으로부터 이익을 얻을 수 있다는 이론이다.
- 비교우위론은 절대우위론의 내용을 포함하고 있는 이론이다.

② 비교우위론의 사례

구분	A국	B국
X재	4명	5명
Y재	2명	5명

- A국이 X재와 Y재 생산에서 모두 절대우위를 갖는다.
- A국은 Y재에, B국은 X재에 비교우위가 있다.

구분	A국	B국
X재 1단위 생산의 기회비용	Y재 2단위	Y재 1단위
Y재 1단위 생산의 기회비용	X재 $\frac{1}{2}$ 단위	X재 1단위

헥셔 – 오린 정리모형(Heckscher–Ohlin Model, H–O Model)

① 개념

- 각국의 생산함수가 동일하더라도 각 국가에서 상품 생산에 투입된 자본과 노동의 비율에 차이가 있으면 생산비의 차이가 발생하게 되고, 각국은 생산비가 적은 재화에 비교우위를 갖게 된다는 정리이다.
- 노동풍부국은 노동집약재, 자본풍부국은 자본집약재 생산에 비교우위가 있다.

② 내용

- A국은 B국에 비해 노동풍부국이고, X재는 Y재에 비해 노동집약재라고 가정할 때 A국과 B국의 생산가능곡선은 아래와 같이 도출된다.

A국의 생산가능곡선	B국의 생산가능곡선
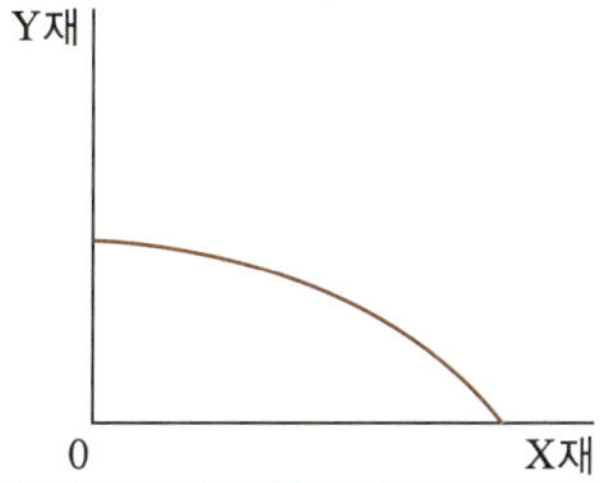	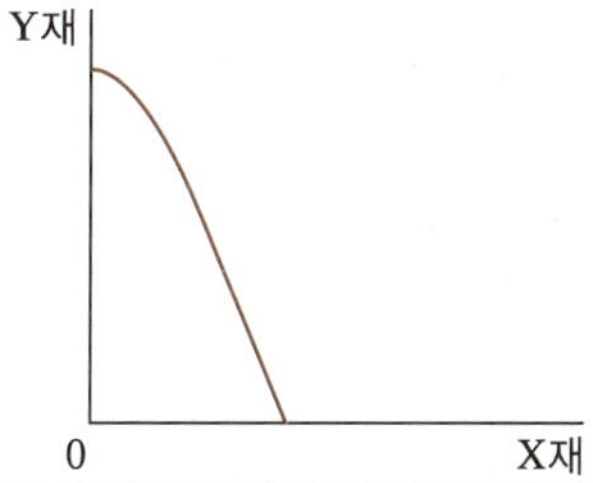

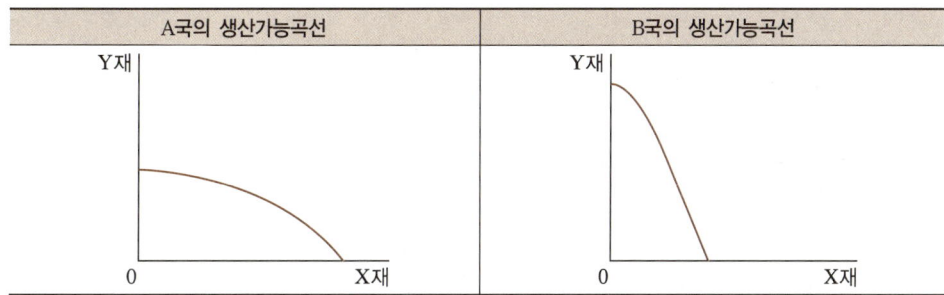

- 헥셔 – 오린 정리에 따르면 A국은 노동이 B국에 비해 상대적으로 풍부하기 때문에 노동집약재인 X재에 비교우위를 가지며, X재를 생산하여 B국에 수출하고 Y재를 수입한다.
- 마찬가지로 B국은 자본이 A국에 비해 상대적으로 풍부하기 때문에 자본집약재인 Y재에 비교우위를 가지고 Y재를 생산하여 A국에 수출하고 X재를 수입한다.

빈출키워드 9 로렌츠 곡선과 지니계수

01 다음 중 소득격차를 나타내는 지표가 아닌 것은?

① 10분위 분배율
② 로렌츠 곡선
③ 지니계수
④ 엥겔지수

02 어느 나라 국민의 50%는 소득이 전혀 없고, 나머지 50%는 모두 소득 100을 균등하게 가지고 있다면 지니계수의 값은 얼마인가?

① 0
② 1
③ $\frac{1}{2}$
④ $\frac{1}{4}$

01

정답 ④

엥겔지수는 전체 소비지출 중에서 식료품비가 차지하는 비중을 표시하는 지표로서 특정 계층의 생활 수준만을 알 수 있다.

02

정답 ③

국민의 50%가 소득이 전혀 없고, 나머지 50%에 해당하는 사람들의 소득은 완전히 균등하게 100씩 가지고 있으므로 로렌츠 곡선은 아래 그림과 같으며 지니계수를 구하는 식은 다음과 같다.

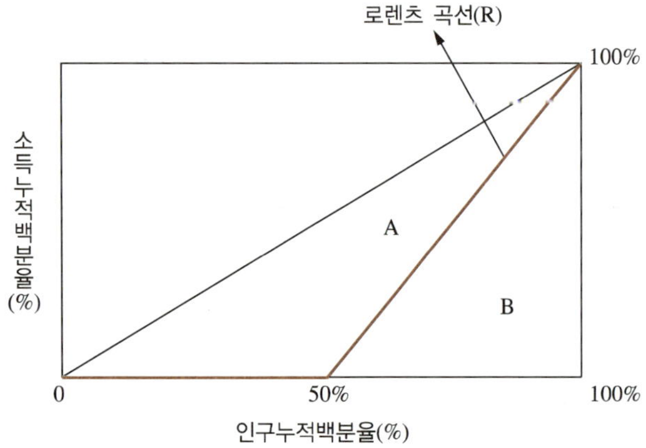

지니계수$=\frac{A}{A+B}=\frac{1}{2}$

따라서 지니계수는 $\frac{1}{2}$이다.

이론 더하기

로렌츠 곡선(Lorenz Curve)

① 개념 및 측정방법

- 인구의 누적점유율과 소득의 누적점유율 간의 관계를 나타내는 곡선이다.
- 로렌츠 곡선은 소득분배가 균등할수록 대각선에 가까워진다. 즉, 로렌츠 곡선이 대각선에 가까울수록 평등한 분배 상태이며, 직각에 가까울수록 불평등한 분배 상태이다.
- 로렌츠 곡선과 대각선 사이 면적의 크기가 불평등도를 나타내는 지표가 된다.

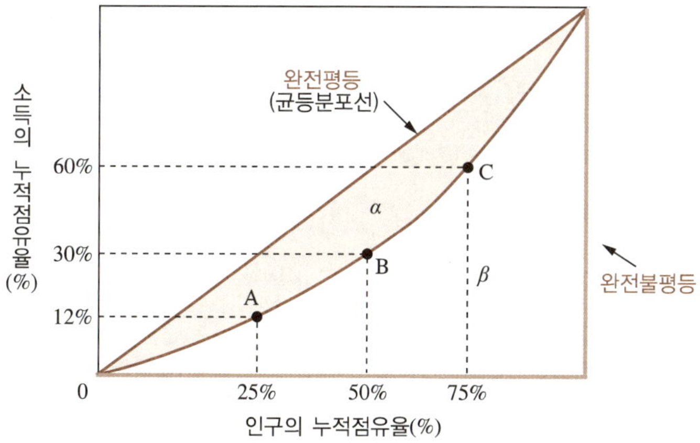

- 로렌츠 곡선상의 점 A는 소득액 하위 25% 인구가 전체 소득의 12%를, 점 B는 소득액 하위 50% 인구가 전체 소득의 30%를, 점 C는 소득액 하위 75% 인구가 전체 소득의 60%를 점유하고 있음을 의미한다.

② 평가

- 로렌츠 곡선이 서로 교차하는 경우에는 소득분배상태를 비교할 수 없다.
- 소득별 분배상태를 한눈에 볼 수 있으나, 비교하고자 하는 수만큼 그려야 하는 단점이 있다.

지니계수

① 개념 및 측정방법

- 지니계수란 로렌츠 곡선이 나타내는 소득분배상태를 하나의 숫자로 나타낸 것을 말한다.
- 지니계수는 완전균등분포선과 로렌츠 곡선 사이에 해당하는 면적(α)을 완전균등분포선 아래의 삼각형 면적($\alpha+\beta$)으로 나눈 값이다.
- 지니계수는 $0 \sim 1$ 사이의 값을 나타내며, 그 값이 작을수록 소득분배가 균등함을 의미한다.
- 즉, 소득분배가 완전히 균등하면 $\alpha=0$이므로 지니계수는 0이 되고, 소득분배가 완전히 불균등하면 $\beta=0$이므로 지니계수는 1이 된다.

② 평가

- 지니계수는 전 계층의 소득분배를 하나의 숫자로 나타내므로 특정 소득계층의 소득분배상태를 나타내지 못한다는 한계가 있다.
- 특정 두 국가의 지니계수가 동일하더라도 소득구간별 소득격차의 차이가 모두 동일한 것은 아니며, 전반적인 소득분배의 상황만을 짐작하게 하는 한계가 있다.

빈출키워드 10 파레토 효율성

다음 중 상품시장을 가정할 때, 완전경쟁시장의 균형점이 파레토 효율적인 이유로 옳지 않은 것은?

① 완전경쟁시장 균형점에서 가장 사회적 잉여가 크기 때문이다.
② 완전경쟁시장 균형점에서 사회적 형평성이 극대화되기 때문이다.
③ 완전경쟁시장 균형점에서 소비자는 효용 극대화, 생산자는 이윤 극대화를 달성하기 때문이다.
④ 완전경쟁시장 균형점에서 재화 한 단위 생산에 따른 사회적 한계편익과 사회적 한계비용이 같기 때문이다.

정답 ②

파레토 효율성이란 하나의 자원배분 상태에서 다른 사람에게 손해가 가지 않고서는 어떤 한 사람에게 이득이 되는 변화를 만들어내는 것이 불가능한 배분 상태를 의미한다. 즉, 파레토 효율성은 현재보다 더 효율적인 배분이 불가능한 상태를 의미한다. 따라서 완전경쟁시장의 균형점에서는 사회적 효율이 극대화되지만, 파레토 효율적이라고 하여 사회 구성원 간에 경제적 후생을 균등하게 분배하는 것은 아니기 때문에 사회적 형평성이 극대화되지는 않는다.

이론 더하기

파레토 효율성

파레토 효율(=파레토 최적)이란 하나의 자원배분상태에서 다른 어떤 사람에게 손해가 가지 않고서는 어떤 한 사람에게 이득이 되는 변화를 만들어 내는 것이 불가능한 상태, 즉 더 이상의 파레토 개선이 불가능한 자원배분 상태를 말한다.

소비에서의 파레토 효율성

① 생산물시장이 완전경쟁시장이면 개별소비자들은 가격수용자이므로 두 소비자가 직면하는 예산선의 기울기$\left(-\frac{P_X}{P_Y}\right)$는 동일하다.

② 예산선의 기울기가 동일하므로 두 개인의 무차별곡선 기울기도 동일하다.

$MRS^A{}_{XY} = MRS^B{}_{XY}$

③ 그러므로 생산물시장이 완전경쟁이면 소비에서의 파레토 효율성 조건이 충족된다.

④ 계약곡선상의 모든 점에서 파레토 효율이 성립하고, 효용곡선상의 모든 점에서 파레토 효율이 성립한다.

생산에서의 파레토 효율성

① 생산요소시장이 완전경쟁이면 개별생산자는 가격수용자이므로 두 재화가 직면하는 등비용선의 기울기$\left(-\frac{w}{r}\right)$가 동일하다.

② 등비용선의 기울기가 동일하므로 두 재화의 등량곡선의 기울기도 동일하다.

$MRS^X{}_{LK} = MRS^Y{}_{LK}$

③ 그러므로 생산요소시장이 완전경쟁이면 생산에서의 파레토 효율성 조건이 충족된다.

④ 생산가능곡선이란 계약곡선을 재화공간으로 옮겨 놓은 것으로 생산가능곡선상의 모든 점에서 파레토 효율이 이루어진다.

⑤ 한계변환율은 X재의 생산량을 1단위 증가시키기 위하여 감소시켜야 하는 Y재의 수량으로 생산가능곡선 접선의 기울기이다.

종합적인 파레토 효율성

시장구조가 완전경쟁이면 소비자의 효용극대화와 생산자의 이윤극대화 원리에 의해 종합적인 파레토 효율성 조건이 성립한다.

$$MRS_{XY} = \frac{M_X}{M_Y} = \frac{P_X}{P_Y} = \frac{MC_X}{MC_Y} = MRT_{XY}$$

파레토 효율성의 한계

① 파레토 효율성 조건을 충족하는 점은 무수히 존재하기 때문에 그중 어떤 점이 사회적으로 가장 바람직한지 판단하기 어렵다.

② 파레토 효율성은 소득분배의 공평성에 대한 기준을 제시하지 못한다.

빈출키워드 11 실업

01 다음 대화에서 밑줄 친 부분에 해당하는 사례로 옳은 것은?

> 선생님 : 실업에는 어떤 종류가 있는지 한번 말해볼까?
> 학생 : 네, 선생님. 실업은 발생하는 원인에 따라 <u>경기적 실업</u>과 계절적 실업 그리고 구조적 실업과 마찰적 실업으로 분류할 수 있습니다.

① 총수요의 부족으로 실업이 발생하였다.
② 더 나은 직업을 탐색하기 위해 기존에 다니던 직장을 그만두었다.
③ 남해바다 해수욕장의 수영 강사들이 겨울에 일자리가 없어서 쉬고 있다.
④ 산업구조가 제조업에서 바이오기술산업으로 재편되면서 대량실업이 발생하였다.

02 다음 중 빈칸 ㉠~㉣에 들어갈 용어가 바르게 짝지어진 것은?

> ___㉠___ : 구직활동 과정에서 일시적으로 실업상태에 놓이는 것을 의미한다.
> ___㉡___ : 한 나라의 산출량과 실업 사이에서 관찰되는 안정적인 음(−)의 상관관계가 존재한다는 것을 의미한다.
> ___㉢___ : 실업이 높은 수준으로 올라가고 나면 경기확장정책을 실시하더라도 다시 실업률이 감소하지 않는 경향을 의미한다.
> ___㉣___ : 경기침체로 인한 총수요의 부족으로 발생하는 실업이다.

	㉠	㉡	㉢	㉣
①	마찰적 실업	오쿤의 법칙	이력현상	경기적 실업
②	마찰적 실업	경기적 실업	오쿤의 법칙	구조적 실업
③	구조적 실업	이력현상	경기적 실업	마찰적 실업
④	구조적 실업	이력현상	오쿤의 법칙	경기적 실업

01

정답 ①

경기적 실업이란 경기침체로 인한 총수요의 부족으로 발생하는 실업이다. 따라서 경기적 실업을 감소시키기 위해서는 총수요를 확장시켜 경기를 활성화시키는 경제안정화정책이 필요하다.

오답분석

② 마찰적 실업
③ 계절적 실업
④ 구조적 실업

02

정답 ①

㉠ 마찰적 실업이란 직장을 옮기는 과정에서 일시적으로 실업상태에 놓이는 것을 의미하며, 자발적 실업으로서 완전고용상태에서도 발생한다.

㉡ 오쿤의 법칙이란 한 나라의 산출량과 실업 간에 경험적으로 관찰되는 안정적인 음(−)의 상관관계가 존재한다는 것을 의미한다.

㉢ 이력현상이란 경기침체로 인해 한번 높아진 실업률이 일정기간이 지난 이후에 경기가 회복되더라도 낮아지지 않고 계속 일정한 수준을 유지하는 현상을 의미한다.

㉣ 경기적 실업이란 경기침체로 유효수요가 부족하여 발생하는 실업을 의미한다.

이론 더하기

실업

① 실업이란 일할 의사와 능력을 가진 사람이 일자리를 갖지 못한 상태를 의미한다.
② 실업은 자발적 실업과 비자발적 실업으로 구분된다.
③ 자발적 실업에는 마찰적 실업이 포함되고, 비자발적 실업에는 구조적·경기적 실업이 포함된다.

마찰적 실업(Frictional Unemployment)

① 노동시장의 정보불완전성으로 노동자들이 구직하는 과정에서 발생하는 자발적 실업을 말한다.
② 마찰적 실업의 기간은 대체로 단기이므로 실업에 따르는 고통은 크지 않다.
③ 마찰적 실업을 감소시키기 위해서는 구인 및 구직 정보를 적은 비용으로 찾을 수 있는 제도적 장치를 마련하여 경제적·시간적 비용을 줄여주어야 한다.

구조적 실업(Structural Unemployment)

① 경제가 발전하면서 산업구조가 변화하고 이에 따라 노동수요 구조가 변함에 따라 발생하는 실업을 말한다.
② 기술발전과 지식정보화 사회 등에 의한 산업구조 재편이 수반되면서 넓은 지역에서 동시에 발생하는 실업이다.
③ 구조적 실업을 감소시키기 위해서는 직업훈련, 재취업교육 등 인력정책이 필요하다.

경기적 실업(Cyclical Unemployment)

① 경기침체로 인한 총수요의 부족으로 발생하는 실업이다.
② 경기적 실업을 감소시키기 위해서는 총수요를 확장시켜 경기를 활성화시키는 경제안정화정책이 필요하다.
③ 한편, 실업보험제도나 고용보험제도도 경기적 실업을 해소하기 위한 좋은 대책이다.

실업관련지표

① 경제활동참가율
- 생산가능인구 중에서 경제활동인구가 차지하는 비율을 나타낸다.
- $\text{경제활동참가율(\%)} = \frac{\text{경제활동인구}}{\text{생산가능인구}} \times 100 = \frac{\text{경제활동인구}}{\text{경제활동인구} + \text{비경제활동인구}} \times 100$

② 실업률
- 경제활동인구 중에서 실업자가 차지하는 비율을 나타낸다.
- $\text{실업률(\%)} = \frac{\text{실업자 수}}{\text{경제활동인구}} \times 100 = \frac{\text{실업자 수}}{\text{취업자 수} + \text{실업자 수}} \times 100$
- 정규직의 구분 없이 모두 취업자로 간주하므로 고용의 질을 반영하지 못한다.

③ 고용률
- 생산가능인구 중에서 취업자가 차지하는 비율로 한 경제의 실질적인 고용창출능력을 나타낸다.
- $\text{고용률(\%)} = \frac{\text{취업자 수}}{\text{생산가능인구}} \times 100 = \frac{\text{취업자 수}}{\text{경제활동인구} + \text{비경제활동인구}} \times 100$

빈출키워드 12 인플레이션

01 다음 중 인플레이션을 억제하기 위해 중앙은행이 주로 쓰는 정책은?

① 콜금리 목표 조정
② 지급준비율 조정
③ 공개시장 조작
④ 공공투자 정책

02 다음 글에 나타난 현상에 대한 설명으로 옳지 않은 것은?

> 베네수엘라의 중앙은행은 지난해 물가가 무려 9,586% 치솟았다고 발표했다. 그야말로 살인적인 물가 폭등이다. 베네수엘라는 한때 1위 산유국으로 부유했던 국가 중 하나였다. 이를 바탕으로 베네수엘라의 대통령이었던 니콜라스 마두로 대통령은 국민들에게 무상 혜택을 강화하겠다는 정책을 발표하고, 부족한 부분은 국가의 돈을 찍어 국민 생활의 많은 부분을 무상으로 전환했다. 그러나 2010년 원유의 가격이 바닥을 치면서 무상복지로 제공하던 것들을 유상으로 전환했고, 이에 따라 급격히 물가가 폭등하여 현재 돈의 가치가 없어지는 상황까지 왔다. 베네수엘라에서 1,000원 짜리 커피를 한 잔 마시려면 150만 원을 지불해야 하며, 한 달 월급으로 계란 한 판을 사기 어려운 수준에 도달했다. 이를 견디지 못한 베네수엘라 국민들은 자신의 나라를 탈출하고 있으며, 정부는 화폐개혁을 예고했다.

① 전쟁이나 혁명 등 사회가 크게 혼란한 상황에서 나타난다.
② 화폐 액면 단위를 변경시키는 디노미네이션으로 쉽게 해소된다.
③ 상품의 퇴장 현상이 나타나며 경제는 물물교환에 의해 유지된다.
④ 정부가 재정 확대 정책을 장기간 지속했을 때도 이런 현상이 나타난다.

01

정답 ③

공개시장 조작은 중앙은행이 공개된 시장에서 통안채(통화안정증권)나 RP(환매조건부 채권, 한국은행이 나중에 다시 사들일 것을 약속하고 시중은행에 판매하는 채권)를 팔아서 통화량이나 금리를 조절하는 것을 말한다.

02

정답 ②

제시문은 하이퍼인플레이션에 대한 설명으로, 하이퍼인플레이션은 대부분 전쟁이나 혁명 등 사회가 크게 혼란한 상황 또는 정부가 재정을 지나치게 방만하게 운용해 통화량을 대규모로 공급할 때 발생한다. 한편, 디노미네이션은 화폐의 가치를 유지하면서 액면 단위만 줄이는 화폐개혁 방법으로 화폐를 바꾸는 데 많은 비용이 소요되고, 시스템이나 사람들이 적응하는 데 많은 시간이 필요하기 때문에 효과는 서서히 발생한다.

이론 더하기

물가지수

① 개념 : 물가의 움직임을 구체적으로 측정한 지표로서 일정 시점을 기준으로 그 이후의 물가변동을 백분율(%)로 표시한다.

② 물가지수의 계산 : $\frac{\text{비교 시의 물가수준}}{\text{기준 시의 물가수준}} \times 100$

③ 물가지수의 종류
- 소비자물가지수(CPI) : 가계의 소비생활에 필요한 재화와 서비스의 소매가격을 기준으로 환산한 물가지수로서 라스파이레스 방식으로 통계청에서 작성한다.
- 생산자물가지수(PPI) : 국내시장의 제1차 거래단계에서 기업 상호 간에 거래되는 모든 재화와 서비스의 평균적인 가격변동을 측정한 물가지수로서 라스파이레스 방식으로 한국은행에서 작성한다.
- GDP디플레이터 : 명목GNP를 실질가치로 환산할 때 사용하는 물가지수로서 GNP를 추계하는 과정에서 산출된다. 가장 포괄적인 물가지수로서 사후적으로 계산되며 파셰방식으로 한국은행에서 작성한다.

인플레이션

① 개념 : 물가수준이 지속적으로 상승하여 화폐가치가 하락하는 현상을 말한다.

② 인플레이션의 발생원인

구분	수요견인 인플레이션	비용인상 인플레이션
고전학파	통화공급(M)의 증가	통화주의는 물가수준에 대한 적응적 기대를 하는 과정에서 생긴 현상으로 파악
통화주의 학파		
케인스 학파	정부지출 증가, 투자 증가 등 유효수요 증가와 통화량 증가	임금인상 등의 부정적 공급충격

③ 인플레이션의 경제적 효과
- 예상치 못한 인플레이션은 채권자에서 채무자에게로 소득을 재분배하며, 고정소득자와 금융자산을 많이 보유한 사람에게 불리하게 작용한다.
- 인플레이션은 물가수준의 상승을 의미하므로 수출재의 가격이 상승하여 경상수지를 악화시킨다.
- 인플레이션은 실물자산에 대한 선호를 증가시켜 저축이 감소하고 자본축적을 저해해 경제의 장기적인 성장가능성을 저하시킨다.

④ 인플레이션의 종류
- 하이퍼인플레이션 : 인플레이션의 범위를 초과하여 경제학적 통제를 벗어난 인플레이션이다.
- 스태그플레이션 : 경기침체기에서의 인플레이션으로, 저성장 고물가의 상태이다.
- 애그플레이션 : 농산물 상품의 가격 급등으로 일반 물가도 덩달아 상승하는 현상이다.
- 보틀넥인플레이션 : 생산요소의 일부가 부족하여, 생산의 증가속도가 수요의 증가속도를 따르지 못해 발생하는 물가상승 현상이다.
- 디맨드풀인플레이션 : 초과수요로 인하여 일어나는 인플레이션이다.
- 디스인플레이션 : 인플레이션을 극복하기 위해 통화증발을 억제하고 재정·금융긴축을 주축으로 하는 경제조정정책이다.

빈출키워드 13 게임이론

01 **다음 중 게임이론에 대한 설명으로 옳지 않은 것은?**

① 순수전략들로만 구성된 내쉬균형이 존재하지 않는 게임도 있다.

② 죄수의 딜레마 게임에서 두 용의자 모두가 자백하는 것은 우월전략균형이면서 동시에 내쉬균형이다.

③ 우월전략이란 상대 경기자들이 어떤 전략들을 사용하든지 상관없이 자신의 전략들 중에서 항상 가장 낮은 보수를 가져다주는 전략을 말한다.

④ 참여자 모두에게 상대방이 어떤 전략을 선택하는가에 관계없이 자신에게 더 유리한 결과를 주는 전략이 존재할 때 그 전략을 참여자 모두가 선택하면 내쉬균형이 달성된다.

02 **양씨네 가족은 주말에 여가 생활을 하기로 했다. 양씨 부부는 영화 관람을 원하고, 양씨 자녀들은 놀이동산에 가고 싶어 한다. 하지만 부부와 자녀들은 모두 따로 여가 생활을 하는 것보다는 함께 여가 생활을 하는 것을 더 선호한다. 다음 중 이 사례의 내쉬균형은?(내쉬전략이란 상대방의 전략이 정해져 있을 때 자신의 이익을 극대화시키는 전략을 말하며, 내쉬균형이란 어느 누구도 이러한 전략을 변경할 유인이 없는 상태를 말한다)**

ㄱ. 가족 모두 영화를 관람한다.
ㄴ. 가족 모두 놀이동산에 놀러간다.
ㄷ. 부부는 영화를 관람하고, 자녀들은 놀이동산에 놀러간다.
ㄹ. 부부는 놀이동산에 놀러가고, 자녀들은 영화를 관람한다.

① ㄱ
② ㄴ
③ ㄷ
④ ㄱ, ㄴ

01

정답 ③

우월전략은 상대방의 전략에 관계없이 항상 자신의 보수가 가장 크게 되는 전략을 말한다.

02

정답 ④

부모가 영화를 관람한다고 가정할 때 자녀들이 놀이동산에 놀러가기로 결정할 경우 따로 여가 생활을 해야 하므로 자녀들의 이익은 극대화되지 않는다. 마찬가지로 자녀들이 놀이동산에 놀러가기로 결정할 때 부부가 영화를 관람하기로 결정한다면 부부의 이익도 역시 극대화되지 않는다. 따라서 가족 모두가 영화를 관람하거나 놀이동산에 놀러갈 때 내쉬균형이 달성된다.

이론 더하기

게임이론

한 사람이 어떤 행동을 취하기 위해서 상대방이 그 행동에 어떻게 대응할지 미리 생각해야 하는 전략적인 상황(Strategic Situation)하에서 자기의 이익을 효과적으로 달성하는 의사결정과정을 분석하는 이론을 말한다.

우월전략균형

① 개념
- 우월전략이란 상대방의 전략에 상관없이 자신의 전략 중 자신의 보수를 극대화하는 전략이다.
- 우월전략균형은 경기자들의 우월전략의 배합을 말한다.
  예 A의 우월전략(자백), B의 우월전략(자백) → 우월전략균형(자백, 자백)

② 평가
- 각 경기자의 우월전략은 비협조전략이다.
- 각 경기자의 우월전략배합이 열위전략의 배합보다 파레토 열위상태이다.
- 자신만이 비협조전략(이기적인 전략)을 선택하는 경우, 보수가 증가한다.
- 효율적 자원배분은 협조전략하에 나타난다.
- 각 경기자가 자신의 이익을 극대화하는 행동이 사회적으로 바람직한 자원배분을 실현하는 것은 아니다(개인적 합리성이 집단적 합리성을 보장하지 못한다).

내쉬균형(Nash Equilibrium)

① 개념 및 특징
- 내쉬균형이란 상대방의 전략을 주어진 것으로 보고 자신의 이익을 극대화하는 전략을 선택할 때 이 최적전략의 짝을 내쉬균형이라 한다. 내쉬균형은 존재하지 않을 수도, 복수로 존재할 수도 있다.
- ‘유한한 경기자’와 ‘유한한 전략’의 틀을 가진 게임에서 혼합전략을 허용할 때 최소한 하나 이상의 내쉬균형이 존재한다.
- 우월전략균형은 반드시 내쉬균형이나, 내쉬균형은 우월전략균형이 아닐 수 있다.

② 사례
- 내쉬균형이 존재하지 않는 경우

A \ B	T	H
T	3, 2	1, 3
H	1, 1	3, −1

- 내쉬균형이 1개 존재하는 경우(자백, 자백)

A \ B	자백	부인
자백	−5, −5	−1, −10
부인	−10, −1	−2, −2

- 내쉬균형이 2개 존재하는 경우(야구, 야구) (영화, 영화)

A \ B	야구	영화
야구	3, 2	1, 1
영화	1, 1	2, 3

③ 한계점
- 경기자 모두 소극적 추종자로 행동하거나 적극적으로 행동할 때의 균형을 설명하지 못한다.
- 순차게임을 설명하지 못한다.
- 협력의 가능성이 없으며 협력의 가능성이 있는 게임을 설명하지 못한다.

CHAPTER

02 경제 기출응용문제

정답 및 해설 p.045

Easy

01 **다음 중 도덕적 해이와 역선택에 대한 설명으로 옳지 않은 것은?**

① 도덕적 해이를 판단하기 위해 스크리닝 등을 활용한다.

② 도덕적 해이는 계약이 이루어진 이후에 발생하는 문제이다.

③ 역선택은 정보가 부족한 쪽이 불리한 선택을 하는 것을 의미한다.

④ 정부가 직접 공공인증 등을 실시할 경우 역선택 문제가 완화될 수 있다.

02 **다음 중 수요의 가격탄력성에 대한 설명으로 옳지 않은 것은?**

① 가격탄력성이 0보다 크면 탄력적이라고 할 수 있다.

② 분모는 상품가격의 변화량을 상품가격으로 나눈 값이다.

③ 대체재가 많을수록, 수요의 가격탄력성은 탄력적이 된다.

④ 수요의 가격탄력성은 가격의 변화에 따른 수요의 변화를 의미한다.

03 **다음 중 선도계약에 대한 설명으로 옳지 않은 것은?**

① 선도계약은 만기일에만 결제가 가능하다.

② 통화 선도계약은 환위험을 줄이기 위한 수단으로 주로 사용된다.

③ 통화 선도계약은 통화 스와프에 비해 수익과 손실의 범위가 크다.

④ 선도계약의 가격은 만기일 당일 현물가격의 기댓값에 따라 결정된다.

Hard

04 S국은 4개의 기업이 자동차 시장을 동일하게 점유하고 있다. 완전경쟁시장의 수요곡선은 P=10-Q, 각 기업의 한계비용은 6으로 고정되어 있다. 4개의 기업이 합병을 통해 하나의 독점기업이 되면 한계비용은 2로 낮아진다. 합병기업이 독점 가격을 설정할 경우, 독점시장에서의 생산량은 얼마인가?

① 10
② 8
③ 6
④ 4

05 다음에서 설명하는 경제이론과 관련 있는 것은?

> 1980년대 말 버블경제의 붕괴 이후 지난 10여 년간 일본은 장기침체를 벗어나지 못하고 있다. 이에 대한 대책의 하나로 일본 정부는 극단적으로 이자율을 낮추고 사실상 제로금리정책을 시행하고 있으나, 투자 및 소비의 활성화 등 의도했던 수요확대 효과가 전혀 나타나지 않고 있다.

① 화폐 환상
② 유동성 함정
③ 구축 효과
④ J커브 효과

06 다음 중 통화정책과 재정정책에 대한 설명으로 옳지 않은 것은?

① 경제가 유동성 함정에 빠져 있을 경우에는 통화정책보다는 재정정책이 효과적이다.
② 전통적인 케인스 경제학자들은 통화정책이 재정정책보다 더 효과적이라고 주장했다.
③ 재정정책과 통화정책을 적절히 혼합하여 사용하는 것을 정책혼합(Policy Mix)이라고 한다.
④ 화폐공급의 증가가 장기에서 물가만을 상승시킬 뿐 실물변수에는 아무런 영향을 미치지 못하는 현상을 화폐의 장기중립성이라고 한다.

07 다음 〈보기〉에서 물가수준에서 총수요곡선을 오른쪽으로 이동시키는 원인을 모두 고르면?

> 보기
>
> ㄱ. 개별소득세 인하
> ㄴ. 장래경기에 대한 낙관적인 전망
> ㄷ. 통화량 감소에 따른 이자율 상승
> ㄹ. 해외경기 침체에 따른 순수출의 감소

① ㄱ, ㄴ
② ㄴ, ㄷ
③ ㄷ, ㄹ
④ ㄱ, ㄴ, ㄷ

Easy

08 다음 중 완전경쟁산업 내의 한 개별기업에 대한 설명으로 옳지 않은 것은?

① 한계수입은 시장가격과 일치한다.

② 이 개별기업이 직면하는 수요곡선은 우하향한다.

③ 시장가격보다 높은 가격을 책정하면 시장점유율은 없다.

④ 이윤극대화 생산량에서는 시장가격과 한계비용이 일치한다.

09 다음 중 소규모 개방경제에서 국내 생산자들을 보호하기 위해 X재의 수입에 대하여 관세를 부과할 때의 설명으로 옳은 것은?(단, X재에 대한 국내 수요곡선은 우하향하고 국내 공급곡선은 우상향한다)

① X재의 국내 생산이 감소한다.

② 국내 소비자잉여가 증가한다.

③ 관세부과로 인한 경제적 손실 크기는 X재에 대한 수요와 공급의 가격탄력성과 관계없다.

④ X재에 대한 수요와 공급의 가격탄력성이 낮을수록 관세부과로 인한 자중손실이 작아진다.

10 기업은 가격차별을 통해 보다 많은 이윤을 획득하고자 한다. 다음 중 기업이 가격차별을 할 수 있는 환경이 아닌 것은?

① 제품의 재판매가 용이하다.

② 소비자들의 특성이 다양하다.

③ 기업의 독점적 시장지배력이 높다.

④ 분리된 시장에서 수요의 가격탄력성이 서로 다르다.

11 다음 중 소비이론에 대한 설명으로 옳은 것은?

① 한계저축성향과 평균저축성향의 합은 언제나 1이다.

② 절대소득가설에 따르면 소비는 현재의 처분가능소득으로 결정된다.

③ 생애주기가설에 따르면 소비는 일생 동안의 소득을 염두에 두고 결정되는 것은 아니다.

④ 항상소득가설에 따르면 호황기에 일시적으로 소득이 증가할 때는 소비가 늘지 않지만 불황기에 일시적으로 소득이 감소할 때는 종전보다 소비가 줄어든다.

12 다음 화폐발행이득(Seigniorage)에 대한 〈보기〉의 설명 중 옳은 것을 모두 고르면?

보기

ㄱ. 정부가 화폐공급량 증가를 통해 얻게 되는 추가적 재정수입을 가리킨다.
ㄴ. 화폐라는 세원에 대해 부과하는 조세와 같다는 뜻에서 인플레이션 조세라 부른다.
ㄷ. 화폐공급량 증가로 인해 생긴 인플레이션이 민간이 보유하는 화폐자산의 실질가치를 떨어뜨리는 데서 나온다.

① ㄱ
② ㄴ
③ ㄱ, ㄷ
④ ㄱ, ㄴ, ㄷ

PART 2

Easy

13 다음은 A국 노동자와 B국 노동자가 각각 동일한 기간에 생산할 수 있는 쌀과 옷의 양을 나타낸 자료이다. 리카도의 비교우위에 따른 설명으로 옳지 않은 것은?(단, 노동이 유일한 생산요소이다)

구분	A국	B국
쌀(섬)	5	4
옷(벌)	5	2

① A국은 쌀을 수출하고 옷을 수입한다.
② A국의 쌀 1섬 생산의 기회비용은 옷 1벌이다.
③ B국의 옷 1벌 생산의 기회비용은 쌀 2섬이다.
④ 쌀과 옷 생산 모두 A국의 노동생산성이 B국보다 더 크다.

14 다음 중 리카도의 대등정리가 성립하는 경우로 옳은 것은?

① 조세징수가 국채발행보다 더 효과적인 재원조달방식이다.
② 정부가 발행한 국채는 민간의 순자산을 증가시키지 않는다.
③ 조세감면으로 재정적자가 발생하면 민간의 저축이 감소한다.
④ 조세감면으로 발생한 재정적자를 국채발행을 통해 보전하면 이자율이 상승한다.

15 다음 중 통화승수에 대한 설명으로 옳지 않은 것은?

① 통화승수는 법정지급준비율을 낮추면 커진다.
② 통화승수는 이자율 상승으로 요구불예금이 증가하면 작아진다.
③ 통화승수는 은행들이 지급준비금을 더 많이 보유할수록 작아진다.
④ 통화승수는 대출을 받은 개인과 기업들이 더 많은 현금을 보유할수록 작아진다.

CHAPTER 03

경영

빈출키워드 1 기업의 형태

01 **다음 중 회사법상 분류한 회사에 대한 설명으로 옳지 않은 것은?**

① 모든 손실에 대해 책임을 지는 사원을 유한책임사원이라고 한다.

② 변호사나 회계사들이 모여 설립한 법무법인, 회계법인은 합명회사라 볼 수 있다.

③ 유한회사, 유한책임회사는 모두 유한책임사원으로만 구성되므로 자금조달이 편리하다.

④ 회사의 경영은 무한책임사원이 하고 유한책임사원은 자본을 제공하여 사업이익의 분배에 참여하는 회사형태를 합자회사라고 한다.

02 **다음에서 설명하는 우리나라 상법상의 회사는?**

- 유한책임사원으로만 구성
- 청년 벤처 창업에 유리
- 사적 영역을 폭넓게 인정

① 합명회사 ② 합자회사

③ 유한책임회사 ④ 유한회사

01

정답 ①

무한책임사원에 대한 설명이다. 유한책임사원은 회사의 채무에 대하여 회사채권자에게 출자가액 한도에서만 책임을 지는 사원이다.

02

정답 ③

유한책임회사는 2012년 개정된 상법에 도입된 회사의 형태이다. 내부관계에 대하여는 정관이나 상법에 다른 규정이 없으면 합명회사에 관한 규정을 준용한다. 신속하고 유연하며 탄력적인 지배구조를 가지고 있고, 출자자가 직접 경영에 참여할 수 있다. 또한 각 사원이 출자금액만을 한도로 책임지므로 초기 상용화에 어려움을 겪는 청년 벤처 창업에 적합하다.

이론 더하기

기업의 형태

① 개인기업

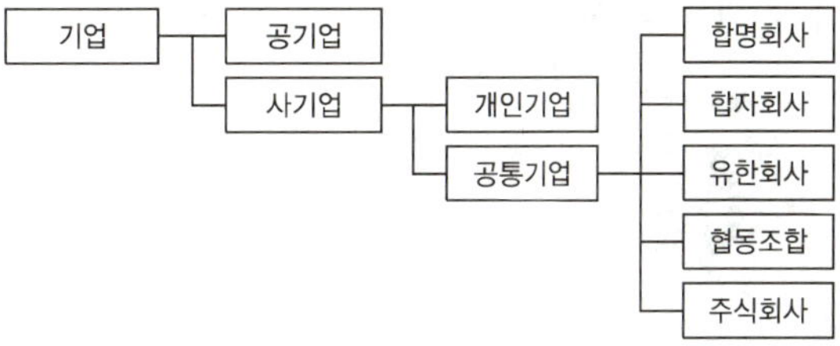

- 가장 간단한 기업 형태로서 개인이 출자하고 직접 경영하며 이를 무한책임지는 형태이다.
- 장점 : 설립 및 폐쇄가 쉽고 의사결정이 신속하며, 비밀유지에 용이하다.
- 단점 : 자본규모가 약소하며, 개인의 지배관리능력에 쉽게 영향을 받는다.

② 합명회사

- 2인 이상의 사원이 공동으로 출자해서 회사의 경영에 대해 무한책임을 지며, 직접 경영에 참여하는 방식이다.
- 무한책임 형태로 구성되어 있어서 출자자를 폭넓게 모집할 수 없다.
- 가족 내 혹은 친척 간, 또는 이해관계가 깊은 사람의 회사 설립이 많다.
- 지분 양도 시에는 사원총회의 승인을 받아야 한다.

③ 합자회사

- 무한책임사원 및 유한책임사원으로 구성되어 있다.
- 합명회사의 단점을 보완한 형태이다.
- 지분 양도 시에는 무한책임사원 전원의 동의를 필요로 한다.
- 무한책임사원의 경우에는 회사의 경영 및 채무에 대해서 무한책임을 지고, 유한책임사원의 경우에는 출자한 금액에 대해서만 책임을 지며 경영에는 참여하지 않는다.

④ 유한회사

- 유한책임사원들이 회사를 차려 경영하는 회사의 형태이다.
- 자본결합이 상당히 폐쇄적인 관계로 중소규모의 기업형태로 적절하다.
- 기관으로는 이사, 사원총회, 감사로 이루어져 있지만, 분리가 잘되어 있지 않고, 모든 사항을 공개해야 하는 의무도 지지 않는다.
- 유한회사는 인적회사 및 물적회사의 중간 형태를 지니는 회사이다.
- 사원의 수가 제한되어 있으며, 지분의 증권화가 불가능하다.

⑤ 주식회사

- 주주가 회사의 주인인 현대사회의 가장 대표적인 기업형태이다.
- 지분의 양도와 매입이 자유로우며 주주총회를 통해 의결권을 행사할 수 있다.
- 주식회사의 기관

주주총회	• 주식회사의 최고의사결정기관으로 주주로 이루어짐 • 회사 기업에서 영업활동의 신속성 및 업무내용의 복잡성으로 인해 그 결의사항을 법령 및 정관에서 정하는 사항만으로 제한하고 있음 • 주주의 결의권은 1주 1결의권을 원칙으로 하고 의결은 다수결에 의함 • 주주총회의 주요 결의사항으로는 자본의 증감, 정관의 변경, 이사·감사인 및 청산인 등의 선임·해임에 관한 사항, 영업의 양도·양수 및 합병 등에 관한 사항, 주식배당, 신주인수권 및 계산 서류의 승인에 관한 사항 등이 있음
감사	• 이사의 업무집행을 감시하게 되는 필요 상설기관 • 주주총회에서 선임되고, 이러한 선임결의는 보통 결의의 방법에 따름 • 이사회는 이사 전원으로 구성되는 합의체로 회사의 업무진행상 의사결정 기관 • 이사는 주주총회에서 선임되고, 그 수는 3인 이상이어야 하며, 임기는 3년을 초과할 수 없음 • 대표이사는 이사회의 결의사항을 집행하고 통상적인 업무에 대한 결정 및 집행을 맡음과 동시에 회사를 대표함 • 이사와 회사 간 거래의 승인, 채권의 발행 등이 있음
검사인	• 회사의 계산의 정부, 업무의 적법 여부 등을 조사하는 권한을 지니는 임시기관 • 법원에서 선임하거나 주주총회 및 창립총회에서 선임하기도 함 • 법정 검사인의 경우 임시로 선임됨

빈출키워드 2 경영전략

01 **다음 중 마이클 포터(Michael E. Porter)가 제시한 산업구조 분석의 요소로 옳지 않은 것은?**

① 가치사슬 활동
② 대체재의 위협
③ 공급자의 교섭력
④ 구매자의 교섭력

02 **다음은 K사가 해당 사업에서 차지하고 있는 시장점유율 및 시장성장률에 대한 자료이다. 2024년 현재 BCG 매트릭스상에서 K사의 사업이 속하는 영역은?**

구분	K사	N사	S사	H사	기타
시장점유율 (2024년 기준)	45%	20%	15%	10%	10%

구분	2020년	2021년	2022년	2023년	2024년
시장성장률	4%	3%	2%	2%	1%

① 별(Star) 영역
② 자금젖소(Cash Cow) 영역
③ 물음표(Question mark) 영역
④ 개(Dog) 영역

01

정답 ①

마이클 포터(Michael E. Porter)는 산업과 경쟁을 결정짓는 5 Forces Model을 제시하였다. 이는 궁극적으로 산업의 수익 잠재력에 영향을 주는 주요 경제・기술적 세력을 분석한 것으로 신규 진입자(잠재적 경쟁자)의 위협, 공급자의 교섭력, 구매자의 교섭력, 대체품의 위협 및 기존기업 간의 경쟁이며, 5가지 요소의 힘이 강할 때는 위협(Threat)이 되고, 약하면 기회(Opportunity)가 된다.

02

정답 ②

BCG 매트릭스는 1970년대 미국의 보스턴 전략컨설팅회사(Boston Consulting Group)에 의해 개발된 사업 / 제품 포트폴리오 분석 차트이다. 이는 크게 네 단계의 영역으로 나뉘는데 시장성장률이 높고 시장점유율이 높은 산업은 별 영역, 시장성장률이 높고 시장점유율이 낮은 산업은 물음표 영역 혹은 문제아 영역, 시장성장률이 낮고 시장점유율이 높은 산업은 자금젖소 영역, 시장성장률이 낮고 시장점유율이 낮은 산업은 개 영역으로 분류된다.
따라서 제시된 K사의 경우는 시장점유율은 높으나 시장성장률이 높지 않으므로 자금젖소 영역인 것을 알 수 있다.

이론 더하기

SWOT 분석

기업의 내부환경과 외부환경을 분석하여 강점(Strength), 약점(Weakness), 기회(Opportunity), 위협(Threat) 요인을 규정하고 이를 토대로 경영전략을 수립하는 기법으로, 미국의 경영컨설턴트인 알버트 험프리(Albert Humphrey)가 고안하였다.

Strength 강점 기업 내부환경에서의 강점 S	W Weakness 약점 기업 내부환경에서의 약점
O Opportunity 기회 기업 외부환경으로부터의 기회	T Threat 위협 기업 외부환경으로부터의 위협

VRIO 분석

기업이 보유한 유·무형 자산에 대해 네 가지 기준으로 평가하여 기업의 경쟁력을 분석하는 도구이다. 기업이 자원을 잘 활용할 수 있는가를 보여주는 것이 목적이다.

• 가치 있는(Valuable) : 경제적 가치가 있는가?
• 희소성 있는(Rarity) : 가지고 있는 자원이 희소성 있는가?
• 모방 가능성이 있는(Inimitability) : 모방의 가능성이 있는가?
• 조직이 있는(Organization) : 관련 조직이 있는가?

마이클 포터의 경쟁전략

① 경쟁세력모형 – 5 Force Model 분석

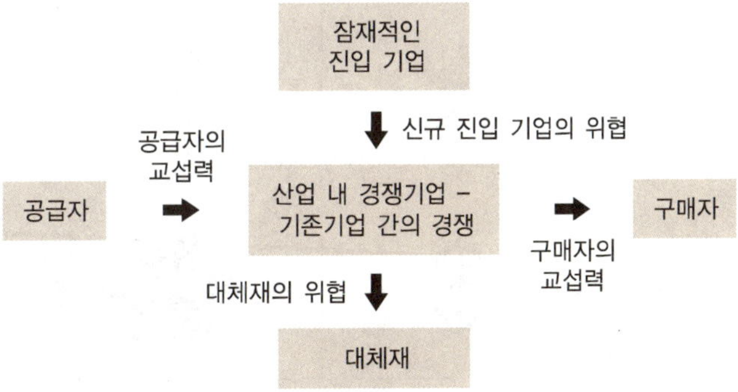

• 기존기업 간의 경쟁 : 해당 시장에서 기존기업 간의 경쟁이 얼마나 치열한가를 나타낸다.
• 공급자의 교섭력 : 공급자의 규모 및 숫자와 공급자 제품의 희소성을 나타낸다.
• 대체재의 위협 : 대체가 가능한 상품의 수와 구매자의 대체하려는 성향, 대체상품의 상대적 가격 등이 있다.
• 구매자의 교섭력 : 고객의 수, 각 고객의 주문수량, 가격의 민감도, 구매자의 정보 능력이 있다.
• 신규 진입 기업의 위협 : 진입장벽, 규모의 경제, 브랜드의 충성도 등이 있다.

② 경쟁우위 전략

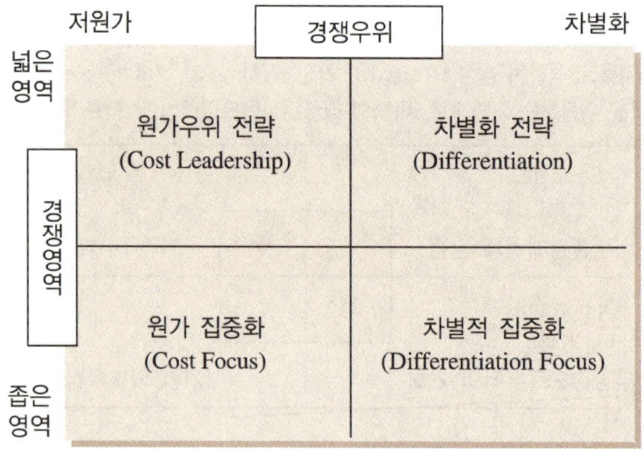

- 원가우위 전략 : 비용요소를 철저하게 통제하고, 기업조직의 가치사슬을 최대한 효율적으로 구사하는 전략
- 차별화 전략 : 소비자들이 가치가 있다고 판단하는 요소를 제품 및 서비스 등에 반영해서 경쟁사의 제품과 차별화한 후 소비자들의 충성도를 확보하고 이를 통해 매출증대를 꾀하는 전략
- 집중화 전략 : 메인 시작과는 다른 특성을 지니는 틈새시장을 대상으로 소비자들의 니즈를 원가우위 또는 차별화 전략을 통해 충족시켜 나가는 전략

BCG 매트릭스 모형

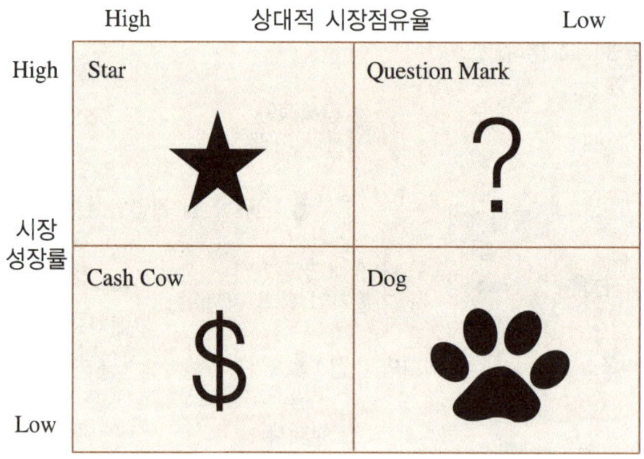

① 별(Star) 사업부
- 시장성장률도 높고 상대적 시장점유율도 높은 경우에 해당하는 사업이다.
- 이 사업부의 제품들은 제품수명주기상에서 성장기에 속한다.
- 선도기업의 지위를 유지하고 성장해가는 시장의 수용에 대처하고, 여러 경쟁기업들의 도전에 극복하기 위해 역시 자금의 투하가 필요하다.
- 별 사업부에 속한 기업들이 효율적으로 잘 운영된다면 이들은 향후 Cash Cow가 된다.

② 자금젖소(Cash Cow) 사업부
- 시장성장률은 낮지만 높은 상대적 시장점유율을 유지하고 있다. 이 사업부는 제품수명주기상에서 성숙기에 속하는 사업부이다.
- 이에 속한 사업은 많은 이익을 시장으로부터 창출해낸다. 그 이유는 시장의 성장률이 둔화되었기 때문에 그만큼 새로운 설비투자 등과 같은 신규 자금의 투입이 필요 없고, 시장 내에 선도기업에 해당되므로 규모의 경제와 높은 생산성을 누리기 때문이다.
- Cash Cow에서 산출되는 이익은 전체 기업의 차원에서 상대적으로 많은 현금을 필요로 하는 Star나 Question Mark, Dog 영역에 속한 사업으로 자원이 배분된다.

③ 물음표(Question Mark) 사업부
- '문제아'라고도 한다.
- 시장성장률은 높으나 상대적 시장점유율이 낮은 사업이다.
- 이 사업에 속한 제품들은 제품수명주기상에서 도입기에 속하는 사업부이다.
- 시장에 처음으로 제품을 출시한 기업 이외의 대부분의 사업부들이 출발하는 지점이 물음표이며, 신규로 시작하는 사업이기 때문에 기존의 선도 기업을 비롯한 여러 경쟁기업에 대항하기 위해 새로운 자금의 투하를 상당량 필요로 한다.
- 기업이 자금을 투입할 것인가 또는 사업부를 철수해야 할 것인가를 결정해야 하기 때문에 Question Mark라고 불리고 있다.
- 한 기업에게 물음표에 해당하는 사업부가 여러 개이면, 그에 해당되는 모든 사업부에 자금을 지원하는 것보다 전략적으로 소수의 사업부에 집중적인 투자를 하는 것이 효과적이라 할 수 있다.

④ 개(Dog) 사업부
- 시장성장률도 낮고 시장점유율도 낮은 사업부이다.
- 제품수명주기상에서 쇠퇴기에 속하는 사업이다.
- 낮은 시장성장률 때문에 그다지 많은 자금의 소요를 필요로 하지는 않지만, 사업활동에 있어서 얻는 이익도 매우 적은 사업이다.
- 이 사업에 속한 시장의 성장률이 향후 다시 고성장을 할 가능성이 있는지 또는 시장 내에서 자사의 지위나 점유율이 높아질 가능성은 없는지 검토해보고 이 영역에 속한 사업들을 계속 유지할 것인가 아니면 축소 내지 철수할 것인가를 결정해야 한다.

빈출키워드 3 동기부여

01 다음 중 허즈버그(F. Herzberg)의 2요인 이론에서 동기요인을 모두 고르면?

ㄱ. 상사와의 관계	ㄴ. 성취
ㄷ. 회사 정책 및 관리방침	ㄹ. 작업 조건
ㅁ. 인정	

① ㄱ, ㄴ
② ㄱ, ㄷ
③ ㄴ, ㄹ
④ ㄴ, ㅁ

02 다음 중 맥그리거(D. McGregor)의 X－Y이론에 대한 설명으로 옳은 것은?

① 자기통제가 많은 것은 X이론이다.
② 쌍방향 의사결정은 X이론에서 주로 발생한다.
③ 조직의 감시, 감독 및 통제가 필요하다는 주장은 Y이론이다.
④ 개인의 목적과 조직의 목적이 부합하는 조직에서는 Y이론에 근거해서 운영된다.

01

정답 ④

허즈버그의 2요인 이론은 직원들의 직무만족도를 증감시키는 요인을 2가지로 구분한 것이다.

- 동기요인 : 성취, 인정, 책임소재, 업무의 질 등
- 위생요인 : 회사의 정책, 작업 조건, 동료직원과의 관계, 임금, 직위 등

02

정답 ④

오답분석

① 조직의 감시, 감독 및 통제가 필요하다는 주장은 X이론이다.
② 자기통제가 많은 것은 Y이론이다.
③ 쌍방향 의사결정은 Y이론에서 주로 발생한다.

이론 더하기

매슬로우(Maslow)의 욕구단계이론

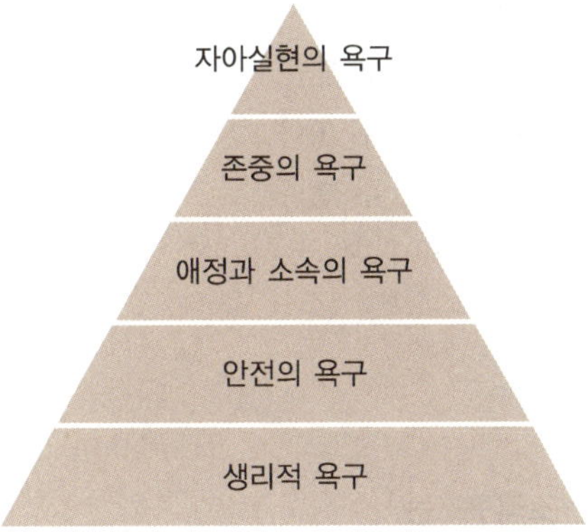

① 개념 : 인간의 욕구는 위계적으로 조직되어 있으며 하위 단계의 욕구 충족이 상위 계층의 욕구 발현의 조건이라고 설명한 이론이다.

② 특징
- 생리적 욕구 : 가장 기본적이면서도 강력한 욕구로 음식, 물, 수면 등 인간의 생존에 가장 필요한 본능적인 욕구이다.
- 안전의 욕구 : 두려움이나 혼란스러움이 아닌 평상심과 질서를 유지하고자 하는 욕구이다.
- 애정과 소속의 욕구 : 사회적으로 조직을 이루고 그곳에 소속되려는 성향이다.
- 존중의 욕구 : 타인으로부터 수용되고, 가치 있는 존재가 되고자 하는 욕구이다.
- 자아실현의 욕구 : 개인의 타고난 능력 혹은 성장 잠재력을 실행하려는 욕구이다.

맥그리거(McGreger)의 X-Y이론

① 개념 : 인간본성에 대한 가정을 X, Y 2가지로 구분하여 특성에 따른 관리전략을 정리한 이론으로 X이론은 인간에 대한 부정적인 면을 설명하고, Y이론은 긍정적인 면을 설명한다.

② 특징

X이론 (전통적이고 전체적인 경영자의 인간관)	Y이론 (진취적이고 협동적인 인간관)
• 인간은 철저하게 이기적이고 자기중심적이다. • 인간은 천성적으로 게으르고 일을 싫어하기 때문에 엄격한 통제와 감독이 필요하다. • 조직 구성원이 원하는 수준의 임금체계가 확립되어야 하고, 엄격한 통제와 처벌이 필요하다.	• 인간의 행위는 경제적 욕구보다 사회・심리에 더 영향을 받는다. • 인간은 사회적인 존재이다. • 노동에서 휴식과 복지는 자연스러운 것이다. • 민주적 리더십의 확립과 분권, 권한의 위임이 중요하다.

허즈버그(Herzberg)의 동기-위생이론

① 개념 : 허즈버그가 2개의 요인(동기요인, 위생요인)으로 나눠 동기유발에 대해 정리한 이론으로 동기요인과 위생요인은 반대의 개념이 아닌 별개의 개념이다.

② 특징

동기요인(만족요인)	위생요인(불만족요인)
• 직무에 만족을 느끼게 하는 요인 • 충족되면 만족감을 느끼게 되지만, 불충족되는 경우에도 불만이 발생하지는 않음 • 동기요인 충족 → 높은 직무성과	• 직무에 대해 불만족을 느끼게 하는 요인 • 불충족 시에는 불만이 증가 • 충족 시에도 만족감이 증가하는 것은 아님

빈출키워드 4 조직구조

01 **다음 중 매트릭스 조직구조의 장점으로 옳지 않은 것은?**

① 조직 내의 협력과 팀 활동을 촉진시킨다.
② 조직의 인력을 신축적으로 활용할 수 있다.
③ 의사결정의 책임소재를 명확히 할 수 있다.
④ 전문적 지식과 기술의 활용을 극대화할 수 있다.

02 **다음에서 설명하고 있는 조직구조는?**

- 수평적 분화에 중점을 두고 있다.
- 각자의 전문분야에서 작업능률을 증대시킬 수 있다.
- 생산, 회계, 인사, 영업, 총무 등의 기능을 나누고 각 기능을 담당할 부서단위로 조직된 구조이다.

① 기능 조직 ② 사업부 조직
③ 매트릭스 조직 ④ 수평적 조직

01

정답 ③

매트릭스 조직구조는 명령일원화의 원칙이 적용되지 않으므로 의사결정의 책임소재가 불명확할 수도 있다.

02

정답 ①

기능 조직(Functional Structure)은 기능별 전문화의 원칙에 따라 공통의 전문지식과 기능을 지닌 부서단위로 묶는 조직구조를 의미한다.

이론 더하기

기능 조직

① 개념 : 관리자가 담당하는 일을 전문화해 업무내용이 유사하고 관련성이 있는 기능을 분류하여 업무를 전문적으로 진행할 수 있도록 하는 형태이다.

② 장점 및 단점

- 조직원의 전문적인 업무 발전이 가능하다.
- 조직의 내부 효율성이 증대된다.
- 조직 전체의 목표보다는 직능별 목표를 중시하고 성과에 대한 책임이 불분명하다.

사업부 조직

① 개념 : 사업체에서 여러 제품을 생산하는 경우에 제품에 따라 사업부를 구분하여 사업부마다 하위조직을 구성하는 형태이다.

② 장점 및 단점

- 사업부 내 관리자와 종업원의 밀접한 상호작용이 가능하다.
- 사업부는 이익 및 책임 중심점이 되어 경영성과가 향상된다.
- 제품의 제조와 판매에 대한 전문화와 분업이 촉진된다.
- 특정 분야에 대한 지식과 능력의 전문화가 약화될 수 있다.

매트릭스 조직

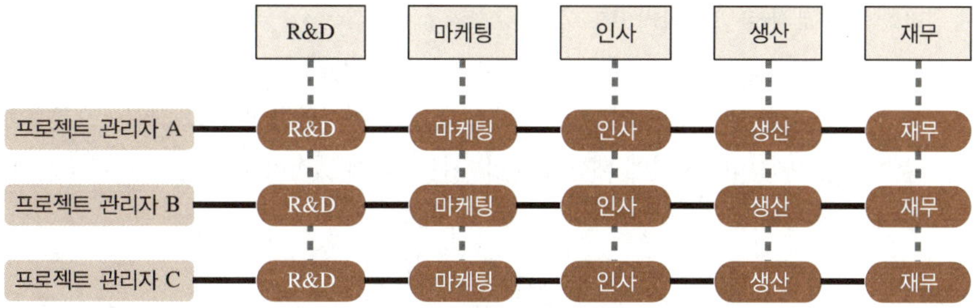

① 개념 : 조직구성원들이 원래 소속되어 있는 기능부서에도 배치되는 동시에 맡은 업무에 따라 나누어진 팀에도 배치되어 있어 두 개의 단위조직에 속하여 두 명의 상급자를 두고 있는 형태이다.

② 장점 및 단점

- 조직에서의 정보 단절 문제를 해결할 수 있다.
- 일을 유연하게 대처할 수 있다.
- 조직원의 역량을 좀 더 폭넓게 향상시킬 수 있다.
- 두 개의 조직에서 두 명의 상급자가 존재하기 때문에 성과에 대한 목표나 보고가 느릴 수 있다.

네트워크 조직

① 개념 : 독립된 각 사업 부서들이 자신의 고유 기능을 수행하면서 제품 생산이나 프로젝트의 수행을 위해서는 상호 협력적인 네트워크를 지닌 조직구조이다.

② 장점 및 단점

- 조직원 사이의 수평적인 의사소통이 가능하다.
- 조직 간의 정보교류가 활발하므로 조직 내 자산으로 축적가능하다.
- 시장에 유연한 대응이 가능하다.
- 관리자가 직원을 관리하는 것이 쉽지 않다.
- 갈등이 발생하는 경우 해결에 오랜 시간이 필요하다.

CHAPTER

03 경영 기출응용문제

정답 및 해설 p.048

Easy

01 **다음 중 경영의 대표적인 구성요소로 옳은 것은?**

① 경영목적, 인적자원, 자금, 마케팅
② 자금, 전략, 마케팅, 회계
③ 인적자원, 마케팅, 회계, 자금
④ 경영목적, 인적자원, 자금, 전략

02 **다음 중 타인을 평가할 때 범하기 쉬운 오류의 하나인 현혹효과에 대한 설명으로 옳지 않은 것은?**

① 심리학 용어로서 광배효과라고도 한다.
② 인사고과에 평가행동을 연결시키면 이러한 오류는 발생된다.
③ 어떤 사람에 대한 전반적인 인상을, 구체적 특질로 평가하여 일반화시키는 오류를 말한다.
④ 한 분야에 있어서 어떤 사람에 대한 인상이 다른 분야에 있어서의 그 사람에 대한 평가에 영향을 주는 것을 말한다.

03 **다음 중 부하를 조직 내부·외부의 변화에 대해 적응력을 높여주고 적응해 나가도록 지원하는 데 중점을 두고 있는 리더십은?**

① 참여적 리더십
② 후원적 리더십
③ 지시적 리더십
④ 변형적 리더십

04 **다음 〈보기〉에서 경영환경을 분석하는 수단으로서의 SWOT 분석에 대한 설명으로 옳지 않은 것을 모두 고르면?**

보기

ㄱ. SWOT 분석은 효과적이나, 기업의 약점, 강점 등 내부환경으로 분석 범위가 제한된다.
ㄴ. SWOT 분석에 따르면, 기업의 내부환경은 '기회요인(Opportunity)'와 '위협요인(Threat)'으로 구분된다.
ㄷ. SWOT 분석은 기업의 환경을 총 6가지 요소에 따라 구분하여 전략대안 수립에 기여한다.

① ㄱ
② ㄱ, ㄴ
③ ㄴ, ㄷ
④ ㄱ, ㄴ, ㄷ

05 다음은 세계적 기업인 맥킨지(McKinsey)에 의해서 개발된 7S 모형이다. 빈칸 ㉠, ㉡에 들어갈 요소로 옳은 것은?

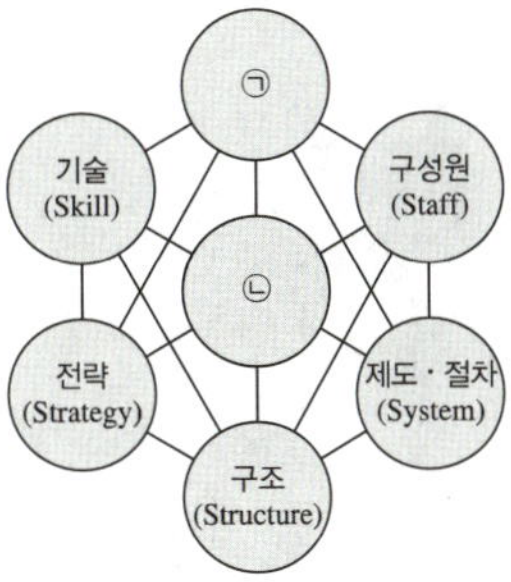

	㉠	㉡
①	스타일	공유가치
②	최고경영자	기술혁신
③	최고경영자	공유가치
④	기술혁신	스타일

06 다음 중 BCG 매트릭스에 대한 설명으로 옳은 것은?

① 횡축은 시장성장률, 종축은 상대적 시장점유율이다.
② 별 영역은 시장성장률이 낮고, 상대적 시장점유율은 높아 현상유지를 해야 한다.
③ 자금젖소 영역은 현금창출이 많지만, 상대적 시장점유율이 낮아 많은 투자가 필요하다.
④ 물음표 영역은 시장성장률이 높고, 상대적 시장점유율은 낮아 계속적인 투자가 필요하다.

Hard

07 다음 〈보기〉에서 피들러의 리더십 상황이론에 대한 설명으로 옳지 않은 것을 모두 고르면?

보기

ㄱ. 과업지향적 리더십과 관계지향적 리더십을 모두 갖춘 리더가 가장 높은 성과를 달성한다.
ㄴ. 리더의 특성을 LPC 설문에 의해 측정하였다.
ㄷ. 상황변수로서 리더 – 구성원 관계, 과업구조, 부하의 성숙도를 고려하였다.
ㄹ. 리더가 처한 상황이 호의적인 경우, 관계지향적 리더십이 적합하다.
ㅁ. 리더가 처한 상황이 비호의적인 경우, 과업지향적 리더십이 적합하다.

① ㄱ, ㄷ
② ㄴ, ㄹ
③ ㄱ, ㄷ, ㄹ
④ ㄴ, ㄷ, ㄹ

08 **다음 중 목표 달성과 새로운 가치 창출을 위해 공급업체들과 자원 및 정보를 협력하여 하나의 기업처럼 움직이는 생산시스템은?**

① 공급사슬관리(SCM)
② 적시생산시스템(JIT)
③ 유연생산시스템(FMS)
④ 컴퓨터통합생산(CIM)

Hard

09 **다음 중 경제적주문량(EOQ)모형이 성립하기 위한 가정으로 옳지 않은 것은?**

① 주문량은 한 번에 모두 도착한다.
② 연간 재고 수요량을 정확히 파악하고 있다.
③ 재고 부족현상이 발생할 수 있으며, 주문 시 정확한 리드타임이 적용된다.
④ 단위당 재고 유지비용과 1회당 재고 주문비용은 주문량과 관계없이 일정하다.

10 **다음 중 순현가법에 대한 설명으로 옳은 것은?**

① 기업의 할인율로 현금흐름을 할인한다.
② 순현가가 1보다 크면 투자안을 선택하고 1보다 작으면 투자안을 기각하는 의사결정기준이다.
③ 자본예산기법의 하나로 투자금액을 투자로부터 산출되는 순현금흐름의 미래가치로부터 차감한 기법이다.
④ 순현가법은 현금흐름을 할인하여 대안을 평가하지만 내부수익률법은 현금흐름을 할인하지 않고 평가한다는 차이가 있다.

Easy

11 **다음 중 프랑스의 사업가 앙리 페이욜(Henry Fayol)의 관리 5요소론에 해당하지 않는 것은?**

① 계획
② 조직
③ 지휘
④ 분업

12 **다음 중 외국 자본이 국내 시장을 지배하는 현상을 일컫는 용어는?**

① 왝더독 효과 ② 테킬라 효과
③ 피셔 효과 ④ 윔블던 효과

13 **다음 사례에서 A씨의 행동을 설명하는 동기부여이론은?**

팀원 A씨는 작년도 목표 대비 업무실적을 100% 달성하였다. 이에 반해 같은 팀 동료인 B씨는 동일 목표 대비 업무실적이 10% 부족하였지만 A씨와 동일한 인센티브를 받았다. 이 사실을 알게 된 A씨는 팀장에게 추가 인센티브를 요구하였으나 받아들여지지 않자 결국 이직하였다.

① 기대이론 ② 공정성이론
③ 욕구단계이론 ④ 목표설정이론

PART 2

14 **다음 중 평가센터법(Assessment Center)에 대한 설명으로 옳지 않은 것은?**

① 평가에 대한 신뢰성이 양호하다.
② 교육훈련에 대한 타당성이 높다.
③ 승진에 대한 의사결정에 유용하다.
④ 다른 평가기법에 비해 상대적으로 비용과 시간이 적게 소요된다.

15 **다음 중 최저임금제의 필요성으로 옳지 않은 것은?**

① 계약자유 원칙의 한계 보완
② 저임금 노동자 보호
③ 임금인하 경쟁 방지
④ 소비자 부담 완화

M E M O

PART 3

최종점검 모의고사

신협중앙회 필기전형			
영역	문항 수	출제범위	시험시간
직무능력시험	60문항	의사소통능력, 수리능력, 문제해결능력, 자원관리능력, 조직이해능력, 정보능력	70분
직무상식시험	40문항	(일반직군) 금융, 경제, 경영	40분

※ 본 모의고사의 문항 수 및 시험시간은 2026년 채용공고문을 참고하여 구성하였습니다.

※ 시험 시간 종료 후 OMR 답안카드에 마킹하는 행동은 부정행위로 간주합니다.

모바일 OMR

최종점검 모의고사

문항 수 : 100문항 응시시간 : 110분

정답 및 해설 p.052

01 직무능력시험

01 다음 중 밑줄 친 부분의 맞춤법이 옳지 않은 것은?

① 너는 참 개구쟁이 같아.
② 남부지방에 비가 올 확률이 60%나 된다더라.
③ 오늘 스포츠난의 기사를 읽어 보았니?
④ 지나친 음주는 삼가해 주세요.

02 다음과 같은 의미를 가진 한자성어는?

재앙과 화난이 바뀌어 오히려 복이 된다.

① 복과화생(福過禍生) ② 길흉화복(吉凶禍福)
③ 전화위복(轉禍爲福) ④ 복생어미(福生於微)

03 S사원의 상사가 S사원에게 다음과 같이 문서를 작성해 제출할 것을 요청하였을 때, S사원이 작성해야 할 문서의 종류는?

이번 문서를 토대로 S사원의 업무 결과가 평가되므로 이 점 유의하여 작성해 주시길 바랍니다. 최대한 핵심적인 내용으로 간결하게 작성하시고, 복잡한 내용은 도표나 그림을 활용하는 것이 좋겠죠? 그리고 참고한 자료가 있다면 모두 함께 제시해 주어야 합니다. 최종적으로 부장님께 제출하기 전에 제가 확인을 할 예정이지만, S사원도 제출하기 전에 잘못 작성된 부분은 없는지 등의 점검을 해 주시기 바랍니다.

① 보도자료 ② 설명서
③ 보고서 ④ 제안서

Hard

04 다음 글을 읽고, 추론한 내용으로 옳지 않은 것을 〈보기〉에서 모두 고르면?

금융통화위원회는 다음 통화정책방향 결정 시까지 한국은행 기준금리를 현 수준(1.75%)에서 유지하여 통화정책을 운용하기로 하였다.
세계경제는 성장세가 다소 완만해지는 움직임을 지속하였다. 국제금융시장에서는 미 연방준비은행의 통화정책 정상화 속도의 온건한 조절 및 미·중 무역협상 진전에 대한 기대가 높아지면서 전월의 변동성 축소 흐름이 이어졌다. 앞으로 세계경제와 국제금융시장은 보호무역주의 확산 정도, 주요국 통화정책 정상화 속도, 브렉시트 관련 불확실성 등에 영향받을 것으로 보인다.
국내경제는 설비 및 건설투자의 조정이 이어지고 수출 증가세가 둔화되었지만 소비가 완만한 증가세를 지속하면서 잠재성장률 수준에서 크게 벗어나지 않는 성장세를 이어간 것으로 판단된다. 고용 상황은 취업자수 증가규모가 소폭에 그치는 등 부진한 모습을 보였다. 앞으로 국내경제의 성장흐름은 지난 1월 전망경로와 대체로 부합할 것으로 예상된다. 건설투자 조정이 지속되겠으나 소비가 증가 흐름을 이어가고 수출과 설비투자도 하반기로 가면서 점차 회복될 것으로 보인다.
소비자물가는 석유류 가격 하락, 농축수산물 가격 상승폭 축소 등으로 오름세가 0%대 후반으로 둔화되었다. 근원인플레이션율(식료품 및 에너지 제외 지수)은 1% 수준을, 일반인 기대인플레이션율은 2%대 초중반 수준을 나타내었다. 앞으로 소비자물가 상승률은 지난 1월 전망경로를 다소 하회하여 당분간 1%를 밑도는 수준에서 등락하다가 하반기 이후 1%대 중반을 나타낼 것으로 전망된다. 근원인플레이션율도 완만하게 상승할 것으로 보인다.
금융시장은 안정된 모습을 보였다. 주가가 미·중 무역 분쟁 완화 기대 등으로 상승하였으며, 장기 시장금리와 원/달러 환율은 좁은 범위 내에서 등락하였다. 가계대출은 증가세 둔화가 이어졌으며, 주택가격은 소폭 하락하였다.
금융통화위원회는 앞으로 성장세 회복이 이어지고 중기적 시계에서 물가상승률이 목표수준에서 안정될 수 있도록 하는 한편 금융안정에 유의하여 통화정책을 운용해 나갈 것이다. 국내경제가 잠재성장률 수준에서 크게 벗어나지 않는 성장세를 지속하는 가운데 당분간 수요 측면에서의 물가상승압력은 크지 않을 것으로 전망되므로 통화정책의 완화기조를 유지해 나갈 것이다. 이 과정에서 완화정도의 추가 조정 여부는 향후 성장과 물가의 흐름을 면밀히 점검하면서 판단해 나갈 것이다. 아울러 주요국과의 교역여건, 주요국 중앙은행의 통화정책 변화, 신흥시장국 금융·경제 상황, 가계부채 증가세, 지정학적 리스크 등도 주의 깊게 살펴볼 것이다.

보기

ㄱ. 미국 연방준비은행의 통화정책이 급변한다면 국제금융시장의 변동성은 증가할 것이다.
ㄴ. 소비자물가는 앞으로 남은 상반기 동안 1% 미만을 유지하다가 하반기가 되어서야 1%를 초과할 것으로 예상된다.
ㄷ. 국내산업의 수출이 하락세로 진입하였으나, 경제성장률은 잠재성장률 수준을 유지하는 추세를 보인다.
ㄹ. 수요 측면에서 물가상승압력이 급증한다면 국내 경제성장률에 큰 변동이 없더라도 금융통화위원회는 기존의 통화정책 기조를 변경할 것이다.

① ㄱ, ㄴ　　② ㄱ, ㄷ
③ ㄴ, ㄷ　　④ ㄴ, ㄹ

05 다음 글의 주제로 가장 적절한 것은?

경제학에서는 한 재화나 서비스 등의 공급이 기업에 집중되는 양상에 따라 시장 구조를 크게 독점시장, 과점시장, 경쟁시장으로 구분하고 있다. 소수의 기업이 공급의 대부분을 차지할수록 독점시장에 가까워지고, 다수의 기업이 공급을 나누어 가질수록 경쟁시장에 가까워진다. 이렇게 시장 구조를 구분하기 위해서 사용하는 지표 중의 하나가 바로 '시장집중률'이다.

시장집중률을 이해하기 위해서는 먼저 '시장점유율'에 대한 이해가 있어야 한다. 시장점유율이란 시장 안에서 특정 기업이 차지하고 있는 비중을 의미하는데, 생산량·매출액 등을 기준으로 측정할 수 있다. Y기업의 시장점유율을 생산량 기준으로 측정한다면 '(Y기업의 생산량)÷(시장 내 모든 기업의 생산량의 총합)×100%'로 나타낼 수 있다.

시장점유율이 시장 내 한 기업의 비중을 나타내는 수치라면, 시장집중률은 시장 내 일정 수의 상위 기업들이 차지하는 비중을 나타내는 수치, 즉 일정 수의 상위 기업의 시장점유율을 합한 값이다. 몇 개의 상위 기업을 기준으로 삼느냐는 나라마다 자율적으로 결정하고 있는데, 우리나라에서는 상위 3대 기업의 시장점유율을 합한 값을, 미국에서는 상위 4대 기업의 시장점유율을 합한 값을 시장집중률로 채택하여 사용하고 있다. 이렇게 산출된 시장집중률을 통해 시장 구조를 구분해 볼 수 있다. 시장집중률이 높으면 그 시장은 공급이 소수의 기업에 집중되어 있는 독점시장으로 구분하고, 시장집중률이 낮으면 공급이 다수의 기업에 의해 분산되어 있는 경쟁시장으로 구분한다. 한국개발연구원에서는 어떤 산업에서의 시장집중률이 80% 이상이면 독점시장, 60% 이상 80% 미만이면 과점시장, 60% 미만이면 경쟁시장으로 구분하고 있다.

시장집중률을 측정하는 기준에는 여러 가지가 있기 때문에 어느 것을 기준으로 삼느냐에 따라 측정 결과에 차이가 생기며 이에 대한 경제학적인 해석도 달라진다. 어느 시장의 시장집중률을 '생산량' 기준으로 측정했을 때 A, B, C기업이 상위 3대 기업이고 시장집중률이 80%로 측정되었다고 하더라도, '매출액' 기준으로 측정했을 때는 D, E, F기업이 상위 3대 기업이 되고 시장집중률이 60%가 될 수도 있다. 이처럼 시장집중률은 시장 구조를 구분하는 데 매우 유용한 지표이며, 이를 통해 시장 내의 공급이 기업에 집중되는 양상을 파악해 볼 수 있다.

① 시장 구조의 변천사
② 시장집중률의 개념과 의의
③ 독점시장과 경쟁시장의 비교
④ 우리나라 시장점유율의 특성

06 다음 글에서 〈보기〉의 문장이 들어갈 위치로 가장 적절한 곳은?

법과 정의의 관계는 법학의 고전적인 과제 가운데 하나이다. 때와 장소에 관계없이 누구에게나 보편적으로 받아들여질 수 있는 정의롭고 도덕적인 법을 떠올리게 되는 것은 자연스러운 일이다. 전통적으로 이런 법을 '자연법'이라 부르며 논의해 왔다. 자연법은 인위적으로 제정되는 것이 아니라 인간의 경험에 앞서 존재하는 본질적인 것으로서 신의 법칙이나 우주의 질서 또는 인간 본성에 근원을 둔다.

서구 중세의 신학에서는 자연법을 인간 이성에 새겨진 신의 법이라고 이해하여 종교적 권위를 중시하였다. 이후 근대의 자연법 사상에서는 신학의 의존으로부터 독립하여 자연법을 오직 이성으로써 확인할 수 있다고 보았다. 이런 경향을 열었다고 할 수 있는 그로티우스(1583 ~ 1645)는 중세의 전통을 수용하면서도 인간 이성에 따른 자연법의 기초를 확고히 하였다. 그는 이성을 통해 확인되고 인간 본성에 합치하는 법 규범은 자연법이자 신의 의지라고 말하면서, 이 자연법은 신도 변경할 수 없는 본질적인 것이라고 주장하였다. 이성의 올바른 인도를 통해 다다르게 되는 자연법은 국가와 실정법을 초월하는 규범이라고 보았다. (가)

그로티우스가 활약하던 시기는 한편으로 종교 전쟁의 시대였다. 그는 이 소용돌이 속에서 어떤 법도 존중받지 못하는 일들을 보게 되고, 자연법에 기반을 두면 가톨릭, 개신교, 비기독교 할 것 없이 모두가 받아들일 수 있는 규범을 세울 수 있다고 생각했다. (나) 나아가 이렇게 이루어진 법 원칙으로써 각국의 이해를 조절하여 전쟁의 참화를 막고 인류의 평화와 번영을 실현할 수 있다고 믿었다. (다) 이러한 그의 사상은 1625년 『전쟁과 평화의 법』이란 저서를 낳았다. 이 책에서는 개전의 요건, 전쟁 중에 지켜져야 할 행위 등을 다루었으며, 그에 대한 이론적 근거로서 자연법 개념의 기초를 다지고, 그것을 바탕으로 국가 간의 관계를 규율하는 법 이론을 구성하였다. (라)

보기

이 때문에 그로티우스는 '국제법의 아버지'로도 불린다.

① (가) ② (나)
③ (다) ④ (라)

PART 3

07 다음 문단을 논리적 순서대로 바르게 나열한 것은?

(가) 문화재(문화유산)는 옛 사람들이 남긴 삶의 흔적이다. 그 흔적에는 유형의 것과 무형의 것이 모두 포함된다. 문화재 가운데 가장 가치 있는 것으로 평가받는 것은 다름 아닌 국보이며, 현행 문재재보호법 체계상 국보에 무형문화재는 포함되지 않는다. 즉 국보는 유형문화재만을 대상으로 한다.

(나) 국보 선정 기준에 따라 우리의 전통 문화재 가운데 최고의 명품으로 꼽힌 문화재로는 국보 1호 숭례문이 있다. 숭례문은 현존 도성 건축물 중 가장 오래된 건물이다. 다음으로 온화하고 해맑은 백제의 미소로 유명한 충남 서산 마애여래삼존상은 국보 84호이다. 또한 긴 여운의 신비하고 그윽한 종소리로 유명한 선덕대왕신종은 국보 29호, 유네스코 세계유산으로도 지정된 석굴암은 국보 24호이다. 이렇듯 우리나라 전통문화의 상징인 국보는 다양한 국보 선정의 기준으로 선발된 것이다.

(다) 문화재보호법에 따르면 국보는 특히 역사적·학술적·예술적 가치가 큰 것, 제작 연대가 오래되고 그 시대를 대표하는 것, 제작 의장이나 제작 기법이 우수해 그 유례가 적은 것, 형태 품질 용도가 현저히 특이한 것, 저명한 인물과 관련이 깊거나 그가 제작한 것 등을 대상으로 한다. 이것이 국보 선정의 기준인 셈이다.

(라) 이처럼 국보 선정의 기준으로 선발된 문화재는 지금 우리 주변에서 여전히 숨쉬고 있다. 우리와 늘 만나고 우리와 늘 교류한다. 우리에게 감동과 정보를 주기도 하고, 때로는 이 시대의 사람들과 갈등을 겪기도 한다. 그렇기에 국보를 둘러싼 현장은 늘 역동적이다. 살아있는 역사라 할 수 있다. 문화재는 그 스스로 숨쉬면서 이 시대와 교류하기에, 우리는 그에 어울리는 시선으로 국보를 바라볼 필요가 있다.

① (가) – (나) – (라) – (다)
② (가) – (다) – (나) – (라)
③ (다) – (가) – (나) – (라)
④ (다) – (나) – (가) – (라)

08 다음 글의 내용으로 적절하지 않은 것은?

스마트폰을 사용할 줄 알면 은행에 갈 일이 없다. 은행에 가도 은행원이 해주는 건 스마트폰이 해줄 수 있는 일이다. 즉, 스마트폰이 은행원의 일을 한다. 송금도 다 스마트폰으로 가능하며, 심지어 쉽다. 예를 들어, 핀테크 간편 송금 앱을 사용하면 1개의 비밀번호로 3단계만 거쳐도 송금이 완료된다. 이전의 송금 절차에는 평균적으로 5개의 암호와 약 37회의 클릭이 필요했지만 이제 다 사라진 것이다. 이것이 핀테크이다. 핀테크(FinTech)란 금융(Finance)과 기술(Technology)의 합성어로, 금융과 IT의 결합을 통한 금융서비스를 의미한다.

핀테크의 가장 강력한 장점은 지급과 결제의 간편성으로 볼 수 있다. 그냥 앱을 열고 기기에 갖다 대기만 하면 된다. 스마트폰에 저장된 신용카드나 계좌정보가 NFC 결제 기기와 자연스럽게 반응하여 처리된다. 송금 서비스는 더 쉽다. 공동인증서가 당신에게 선사했던 절망의 시간을 떠올려 보라. 핀테크의 물결 속에서 보수적이었던 금융권 역시 오픈 뱅킹으로 속속 전환하고 있다. 외환 송금 또한 무리 없다. 심지어 수수료도 절감할 수 있다. 여기에 우리나라 핀테크의 꽃이라고 할 수 있는 인터넷 전문은행도 있다. 가입부터 개설까지 10분도 걸리지 않는다. 100년 후에 지갑이라는 물건은 조선 시대 상투처럼 사라질지도 모른다.

핀테크는 리스크 관리 수준 또한 끌어올리고 있다. 과거의 경우 통장을 만들기 위해서는 은행 창구 방문이 필수였다. 신분증을 내밀고 본인 확인을 거쳐야만 했다. 지금은 어떤가? 비대면 실명 인증이라는 기술이 금융을 만나 핀테크로 완성되었다. 더 이상 은행에 가지 않아도 된다. 인터넷 전문은행 또한 비대면 실명 인증을 통해 실현된 핀테크이다. 물론 여전히 보안 문제라는 걱정이 남아 있다. 개인정보를 캐내는 해킹 수법도 날이 갈수록 발전하고 있다. 하지만 핀테크는 기존의 방식을 넘어 발전하고 있다. 이미 스마트폰에는 지문 인식, 안면 인식을 통한 본인 인증 기술이 쓰이고 있다. 조만간 핀테크는 간편성을 넘어 보이스피싱과 같은 금융 범죄를 근본적으로 방지하는 형태로 발전할 것이다.

다음으로 핀테크는 이상적인 금융 플랫폼을 실현하고 있다. 과거에는 수수료를 당연하게 여기던 때가 있었다. 마치 문자 하나에 50원의 가격을 매기는 것처럼 말이다. 어떤 거래에 있어 은행이나 금융기관의 매개 비용은 당연한 대가였다. 이제 핀테크는 그 당연함을 지웠다. 또한 핀테크는 온라인 플랫폼을 통해 새로운 형태의 대출을 만들어 냈다. 바로 P2P(Peer to Peer)대출이다. P2P대출은 공급자(투자)와 수요자(대출)가 금융기관의 개입 없이도 직접 자금을 주고받을 수 있게끔 만들었다. 크라우드 펀딩도 하나의 핀테크다. 크라우드 펀딩은 사업자 등이 익명의 다수(Crowd)로부터 SNS를 통해 후원을 받거나 특정 목적으로 인터넷과 같은 플랫폼을 통해 자금을 모으는 투자 방식이다. 실험적이고 번뜩이는 아이템을 가졌지만, 수익성을 이유로 투자받지 못했던 창업가에게는 기적 같은 통로가 생긴 것이다.

① 핀테크를 활용한 P2P 대출은 금융기관의 개입을 통해 투자와 대출을 가능하게 한다.

② 핀테크는 비대면 실명 인증을 가능하게 하여, 고객들은 은행에 가지 않아도 된다.

③ 핀테크의 크라우드 펀딩은 자금력이 부족한 창업자들에게 기회가 될 수 있다.

④ 핀테크는 수수료 절감을 통해 이상적인 금융 플랫폼을 실현하고 있다.

PART 3

Easy

09 다음은 S은행에서 새내기 직장인을 상대로 진행하는 '새내기 급여통장 · 적금 이벤트' 공고이다. 이에 대한 내용으로 적절하지 않은 것은?

> **똑똑한 재테크의 시작, '새내기 급여통장 · 적금 이벤트'**
>
> ◇ 행사기간
> 2024.10.15. ~ 2025.02.28.
>
> ◇ 대상고객
> 만 22 ~ 39세인 새내기 직장인으로 급여이체 및 적금 신규고객
>
> ◇ 응모요건
> S은행 첫 급여이체(건당 50만 원 이상)+적금(신규)
> (단, 적금은 1년 이상, 자동이체 등록분에 한함)
>
> ◇ 응모방법
> 응모요건 충족 시 자동 응모(랜덤추첨)
>
> ◇ 당첨자발표
> 홈페이지 공지 및 개별 통보(2025년 3월 15일 예정)
>
> ◇ 경품내용(총 365명)
> 1등(5명) : 기프트카드 20만 원
> 2등(60명) : H브랜드 ID 카드 홀더
> 3등(300명) : 스타○○ 텀블러
>
> ◇ 유의사항
> - 상기 이벤트 당첨자 중 연락처 불능, 수령거절 등 고객사유로 1개월 이상 경품 미수령 시 당첨이 취소될 수 있습니다.
> - 제세공과금은 S은행이 부담하며, 본 이벤트는 당행의 사정으로 변경 또는 중단될 수 있습니다.
> - 당첨고객은 추첨일 현재 유효계좌(급여이체, 적금 유지고객) 보유고객에 한하며, 당첨발표는 S은행 홈페이지에서 확인할 수 있습니다.
> - 기타 자세한 내용은 인터넷 홈페이지를 참고하시거나, 가까운 영업점 고객행복센터(1500-0000)에 문의하시기 바랍니다.

① 대상 고객은 만 22 ~ 39세의 새내기 직장인으로 신규고객이어야 한다.
② 당첨자는 2025년 3월 15일(예정)에 홈페이지 공지 및 개별로 통보를 받는다.
③ 본인이 응모요건을 충족할 경우 홈페이지에 접속해서 서류를 제출하면 된다.
④ 이벤트 당첨자 중 고객사유로 1개월 이상 경품 미수령 시 당첨이 취소될 수 있다.

10 S사의 초봉은 3,500만 원이고 매년 연봉 인상률은 15%라고 한다. 올해 S사에 입사한 신입사원인 승열이는 세금을 제하고 받은 금액에서 매년 2%씩 따로 한 자선단체에 기부할 계획을 세웠다. 세금이 수입의 5%라고 할 때, 내년에 기부할 금액은?(단, 천 원 미만은 절사한다)

① 764,000원
② 780,000원
③ 795,000원
④ 810,000원

Easy

11 甲과 乙의 현재 연령 비는 2 : 1이고, 8년 후의 연령 비는 6 : 4가 된다고 할 때, 甲과 乙의 현재 나이는?

① 甲 16세, 乙 8세
② 甲 18세, 乙 9세
③ 甲 20세, 乙 10세
④ 甲 22세, 乙 11세

12 수돗가에 서로 각기 다른 물의 양이 나오는 A ~ C수도꼭지 3개가 있다. 비어 있는 양동이에 물을 완전히 채우기 위해 A ~ C수도꼭지를 모두 틀었더니 10분이 걸렸고, B와 C수도꼭지만으로 채우면 30분이 걸렸다. A수도꼭지에서 1분당 물이 나오는 양은 B수도꼭지의 8배였다고 할 때, C수도꼭지만으로 양동이를 가득 채우는 데 걸리는 시간은?

① 20분
② 25분
③ 30분
④ 40분

13 50원, 100원, 500원짜리 동전이 14개가 있다. 이 동전들이 총 14개이고, 합이 2,250원이라면 50원짜리 동전은 몇 개인가?

① 5개
② 6개
③ 7개
④ 8개

Easy

14 다음은 S제철소에서 생산한 철강의 분야별 출하량에 대한 자료이다. 2024년에 세 번째로 많은 생산을 했던 분야의 2022년 대비 2023년의 변화율로 옳은 것은?

〈S제철소 철강 출하량〉

(단위 : 천 톤)

구분	자동차	선박	토목 / 건설	일반기계	기타
2022년	5,230	3,210	6,720	4,370	3,280
2023년	6,140	2,390	5,370	4,020	4,590
2024년	7,570	2,450	6,350	5,730	4,650

① 약 8% 증가하였다.
② 약 8% 감소하였다.
③ 약 10% 증가하였다.
④ 약 10% 감소하였다.

15 다음은 2024년 1 ~ 10월의 달러와 엔화의 환율 현황에 대한 자료이다. 이에 대한 설명으로 옳은 것은?(단, 소수점 둘째 자리에서 반올림한다)

〈달러 및 엔화 환율 현황〉

구분	1월	2월	3월	4월	5월	6월	7월	8월	9월	10월
달러 (원/달러)	1,065	1,090	1,082	1,070	1,072	1,071	1,119	1,117	1,119	1,133
엔화 (원/100엔)	946	990	1,020	992	984	980	1,011	1,003	1,004	1,003

① 5월부터 10월까지 달러 환율은 계속 증가하는 추이를 보이고 있다.
② 전월 대비 달러 환율 증가율은 7월 증가율이 10월 증가율보다 4배 이상 높다.
③ 4월에 일본으로 여행을 간다면 2월보다 1월에 미리 환전하는 것이 5% 이상 이득이다.
④ 달러 환율이 가장 낮을 때의 엔화 환율은 달러 환률이 가장 높을 때의 엔화 환율보다 7% 미만 낮다.

16 다음 2개의 음식점에 대한 만족도를 5개 부문으로 나누어 한 평가로 옳지 않은 것은?

〈음식점에 대한 만족도〉

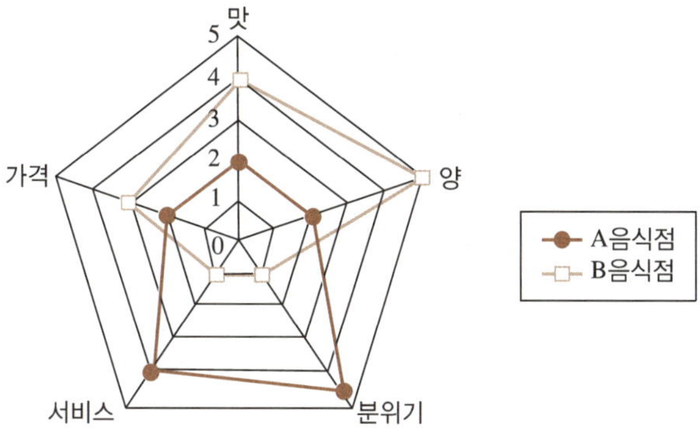

① A음식점은 2개 부문에서 B음식점을 능가한다.
② 맛 부문에서 만족도가 더 높은 음식점은 B음식점이다.
③ A와 B음식점 간 가장 큰 차이를 보이는 부문은 서비스이다.
④ B음식점은 가격보다 맛과 양 부문에서 상대적 만족도가 더 높다.

17 다음은 S그룹의 주요 경영지표에 대한 자료이다. 이에 대한 설명으로 옳은 것은?

〈경영지표〉

(단위 : 억 원)

구분	공정자산총액	부채총액	자본총액	자본금	매출액	당기순이익
2019년	2,610	1,658	952	464	1,139	170
2020년	2,794	1,727	1,067	481	2,178	227
2021년	5,383	4,000	1,383	660	2,666	108
2022년	5,200	4,073	1,127	700	4,456	−266
2023년	5,242	3,378	1,864	592	3,764	117
2024년	5,542	3,634	1,908	417	4,427	65

① 자본총액은 꾸준히 증가하고 있다.
② 각 지표 중 총액 규모가 가장 큰 것은 매출액이다.
③ 공정자산총액과 부채총액의 차가 가장 큰 해는 2024년이다.
④ 직전 해의 당기순이익과 비교했을 때, 당기순이익이 가장 많이 증가한 해는 2020년이다.

Hard

18 다음은 기업별 주식 현황에 대한 자료이다. 이에 대한 〈보기〉의 설명 중 옳은 것을 모두 고르면? (단, 〈보기〉의 내용은 A, B, C, D기업의 예로 한정한다)

〈기업별 주식 현황〉

(단위 : 천 원)

구분	A기업	B기업	C기업	D기업
자기자본	100,000	500,000	250,000	80,000
액면가	5	5	0.5	1
순이익	10,000	200,000	125,000	60,000
주식가격	10	15	8	12

※ $(\text{자기자본 순이익률})=\frac{(\text{순이익})}{(\text{자기자본})}$, $(\text{주당 순이익})=\frac{(\text{순이익})}{(\text{발행 주식 수})}$

※ (자기자본)=(발행 주식 수)×(액면가)

보기

ㄱ. 주당 순이익은 A기업이 가장 낮다.
ㄴ. 주당 순이익이 높을수록 주식가격이 높다.
ㄷ. D기업의 발행 주식 수는 A기업의 발행 주식 수의 4배이다.
ㄹ. 자기자본 순이익률은 C기업이 가장 높고, A기업이 가장 낮다.

① ㄱ
② ㄴ
③ ㄱ, ㄹ
④ ㄴ, ㄷ

※ 다음과 같이 일정한 규칙으로 수를 나열할 때, 빈칸에 들어갈 알맞은 수를 고르시오. [19~20]

19

225 256 289 324 ( ) 400

① 148
② 242
③ 263
④ 361

Easy

20

3 15 4 2 20 ( ) 4 16 5

① 1
② 2
③ 3
④ 4

21 다음은 창의적 사고에 대한 설명이다. 빈칸에 들어갈 말로 옳지 않은 것은?

창의적 사고란 당면한 문제를 해결하기 위해 이미 알고 있는 경험지식을 해체하여 새로운 아이디어를 다시 도출하는 것을 말한다. 즉, 창의적 사고는 개인이 가지고 있는 경험과 지식을 통해 새로운 가치 있는 아이디어로 다시 결합함으로써 참신한 아이디어를 산출하는 힘을 의미하며, ______이라는 특징을 지닌다.

① 발산적
② 독창성
③ 가치 지향성
④ 통상적

22 다음과 같이 과제안 평가기준을 나타냈을 때, 빈칸에 들어갈 말을 바르게 연결한 것은?

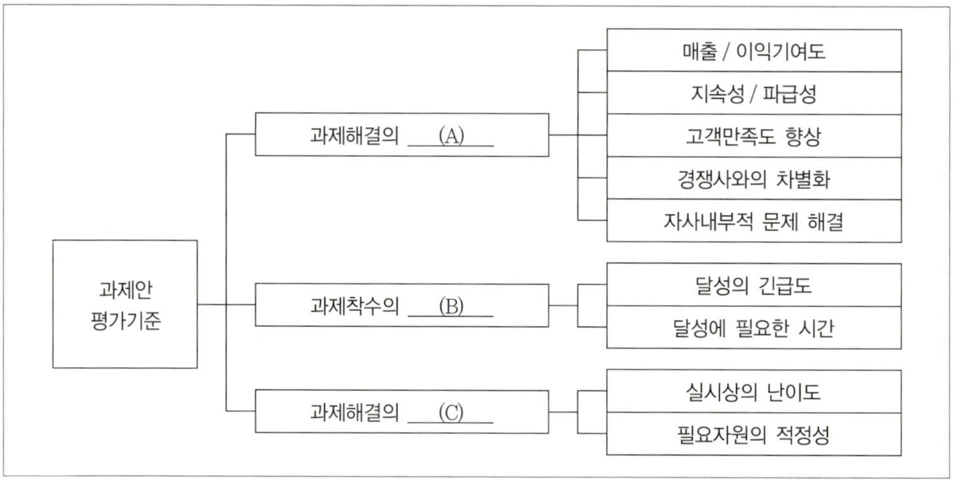

	(A)	(B)	(C)
①	용이성	긴급성	중요성
②	용이성	중요성	긴급성
③	중요성	용이성	긴급성
④	중요성	긴급성	용이성

23 다음 중 문제해결을 위해 갖춰야 할 기본요소에 대한 설명으로 옳지 않은 것은?

① 기존과 다른 방식으로 사고하기 위해 의식적인 노력을 기울인다.
② 조직의 기능단위 수준에서 현 문제점을 분석하고, 해결안을 도출하기 위해 노력한다.
③ 문제해결에 관한 외부 강의 등을 수강하며, 문제해결을 위한 새로운 스킬을 습득한다.
④ 해결하기 어려운 문제에 당면하더라도 이를 통해 스스로를 더욱 발전시키겠다는 태도로 임한다.

Hard

24 일남 ~ 오남 5형제가 둘러앉아 마피아 게임을 하고 있다. 이 중 1명은 경찰, 1명은 마피아이고, 나머지는 시민이다. 5명 중 2명의 진술이 거짓일 때, 다음 중 반드시 참인 것은?(단, 모든 사람은 진실 또는 거짓만 말한다)

- 일남 : 저는 시민입니다.
- 이남 : 저는 경찰이고, 오남이는 마피아예요.
- 삼남 : 일남이는 마피아예요.
- 사남 : 확실한 건 저는 경찰은 아니에요.
- 오남 : 사남이는 시민이 아니고, 저는 경찰이 아니에요.

① 일남이가 마피아, 삼남이가 경찰이다.
② 이남이가 마피아, 사남이가 경찰이다.
③ 사남이가 마피아, 삼남이가 경찰이다.
④ 오남이가 마피아, 이남이가 경찰이다.

25 S은행은 5층짜리 선반에 사무용품을 정리해 두는데, 선반의 각 층에는 서로 다른 두 종류의 사무용품이 놓여 있다. 〈조건〉에 따를 때, 다음 중 반드시 참인 것은?

조건
- 선반의 가장 아래층에는 인덱스 바인더가 지우개와 함께 놓여 있다.
- 서류정리함은 보드마카와 스테이플러보다 아래에 놓여 있다.
- 보드마카와 접착 메모지는 같은 층에 놓여 있다.
- 2공 펀치는 스테이플러보다는 아래에 놓여 있지만, 서류정리함보다는 위에 놓여 있다.
- 접착 메모지는 스테이플러와 볼펜보다 위에 놓여 있다.
- 볼펜은 2공 펀치보다 위에 놓여 있지만, 스테이플러보다 위에 놓여 있는 것은 아니다.
- 북엔드는 선반의 두 번째 층에 놓여 있다.
- 형광펜은 선반의 가운데 층에 놓여 있다.

① 볼펜은 3층 선반에 놓여 있다.
② 서류정리함은 북엔드보다 위에 놓여 있다.
③ 스테이플러는 보드마카보다 위에 놓여 있다.
④ 보드마카와 접착 메모지가 가장 높은 층에 놓여 있다.

26 다음 〈조건〉을 보고 S은행의 대기자 중 업무를 보는 순서를 바르게 나열한 것은?

> **조건**
>
> - 예금 대기 순번과 공과금 대기 순번은 별개로 카운트된다.
> - 1인당 업무 처리 시간은 모두 동일하게 주어진다.
> - 예금 창구에서는 2번 대기자가 업무를 보고 있다.
> - 공과금 창구에서는 3번 대기자가 업무를 보고 있다.
> - A는 예금 업무를 보려고 한다.
> - A보다 B, D가 늦게 발권하였다.
> - B의 다음 대기자는 C이다.
> - D는 예금 업무를 보려고 한다.
> - A가 발권한 대기번호는 6번이다.
> - B가 발권한 대기번호는 4번이다.
> - E가 발권한 대기번호는 5번이다.

① A－B－C－D－E
② B－C－E－A－D
③ B－E－A－C－D
④ E－A－B－C－D

Hard

27 S사는 신제품의 품번을 다음과 같은 규칙에 따라 정한다. 제품에 설정된 임의의 영단어가 'intellectual'라면 이 제품의 품번으로 옳은 것은?

> 〈규칙〉
>
> 1단계 : 알파벳 a～z를 숫자 1, 2, 3, …으로 변환하여 계산한다.
> 2단계 : 제품에 설정된 임의의 영단어를 숫자로 변환한 값의 합을 구한다.
> 3단계 : 임의의 영단어 속 자음의 합에서 모음의 합을 뺀 값의 절댓값을 구한다.
> 4단계 : 2단계와 3단계의 값을 더한 다음 4로 나누어 2단계의 값에 더한다.
> 5단계 : 4단계의 값이 정수가 아닐 경우, 소수점 첫째 자리에서 버림한다.

① 120 ② 140
③ 160 ④ 180

Easy

28 다음 중 물적자원에 대한 설명으로 옳지 않은 것은?

① 자연자원은 석유, 석탄, 나무 등을 가리킨다.
② 물적자원은 자연자원과 인공자원으로 나눌 수 있다.
③ 인공자원은 사람들이 인위적으로 가공하여 만든 것이다.
④ 세상에 존재하는 모든 물체가 물적자원에 포함되는 것은 아니다.

29 다음 빈칸에 들어갈 말을 바르게 연결한 것은?

> 어떤 때는 시간이 빠르게 가는 것 같이 느껴지고 어떤 때는 느리게 가는 것 같이 느껴지지만, 시간은 일정한 ___㉠___(으)로 진행된다. 또한, 시간은 잘 사용하면 무한한 이익을, 잘못 사용하면 엄청난 손해를 가져다준다. 즉, 시간은 사용하기에 따라 그 ___㉡___이/가 달라지는 것이다.

	㉠	㉡
①	방향	효과
②	방향	가치
③	속도	가치
④	속도	방향

PART 3

30 다음 중 빈칸 ㉠~㉤에 들어갈 말을 바르게 연결한 것은?

> 예산의 구성요소는 일반적으로 직접비용과 간접비용으로 구분된다. ___㉠___비용은 제품 또는 서비스를 창출하기 위해 ___㉡___ 소비된 것으로 여겨지는 비용을 말한다. 반면, ___㉢___비용은 과제를 수행하기 위해 소비된 비용 중 ___㉣___비용을 제외한 비용으로, 생산에 ___㉤___ 관련되지 않은 비용을 말한다.

	㉠	㉡	㉢	㉣	㉤
①	직접	직접	간접	직접	직접
②	직접	직접	간접	간접	직접
③	간접	직접	직접	간접	간접
④	간접	간접	직접	간접	직접

31 S구에서는 주택을 소유하고 해당 주택에 거주하는 가구를 대상으로 주택 노후도 평가를 시행하여 그 결과에 따라 주택보수비용을 지원하고 있다. 다음 자료를 근거로 판단할 때 S구에 사는 C씨가 지원받을 수 있는 주택보수비용의 최대 액수는?

〈주택보수비용 지원 내용〉

구분	경보수	중보수	대보수
보수항목	도배 혹은 장판	수도시설 혹은 난방시설	지붕 혹은 기둥
주택당 보수비용 지원한도액	350만 원	650만 원	950만 원

〈소득인정액별 주택보수비용 지원율〉

구분	중위소득 25% 미만	중위소득 25% 이상 35% 미만	중위소득 35% 이상 43% 미만
지원율	100%	90%	80%

※ 소득인정액에 따라 위 보수비용 지원한도액의 80~100%를 차등 지원함

〈상황〉

C씨는 현재 거주하고 있는 A주택의 소유자이며, 소득인정액이 중위소득 40%에 해당한다. A주택의 노후도 평가 결과, 지붕의 수선이 필요한 주택보수비용 지원 대상에 선정되었다.

① 520만 원 ② 650만 원
③ 760만 원 ④ 855만 원

32 인사팀은 4월 월간 일정표와 〈조건〉을 고려하여 인사팀의 1박 2일 워크숍 날짜를 결정하려고 한다. 다음 중 인사팀의 워크숍 날짜로 가장 적절한 것은?

〈4월 월간 일정표〉

월	화	수	목	금	토	일
	1	2 오전 10시 연간 채용계획 발표(A팀장)	3	4 오전 10시 주간업무보고 오후 7시 B대리 송별회	5	6
7	8 오후 5시 총무팀과 팀 연합회의	9	10	11 오전 10시 주간업무보고	12	13
14 오전 11시 승진대상자 목록 취합 및 보고(C차장)	15	16	17 A팀장 출장	18 오전 10시 주간업무보고	19	20
21 오후 1시 팀미팅(30분 소요 예정)	22	23 D사원 출장	24 외부인사 방문 일정	25 오전 10시 주간업무보고	26	27
28 E대리 휴가	29	30				

조건

- 워크숍은 평일로 한다.
- 워크숍에는 모든 팀원들이 빠짐없이 참석해야 한다.
- 워크숍 일정은 첫날 오후 3시 출발부터 다음 날 오후 2시까지이다.
- 다른 팀과 함께하는 업무가 있는 주에는 워크숍 일정을 잡지 않는다.
- 매월 말일에는 월간 업무 마무리를 위해 워크숍 일정을 잡지 않는다.

① 4월 9 ~ 10일
② 4월 18 ~ 19일
③ 4월 21 ~ 22일
④ 4월 28 ~ 29일

33 S사는 하반기 신입사원 공개채용을 시행했다. 1차 서류전형과 인적성, 면접전형이 모두 끝나고 최종 면접자들의 점수를 확인하여 합격 점수 산출법에 따라 합격자를 선정하려고 한다. 총점이 80점 이상인 지원자가 합격한다고 할 때, 다음 중 합격자끼리 바르게 짝지어진 것은?

〈최종 면접 점수〉

구분	A	B	C	D	E
직업기초능력	75	65	60	68	90
의사소통능력	52	70	55	45	80
문제해결능력	44	55	50	50	49

〈합격 점수 산출법〉

- 직업기초능력×0.6
- 의사소통능력×0.3
- 문제해결능력×0.4
- 총점 : 80점 이상

※ 과락 점수(미만) : 직업기초능력 60점, 의사소통능력 50점, 문제해결능력 45점

① A, C
② A, D
③ B, E
④ C, E

34 ○○랜드는 S통신사 멤버십 회원들을 대상으로 다음과 같이 할인 이벤트를 진행하고 있다. S통신사 멤버십 회원인 B씨는 ○○랜드 이용권 할인을 받을 예정이며, 그의 아내와 청소년인 아들 1명, 소인인 딸 1명은 우대쿠폰을 적용할 예정이다. B씨 가족이 모두 주간권을 구입할 때 받게 될 할인금액과 야간권을 구입할 때 받게 될 할인금액의 차이는?

〈○○랜드 S통신사 멤버십 할인 이벤트〉

- S통신사 멤버십 카드 소지 시 본인은 정상가 40% 할인을 받습니다.
- S통신사 멤버십 카드 우대쿠폰을 통해 동반 3인까지 10% 할인을 받습니다.
- ○○랜드 이용권 정상가는 다음과 같습니다.

구분	주간권(종일)	야간권(17시 이후)
대인	54,000원	45,000원
청소년	46,000원	39,000원
소인	43,000원	36,000원

① 5,900원
② 6,100원
③ 6,300원
④ 6,500원

35 다음은 S기업의 재고 관리에 대한 자료이다. 금요일까지 부품 재고 수량이 남지 않게 완성품을 만들 수 있도록 월요일에 주문할 부품 A ~ C의 개수가 바르게 연결된 것은?(단, 주어진 조건 이외에는 고려하지 않는다)

〈부품 재고 수량과 완성품 1개당 소요량〉

(단위 : 개)

부품명	부품 재고 수량	완성품 1개당 소요량
A	500	10
B	120	3
C	250	5

〈완성품 납품 수량〉

(단위 : 개)

요일 / 항목	월	화	수	목	금
완성품 납품 개수	없음	30	20	30	20

※ 부품 주문은 월요일에 한 번 신청하며, 화요일 작업 시작 전에 입고됨

※ 완성품은 부품 A, B, C를 모두 조립해야 함

	A	B	C
①	100개	100개	100개
②	100개	180개	200개
③	500개	100개	100개
④	500개	180개	250개

Easy

36 S회사는 7월 중에 신입사원 면접을 계획하고 있다. 면접에는 마케팅팀과 인사팀 차장, 인사팀 부장과 과장, 총무팀 주임이 한 명씩 참여한다. S회사에서는 6 ~ 7월에 계획된 여름 휴가를 팀별로 나누어 간다고 할 때, 다음 중 면접이 가능한 날짜는?

휴가 규정	팀별 휴가 시작일
• 차장급 이상 : 4박 5일 • 대리 ~ 과장 : 3박 4일 • 사원 ~ 주임 : 2박 3일	• 마케팅팀 : 6월 29일 • 인사팀 : 7월 6일 • 총무팀 : 7월 1일

① 7월 1일　　② 7월 3일
③ 7월 5일　　④ 7월 7일

37 **다음 중 비공식적 조직과 공식적 조직에 대한 설명으로 옳지 않은 것은?**

① 비공식적 조직은 조직 구성원에게 소속감 등을 제공한다.

② 공식적 조직은 구성원 간 역할과 권한에 대한 규정이 있다.

③ 비공식적 조직은 의도적으로 구성된 조직으로 수명이 길다.

④ 공식적 조직의 유형에는 라인 조직, 매트릭스 조직 등이 있다.

38 **다음은 대부분의 조직에서 활용하고 있는 부서명과 담당 업무의 예를 나타낸 자료이다. 이에 따른 부서명과 담당 업무의 내용으로 적절하지 않은 것은?**

구분	업무 내용
총무부	주주총회 및 이사회 개최 관련 업무, 의전 및 비서 업무, 집기비품 및 소모품의 구매와 관리, 사무실 임차 및 관리, 차량 및 통신시설의 운영, 국내외 출장 업무 협조, 복리후생 업무, 법률자문과 소송관리, 사내외 홍보 광고 업무
인사부	조직기구의 개편 및 조정, 업무분담 및 조정, 인력수급계획 및 관리, 직무 및 정원의 조정 종합, 노사관리, 평가관리, 상벌관리, 인사발령, 교육체계 수립 및 관리, 임금제도, 복리후생제도 및 지원업무, 복무관리, 퇴직관리
기획부	경영계획 및 전략 수립, 전사기획 업무 종합 및 조정, 중장기 사업계획의 종합 및 조정, 경영정보 조사 및 기획보고, 경영진단 업무, 종합예산수립 및 실적관리, 단기사업계획 종합 및 조정, 사업계획, 손익추정, 실적관리 및 분석
회계부	회계제도의 유지 및 관리, 재무상태 및 경영실적 보고, 결산 관련 업무, 재무제표 분석 및 보고, 법인세, 부가가치세, 국세 지방세 업무자문 및 지원, 보험가입 및 보상 업무, 고정자산 관련 업무
영업부	판매 계획, 판매예산의 편성, 시장조사, 광고 선전, 견적 및 계약, 제조지시서의 발행, 외상매출금의 청구 및 회수, 제품의 재고 조절, 거래처로부터의 불만처리, 제품의 사후관리, 판매원가 및 판매가격의 조사 검토

① 지난달 퇴직자의 퇴직급여 수령액에 문제가 있어 인사부 직원은 회사 퇴직급여 규정을 찾아보고 정정 사항을 바로잡았다.

② 작년 판매분 중 일부 제품에 하자가 발생하여 고객의 클레임을 접수하고 하자보수 등의 처리를 담당하는 것은 영업부의 주도적인 역할이다.

③ 회사의 지속가능경영보고서에 수록되어 주주들에게 배포될 경영실적 관련 자료를 준비하느라 회계부 직원들은 연일 야근 중이다.

④ 사옥 이전에 따르는 이전 비용 산출과 신사옥 입주를 대내외에 홍보해야 할 업무는 기획부 소관 업무이다.

39 다음 글에 나타난 조직의 특성으로 가장 적절한 것은?

> S기업의 사내 봉사 동아리에 소속된 70여 명의 임직원이 연탄 나르기 봉사 활동을 펼쳤다. 이날 임직원들은 지역 주민들이 보다 따뜻하게 겨울을 날 수 있도록 연탄 총 3,000장과 담요를 직접 전달했다. 사내 봉사 동아리에 소속된 S기업 ○○○대리는 "매년 진행하는 연말 연탄 나눔 봉사활동을 통해 지역사회에 도움의 손길을 전할 수 있어 기쁘다."며 "오늘의 작은 손길이 큰 불씨가 되어 많은 분들이 따뜻한 겨울을 보내길 바란다."라고 말했다.

① 이윤을 목적으로 하는 조직
② 인간관계에 따라 형성된 자발적인 조직
③ 규모와 기능 그리고 규정이 조직화되어 있는 조직
④ 조직 구성원들의 행동을 통제할 장치가 마련되어 있는 조직

PART 3

40 다음은 S회사의 이팀장이 오전 10시에 강대리에게 남긴 음성메시지이다. 이팀장의 업무 지시에 따라 강대리가 가장 먼저 해야 할 일과 가장 나중에 해야 할 일을 순서대로 바르게 나열한 것은?

> 강대리님, 저 이팀장입니다. 오늘 중요한 미팅 때문에 강대리님이 제 업무를 조금 도와주셔야 할 것 같습니다. 제가 미팅 후 회식을 가야 하는데 회사 차를 가지고 왔습니다. 이따가 강대리님이 잠깐 들러 회사 차를 반납해 주세요. 아! 차 안에 K은행 김팀장에게 제출해야 할 서류가 있는데 회사 차를 반납하기 전에 그 서류를 대신 제출해 주시겠어요? K은행 김팀장은 4시에 퇴근하니까 3시까지는 K은행으로 가셔야 할 것 같습니다. 그리고 오늘 5시에 팀장 회의가 있는데 제 책상 위의 회의 자료를 영업팀 최팀장에게 전달해 주시겠어요? 최팀장이 오늘 오전 반차를 써서 아마 1시쯤에 출근할 것 같습니다. 급한 사안이니 최대한 빨리 전달 부탁드려요. 그런데 혹시 지금 대표님께서 출근하셨나요? 오전 중으로 대표님께 결재를 받아야 할 사항이 있는데 제 대신 결재 부탁드리겠습니다.

① 대표에게 결재받기, 회사 차 반납
② 최팀장에게 회의 자료 전달, 회사 차 반납
③ 대표에게 결재받기, 최팀장에게 회의 자료 전달
④ 최팀장에게 회의 자료 전달, K은행 김팀장에게 서류 제출

41 **다음은 S공사의 해외시장 진출 및 지원 확대를 위한 전략과제의 필요성을 제시한 자료이다. 이를 통해 도출된 과제의 추진 방향으로 적절하지 않은 것은?**

전략과제의 필요성
1. 해외시장에서 기관이 수주할 수 있는 산업 발굴
2. 국제사업 수행을 통한 경험축적 및 컨소시엄을 통한 기술·노하우 습득
3. 해당 산업 관련 민간기업의 해외진출 활성화를 위한 실질적 지원

① 국제기관의 다양한 자금을 활용하여 사업을 발굴하고, 해당 사업의 해외진출을 위한 기술역량을 강화한다.

② 해당 산업 민간(중소)기업을 대상으로 입찰 정보제공, 사업전략 상담, 동반 진출 등을 통한 실질적 지원을 확대한다.

③ 국제경쟁입찰의 과열 경쟁 심화와 컨소시엄 구성 시 민간기업과 업무배분, 이윤 추구성향 조율에 어려움이 예상된다.

④ 해외봉사활동 등과 연계하여 기관 이미지 제고 및 사업에 대한 사전조사, 시장조사를 통한 선제적 마케팅 활동을 추진한다.

Easy

42 **다음 지시사항의 내용으로 적절하지 않은 것은?**

> 은경씨, 금요일 오후 2시부터 10명의 인·적성검사 합격자의 1차 면접이 진행될 예정입니다. 5층 회의실 사용 예약을 지금 미팅이 끝난 직후 해주시고, 2명씩 5개 조로 구성하여 10분씩 면접을 진행하니 지금 드리는 지원 서류를 참고하시어 수요일 오전까지 5개 조를 구성한 보고서를 저에게 주십시오. 그리고 2명의 면접 위원님께 목요일 오전에 면접 진행에 대해 말씀드려 미리 일정 조정을 완료해주시기 바랍니다.

① 면접은 10분씩 진행된다.

② 면접은 금요일 오후에 10명을 대상으로 실시된다.

③ 은경씨는 수요일 오전까지 보고서를 제출해야 한다.

④ 인·적성검사 합격자는 본인이 몇 조인지 알 수 있다.

43 **다음 중 승진을 하면 할수록 무능력하게 되는 현상으로 가장 적절한 것은?**

① 피터의 법칙
② 샐리의 법칙
③ 무어의 법칙
④ 머피의 법칙

44 S은행에서 근무하는 강과장은 '한여름 밤의 음악회'와 관련하여 유대리에게 다음과 같이 부탁하였다. 이때, 유대리가 가장 먼저 처리해야 할 일은?

> 유대리님, 퇴근하기 전에 음악회 장소를 다시 점검하러 가보셔야 할 것 같아요. 저번에 김과장님이 오른쪽 조명이 깜빡인다고 말씀하시더라고요. △△조명은 11시부터 영업을 시작하고, 음악회 주최 위원들은 점심시간에 오신다고 하니 함께 점심 드시고 오후에 연락하여 점검을 같이 나가자고 연락 드려 주세요.
> 아, 그리고 제가 지금 외근을 나가야 하는데 오늘 몇 시에 들어올 수 있을지 모르겠어요. 일단 점심 식사 후 음악회 주최 위원들께 음악회 일정표를 전달해주세요. 그리고 조명 점검하시고 꼭 김과장님께 상황 보고해 주세요.

① 음악회 주최 의원들과 점심
② 한여름 밤의 음악회 장소 점검
③ △△조명에 조명 점검 협조 연락
④ 음악회 주최 의원들에게 일정표 전달

PART 3

45 다음 〈보기〉의 맥킨지 7S 모델을 소프트웨어적 요소와 하드웨어적 요소로 바르게 구분한 것은?

> 보기
> ㄱ. 스타일(Style)
> ㄴ. 구성원(Staff)
> ㄷ. 전략(Strategy)
> ㄹ. 스킬(Skill)
> ㅁ. 구조(Structure)
> ㅂ. 공유가치(Shared Value)
> ㅅ. 시스템(System)

	소프트웨어	하드웨어
①	ㄱ, ㄴ, ㄷ, ㅂ	ㄹ, ㅁ, ㅅ
②	ㄱ, ㄴ, ㄹ, ㅂ	ㄷ, ㅁ, ㅅ
③	ㄴ, ㄷ, ㅂ, ㅅ	ㄱ, ㄹ, ㅁ
④	ㄴ, ㄹ, ㅁ, ㅅ	ㄱ, ㄷ, ㅂ

46 **다음 중 클라우드 환경에서 Auto Scaling이 의미하는 것은?**

① 서버의 성능을 자동으로 업그레이드하는 방식
② 서버의 수를 고정적으로 설정하여 운영하는 방식
③ 트래픽 변화에 맞춰 서버의 수를 자동으로 조정하는 방식
④ 사용자의 요청에 따라 서버의 위치를 자동으로 변경하는 방식

47 **다음 중 데이터의 암호화와 압축을 수행하는 OSI 참조 모델의 계층은?**

① 표현 계층
② 전송 계층
③ 응용 계층
④ 세션 계층

48 **다음 중 정보화 사회에 대한 설명으로 옳은 것은?**

① 정보화 사회에서는 정보의 다양한 특성 중 기술적 실효성이 가장 강조된다.
② 정보화 사회의 심화는 새로운 분야에서 국가 간 갈등을 야기해 세계화를 저해한다.
③ 정보화 사회가 진전됨에 따라 지식과 정보의 증가량 및 변화 속도는 더욱 증가할 것이다.
④ 지식정보 관련 산업이 핵심 산업이 되면서, 물질이나 에너지 산업의 부가가치 생산성은 저하되고 있다.

Easy

49 **다음 중 UNIX 운영체제에 대한 설명으로 옳지 않은 것은?**

① 다중 사용자 운영체제이다.
② Windows 기반 운영체제이다.
③ 다중 프로세스 운영체제이다.
④ 주로 C언어로 작성된 운영체제이다.

50 **다음 중 중앙처리장치(CPU)의 기능에 대한 설명으로 옳지 않은 것은?**

① 산술연산, 논리연산을 수행
② 작업을 감독하는 기능 수행
③ 프로그램과 데이터를 저장하는 기능 수행
④ 원시프로그램을 목적프로그램으로 변환하는 기능 수행

PART 3

51 **다음 중 워크시트의 인쇄에 대한 설명으로 옳지 않은 것은?**

① 인쇄 영역에 포함된 도형은 기본적으로 인쇄가 되지 않으므로 인쇄를 하려면 도형의 [크기 및 속성] 대화상자에서 '개체 인쇄' 옵션을 선택해야 한다.
② 인쇄하기 전에 워크시트를 미리 보려면 〈Ctrl〉+〈F2〉 키를 누른다.
③ 기본적으로 화면에 표시되는 열 머리글(A, B, C 등)이나 행 머리글(1, 2, 3 등)은 인쇄되지 않는다.
④ 워크시트의 내용 중 특정 부분만을 인쇄 영역으로 설정하여 인쇄할 수 있다.

52 **다음 〈보기〉에서 데이터베이스의 필요성에 대한 설명으로 옳은 것을 모두 고르면?**

보기

ㄱ. 데이터의 중복을 줄이고 안정성을 높인다.
ㄴ. 데이터의 양이 많아 검색이 어려워진다.
ㄷ. 프로그램의 개발이 쉽고 개발 기간도 단축한다.
ㄹ. 데이터가 한 곳에만 기록되어 있어 결함 없는 데이터를 유지하기 어려워진다.

① ㄱ, ㄴ　② ㄱ, ㄷ
③ ㄴ, ㄷ　④ ㄷ, ㄹ

53 귀하는 회사 내의 자원봉사활동으로 S보육원에서 워드프로세서 강의를 맡게 되었다. 다음 중 S보육원에서 강의하는 내용에서 삽입, 삭제, 수정에 대한 설명으로 옳지 않은 것은?

① [Delete] 키는 커서는 움직이지 않고 오른쪽 문자열을 하나씩 삭제합니다.

② [Space Bar]는 삽입 상태에서 커서를 오른쪽으로 이동시키면서 한 문자씩 삭제합니다.

③ 임의의 내용을 블록(영역) 지정한 후 [Delete] 키를 누르면 영역을 지정한 곳의 내용은 모두 삭제됩니다.

④ 삽입 상태에서 삽입할 위치에 커서를 두고 새로운 내용을 입력하면 원래의 내용은 뒤로 밀려나며 내용이 입력됩니다.

54 다음 중 Windows 탐색기에서 사용하는 바로가기 키에 대한 설명으로 옳지 않은 것은?

① [F4] : 선택한 파일 / 폴더의 이름 변경하기

② [F3] : 검색

③ [F1] : 도움말 보기

④ [F5] : 목록 내용을 최신 정보로 수정

55 다음 중 파워포인트에서 텍스트의 단축키 기능으로 옳지 않은 것은?

① Ctrl + E → 텍스트를 가운데에 맞춘다.

② Ctrl + B → 텍스트를 굵게 만든다.

③ Ctrl + I → 텍스트에 밑줄을 긋는다.

④ Ctrl + Shift + > → 텍스트 크기를 늘린다.

56 다음은 S중학교 2학년 1반 국어, 수학, 영어, 사회, 과학에 대한 학생 9명의 성적표이다. 학생들의 평균 점수를 가장 높은 순서대로 구하고자 할 때, [H2] 셀에 들어갈 함수식으로 옳은 것은?(단, G열의 평균 점수는 구한 것으로 가정한다)

〈2학년 1반 성적표〉

	A	B	C	D	E	F	G	H
1		국어	수학	영어	사회	과학	평균 점수	평균 점수 순위
2	강○○	80	77	92	81	75		
3	권○○	70	80	87	65	88		
4	김○○	90	88	76	86	87		
5	김△△	60	38	66	40	44		
6	신○○	88	66	70	58	60		
7	장○○	95	98	77	70	90		
8	전○○	76	75	73	72	80		
9	현○○	30	60	50	44	27		
10	황○○	76	85	88	87	92		

① =RANK(G2,G$2:G$10,0)

② =RANK(G2,$G2$:G10,0)

③ =RANK(G2,$B2$:G10,0)

④ =RANK(G2,$B$2:$G$10,0)

PART 3

Hard

57

다음 시트에서 현재를 기준으로 재직기간이 8년 이상인 재직자의 수를 구하려고 한다. 재직연수를 구하는 함수식을 [D2] 셀에 넣고 [D8] 셀까지 드래그한 후 [F2] 셀에 앞서 구한 재직연수를 이용하여 조건에 맞는 재직자 수를 구하는 함수식을 넣으려 할 때, 각 셀에 넣을 함수식이 바르게 연결된 것은?

	A	B	C	D	E	F
1	재직자	부서	입사일	재직연수		8년 이상 재직자 수
2	K씨	인사팀	2011-12-21			
3	O씨	회계팀	2009-05-01			
4	G씨	개발팀	2010-10-25			
5	J씨	경영팀	2005-05-05			
6	M씨	마케팅팀	2009-11-02			
7	L씨	디자인팀	2012-01-05			
8	C씨	물류팀	2013-05-07			
9						

	[D2]	[F2]
①	=DATEDIF(C2,TODAY(),"Y")	=COUNTIF(D2:D8,">=8")
②	=DATEDIF(C2,TODAY(),Y)	=COUNTIF(D2:D8,>=8)
③	=DATEDIF($C$2,NOW(),"Y")	=COUNTIF(D2:D8,>=8)
④	=DATEDIF($C$2,TODAY(),Y)	=COUNTIF(D2:D8,"<=8")

58

다음 워크시트를 참조하여 작성한 수식 「=INDEX(B2:D9,2,3)」의 결괏값은?

	A	B	C	D
1	고느	성가	판매수량	판매가격
2	L-001	25,400	503	12,776,000
3	D-001	23,200	1,000	23,200,000
4	D-002	19,500	805	15,698,000
5	C-001	28,000	3,500	98,000,000
6	C-002	20,000	6,000	96,000,000
7	L-002	24,000	750	18,000,000
8	L-003	26,500	935	24,778,000
9	D-003	22,000	850	18,700,000

① 19,500
② 23,200,000
③ 1,000
④ 805

※ 다음 C 프로그램의 실행 결과로 옳은 것을 고르시오. **[59~60]**

Easy

59

```
#include <stdio.h>
int main()
{
    int sum=95;
    sum+=3;
    printf("5+3=%d\n", sum);
     return 0;
 }
```

① 98
② 92
③ 0
④ 95

PART 3

60

```
#include <stdio.h>
void func() {
  static int num1=0;
  int num2=0;
  num1++;
  num2++;
  printf("num1 : %d, num2 : %d ₩n", num1, num2);
}

void main()
{
  int i;
  for(i=0; i<5; i++) {
    func();
  }
}
```

① num1 : 0, num2 : 0
② num1 : 1, num2 : 1
③ num1 : 1, num2 : 5
④ num1 : 5, num2 : 1

61 다음 중 금융기관에 대한 설명으로 옳은 것은?

① 예금은행은 통화금융기관으로 제1금융권이라고 한다.
② 예금은행은 통화금융정책을 사용할 권한을 가지고 있다.
③ 자금중개기능을 담당하는 투자기관의 대표적인 예가 증권회사이다.
④ 산업은행과 같은 개발기관은 주로 단기자금을 공급하기 위해 설립된 금융기관이다.

62 다음 (가)와 (나)는 서로 다른 형태의 자금 흐름을 나타낸 것이다. 이에 대한 설명으로 옳지 않은 것은?

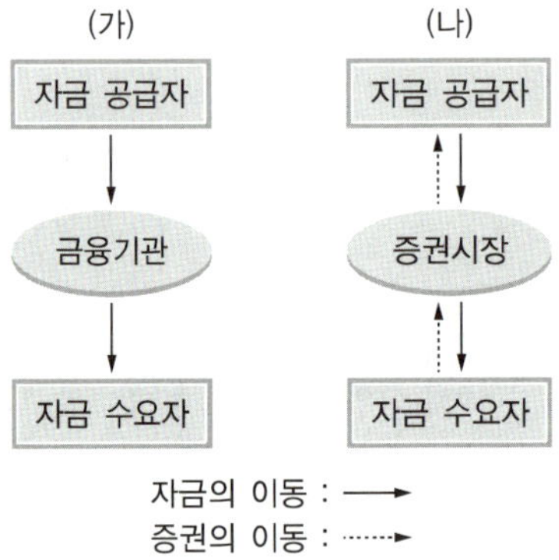

① 은행 대출을 통한 자금 조달은 (가)에 해당한다.
② 사업 확장을 위한 사채 발행은 (나)에 해당한다.
③ 주식 발행을 통한 자금의 조달은 (나)에 해당한다.
④ (가)에서의 투자자는 금융 리스크를 직접 부담하지 않는다.

63 다음 중 BIS비율에 대한 설명으로 옳은 것은?

① 은행의 건전성을 나타내는 지표이다.
② 위험자산을 자기자본으로 나눈 값이다.
③ 이 비율이 8% 미만이면 우량은행으로 평가받는다.
④ 이 비율의 계산에 쓰이는 자기자본은 기본자본에서 보완자본을 뺀 것이다.

64 다음 〈보기〉 중 한국은행 금융통화위원회가 담당하는 금리정책에 관련된 설명으로 옳은 것을 모두 고르면?

보기
가. 해외로 자본유출이 심화될 것으로 예상되면 국내금리를 상향 조정한다.
나. 환율이 빠르게 상승해 통화가치의 하락이 예상되면 금리를 하향 조정한다.
다. 경기가 급격히 냉각될 조짐을 보이면 선제적으로 금리를 상향 조정한다.
라. 수출이 부진하다면 내수를 진작하기 위해 금리를 하향 조정한다.

① 가, 나
② 가, 라
③ 나, 다
④ 가, 나, 라

PART 3

65 다음 중 금융회사로 하여금 내부통제와 법규 준수를 용이하게 하는 정보기술은?

① 인슈어테크
② 레그테크
③ 블록체인
④ 핀테크

66 다음 중 채권가격이 상승하는 조건으로 옳지 않은 것은?

① 시중금리가 높아지면 채권가격도 상승한다.
② 채권의 만기일이 가까워지면 채권가격이 상승한다.
③ 채권의 현재가치가 높아지면 채권가격도 상승한다.
④ 주식 투자를 통한 수익이 작아지면 상대적으로 채권가격이 상승한다.

67 다음 중 미국 트리핀 교수가 처음 주장한 것으로, 국제 결제나 금융거래의 기본이 되는 통화를 일컫는 용어는?

① 준비통화
② 결제통화
③ 기축통화
④ 개입통화

68 다음 중 국내 기업이 발행한 가상화폐로 국내 가상자산 거래소에 상장되어 거래가 가능한 코인을 일컫는 용어는?

① 김치코인
② 스캠코인
③ 알트코인
④ 스테이블코인

69 다음 중 금융기관이 자금 조달을 위해 스스로 발행하는 어음으로 옳은 것은?

① 표지어음
② 기업어음
③ 발행어음
④ 상업어음

70 다음 중 채권시장의 경색으로 일시적 자금난을 겪는 기업에 유동성을 지원하고, 국고채와 회사채의 과도한 스프레드 차이를 해소하기 위해 설립한 펀드는?

① 통화채권펀드
② 채권시장안정펀드
③ 모태펀드
④ IP펀드

71 다음 중 경상수지에 속하지 않는 것은?

① 무역수지
② 이전수지
③ 자본수지
④ 무역외수지

Easy

72 다음 중 의사결정에 필요한 정보가 충분하지 않아 불리한 선택을 하게 되는 것을 일컫는 용어는?

① 카르텔
② 정보의 비대칭성
③ 독과점
④ 역선택

73 다음 〈보기〉에서 경제 용어에 대한 설명으로 옳은 것을 모두 고르면?

보기

ㄱ. 립스틱 효과(Lipstick Effect) : 경제적 불황기에 나타나는 특이한 소비패턴으로, 소비자 만족도가 높으면서도 가격이 저렴한 사치품(기호품)의 판매량이 증가하는 현상
ㄴ. 링겔만 효과(Ringelmann Effect) : 어떤 집단에 속하는 구성원의 개인별 집단 공헌도(생산성)가 집단 크기가 커질수록 점점 낮아지는 경향을 가리키는 말
ㄷ. 메디치 효과(Medici Effect) : 서로 다른 분야의 요소들이 결합할 때 각 요소가 갖는 에너지의 합보다 더 큰 에너지를 분출하게 되는 효과
ㄹ. 시뇨리지 효과(Seigniorage Effect) : 중앙은행이 화폐를 발행함으로써 얻는 손해 또는 국제통화를 보유한 국가가 누리는 경제적 손해

① ㄱ, ㄴ
② ㄴ, ㄷ
③ ㄷ, ㄹ
④ ㄱ, ㄴ, ㄷ

74 경제 전반적으로 상품과 서비스의 가격이 지속적으로 하락하는 현상을 디플레이션(Deflation)이라고 한다. 다음 중 디플레이션의 상황으로 옳지 않은 것은?

① 고용이 증가된다.
② 돈의 가치가 올라간다.
③ 채무자의 채무 실질가치가 더욱 상승한다.
④ 주가는 하락하고 부동산의 가격도 하락한다.

75 **다음 중 케인스의 유동성선호설에 대한 설명으로 옳지 않은 것은?**

① 이자율이 최저수준이면 투기적 화폐수요는 최대가 된다.

② 실질화폐수요는 실질국민소득과 명목이자율의 함수이다.

③ 통화량의 변동이 이자율의 변동을 통해 총수요와 실질국민소득을 변동시킨다고 가정한다.

④ 투기적 화폐수요에 영향을 미치는 이자율은 국공채와 회사채, 주식 등 각종 자산의 예상수익률을 포함하고 있다.

76 **다음 중 골디락스 경제의 특징으로 옳지 않은 것은?**

① 경제가 과열되지 않고 건실하게 성장하는 경기흐름이 나타난다.

② 급격한 인플레이션이 발생하지 않고 안정된 물가수준을 유지한다.

③ 안정적인 경제성장 및 낮은 물가수준을 바탕으로 시장 친화적 통화정책이 시행된다.

④ 통화긴축 등에 대한 우려가 낮아져 주식 등 위험자산보다 안전자산에 대한 선호도가 높아진다.

Hard

77 **다음 중 마코위츠의 평균분산모델에 대한 설명으로 옳지 않은 것은?**

① 분산종목수를 증가시켜도 줄어들지 않는 위험을 체계적 위험이라고 한다.

② 포트폴리오의 위험은 개별종목의 고유위험+타종목의 공분산위험이다.

③ n개의 자산에 투자하게 되면 공분산의 수는 $2n$개가 된다.

④ 무위험 자산을 실제로는 국채 수익률로 가정하고 있다.

78 다음에서 설명하는 전략적 자산배분의 실행방법은?

> ‘지배원리’와 효용함수에 따라 ‘최적 포트폴리오’를 구성하고 이를 전략적 자산배분으로 간주한다. 다만, 입력변수의 수준변화에 지나치게 민감한 단점이 있다.

① 시장가치 접근방법
② 전술적 자산배분전략
③ 위험－수익 최적화방법
④ 포뮬러 플랜

PART 3

79 다음 중 기대수익률의 측정방식에 대한 설명으로 옳지 않은 것은?

① 주식의 기대수익률＝1/PER
② 주식의 기대수익률＝무위험이자율＋위험프리미엄
③ 주식의 기대수익률＝배당수익률＋PER 장기성장률
④ 추세분석법은 자산집단의 과거 장기간 수익률을 분석하여 미래의 수익률로 사용하는 방법이다.

80 다음 중 미국 보스턴 컨설팅 그룹이 개발한 BCG 매트릭스에서 기존 투자에 따라 수익이 계속적으로 실현되는 자금 공급 원천에 해당하는 사업은?

① 별(Star) 사업
② 개(Dog) 사업
③ 자금젖소(Cash Cow) 사업
④ 물음표(Question Mark) 사업

81 다음 중 IPO의 뜻으로 옳은 것은?

① 기업공개 ② 유상증자
③ 주식발행 ④ 채권발행

82 다음 중 제품의 특성과 이에 적합한 판매가격결정의 방식이 바르게 연결되지 않은 것은?

① 경쟁이 심한 제품 – 현행가격채택정책
② 가구·의류 등의 선매품 – 가격층화정책
③ 수요의 가격탄력성이 높은 제품 – 상층흡수가격정책
④ 지역에 따라 수요탄력성이 다른 제품 – 차별가격정책

83 다음 중 조직도가 포함하는 주요내용에 해당하지 않는 것은?

① 조직 내 업무 방식
② 조직 내 부서 편성
③ 직위 및 계층 관계
④ 업무 책임 및 권한

Easy

84 다음 중 목표에 의한 관리의 장점으로 옳지 않은 것은?

① 개선된 경영관리를 가져온다.
② 효과적인 통제를 할 수 있다.
③ 조직의 구조와 역할을 명확히 한다.
④ 타당하고 실현성 있는 목표를 설정하기 쉽다.

85 다음 중 수직적 마케팅 시스템에 대한 설명으로 옳지 않은 것은?

① 산업재 마케팅 유통경로의 지배적인 시스템이다.
② 경로활동을 통제하고 경로갈등을 해소하기 위해 생겨났다.
③ 경로상의 한 구성원이 다른 구성원들을 모두 소유할 경우도 있다.
④ 생산자와 도매상, 소매상들이 하나의 통일된 시스템을 이룬 유통경로이다.

86 다음에서 설명하고 있는 용어는?

> 회사들이 과거의 부실요소를 한 회계연도에 모두 반영하여 손실이나 이익규모를 있는 그대로 회계장부에 드러내는 것으로 과오를 과거의 CEO에게 모두 돌리고 앞으로의 실적향상이라던가 하는 긍정적인 요소는 자기의 공으로 돌릴 수 있기 때문에 회사의 CEO가 교체될 때 종종 행해진다.

① 윈도 드레싱
② 빅 배스
③ 분식회계
④ 숏 커버링

PART 3

87 다음 중 프로젝트 조직에 대한 설명으로 옳지 않은 것은?

① 환경변화로 인한 불확실성을 감소시키기 위해 등장한 기술적 의사결정구조이다.
② 신규·혁신적·비상례적 문제달성을 위해 형성된 정태적 조직이다.
③ 계층적 구조라는 성격보다 직무설계의 체계라는 성격이 더 강하다.
④ 특정 목표의 달성을 위한 일시적 조직이다.

88 다음 중 직업생활의 질(QWL)의 내용으로 옳지 않은 것은?

① 교육기회의 확대
② 근로환경의 쾌적
③ 고충처리의 신속
④ 노동의 상품화

89 다음 중 의사결정에 대한 설명으로 옳지 않은 것은?

① 문제해결을 위한 여러 가지 대안 중에서 하나의 대안을 선택하는 것이다.
② 목표달성을 위한 미래의 행동방안을 결정하는 계획수립의 핵심이 된다.
③ 의사결정은 경영자의 역할 중 중요한 부분을 차지하고 있다.
④ 한 부서의 의사결정은 다른 부서와는 관계가 없다.

Easy

90 **다음 중 생산할 품목 수가 적고, 생산공정이 단순한 생산계획에 그래프나 표를 이용하여 계획을 수립하는 총괄생산계획기법은?**

① 도표적 접근방법
② 수리적 접근방법
③ 휴리스틱 접근방법
④ 확률적 접근방법

91 **다음에서 설명하는 문제 유형은 무엇인가?**

지금까지 해오던 것과 전혀 관계없이 새로운 과제 또는 목표를 설정함에 따라 발생하는 문제로, 문제 해결에 많은 창조적인 노력이 요구된다.

① 발생형 문제
② 설정형 문제
③ 잠재형 문제
④ 탐색형 문제

92 **다음 중 피들러의 상황리더십 이론에 대한 설명으로 옳지 않은 것은?**

① 상황에 따라 리더십이 다르게 적용된다고 강조한다.
② 리더의 유형을 과업지향적 리더와 관계지향적 리더로 구분하였다.
③ 리더의 성격과 상황의 호의성 조합에 따라 리더십 효과가 결정된다.
④ 리더와 구성원의 관계 변화에 따른 효과적인 리더십을 설명하는 데 용이하다.

93 다음은 테일러(F. Taylor)의 과학적 관리법에 대한 설명이다. 빈칸에 들어갈 개념으로 옳은 것은?

> 테일러(F. Taylor)의 __________의 목표는 '높은 임금, 낮은 노무비의 원리'로 집약된다. 테일러는 작업에 관련된 시간과 동작을 과학적으로 분석해 가장 생산성을 높일 수 있는 방법을 찾고자 하였다.

① 조직관리
② 시간관리
③ 과업관리
④ 동작관리

94 다음 협동조합 중 사업 이용 규모에 비례해 의결권(투표권)을 부여하는 형태의 조합은?

① 소비자협동조합
② 농업협동조합
③ 노동자협동조합
④ 신세대협동조합

95 다음 중 채권이나 주식과 같이 전통적인 투자 상품 대신 부동산, 인프라스트럭처, 사모펀드 등에 투자하는 방식은?

① 대체투자
② 순투자
③ 재고투자
④ 민간투자

Easy

96 다음 중 기업의 경영이념에 대한 설명으로 옳지 않은 것은?

① 기업경영의 지도원리를 의미한다.
② 기업의 행동기준이 되는 존립철학이다.
③ 기업이 지향해 나가야 할 궁극적인 목적을 말한다.
④ 경영활동을 전개하는 데 있어 설정되어야 할 정신자세이다.

97 다음 중 커뮤니케이션 네트워크형태 중에서 집단의 만족도는 높으나 문제해결의 속도나 정확도가 낮은 유형은?

① 원형 ② 완전연결형
③ Y자형 ④ 쇠사슬형

98 다음 중 관리자에게 자주 발생하는 일에 대한 메모, 보고서, 전화, 메시지 등과 같은 업무용 자료를 주고 이 자료에 포함된 정보에 따라 행동하도록 하는 훈련방법은?

① 회의식 방법 ② 역할연기법
③ 감수성 훈련 ④ 인바스켓 훈련

Hard

99 기업은 영업활동을 수행하면서 최소의 비용으로 재고자산을 관리하여야 한다. 다음 중 재고 관련 비용이 최소가 되는 경제적 주문량(EOQ) 모형의 기본적인 가정에 해당하지 않는 것은?

① 단위당 재고유지비용은 일정하다.
② 재고조달기간이 정확히 지켜진다.
③ 재고자산의 단위당 구입원가는 일정하다.
④ 재고자산의 사용률은 일정하게 알려져 있다.

100 다음 중 아이디어를 빠르게 시제품으로 만들어 시장의 반응을 본 후, 이를 반영하여 다음 제품을 만들고 이런 과정을 반복하여 성공률을 높이는 전략을 가리키는 용어는?

① 린 스타트업(Lean Startup) ② 팝업 스토어(Pop-up Store)
③ 패스트 패션(Fast Fashion) ④ 콜라보레이션(Collaboration)

PART 4
인적성검사

PART

4 인적성검사

개인이 업무를 수행하면서 능률적인 성과물을 만들기 위해서는 개인의 능력과 경험 그리고 회사에서의 교육 및 훈련 등이 필요하지만, 개인의 성격이나 성향 역시 중요하다. 여러 직무분석 연구에서 나온 결과들에 따르면, 직무에서의 성공과 관련된 특성들 중 최고 70% 이상이 능력보다는 성격과 관련이 있다고 한다. 따라서 최근 기업들은 인적성검사의 비중을 높이고 있는 추세이다.

현재 기업들은 인적성검사를 KIRBS(한국행동과학연구소)나 SHR(에스에이치알) 등의 전문기관에 의뢰해서 시행하고 있다. 전문기관에 따라서 인적성검사 방법에 차이가 있고, 보안을 위해서 인적성검사를 의뢰한 기업을 공개하지 않아 특정 기업의 인적성검사를 정확하게 판단할 수 없지만, 지원자들이 후기에 올린 문제를 통해 인적성검사 유형을 예상할 수 있다. 본서는 신협중앙회의 인적성검사와 수검요령 및 검사 시 유의사항에 대해 간략하게 정리하였다. 또한 인적성검사 모의연습을 통해 실제 시험 유형을 확인할 수 있도록 하였다.

01 인적성검사의 개요

신협중앙회의 인재상과 적합한 인재인지를 평가하는 테스트로, 지원자의 개인 성향이나 인성에 대한 질문으로 구성되어 있다. 자신이 선호하는 도형과 색을 묻는 질문, 개인의 성향 질문에 대하여 묻는 질문 등 총 250문항이 출제되었다.

02 인적성검사 수검요령

인적성검사는 특별한 수검요령이 없다. 다시 말하면 모범답안이 없고, 정답이 없다는 이야기이다. 국어 문제처럼 말의 뜻을 풀이하는 것도 아니다. 굳이 수검요령을 말하자면, 진실하고 솔직한 자신의 생각이 최고의 답변이라고 할 수 있을 것이다.

인적성검사에서 가장 중요한 것은 첫째, 솔직한 답변이다. 지금까지의 경험을 통해서 축적해 온 자신의 생각과 행동을 거짓 없이 솔직하게 기재를 하는 것이다. 예를 들어, '나는 타인의 물건을 훔치고 싶은 충동을 느껴본 적이 있다.'란 질문에 지원자들은 많은 생각을 하게 된다. 생각해 보라. 유년기에 또는 성인이 되어서도 타인의 물건을 훔치는 일을 저지른 적은 없더라도, 훔치고 싶은 충동은 누구나 조금이라도 느껴보았을 것이다. 그런데 이 질문에 고민을 하는 사람이 간혹 있다. 이 질문에 '예'라고 대답하면 담당 검사관들이 나를 사회적으로 문제가 있는 사람으로 여기지는 않을까 하는 생각에 '아니오'라는 답을 기재하게 된다. 이런 솔직하지 않은 답변이 답변의 신뢰와 솔직함을 나타내는 타당성 척도에 좋지 않은 점수를 주게 된다.

둘째, 일관성 있는 답변이다. 인적성검사의 수많은 질문 문항 중에는 비슷한 뜻의 질문이 여러 개 숨어 있는 경우가 많이 있다. 그 질문들은 지원자의 솔직한 답변과 심리적인 상태를 알아보기 위해 내포되어 있는 문항들이다. 예컨대 '나는 유년시절 타인의 물건을 훔친 적이 있다.'라는 질문에 '예'라고 대답했는데, '나는 유년시절 타인의 물건을 훔쳐보고 싶은 충동을 느껴본 적이 있다.'라는 질문에는 '아니오'라는 답을 기재한다면 어떻겠는가. 일관성 없이 '대충 기재하자.'라는 식의 심리적 무성의성 답변이 되거나, 정신적으로 문제가 있는 사람으로 보일 수 있다.

인적성검사는 많은 문항을 풀어야하므로 지원자들은 지루함과 따분함, 반복된 뜻의 질문에 의한 인내력 상실 등이 나타날 수 있다. 인내를 가지고 솔직하게 내 생각을 대답하는 것이 무엇보다 중요한 요령이 될 것이다.

03 인적성검사 시 유의사항

(1) 충분한 휴식으로 불안을 없애고 정서적인 안정을 취한다. 심신이 안정되어야 자신의 마음을 표현할 수 있다.

(2) 생각나는 대로 솔직하게 응답한다. 자신을 너무 과대포장하지도, 너무 비하하지 않도록 한다. 답변을 꾸며서 하면 앞뒤가 맞지 않게끔 구성돼 있어 불리한 평가를 받게 되므로 솔직하게 답하도록 한다.

(3) 검사문항에 대해 지나치게 골똘히 생각해서는 안 된다. 지나치게 몰두하면 엉뚱한 답변이 나올 수 있으므로 불필요한 생각은 삼간다.

(4) 인적성검사는 대개 문항수가 많기에 자칫 건너뛰는 경우가 있는데, 가능한 모든 문항에 답해야 한다. 응답하지 않은 문항이 많을 경우 평가자가 정확한 평가를 내리지 못해 불리한 평가를 받을 수 있기 때문이다.

04 인적성검사 모의연습

※ 본 모의연습은 개인 성향 파악을 위한 문제로 정답을 따로 제공하지 않는 유형이니 참고하기 바랍니다.

※ 다음 중 자신이 선호하는 도형의 형태를 고르시오. [1~20]

01

① 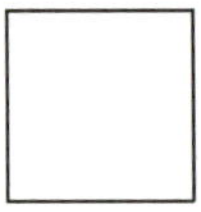

② 

③ 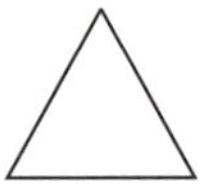

④ 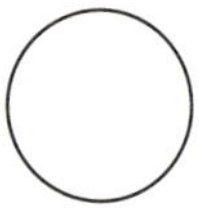

⑤ 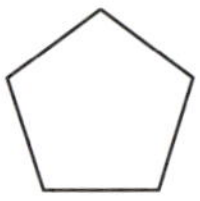

02

① 

② 

③ 

④ 

⑤ 

03

① 

② 

③ 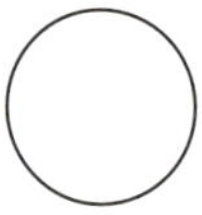

④ 

⑤ 

04

① 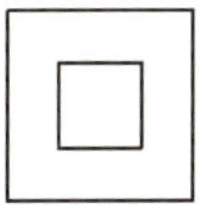

② 

③ 

④ 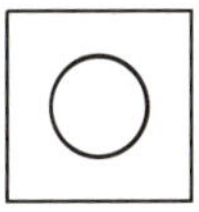

⑤ 

05

① 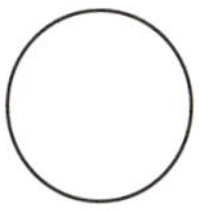

② 

③ 

④ 

⑤ 

06

① 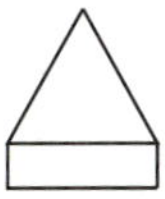

② 

③ 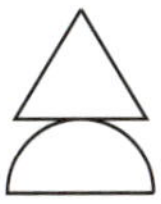

④ 

⑤ 

07

① 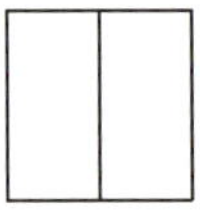

② 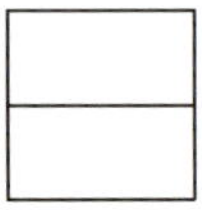

③ 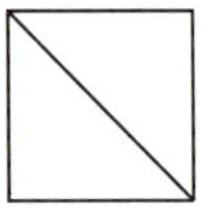

④ 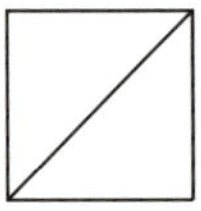

⑤ 

08

① 

② 

③ 

④ 

⑤ 

09

① 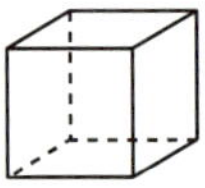

② 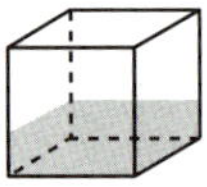

③ 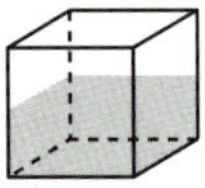

④ 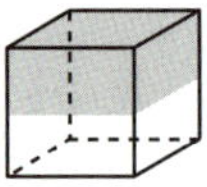

⑤ 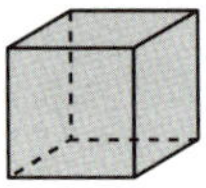

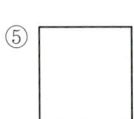

10

① 

② 

③ 

④ 

⑤ 

11

① 

② 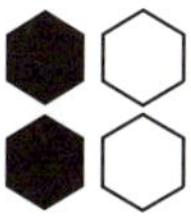

③ 

④ 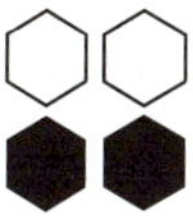

⑤ 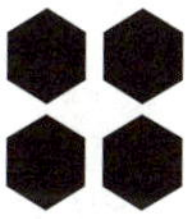

12

① 

② 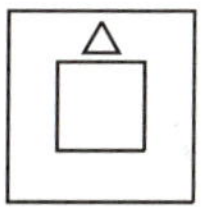

③ 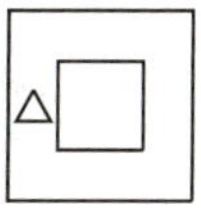

④ 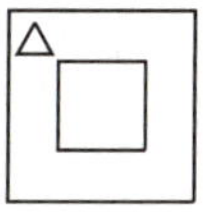

⑤ 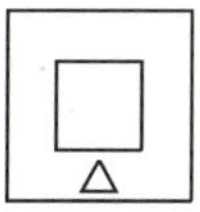

13

①
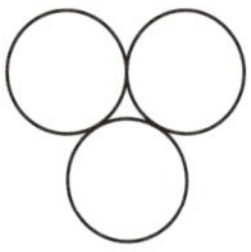

②

③

④

⑤
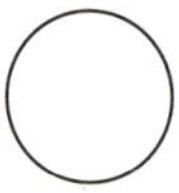

14

①

②

③

④

⑤

15

①

②
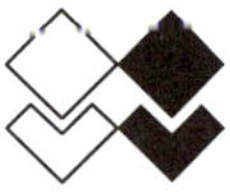

③

④

⑤

16

① 

② 

③ 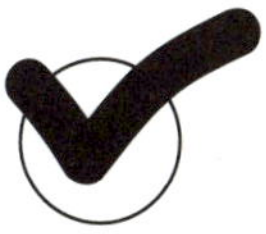

④ 

⑤ 

17

① 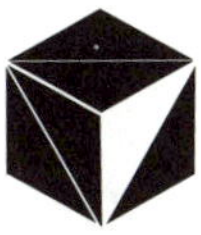

② 

③ 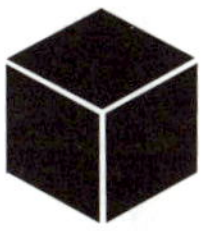

④ 

⑤ 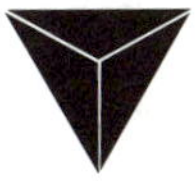

18

① 

② 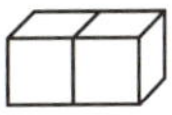

③ 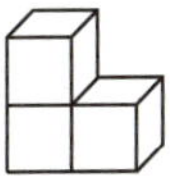

④ 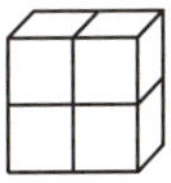

⑤ 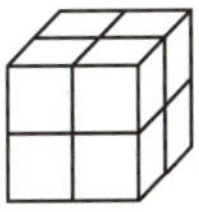

19 ① A ② F

③ G ④ J

⑤ Q

20 ① 가 ② 가

③ 가 ④ 가

⑤ 가

※ 다음 중 자신이 선호하는 색을 고르시오. **[21~40]**

21 ① 빨간색 ② 주황색

③ 노란색 ④ 초록색

⑤ 파란색

22 ① 보라색 ② 분홍색

③ 자주색 ④ 붉은보라색

⑤ 남보라색

23 ① 주황색 ② 귤색
③ 노란색 ④ 노란연두색
⑤ 연두색

24 ① 연두색 ② 풀색
③ 녹색 ④ 초록색
⑤ 청록색

25 ① 바다색 ② 파란색
③ 감청색 ④ 남색
⑤ 남보라색

26 ① 자주색 ② 연지색
③ 빨간색 ④ 다홍색
⑤ 주황색

27 ① 빨간색 ② 노란색
③ 녹색 ④ 파란색
⑤ 보라색

28 ① 다홍색 ② 귤색
③ 노란색 ④ 노란연두색
⑤ 회색

29 ① 자주색 ② 귤색
③ 풀색 ④ 감청색
⑤ 다홍색

30 ① 노란연두색 ② 남보라색
③ 자주색 ④ 바다색
⑤ 청록색

31 ① 빨간색, 노란색 ② 연두색, 파란색
③ 보라색, 노란색 ④ 빨간색, 파란색
⑤ 노란색, 주황색

32 ① 연지색, 보라색 ② 노란색, 다홍색
③ 연두색, 청록색 ④ 남색, 노란색
⑤ 주황색, 보라색

33 ① 노란색, 파란색 ② 노란색, 초록색
③ 보라색, 빨간색 ④ 빨간색, 남색
⑤ 풀색, 감청색

34 ① 빨간색, 자주색 ② 남보라색, 연두색
③ 바다색, 귤색 ④ 붉은보라색, 청록색
⑤ 풀색, 자주색

35 ① 빨간색, 주황색 ② 빨간색, 귤색
③ 빨간색, 연두색 ④ 빨간색, 청록색
⑤ 빨간색, 보라색

36 ① 노란색, 연두색 ② 노란색, 초록색
③ 노란색, 파란색 ④ 노란색, 남색
⑤ 노란색, 보라색

37 ① 녹색, 청록색 ② 녹색, 바다색
③ 녹색, 남색 ④ 녹색, 보라색
⑤ 녹색, 자주색

38 ① 파란색, 남색 ② 파란색, 보라색
③ 파란색, 붉은보라색 ④ 파란색, 자주색
⑤ 파란색, 연지색

39 ① 빨간색, 청록색 ② 주황색, 파란색
③ 노란색, 남색 ④ 연두색, 보라색
⑤ 녹색, 자주색

40 ① 빨간색, 노란색 ② 노란색, 녹색
③ 녹색, 파란색 ④ 파란색, 남색
⑤ 남색, 보라색

※ 다음 질문내용을 읽고 '예', '아니오' 중 본인에 해당하는 곳에 O표 하시오. [41~250]

번호	질문	응답	
41	조심스러운 성격이라고 생각한다.	예	아니오
42	사물을 신중하게 생각하는 편이라고 생각한다.	예	아니오
43	동작이 기민한 편이다.	예	아니오
44	포기하지 않고 노력하는 것이 중요하다.	예	아니오
45	일주일의 예정을 만드는 것을 좋아한다.	예	아니오
46	노력의 여하보다 결과가 중요하다.	예	아니오
47	자기주장이 강하다.	예	아니오
48	장래의 일을 생각하면 불안해질 때가 있다.	예	아니오
49	소외감을 느낄 때가 있다.	예	아니오
50	훌쩍 여행을 떠나고 싶을 때가 자주 있다.	예	아니오
51	대인관계가 귀찮다고 느낄 때가 있다.	예	아니오
52	자신의 권리를 주장하는 편이다.	예	아니오
53	낙천가라고 생각한다.	예	아니오
54	싸움을 한 적이 없다.	예	아니오
55	자신의 의견을 상대에게 잘 주장하지 못한다.	예	아니오
56	좀처럼 결단하지 못하는 경우가 있다.	예	아니오
57	하나의 취미를 오래 지속하는 편이다.	예	아니오
58	한 번 시작한 일은 끝을 맺는다.	예	아니오
59	행동으로 옮기기까지 시간이 걸린다.	예	아니오
60	다른 사람들이 하지 못하는 일을 하고 싶다.	예	아니오
61	해야 할 일은 신속하게 처리한다.	예	아니오
62	병이 아닌지 걱정이 들 때가 있다.	예	아니오
63	다른 사람의 충고를 기분 좋게 듣는 편이다.	예	아니오
64	다른 사람에게 의존적이게 될 때가 많다.	예	아니오
65	타인에게 간섭받는 것은 싫다.	예	아니오
66	자의식 과잉이라는 생각이 들 때가 있다.	예	아니오
67	수다를 좋아한다.	예	아니오
68	잘못된 일을 한 적이 한 번도 없다.	예	아니오
69	모르는 사람과 이야기하는 것은 용기가 필요하다.	예	아니오
70	끙끙거리며 생각할 때가 있다.	예	아니오
71	다른 사람에게 항상 움직이고 있다는 말을 듣는다.	예	아니오
72	매사에 얽매인다.	예	아니오
73	잘하지 못하는 게임은 하지 않으려고 한다.	예	아니오
74	어떠한 일이 있어도 출세하고 싶다.	예	아니오
75	막무가내라는 말을 들을 때가 많다.	예	아니오
76	신경이 예민한 편이라고 생각한다.	예	아니오
77	쉽게 침울해한다.	예	아니오
78	쉽게 싫증을 내는 편이다.	예	아니오
79	옆에 사람이 있으면 싫다.	예	아니오

번호	질문	응답	
80	토론에서 이길 자신이 있다.	예	아니오
81	친구들과 남의 이야기를 하는 것을 좋아한다.	예	아니오
82	푸념을 한 적이 없다.	예	아니오
83	남과 친해지려면 용기가 필요하다.	예	아니오
84	통찰력이 있다고 생각한다.	예	아니오
85	집에서 가만히 있으면 기분이 우울해진다.	예	아니오
86	매사에 느긋하고 차분하게 매달린다.	예	아니오
87	좋은 생각이 떠올라도 실행하기 전에 여러모로 검토한다.	예	아니오
88	누구나 권력자를 동경하고 있다고 생각한다.	예	아니오
89	몸으로 부딪혀 도전하는 편이다.	예	아니오
90	당황하면 갑자기 땀이 나서 신경 쓰일 때가 있다.	예	아니오
91	친구들이 진지한 사람으로 생각하고 있다.	예	아니오
92	감정적으로 될 때가 많다.	예	아니오
93	다른 사람의 일에 관심이 없다.	예	아니오
94	다른 사람으로부터 지적받는 것은 싫다.	예	아니오
95	지루하면 마구 떠들고 싶어진다.	예	아니오
96	부모에게 불평을 한 적이 한 번도 없다.	예	아니오
97	내성적이라고 생각한다.	예	아니오
98	돌다리도 두들기고 건너는 타입이라고 생각한다.	예	아니오
99	굳이 말하자면 시원시원하다.	예	아니오
100	나는 끈기가 강하다.	예	아니오
101	전망을 세우고 행동할 때가 많다.	예	아니오
102	일에는 결과가 중요하다고 생각한다.	예	아니오
103	활력이 있다.	예	아니오
104	항상 천재지변을 당하지는 않을까 걱정하고 있다.	예	아니오
105	때로는 후회할 때도 있다.	예	아니오
106	다른 사람에게 위해를 가할 것 같은 기분이 든 때가 있다.	예	아니오
107	진정으로 마음을 허락할 수 있는 사람은 없다.	예	아니오
108	기다리는 것에 짜증내는 편이다.	예	아니오
109	친구들로부터 줏대 없는 사람이라는 말을 듣는다.	예	아니오
110	사물을 과장해서 말한 적은 없다.	예	아니오
111	인간관계가 폐쇄적이라는 말을 듣는다.	예	아니오
112	매사에 신중한 편이라고 생각한다.	예	아니오
113	눈을 뜨면 바로 일어난다.	예	아니오
114	난관에 봉착해도 포기하지 않고 열심히 해본다.	예	아니오
115	실행하기 전에 재확인할 때가 많다.	예	아니오
116	리더로서 인정을 받고 싶다.	예	아니오
117	어떤 일이 있어도 의욕을 가지고 열심히 하는 편이다.	예	아니오
118	다른 사람의 감정에 민감하다.	예	아니오
119	다른 사람들이 남을 배려하는 마음씨가 있다는 말을 한다.	예	아니오

번호	질문	응답	
120	사소한 일로 우는 일이 많다.	예	아니오
121	반대에 부딪혀도 자신의 의견을 바꾸는 일은 없다.	예	아니오
122	누구와도 편하게 이야기할 수 있다.	예	아니오
123	가만히 있지 못할 정도로 침착하지 못할 때가 있다.	예	아니오
124	다른 사람을 싫어한 적은 한 번도 없다.	예	아니오
125	그룹 내에서는 누군가의 주도하에 따라가는 경우가 많다.	예	아니오
126	차분하다는 말을 듣는다.	예	아니오
127	스포츠 선수가 되고 싶다고 생각한 적이 있다.	예	아니오
128	모두가 싫증을 내는 일에도 혼자서 열심히 한다.	예	아니오
129	휴일은 세부적인 예정을 세우고 보낸다.	예	아니오
130	완성된 것보다 미완성인 것에 흥미가 있다.	예	아니오
131	잘하지 못하는 것이라도 자진해서 한다.	예	아니오
132	가만히 있지 못할 정도로 불안해질 때가 많다.	예	아니오
133	자주 깊은 생각에 잠긴다.	예	아니오
134	이유도 없이 다른 사람과 부딪힐 때가 있다.	예	아니오
135	타인의 일에는 별로 관여하고 싶지 않다고 생각한다.	예	아니오
136	무슨 일이든 자신을 가지고 행동한다.	예	아니오
137	유명인과 서로 아는 사람이 되고 싶다.	예	아니오
138	지금까지 후회를 한 적이 없다.	예	아니오
139	의견이 다른 사람과는 어울리지 않는다.	예	아니오
140	무슨 일이든 생각해 보지 않으면 만족하지 못한다.	예	아니오
141	다소 무리를 하더라도 피로해지지 않는다.	예	아니오
142	굳이 말하자면 장거리 주자에 어울린다고 생각한다.	예	아니오
143	여행을 가기 전에는 세세한 계획을 세운다.	예	아니오
144	능력을 살릴 수 있는 일을 하고 싶다.	예	아니오
145	성격이 시원시원하다고 생각한다.	예	아니오
146	굳이 말하자면 자의식 과잉이다.	예	아니오
147	자신을 쓸모없는 인간이라고 생각할 때가 있다.	예	아니오
148	주위의 영향을 받기 쉽다.	예	아니오
149	지인을 발견해도 만나고 싶지 않을 때가 많다.	예	아니오
150	다수의 반대가 있더라도 자신의 생각대로 행동한다.	예	아니오
151	번화한 곳에 외출하는 것을 좋아한다.	예	아니오
152	지금까지 다른 사람의 마음에 상처준 일이 없다.	예	아니오
153	다른 사람에게 자신이 소개되는 것을 좋아한다.	예	아니오
154	실행하기 전에 재고하는 경우가 많다.	예	아니오
155	몸을 움직이는 것을 좋아한다.	예	아니오
156	나는 완고한 편이라고 생각한다.	예	아니오
157	신중하게 생각하는 편이다.	예	아니오
158	커다란 일을 해보고 싶다.	예	아니오
159	계획을 생각하기보다 빨리 실행하고 싶어한다.	예	아니오

번호	질문	응답	
160	작은 소리도 신경 쓰인다.	예	아니오
161	나는 자질구레한 걱정이 많다.	예	아니오
162	이유도 없이 화가 치밀 때가 있다.	예	아니오
163	융통성이 없는 편이다.	예	아니오
164	나는 다른 사람보다 기가 세다.	예	아니오
165	다른 사람보다 쉽게 우쭐해진다.	예	아니오
166	다른 사람을 의심한 적이 한 번도 없다.	예	아니오
167	어색해지면 입을 다무는 경우가 많다.	예	아니오
168	하루의 행동을 반성하는 경우가 많다.	예	아니오
169	격렬한 운동도 그다지 힘들어하지 않는다.	예	아니오
170	새로운 일에 처음 한 발을 좀처럼 떼지 못한다.	예	아니오
171	앞으로의 일을 생각하지 않으면 진정이 되지 않는다.	예	아니오
172	인생에서 중요한 것은 높은 목표를 갖는 것이다.	예	아니오
173	무슨 일이든 선수를 쳐야 이긴다고 생각한다.	예	아니오
174	다른 사람이 나를 어떻게 생각하는지 궁금할 때가 많다.	예	아니오
175	침울해지면서 아무 것도 손에 잡히지 않을 때가 있다.	예	아니오
176	어린 시절로 돌아가고 싶을 때가 있다.	예	아니오
177	아는 사람을 발견해도 피해버릴 때가 있다.	예	아니오
178	굳이 말하자면 기가 센 편이다.	예	아니오
179	성격이 밝다는 말을 듣는다.	예	아니오
180	다른 사람이 부럽다고 생각한 적이 한 번도 없다.	예	아니오
181	결점을 지적받아도 아무렇지 않다.	예	아니오
182	피곤하더라도 밝게 행동한다.	예	아니오
183	실패했던 경험을 생각하면서 고민하는 편이다.	예	아니오
184	언제나 생기가 있다.	예	아니오
185	선배의 지적을 순수하게 받아들일 수 있다.	예	아니오
186	매일 목표가 있는 생활을 하고 있다.	예	아니오
187	열등감으로 자주 고민한다.	예	아니오
188	남에게 무시당하면 화가 난다.	예	아니오
189	무엇이든지 하면 된다고 생각하는 편이다.	예	아니오
190	자신의 존재를 과시하고 싶다.	예	아니오
191	사람을 많이 만나는 것을 좋아한다.	예	아니오
192	사람들이 당신에게 말수가 적다고 하는 편이다.	예	아니오
193	특정한 사람과 교제를 하는 타입이다.	예	아니오
194	친구에게 먼저 말을 하는 편이다.	예	아니오
195	친구만 있으면 된다고 생각한다.	예	아니오
196	많은 사람 앞에서 말하는 것이 서툴다.	예	아니오
197	새로운 환경으로 이동하는 것을 싫어한다.	예	아니오
198	송년회 등에서 자주 책임을 맡는다.	예	아니오
199	새 팀의 분위기에 쉽게 적응하지 못하는 편이다.	예	아니오

PART 4

번호	질문	응답	
200	누구하고나 친하게 교제한다.	예	아니오
201	충동구매는 절대 하지 않는다.	예	아니오
202	컨디션에 따라 기분이 잘 변한다.	예	아니오
203	옷 입는 취향이 오랫동안 바뀌지 않고 그대로이다.	예	아니오
204	남의 물건이 좋아 보인다.	예	아니오
205	광고를 보면 그 물건을 사고 싶다.	예	아니오
206	자신이 낙천주의자라고 생각한다.	예	아니오
207	에스컬레이터에서도 걷지 않는다.	예	아니오
208	꾸물대는 것을 싫어한다.	예	아니오
209	고민이 생겨도 심각하게 생각하지 않는다.	예	아니오
210	반성하는 일이 거의 없다.	예	아니오
211	남의 말을 호의적으로 받아들인다.	예	아니오
212	혼자 있을 때가 편안하다.	예	아니오
213	친구에게 불만이 있다.	예	아니오
214	남의 말을 좋은 쪽으로 해석한다.	예	아니오
215	남의 의견을 절대 참고하지 않는다.	예	아니오
216	문화재 위원과 체육대회 위원 중 체육대회 위원을 하고 싶다.	예	아니오
217	보고 들은 것을 문장으로 옮기기를 좋아한다.	예	아니오
218	남에게 뭔가 가르쳐주는 일이 좋다.	예	아니오
219	많은 사람과 장시간 함께 있으면 피곤하다.	예	아니오
220	엉뚱한 일을 하기 좋아하고 발상도 개성적이다.	예	아니오
221	전표 계산 또는 장부 기입 같은 일을 싫증내지 않고 할 수 있다.	예	아니오
222	책이나 신문을 열심히 읽는 편이다.	예	아니오
223	신경이 예민한 편이며, 감수성도 예민하다.	예	아니오
224	연회석에서 망설임 없이 노래를 부르거나 장기를 보이는 편이다.	예	아니오
225	즐거운 캠프를 위해 계획 세우는 것을 좋아한다.	예	아니오
226	데이터를 분류하거나 통계 내는 일을 싫어하지는 않는다.	예	아니오
227	드라마나 소설 속 등장인물의 생활과 사고방식에 흥미가 있다.	예	아니오
228	자신의 미적 표현력을 살리면 상당히 좋은 작품이 나올 것 같다.	예	아니오
229	화려한 것을 좋아하며 주위의 평판에 신경을 쓰는 편이다.	예	아니오
230	여럿이서 여행할 기회가 있다면 즐겁게 참가한다.	예	아니오
231	여행 소감문을 쓰는 것을 좋아한다.	예	아니오
232	상품 전시회에서 상품설명을 한다면 잘할 수 있을 것 같다.	예	아니오
233	변화가 적고 손이 많이 가는 일도 꾸준히 하는 편이다.	예	아니오
234	신제품 홍보에 흥미가 있다.	예	아니오
235	열차 시간표 한 페이지 정도라면 정확하게 옮겨 쓸 자신이 있다.	예	아니오
236	자신의 장래에 대해 자주 생각해본다.	예	아니오
237	혼자 있는 것에 익숙하다.	예	아니오
238	별 근심이 없다.	예	아니오
239	나의 환경에 아주 만족한다.	예	아니오

번호	질문	응답	
240	상품을 고를 때 디자인과 색에 신경을 많이 쓴다.	예	아니오
241	극단이나 연기학원에서 공부해보고 싶다는 생각을 한 적 있다.	예	아니오
242	외출할 때 날씨가 좋지 않아도 그다지 신경을 쓰지 않는다.	예	아니오
243	손님을 불러들이는 호객행위도 마음만 먹으면 할 수 있을 것 같다.	예	아니오
244	신중하고 주의 깊은 편이다.	예	아니오
245	하루 종일 책상 앞에 앉아 있어도 지루해 하지 않는 편이다.	예	아니오
246	알기 쉽게 요점을 정리한 다음 남에게 잘 설명하는 편이다.	예	아니오
247	생물 시간보다는 미술 시간에 흥미가 있다.	예	아니오
248	남이 자신에게 상담을 해오는 경우가 많다.	예	아니오
249	친목회나 송년회 등의 총무 역할을 좋아하는 편이다.	예	아니오
250	실패하든 성공하든 그 원인은 꼭 분석한다.	예	아니오

M E M O

PART 5

논술

CHAPTER

01 논술 작성법

1. 논술 작성법

실전에서 논술 질문들이 나오면 어떤 식으로 작성해 나갈 것인지에 대해서 다음과 같이 9가지 정도로 정리하여 요령을 익혀 보도록 하자.

(1) 논술을 적기 전에 먼저 '구조(Structure) 작업'을 한다.

보통 은행권 논술시험에는 50 ~ 60분 정도의 시간이 주어지게 된다. 이때 실전에서 질문을 받자마자 바로 적어 내려가는 경우를 가끔 보게 되는데, 그 모습을 보면서 속으로 '저 친구는 평소에 연습을 매우 많이 했나 보다.'라는 생각을 하게 되기도 한다. 그러나 막상 결과를 보면 그렇게 바로 적어 내려가는 사람이 높은 점수를 받는 경우는 오히려 흔치 않다.

사전 구조작업이라는 것은 서론 · 본론 · 결론을 어떻게 나누고, 각각을 어떤 내용으로 채워나갈 것인지에 대해 고민해 보는 작업이다. 즉, 서론 부분에서는 이런저런 내용을 통해서 도입 부분의 이야기를 적어 나가야겠다는 구조를 짜고, 본론 부분에서는 크게 이런저런 내용들을 적음으로써 구성하겠다는 구조를 짜고, 마지막으로 결론 부분에서는 이런 방향으로 이야기를 마무리하겠다는 구상을 사전에 해보는 작업이다. 이 시간이 총시험시간 중 최소한 20 ~ 30%를 차지해야만 나머지 70 ~ 80%의 실제 작성시간 중에 더 좋은 내용을 적을 수 있게 된다.

(2) 본론 부분의 구조작업에서는 꼭 'Breakdown(분석) 작업'을 한다.

서론 · 본론 · 결론 부분의 구조작업을 하는 데 있어서, 특히 본론 부분에서는 질문의 핵심 내용에 대한 답변이 모두 기술되어야 한다. 본론 부분에 있어서의 구조작업, 즉 Breakdown 작업이 전체 논술에 있어서 굉장히 중요하다는 점은 아마 실전 경험이 있는 지원자라면 누구나 느낄 수 있을 것이다. 만약 논술 준비를 할 시간이 충분하지 않다면 논술 예상질문들에 대해서 이 구조작업과 함께 본론 부분의 Breakdown 작업까지만 여러 번 훈련해 보는 것만으로도 아주 훌륭한 준비가 될 수 있다.

(3) 서론 : 본론 : 결론 = 2 : 6 : 2

이는 전체적인 분량에 있어서의 구조이다. 위에서 구조작업을 하자고 했는데, 이 부분 역시 구조작업의 일환으로서 분량의 구조를 이 정도로 가져가자는 것이다. 예를 들어 총 1,000자의 논술을 적어야 한다면, 서론 부분이 200자, 본론 부분이 600자, 결론 부분이 200자 정도가 되는 것이 가장 안정적인 구조가 된다.

지금까지 이야기한 세 가지 내용인 구조작업, 본론 부분에서의 Breakdown(분석) 작업, 전체적인 분량의 구성작업까지가 논술시험 시간의 사전 구조작업 시간(최대 30%) 중 이루어져야 하는 내용들이다.

(4) 반대 측의 논리가 있다면 본론에서 함께 언급해 준다.

이 경우에는 서론 : 본론(자기주장 : 반대 측 논박) : 결론 = 2 : 6(4 : 2) : 2의 분량으로 구성 한다. 실제 시험에서 찬성 측과 반대 측의 논리가 분명한 논술질문이 나오는 경우가 있다. 이런 질문에서 본인의 견해를 이야기해야 하는 경우가 발생한다면, 본론 내용 중에 본인의 견해에 대해서 이야기함과 동시에 반대 측의 견해에 대해서도 언급하는 것이 좋다. 찬반이 나누어지는 질문의 경우 나와 반대되는 입장에 대해 언급하고, 이 입장이 왜 옳지 않다고 생각하는지 논리적으로 정리할 수 있다면 좀 더 설득력 있는 글이 될 수 있다.

(5) 본론에서는 첫째, 둘째, 셋째 등의 표현을 적어본다.

작성과 관련된 기술적(Skill)인 내용인데, 본론 부분에서는 항상 '첫째 · 둘째 · 셋째……'라는 표현을 활용하면서 논술을 적어보도록 하자. 한결 깔끔한 논술이 될 것이다.

(6) 문단 나누기를 하면서 논술을 적는다.

논술시험 용지는 일반적인 경우 대학교에서 중간고사, 기말고사를 볼 때 답안지로 활용되는 사이즈와 동일한 크기의 답안지가 사용된다. 작성된 답안지를 보면, 글씨도 깨끗하지 않은데 문단 나누기도 전혀 되어 있지 않은 논술을 자주 접하게 된다. 이는 평가자의 입장에서 시각적으로 부정적인 관점을 가지게 되는 요소이니만큼 특히 본론 부분에서는 문단 나누기를 100% 활용하도록 하자.

PART 5

(7) 자주 나오는 논술은 최근의 시사적인 내용이다.

과거 기출문제 유형들을 보는 것은 좋지만, 최대한 2년 정도까지만 보도록 하며, 그 이전의 기출문제에 대해서는 '유형'은 참고할 수 있지만 '질문 자체'는 참고할 필요가 거의 없다는 것이다. 그만큼 시사적이면서도 정치 · 경제 · 사회적으로 이슈가 되었던 내용 중에 시대적인 시간성을 고려한 '최근의 문제'가 많이 나오고 있다.

(8) 분량은 최대한 맞춰 적는다(최소 90% 이상).

이 역시 맨 처음에 구조작업이 잘 되어 있을 경우에는 결코 어렵지 않은 부분이다. 사전에 구조작업을 하지 않고 바로 논술을 작성하다 보면 항상 이 문제에 부딪히게 된다는 것을 경험자 들은 느낄 수 있을 것이다. 42.195km의 마라톤을 하는 데 있어서 어느 구간에서는 어떤 전략을 쓸 것인지 등의 사전 전략이 있어야 하는데, 마라톤이 시작되자마자 아무 생각 없이 달리게 되면 10km도 못 뛰고 기진맥진해지는 경우와 같은 이치이다. 분량을 최대 1,000자까지 적으라고 요구하면 최소한 900자 이상은 적어 보도록 하자. 꾸준히 사전작업을 연습하다 보면 어렵지 않게 이 부분을 만족시킬 수 있을 것이다.

(9) 국어 맞춤법에 맞게 성의 있는 필체로 적는다.

국어 맞춤법과 글씨체에 대한 내용이다. 이 부분은 하루아침에 훈련이나 연습으로 절대 되지 않는 부분이며, 경우에 따라서는 포기해야 하는 부분이 될 수도 있다. 이 내용을 9가지 중에 마지막으로 언급하는 이유도 그 때문이지만, 조금이라도 더 나은 논술을 작성하기 위해서 간과할 수 없는 부분이기도 하다. 우선, 평상시의 훈련을 통해서 글씨를 좀 더 알아보기 쉽게 적는 연습을 하도록 하자.
보기 좋고 예쁘게 적는 것이 도저히 불가능하다고 생각되면 '성의 있게'라도 적어 보도록 하자. 다시 한 번 이야기하지만 이 부분이 당락에 있어서의 결정적인 요소가 아님에는 틀림없다.

2. 논술문의 구성

(1) 구성의 필요성

모든 글은 자신의 사고를 효과적으로 전달하기에 알맞은 방법으로 구성되어 있다. 더욱이 논술문은 자신의 주장을 내세워서 독자를 이해시키고 설득해야 하므로 글의 구성이 갖는 의미는 더욱 크다고 하겠다. 하나의 글은 여러 단락이 모여 이루어진다. 그러나 글은 단순히 단락의 집합이 아니기 때문에 일정한 체계에 따라 그 단락들을 엮어내는 과정으로서의 구성이 필요하다. 전체적으로 보아 주제를 분명히 드러내면서, 말하고자 하는 내용을 충실히 전달할 수 있도록 단락들을 구조화해야 한다.

(2) 구성의 종류

① 전개적 구성
- ㉠ 시간적 구성
- ㉡ 공간적 구성
- ㉢ 대조적 구성
- ㉣ 인과적 구성
- ㉤ 열거식 구성

② 종합적 구성
- ㉠ 단계식 구성(2단 구성, 3단 구성, 4단 구성, 5단 구성)
- ㉡ 포괄식 구성(두괄식, 미괄식, 양괄식, 무괄식)
- ㉢ 점층식 구성

위와 같이 구성의 종류는 다양하지만, 글의 성격이나 목적에 맞게 구성의 종류가 선택되어야 한다. 그런데 실제로 한 편의 글을 완성하기 위해서는 이들 중 몇 가지가 병행적으로 사용되는 것이 보통이다. 논술에서 일반적으로 사용되는 구성 방식은 단계식 구성이다. 그중에서도 3단 구성이 가장 보편적으로 활용된다.

(3) 개요 작성법

모든 글이 다 그러하지만 특히 논술문의 경우는 글쓴이의 예리하고 분명한 시각이 드러나야 한다. 논술문이란, 있는 상황을 객관적으로 서술하기보다는 상황에 대한 주관적인 해석과 주장이 담겨야만 생명력을 지닐 수 있기 때문이다. 그런데 그러한 글쓴이의 해석과 주장이 효과적으로 전달되기위해서는 일목요연(一目瞭然)한 과정을 거쳐야 되는데, 이때 반드시 거쳐야 하는 과정이 개요(Outline) 작성법을 익히는 것이다. 개요는 흔히 건물의 설계도에 비유된다. 설계도 없이 건물을 지을 수가 없듯이 개요를 작성하지 않고는 글을 쓸 수 없다. 개요 작성은 문맥의 혼란과 탈선을 방지하고, 먼저 생각했던 내용의 망각을 막아주며, 내용의 중복을 피하게 하고, 문장 전체의 균형을 잡는 데 필수적 과정이다.

① **문제를 발견하는 과정** : 주어진 제시문을 읽고 논점을 파악한다. 다음에는 '논제'에 기초하여 문제를 발견해야 한다. 이 과정은 주어진 정보에서 문제를 발견하고 분석하여 그 해결책을 제시하는 것이므로 실제 개요 작성을 하기에 앞서 매우 중요한 단계이다.

② **발견한 문제를 분석하는 과정** : 논제를 통해 문제가 드러나면 문제의 실태나 문제를 발생시키는 원인과 같은 것들을 구체적인 삶의 현실과 관련하여 여러 측면에서 통합적으로 생각한다.

③ **문제를 해결하는 과정** : 먼저 문제 해결을 위한 관점과 논지를 정한다. 그리고 논지가 정해지면 이 논지를 뒷받침할 여러 가지 창의적인 아이디어를 생성한다. 그런데 대부분은 이 단계에서 어려움을 겪는다. 그 이유는 머릿속에 들어 있는 자료가 없어 아이디어를 생성할 수 없기 때문이다. 그러므로 처음에는 연상 기법에 의거하여, 어떤 사물과 관련하여 많은 단어를 떠올리는 연습을 하거나 관련 있는 단어 '빨리 많이 쓰기'를 훈련하는 것이 좋다. 예를 들어, '환경오염'이 나오면 이와 관련된 단어들을 적고, 나중에 관련이 없다고 생각되는 단어는 빼는 연습을 하는 것 등이 있다.

④ **개요를 작성하는 과정** : 다음으로 생성된 아이디어나 단어들의 성격이 비슷하거나 논점이 가까운 것끼리 묶어 내는 연습을 한다. 논리적 위계에 따라 배열하되 반드시 하나의 문장으로 작성하며, 중심 생각이 담긴 내용과 뒷받침하는 내용을 구분해야 한다. 내용의 흐름이 어느 정도 논리성을 갖추게 되면 그 내용에 적절한 구성 방법을 선택하여 형식적 체계를 갖추도록 한다. 이때에는 항목 간의 논리적 긴밀성이 유지되어야 하며, 논거의 적절성이 검토되어야 한다.

3. 논술문의 요건

(1) 내용이 충실해야 한다.

① 말할 것이 있을 때만 말하라는 것처럼 글도 쓸 것이 있을 때 쓰는 것이다.

② 글을 쓰기 전에 '무엇'을, '왜' 그리고 '어떻게' 쓸 것인가를 분명히 해야 한다.

㉠ 무엇 : 내용

㉡ 왜 : 글을 쓰는 목적이나 이유와 동기

㉢ 어떻게 : 표현 기교와 문장 기교 등

③ 글쓰기는 기교에 앞서 우선 내용에 충실해야 한다.

(2) 독창성이 있어야 한다.

① 남의 글을 모방한다거나 표절하는 등 새로움이 없는 글은 읽을 가치가 없다.

② 독창성은 경험과 지식, 상상력을 통하여 형성된다. 사물과 현상을 치밀하고 날카롭게 살피는 태도와 습관을 길러야 하며, 고정 관념에서 벗어나도록 해야 한다.

③ 독창성이 있는 글은 소재가 참신하며, 평범한 소재에 독특한 의미를 부여하거나 문장 표현, 언어 조직 등이 개성이 있다.

(3) 정직한 글이어야 한다.

① 타인의 글이나 표현을 이용했을 때는 그 출처를 밝혀야 한다.

② 정직성을 가지려면 되도록 독창성을 발휘하여 써야 하며, 출처를 밝혀 독자에게 신뢰감을 준다.

(4) 성실성을 인정받아야 한다.

① 성실성이란 자기가 생각하고 있는 내용을 있는 그대로 정성껏 쓰는 것으로, 자기다운 글을 쓰는 것을 말한다.

② 자기다운 글을 쓰기 위해서는 생각하는 바를 그대로 드러내야 하며, 꾸미거나 과장하지 말고 자기 수준에 맞는 내용과 언어를 사용해야 한다.

(5) 명료하게 써야 한다.

① 글의 의미가 분명히 드러나야 좋은 글이 될 수 있다.

② 어법에 맞는 표현과 되도록 간결한 문장을 써야 한다.

③ 대상을 정확하게 관찰하고 파악하여 솔직하게 써야 한다.

(6) 경제성이 있어야 한다.

① 글이 길어질수록 내용이 모호해져 전달 효과를 낮추게 된다.

② 필요한 자리에, 필요한 만큼만 쓰는 것이 중요하다.

③ 불필요한 말이나 중복되는 말을 빼고 문장 구조를 간결하게 한다.

④ 내용에 적합한 어휘를 선택하고 표현을 압축하는 것이 필요하다.

(7) 글의 내용을 효과적으로 전달하기 위해서는 정확해야 한다.

① 정서법에 어긋나거나 문장 부호를 잘못 사용해서는 안 된다.

② 단어의 의미를 정확히 알고 사용해야 하며 표준어를 사용한다.

③ 문장은 되도록 간결하게 하며 문단 구분을 정확히 하도록 한다.

(8) 타당성이 있어야 한다.

① 글쓴이가 결정한 입장이나 태도, 글 쓰는 목적이 보편적인 가치와 맞아야 한다.

② 글쓴이의 주장을 뒷받침할 수 있는 사실적 근거를 들어야 한다.

(9) 일관성을 유지해야 한다.

① 문체, 어조, 관점 등이 처음부터 끝까지 한결같아야 한다.

② 내용이 서로 어긋나지 않도록 하나로 일관되어야 한다.

(10) 평이하게 쓰는 것이 좋다.

① 독자의 지적 능력이나 관심을 충분히 고려하여 이해하기 쉽도록 써야 한다.

② 내용이나 어휘가 독자의 수준을 넘어서는 안 된다.

③ 현학(衒學)적인 자세를 버리고 독자의 입장에서 친절하게 서술한다.

4. 논술문 작성 시 주의사항

(1) 문장은 짧게 써라.

아무리 훌륭한 내용이 담긴 문장일지라도 마지막까지 읽을 수 없다면 쓴 의미가 없다. 일률적으로 긴 문장은 좋지 않다고 단정할 수 없지만, 문장은 될 수 있는 한 짧게 쓰는 것이 상대방에게 쉽게 읽힌다. 짧다는 것은 구체적으로 몇 자까지를 가리켜 말하는 것이 아니라 한 문장에 한 가지 내용만을 담는 것을 의미한다.

(2) 수동태 문장은 피해라.

우리말 문장에는 본래 수동태 문장이 없다. 수동태 문장은 영문의 번역에서 흔히 볼 수 있는 데, 번역문의 영향으로 우리 문장에서도 수동태 문장을 쓰기 시작했고, 이제는 마치 우리식 문장처럼 쓰고 있다. 우리의 사고를 표현하는 데는 우리식 문장을 써야 한다.

(3) 이중부정(二重否定)은 피하는 것이 좋다.

논술문은 논리적 문장이므로 표현이 간결하고 명확해야 한다. 부정어를 중복하여 쓰는 것은 의미의 정확한 파악에 방해가 되고, 문장의 길이를 길게 만든다. 예를 들어 '그것이 사실이 아님을 모르는 바가 아니다.'는 '그것은 사실이 아니다.'로 표현하는 것이 좋다.

(4) 현학적(衒學的) 표현은 피하는 것이 좋다.

문장은 될 수 있으면 쉽게 쓰는 것이 좋다. 자신의 유식함과 박식함을 과시하는 현학적 서술은 오히려 글에 유치함만 더해준다. 글은 어려운 것도 쉽게 표현할 때, 비로소 읽는 이에게 자기의 생각을 바르게 전달할 수 있는 것이다. 본인 수준에 맞는 적절한 어휘 선택의 훈련이 필요하다.

(5) 형용사는 구체적인 표현으로 바꾸어 써라.

형용사의 남발은 문장의 논리성을 약화시키고 문장을 막연하게 한다. '그녀는 아름다운 여성이었다.'라는 문장에서 '아름다운'은 막연한 말로, 쓰는 사람이 홀로 그 말에 도취하여 쓴 것에 불과하다. '아름다운'이 구체적으로 어떤 것인지를 밝혀 주는 표현이 있어야 한다. 따라서 '그녀는 이목구비가 뚜렷하고 쌍꺼풀이 졌으며, 피부가 곱고 청바지 차림이 어울리는 아름다운 여성이었다.'라고 써야 한다.

(6) 조사 '의'는 가능한 한 쓰지 마라.

우리말 조사 중에서 '의'는 쓰이는 자리와 의미가 아주 다양하다. 그래서 때로는 '의'가 어떤 뜻으로 쓰였는지 애매한 경우가 있다. '어머니의 사진'은 '어머니가 찍은 사진(주체)', '어머니가 가진 사진(소유)', '어머니를 찍은 사진(대상)' 등의 여러 의미로 해석될 수 있다. 이런 경우에는 '의'를 피하고 그 뜻을 풀어 쓰는 것이 의미나 논리의 모호성을 피할 수 있다. '강원도의 설악산'은 '강원도에 있는 설악산'으로, '대구의 사과'는 '대구에서 나는 사과'로 쓰면 의미가 분명해진다.

(7) '~이다, ~입니다'를 혼용하지 마라.

문체의 혼용은 글의 내용과는 관계없이 아주 사소한 일처럼 보이지만, 훌륭한 논술 내용까지도 허술하게 보이게 만들고 내용의 호소력도 반감시킨다. 이런 결점은 다른 어떤 요소보다도 눈에 띄기 쉽고, 글의 설득력을 약화시켜 감점의 대상이 될 수 있다.

(8) '했다' 보다는 '하였다'를 써라.

논술문은 비록 대단한 이론을 담고 있는 무게 있는 글은 아니지만, 논리적 문장임에는 틀림없다. 이러한 글에서 줄어진 말을 쓰는 것은 글의 내용 전체를 가볍게 만든다. 아무리 풍채가 좋고 위엄을 갖춘 사람이라도 그에 어울리지 않는 목소리를 가졌을 때 그의 인상은 반감된다. 글도 마찬가지이다.

(9) 숫자가 필요한 곳에는 반드시 숫자를 넣어라.

정확한 통계 숫자 등이 필요한 경우, 그것에 대한 지식이 없이 '대단히 많다, 다소 적다, 대체로~, 무척 많다'와 같은 식으로 쓰는 것은 글의 정확성을 떨어뜨리는 표현이다.

숫자는 논술문에 사실감을 부여하는 힘이 있다. 그리고 그 방면에 대한 정확하고 깊이 있는 지식을 가진 논술문으로 인정받을 수 있게 한다. 그러나 잘못된 숫자는 오히려 논술문 전체를 부정확하게 하는 역효과를 가져온다. 채점자가 논술문을 평가할 때 단지 부정확한 지식으로 숫자를 인용하였다고만 생각하는 것이 아니라 전체의 내용을 거짓으로 볼 수 있기 때문이다.

(10) 진부한 어구나 표현은 피해라.

판에 박힌 진부한 어구나 참신하지 못한 비유는 글의 내용을 유치하게 만든다. '세월은 날아가는 화살과 같다.', '정신일도 하사불성(精神一到何事不成)' 등의 글귀를 인용할 때 채점자는 거부감을 느낀다. 가능한 한 최신의 화제와 기발한 어구, 참신한 비유를 써야 주목을 받을 수 있다.

(11) 문학적으로 쓰려고 하지 마라.

논술문은 문학적 문장이 아니다. 정서나 감동을 목적으로 하는 글이 아니므로 문학적으로 쓰려는 노력은 필요하지 않다. 논술문은 자신의 생각을 논리적으로 진술하는 글이다. 문학적으로 글을 쓰려고 할수록 문장의 논리는 오히려 빈약해진다.

(12) 불확실한 한자나 숙어는 쓰지 마라.

논술문에 한자를 혼용하는 것이 반드시 좋은 것은 아니다. 오히려 한자 혼용을 달갑지 않게 여기는 경우도 있다. 한자 혼용은 한자로 써야만 그 의미가 확실한 경우에 한하는 것이 좋다. 얼핏 보기에 한자를 혼용했다는 인상만을 주기 위해서 한글로 써도 의미 파악이 가능한 말을 굳이 한자로 쓰는 것은 아무런 효과가 없다. 확실히 알지도 못하면서 잘못 섞어 쓴 한자는 도리어 감점의 대상이 될 수 있다. '眞摯한 態度'라고 쓰고 싶을 때 '摯'자를 몰라 '眞지한 態度'라고 쓰는 것보다는 '진지한 態度'라고 쓰든지 말을 바꾸어 '성실한 태도'로 쓰는 것이 좋다.

(13) 객관적 사실과 자신의 의견은 구별하라.

우리말에는 주어가 불명확한 경우가 더러 있다. '당분간 원료 구입은 삼가는 편이 좋다고들 합니다.'라는 식의 표현이 사용된다. 자신이 그러한 제안을 하고 있음에도 누군가의 의견이라는 형태로 표현하는 것이다. 이러한 표현은 객관적 사실과 자신의 의견이 구별되지 않아 논지가 뚜렷하지 못하다. 논술문은 구체적, 객관적 사실을 바탕으로 자신의 의견을 끌어내는 글이다. 따라서 객관적 사실과 자신의 의견을 분리시키는 것이 중요하다. 그렇게 하면 논점이 살아나 논리의 전개도 분명해진다.

CHAPTER

02 신협중앙회 논술 기출문제

신협중앙회의 논술시험은 일반직군 지원자에 한하여 지원자의 논리성, 창의성, 전문성 등 종합사고능력을 평가한다. 관련 지문과 함께 주어진 1문항에 대한 서술식 답변을 60분 동안 작성한다.

| 2025.01.04(토) 기출

01 ESG의 개념과 중요성에 대해 서술하고, ESG 공시 의무화가 필요한 이유에 대해 논하시오.

예시답안 현대 사회에서 기업의 가치는 단순히 재무적 성과로만 평가되지 않고, 환경과 사회 그리고 기업 지배구조를 고려한 지속 가능한 경영이 점점 더 중요한 기준으로 자리 잡고 있다. 이러한 흐름 속에서 ESG는 전 세계적인 화두가 되었고, 투자자와 소비자 모두가 기업의 사회적 책임과 투명성을 요구하고 있다.

ESG란 기업 활동을 평가하는 세 가지 비재무적 요소인 환경(Environment), 사회(Social), 지배구조(Governance)를 의미한다. 첫 번째 요소인 환경(E)은 기후 변화 대응, 탄소 배출 절감, 자원 순환과 같은 친환경적 경영을 포함한다. 두 번째 요소인 사회(S)는 노동권 보장, 다양성 존중, 지역사회 기여 등 기업이 사회적 책임을 다하는 영역이다. 세 번째 요소인 지배구조(G)는 이사회 독립성, 투명한 회계 처리, 윤리적 경영 등 기업 운영의 구조적 투명성을 뜻한다. 이 세 가지 요소는 기업의 지속가능성과 직결되며, 단기적 이익만을 추구하는 기존 경영과는 명확히 구분된다.

ESG가 기업 경영에 중요한 이유는 크게 세 가지로 요약할 수 있다. 첫 번째는 지속 가능한 성장의 필요성이다. 기후 변화, 불평등 심화, 기업 비리 문제는 더 이상 개별 기업 차원의 문제가 아니라 인류 전체의 생존과 직결되는데, ESG는 이러한 문제를 해결하는 틀을 제공한다. 두 번째는 투자자와 소비자의 요구이다. 글로벌 투자자들은 기업의 ESG 경영 성과를 투자 판단 기준으로 삼고 있으며, 소비자들 또한 윤리적 소비와 친환경 제품을 선호한다. 마지막으로, 기업 리스크 관리 측면에서 ESG는 환경 규제와 사회적 여론 변화 속에서 장기적 경쟁력을 확보하는 수단이 된다.

이러한 중요성이 부각되면서 최근 주목받는 것이 바로 ESG 공시 의무화이다. 이는 기업이 ESG 관련 활동과 성과를 정기적으로 공개하도록 제도화하는 것을 말한다. 유럽연합은 '기업 지속가능성 보고 지침(CSRD)'을 통해 대기업에 ESG 공시를 의무화하고 있으며, 미국도 증권거래위원회(SEC)를 중심으로 관련 기준을 강화하고 있다. 또한, 우리나라 역시 일정 규모 이상의 기업에 대해 단계적으로 ESG 공시를 의무화하려는 계획을 추진 중이다.

ESG 공시가 필요한 이유는 ESG의 중요성을 제도적으로 뒷받침하기 위해서이다. 우선, 공시는 기업의 ESG 성과가 단순한 홍보를 넘어서 객관적이고, 검증 가능한 정보로 공개되도록 함으로써 이해관계자의 신뢰를 높인다. 또한, 통일된 기준에 따라 보고가 이루어지면 기업 간 비교가능성이 확보되어 투자자와 소비자가 합리적 선택을 할 수 있다. 더 나아가 공시 과정 자체가 기업 내부의 리스크 요인을 조기 점검하고 개선하도록 유도하기 때문에, 위기를 예방하는 효과도 기대할 수 있다. 단순히 'ESG가 중요하다.'는 주장에 그치지 않고, 이를 제도화하는 장치가 바로 공시 의무화인 것이다.

이처럼 ESG는 단순한 유행이 아니라 지속 가능한 발전을 위한 필수 요소라 할 수 있다. 기업이 환경적 책임을 다하고 사회적 가치를 실현하며 투명한 지배구조를 구축할 때, 비로소 사회와 기업이 함께 성장할 수 있다. 그리고 ESG 공시 의무화는 이러한 과정을 제도적으로 보장하는 장치로서, 미래 세대와 사회 전체의 지속 가능한 발전을 위해 반드시 필요한 제도라 할 수 있다.

| 2024.01.13(토) 기출

02

간접금융시장에서 정보 비대칭으로 인해 발생할 수 있는 문제를 거래 전과 거래 후로 구분하여 설명하시오. 그리고 주식 등 지분계약에서 정보 비대칭 문제를 해결할 수 있는 구체적인 방안을 논하시오.

예시답안 정보의 비대칭이란 시장에서 각 거래 주체가 보유한 정보에 차이가 있을 때 그 불균등한 정보의 구조를 의미한다. 은행, 보험회사, 투자신탁회사 등 금융 중개기관이 개입하는 간접금융시장의 경우 금융기관과 채무자 간 정보의 차이로 인해 정보 비대칭이 발생하는데, 일반적으로 거래 전에는 역선택, 거래 후에는 도덕적 해이 문제가 발생한다.

역선택은 거래 전에 정보의 비대칭으로 발생하는 문제이다. 대표적인 간접금융시장인 은행의 경우 신용점수, 소득, 자산 등을 통해 차입자의 신용 위험을 평가하지만 차입자에 대한 정보들이 불완전하거나 왜곡될 수 있다. 신용도가 낮은 사람이 자신의 실질적인 신용 위험을 감추고 대출을 받으려 할 경우, 은행은 이러한 위험을 충분히 평가하지 못하고 대출을 승인하게 된다. 결국 은행은 기대했던 것보다 높은 신용 위험에 노출되고 이는 부적절한 대출의 지속으로 이어질 수 있다.

반면 도덕적 해이는 거래 후에 정보의 비대칭으로 발생하는 문제이다. 이 문제는 차입자가 대출을 받은 후 자신이 감수해야 할 위험을 충분히 인지하지 못하거나 무시하는 상황에서 발생한다. 차입자는 자신의 신용도와 상환 능력을 과대평가하거나, 대출 이후 은행의 감시를 받지 않으므로 기존의 목적보다 무모한 행동을 할 수 있다. 이 경우 차입자는 대출을 상환하지 못할 위험이 높아지고 이는 결국 은행의 손실로 이어지게 된다.

이러한 정보의 비대칭 문제는 주식 등 지분계약에서도 정보 우위자와 정보 열위자 차이로 발생한다. 정보의 비대칭 문제를 해결하기 위한 구체적인 방안은 다음과 같다.

첫 번째는 정보공개 강화이다. 지분계약의 대상인 기업은 투자자들에게 투명하게 정보를 제공하는 것이 중요하다. 이를 위해 연간 및 분기별 재무제표를 정기적으로 공개해야 하며 여기에는 기업의 경영 성과, 재무 상태, 시장 환경 등이 포함되어야 한다. 또한 정기적인 투자자 설명회를 개최하여 경영진이 기업의 전략과 계획에 대해 설명함으로써 투자자들의 이해도를 높이는 것이 중요하다.

두 번째는 법적 규제이다. 정부나 금융 당국은 기업의 재무 투명성을 높이기 위해 규제를 강화하고, 기업이 정보를 제대로 공개하지 않을 경우 이에 따른 제재를 가할 수 있어야 한다. 특히 내부자 거래나 정보 조작 등의 불법 행위를 강력히 처벌하는 것이 중요하다.

세 번째는 투자자 교육 및 지원이다. 투자자들이 지분계약을 할 때, 관련 정보를 이해하고 활용할 수 있도록 교육 프로그램을 제공해야 한다. 이는 투자자들이 투자 결정을 내릴 때 필요한 지식을 습득하고, 정보의 비대칭 문제를 최소화하는 데 도움을 주며, 전문가의 조언을 받을 수 있는 기회를 제공하여 보다 신뢰할 수 있는 투자를 유도할 수 있다.

네 번째는 투명한 투자 환경 조성이다. 기업의 투명한 거래 시스템 구축, 정기적인 외부 감사 및 평가제도 도입, 정보 공개의 표준화 등 여러 방법을 통해 시장 내에서 투명성을 높일 수 있도록 투자 환경을 조성해야 한다.

2023.01.15(일) 기출

03 원 – 달러 환율 급등이 지속적으로 진행될 때 우리나라의 경제 상황에 생길 수 있는 부작용 및 이를 안정화시켜 해결하기 위한 방안을 다음 기사를 참고하여 제시하시오.

> 한국은행(한은) 금융통화위원회(금통위)가 기준금리를 한번에 0.5%p 올리는 '빅스텝'을 단행한 것은 고공행진하고 있는 환율과 고물가 고착화 우려가 커진 것에 따른 조치로 보인다. 금통위는 2022년 10월 12일 기준금리를 연 2.5%에서 3.0%로 0.5%p 인상했다. 지난 7월에 이어 두 번째 빅스텝이다. 2022년 4월, 5월, 7월, 8월에 이어 10월까지 사상 처음 다섯 차례 연속 금리 인상이다.
> 미국 연방준비제도(Fed, 연준) 긴축 가속화, 영국 금융 불안, 유럽발 경기 침체 등 대내・외 불확실성이 커지면서 서울 외환시장에서 원–달러 환율이 1,422.2원까지 올라가며 13년 6개월 만에 최고치를 기록하는 등 금융위기 당시의 수준까지 치솟았다. 한은은 원–달러 환율의 폭등이 연준의 고강도 긴축 기조에 따른 달러 강세에 기인하는 면이 크며, 이러한 불안정성이 커질 경우 원–달러 환율이 소비자물가 상방 압력으로 작용하는 등 국내 물가와 실물경제 흐름에 부정적 영향을 끼칠 수 있다고 판단한다. 원화 가치가 하락하면 수입 제품의 원화 환산 가격이 높아져 소비자물가 상승으로 이어지기 때문에 환율이 계속 오르면 5%대로 겨우 내려간 물가가 요동칠 수 있는 것이다.
> 한・미 금리가 역전폭이 더 확대될 수 있다는 것 또한 빅스텝 단행의 필요성을 높였다. 연준은 고강도 긴축 의지를 재확인한 상황인데, 한・미 금리가 역전폭이 확대되면 더 높은 수익률을 좇아 외국인 자본이 대거 유출되고, 원화 가치가 하락할 수 있다. 2023년 초까지 5%대의 물가가 지속될 수 있다는 것 또한 빅스텝을 취한 이유이다. 2022년 9월 소비자물가가 5.6% 상승하면서 8월(5.7%)에 이어 2개월 연속 낮아졌지만 5%대 중반에서 더 내려오지 않고 있다.
> 한은은 경기 회복에 부담이 가더라도 적극적인 통화 정책으로 대응해야 한다는 판단이다. 한국 경제의 성장세 둔화 추세가 이어지고 있지만, 여전히 높은 수준의 물가 상승 압력을 먼저 차단할 필요가 높다고 본 것이다. 물가 상승세가 꺾이지 않은 상황에서 성장 둔화를 우려해 통화 정책 대응을 하지 않으면 고물가가 고착화될 수 있는 등 물가 상승 악순환을 거듭할 수 있다고 보고 있다.

예시답안 미국 연방준비제도(연준) 긴축 가속화, 영국 금융 불안, 유럽발(發) 경기 침체 등 대내외 불확실성이 확대됨에 따라 달러 대비 원화의 환율이 1,400원을 훌쩍 돌파해 2022년 9월 1422.2원으로 13년 6개월 만에 최고치를 기록하는 등 금융위기 당시의 수준까지 치솟았다. 이에 따라 높은 환율과 5% 이상의 고물가 고착화에 대한 우려가 커지고 있다.

먼저 원-달러 환율이 지속적으로 급등할 경우 한국 경제 상황에서 발생할 수 있는 부작용을 살펴보고자 한다. 원-달러 환율의 지속적인 급등, 즉 원화 가치의 하락은 수입 제품의 원화 환산 가격을 높아지게 하는 등 국내 물가와 실물경제 흐름에 부정적인 영향을 끼칠 수 있다. 또한 연준의 긴축 가속화로 인해 한미 금리의 역전폭이 더 커지면 환율이 상승하여(원화 가치가 하락하여) 원화 표시 금융 자산의 수익률이 악화되고 투자자들은 상대적으로 수익률이 양호한 달러화 표시 금융 자산을 매입하려고 원화를 팔고 달러를 사려 할 것이고, 이때 달러에 대한 초과 수요로 발생한 원화 가치의 하락은 물가 상승으로 이어질 수 있다. 외국 자본이 대거 유출되고 원화 가치가 계속해서 떨어질 경우 5%대 이상의 높은 물가가 지속되면서 고물가의 고착화라는 악순환이 이어질 수 있는 것이다.

실제로 2022년에 사상 처음으로 한 해에만 다섯 차례나 기준금리를 인상하고, 이 가운데 두 번이나 빅스텝(0.5% 이상의 기준금리 인상)을 단행한 것은 빅스텝 조치로 기대했던 효과를 거두지 못했음을 반증한다. 이는 한국은행의 빅스텝보다 미국의 자이언트 스텝(0.75% 이상의 인상)의 영향이 더 컸기에 환율이 상승했기 때문으로 분석된다. 이러한 높은 환율은 수입 물가의 상승으로 고스란히 이어져 국내 물가의 상승을 부채질할 수 있다.

다음으로 물가 상승세를 꺾고 안정화시켜 해결하기 위한 방안을 생각해 보았다. 원-달러 환율의 상승으로 인한 물가 상승의 고리를 끊으려면 경제 성장세 둔화 추세에 대응해 경기를 회복시키는 정책보다는, 빅스텝 같은 적극적인 통화 정책을 통해 높은 수준의 물가 상승 압력을 차단하는 것이 우선이다. 이는 물가 상승세가 꺾이지 않은 상황에서 성장 둔화를 우려해 적극적인 통화 정책으로 대응하지 않으면 고물가가 고착화되는 등 물가 상승의 악순환을 반복할 수 있기 때문이다.

환율은 지극히 상대적이다. 한 나라만의 깜냥만으로 환율의 변화를 정확히 판단하거나 정책 의도대로 통제하는 것은 사실상 불가능하다는 뜻이다. 이는 한국은행 등의 정부 당국이 '환율 전쟁'에 맞서 통화 정책을 조정할 때 반드시 적극성과 함께 신중함을 최우선의 덕목으로 삼아야 하는 이유이기도 하다. 또한 미국 등 기축통화국의 영향력이 증대되고 있는 오늘날에는 외환 운용의 묘를 최대한으로 살릴 수 있는 '신의 한 수'가 당국자들에게 요구된다.

| 2022.01.08(토) 기출

04 **다음 기사의 내용처럼 연방준비제도(Fed)의 정책은 우리나라 국내경제와 금융시장에 영향을 끼친다. 여러 가지 영향 중 자신이 중요하다고 생각하는 세 가지를 골라 근거와 함께 서술하시오.**

> 미국 연방준비제도가 2021년 11월 테이퍼링의 시작을 공식 선언했다. 곧 양적완화 수준을 축소하겠다고 천명한 것이다. 이에 대해 우리 정부 관계자는 '시장의 예상에서 크게 벗어나지 않아 국내 금융시장에 미치는 영향은 제한적'이라고 평가하고 필요 시에 적절한 시장 안정 조치를 취할 것이라고 밝혔다. 그러나 외환위기 그림자가 다시 드리워지는 것이 아니냐며 우려하는 금융 전문가들 또한 많다는 점에서 정부에서 어떤 시장 안정 조치를 내놓을지 귀추가 주목된다.

예시답안 미국의 테이퍼링으로 인해 금리가 인상된 경우를 가정해 미국의 경제정책이 한국에 어떻게 영향을 끼치는지 설명하고자 한다. 첫 번째로, 달러 유출로 인해 한국 경제의 불확실성과 리스크가 증가한다. 미국이 금리를 올리면 달러는 고수익을 쫓아 미국으로 대거 환류하고, 한국의 통화가치·주가가 낮아져 자본 이탈이 조장되고 달러값은 더욱 상승해 금융 불안이 발생할 수 있다. 따라서 '자본 이탈 → 통화가치 하락 → 추가적인 자본 이탈'의 악순환에 빠질 수 있다. 이러한 자본 유출을 방지하려고 미국보다 더 많이, 더 빠르게 금리를 인상한다면 그 과정에서 경제는 큰 리스크를 떠안게 되고, 이러한 충격을 견디지 못하면 외환 위기를 겪게 된다.

두 번째로, 미국의 금리 인상은 '신흥국의 화폐가치 하락 → 경제 불황'을 초래해 수입에 대한 신흥국의 수요가 감소할 수 있다. 그러면 신흥국에 대한 한국의 수출도 감소한다. 또한 한국의 수입 비용을 증가시켜 수출 채산성이 악화된다. 수출할 상품을 만들기 위해 원자재를 수입할 때 환율이 하락해 더 많은 달러를 주어야 하는 것이다. 요컨대, 시장 감소와 수출품의 가격 경쟁력 약화가 초래된다. 아울러 경제성장에 있어 한국은 수출의존도가 높은 반면, 미국은 소비(내수) 시장의 비중이 크다. 이때 미국의 경제정책은 자국민의 소비에 큰 영향을 끼친다. 그리고 미국의 소비 증감이 한국의 수출 증감으로 이어지는 것은 한국의 수출에서 미국의 비중은 매우 크기 때문이다. 이처럼 미국의 경제정책은 한국의 경제성장에 큰 영향을 끼친다.

세 번째로, 미국 금리 인상 충격은 한국 금융시장에 전반적인 악재로 작용하지만, 자본의 유출입 면에서는 한국인의 해외투자 자금이 한국으로 환류되어 외국인 투자자금 이탈을 상쇄함으로써 충격이 완화되기도 한다. 이는 국제금융시장 불안으로 신흥국 수익률 하락 시 신흥국에 투자된 한국인의 자금이 회수될 수 있는 점, 원화가치 하락에 따른 환차익 실현 기회가 발생하는 점 등 여러 가지 원인에서 해석할 수 있다.

| 2021.01.09(토) 기출

05 **다음 기사의 내용처럼 초저금리 시대에 금융 분야에서 맞이할 리스크 중 중요한 3가지와 그 이유를 논하시오.**

> 글로벌 금융위기 이후 지속적인 금리 하락세로 초저금리 현상이 확산되고 있다. 이러한 초저금리 환경에서는 자산수익률 제고와 투자변동성 관리를 함께 기대할 수 있는 전략적인 자산운용이 필요하다. 특히 금융권이 수익률을 높이기 위해 자산운용에 있어 회사채나 구조화채권, 펀드 등을 확대할 수 있으며, 이에 따라 리스크를 정밀하게 예측하고, 건전성 관리와 함께 적정 수익률을 찾는 것이 자산운용의 과제로 대두되고 있다. 이와 관련해 금융전문가들은 "고수익을 위해 무리하게 고위험을 감수하지 말아야 하며, 목표를 정하고 그만큼의 리스크만 감수해야 한다"고 조언한다.

예시답안 각국 정부의 완화적 통화정책, 저축 과잉(안전자산 선호), 유효투자 감소(기술 혁신), 고령화(인구증가율 감소) 등으로 인한 소비 · 투자의 위축으로 초저금리 시대가 촉발되었고, 이러한 초저금리 시대에 금융권이 떠안게 될 리스크를 설명하고자 한다.

첫 번째로, 금융회사의 금융중개 기능의 약화를 들 수 있다. 초저금리 상황에서 장단기 스프레드와 신용스프레드의 축소가 동시에 발생하면 이를 활용하는 금융회사의 신용평가와 선별 기능이 약해져 금융중개 기능이 제대로 작동하지 못하고 효율적인 자원 배분을 수행하기 어렵다. 이에 따라 은행은 이자마진 축소, 보험사는 이차역마진 고착화, 투자회사는 채권투자 운용전략 위축 등을 겪을 수 있다.

두 번째로, 고수익 – 고위험 부문으로 쏠림 현상이 예상된다. 초저금리 상황에서 장단기 시장금리 하락에 따른 수익성 악화에 대응하기 위해 금융회사의 수익률 추구 성향이 강화되어 리스크가 큰 자산으로 자금이 과도하게 유입될 수 있는 것이다. 이에 따라 고수익 – 고위험 추구 과정에서 소비자 보호 및 금융 분쟁 문제 또한 증가할 수 있다.

세 번째로, 금리 반등으로 인한 위험성을 지적할 수 있다. 경기의 회복 시점에서 금융당국이 유동성 축소를 위해 정책금리를 인상하면 금융시장의 변동성 확대가 우려되는 것이다. 금리의 상승 전환은 금융회사들의 고위험 – 고수익 자산 투자에 따라 누적된 금융 불안 요인을 현실화할 수 있으며, 또한 금리가 빠르게 상승하면 보험사 · 증권회사 · 카드사 등의 수익성 · 건전성이 악화될 수 있다. 은행은 금리 상승으로 인해 부실여신이 증가할 수 있고, 보험사는 보유채권의 평가손실이 확대되는 반면 이차역마진은 축소될 수 있으며, 증권사는 보유채권의 평가손실과 우발채무의 손실 가능성이 확대될 수 있고, 카드사는 취약차주의 증가 가능성이 높아진다.

이상에서 설명한 초저금리로 인한 잠재적 리스크에 효과적으로 대응하려면 금융권에서는 금융안정성 강화를 위해 금융 시스템의 전반적인 리스크 요인을 파악하고 체계적인 관리를 통해 경쟁력을 강화해야 한다.

| 2020.01.18(토) 기출

06 금리인하의 긍정적, 부정적 영향을 적고 우리나라 현 상황을 고려할 때 어떤 금리 정책이 올바른지 서술하시오.

> 한국은행이 기준금리를 사상 최초 0%대로 내리기로 결정했다. 기준금리가 암묵적 실효하한선인 0.75%을 기록함에 따라 한동안은 한국은행에서 금리인하 정책을 내지는 않을 것이라는 전망이 유력해지고 있다. 또한 경제주체의 심리안정과 시장안정 목적을 위한 국고채매입의 가능성 또한 높아지는 상황에서 향후 한국은행의 추이가 주목된다.

예시답안 한국은행의 기준금리 인하로 인한 영향은 다각적으로 나타난다. 은행들이 한국은행에서 더욱 저렴하게 돈을 빌릴 수 있게 됨에 따라 대출 이자에 대한 부담이 경감되어 서민들의 소비 심리와 기업투자가 활성화되고, 투자로 인한 이점이 예·적금보다 많아지기 때문에 주식시장과 부동산시장이 강세를 보이게 된다. 원화환율이 상승함에 따라 수출상품에 대한 수요가 증가함은 물론 국제수지 또한 개선되어 임금상승으로 내수가 활성화되어 경제전반이 활력을 되찾게 된다. 즉, 금리인하 정책이 발표되었다는 것은 그만큼 국내 경제상황이 침체되어 있다는 이야기로 해석할 수도 있다.

하지만 금리인하로 인해 발생하는 부정적 영향 또한 결코 가볍지는 않다. 가장 먼저 저축한 예금의 이자를 받아 생활하는 이자생활자들의 경우 소비가 위축되거나 원금을 소비하게 되는 상황이 발생하게 된다. 거기에 물가상승에 대한 압력이 늘어나 인플레이션이 발생할 우려를 낳아 시장에 불안이 증가할 것이다. 투자심리가 자칫 투기로 이어져 전세가율을 비롯한 부동산 가격이 급등해 도리어 서민경제에 타격을 입히거나 지나친 대출로 인해 가계파산이나 은행부실과 같은 상황을 초래할 수도 있다. 무엇보다 규모의 경제를 형성해놓은 대기업이 금리인하로 인한 대출 혜택을 더 많이 받음에 따라 중소기업들의 입장에서 건강한 경쟁이 어려워지는 사태가 벌어지기도 한다. 금리가 인하된다고 해도 은행에 있는 자금이 시장에 오롯이 풀려 경제 활성화의 순기능으로 이어지는 것은 아니라는 것이다.

2015년부터 1%대의 저금리 상태를 유지하고 있는 상황이지만 이러한 저금리 정책이 실질적으로 서민경제에 큰 도움이 된다고는 확언하기 어려운 것이 현실이다. 가까운 일본의 경우 이자율이 연 0%에 가까운 상황이 수십 년 째 이어졌으나 저축이 줄어들기는커녕 더욱 활성화되는 결과를 낳았으며, 과거 연 이자율이 마이너스를 기록했던 스웨덴에서도 비슷한 사례를 확인할 수 있다. 금리가 낮아짐으로 인해 경제가 반드시 활성화된다고 말하기 어려운 이유가 바로 여기에 있다. 대다수 서민들은 주식이나 부동산과 같은 위험도가 높은 투자보다 비록 이자가 낮을지라도 적금이 더 친숙한 것이 사실이기 때문이다.

대기업 의존도가 매우 높고 저임금·저출산 문제로 골머리를 앓고 있는 대한민국의 현 상황에서 섣불리 금리인상 또는 금리인하를 결정하는 것이 어려운 것은 사실이다. 하지만 그것은 곧 금리인상과 금리인하 결정만으로 이러한 문제가 쉽게 해결되지는 않는다는 것을 의미하기도 한다. 따라서 금리인상보다는 현재의 저금리를 유지하되 이로 인해서 발생하는 문제들을 보조하는 정책, 즉 이자생활자들을 위한 근로정책이나 보조금정책을 발의하거나 신중한 대출을 위한 상담사 배치, 중소기업 보조금 정책과 같은 우회적인 정책을 통해 장점은 살리되 약점은 분석해 이에 대응하는 방법이 가장 안전하고 확실할 것이다.

약자를 보조하는 정책 이외에도 혜택을 누리거나 호황을 누리는 기업에 대해서는 고용 증대를 어느 수준으로 의무화시키는 등 성장을 이룩한 기업에 의한 혜택의 분배 또한 필요하다. 기업이 되살아난다고 해도 서민들의 양극화가 심해질 뿐이라면 그 정책은 실패했다고 밖에 말할 수 없을 것이다. 많은 우려를 낳았던 낙수효과가 만든 병폐를 생각했을 때, 균형을 잃고 고삐를 놓친 성장정책이 기업을 어떠한 방향으로 몰고 가는지는 자명하다고 할 수 있을 것이다.

많은 문제와 이익이 거미줄처럼 얽혀 있는 현재의 상황에서 섣부른 정책변화는 흐름에 적응해가는 이들에게 큰 혼란을 야기함은 물론 사태를 더욱 더 예측할 수 없는 방향으로 몰고 갈 가능성마저 내포하고 있다. 정책에 있어 모두를 만족시키며 문제를 단번에 해결할 수 있는 도깨비방망이는 존재할 수 없는 법이다. 그저 모두의 목소리에 귀 기울이고, 채 걷기도 힘든 이들에게 어깨를 빌려줄 수 있는 최소한의 도움이 우선되어야 할 것이다.

PART 5

07 비트코인(가상화폐)에 대한 긍정론, 부정론 중 하나를 선택하고 이에 대해 서술하시오.

예시답안 비트코인으로 대표되는 가상화폐에 대한 열기가 한동안 매우 거세었다. 유명인들은 저마다의 혜안을 뽐내듯 '비트코인은 금보다 가치가 있다.', '가상화폐는 현재 매우 저평가되어 있다.', '비트코인은 기존 실물통화의 역할을 대체할 수 있다.'며 목소리를 높였다. 누군가는 심지어 '현재 사용되는 실물화폐는 정치·경제적인 이유로 언제라도 더 찍어낼 수 있기 때문에 비트코인이 더욱 실체가 뚜렷하며, 오늘날의 화폐가 가짜다.'라고까지 말하기도 했다.

비트코인이 지닌 장점을 생각하면 그리 과장된 말은 아닐지도 모른다. 비트코인, 즉 가상화폐의 핵심이라고도 할 수 있는 블록체인 기술은 가상화폐의 거래기록을 금융기관 등의 개인이 아닌 다수의 제3자에게 남기기 때문에 장부조작이 거의 불가능하다. 또한 채굴로 기록을 정리해주는 이에게 수수료와 함께 코인을 제공하기 때문에 블록체인이 유지되는 기반 또한 충분하다고 할 수 있다.

하지만 이러한 장점만을 나열하며 비트코인이 새로운 통화의 기준이 될 것이라고 판단하는 것은 지나치게 기술주의적인 사고방식일 것이다. 비트코인이 새로운 통화의 기준이 되기 위해서는 분명 여러 조건이 필요할 것이지만, 가장 문제가 되는 것 중 하나는 바로 '합의'라고 할 수 있다. 비트코인의 창시자인 나카모토 사토시를 비롯해 여러 인사들은 '신뢰'를 강조하며 현재 사용되는 실물화폐는 무수한 편법으로 신뢰를 위반한다고 주장한 바 있다. 하지만 이것은 기술의 '보완'으로 해결이 가능한 문제일 뿐이며, 모든 실물화폐를 비트코인과 같은 가상화폐로 대체하자는 사회적 '합의'를 이끌어내기는 쉽지 않을 것이다. IT기술의 발전이 현 산업에 지대한 영향을 미친 것은 사실이다. 하지만 모두의 '합의'에는 분명 IT기술의 혜택을 받지 못하는 소외계층이 포함되어야 한다. '전체'를 도외시한 기술의 발전이 낳는 것은 치명적인 불평등의 탄생 또는 공동체의 붕괴일 뿐이다.

실물화폐의 단점을 '보완'하는 것에 블록체인 기술이 응용될 수는 있을지 모른다. 하지만 현재 화제가 되고 있는 비트코인 열풍이 투기의 성향을 띠고 있다는 점을 생각하면, 비트코인 그 자체를 화폐로 인정하기는 더더욱 어려울 것으로 예상된다. 가치란 상대적이지만, 서로가 생각하는 일정한 합의점이 있기에 거래가 가능하다. 그리고 그 거래를 수월하게 만들기 위해 사회적 합의를 거쳐 사용되는 것이 화폐이다. 따라서 화폐는 서로가 합의할 수 있는 일정한 '가치'를 대표해야 한다. 하지만 비트코인을 비롯한 가상화폐는 지금 이 순간에도 시시각각 그 가치가 오르내리고 있다. 사실상 비트코인은 화폐라기보다는 가치를 지닌 금이나 주식의 다른 형태인 셈이다.

무엇보다 비트코인의 징점으로 부각되는 '투명성'과 '신뢰' 그 자체에도 문제점이 존재한다. 비트코인을 사용할 때마다 다수의 사용자에게 기록이 남는 것은 사실이지만 익명성을 강조하는 비트코인이 해외거래소를 거칠 경우 특정한 금융기관을 거치지 않기 때문에 음지에서의 거래를 추적하는 일은 몹시 힘들어진다. 거기에 앞서 언급했듯 IT기술의 혜택을 받은 몇몇 개발자들은 하드포크라는 블록체인 분리 기술을 악용해 새로운 가상화폐를 탄생시켜 수십억에 이르는 이득을 챙기기도 했고, 랜섬웨어 등의 프로그램을 개발해 가상화폐를 저장하고 있는 컴퓨터나 스마트폰 자체를 공격한 뒤 비트코인을 갈취하기도 했다. 기술의 발전이 도리어 기술의 보안과 신뢰를 깨뜨리는 결과를 불러온 것이다.

현대가 기술의 발전 속도를 따라가기에도 벅찬 시대라는 사실을 부정하기는 어려울 것이다. 하지만 화려함에 눈이 멀어 본질을 잊고 신기루를 쫓기 전에 한번쯤 실사구시(實事求是)의 정신으로 현실을 바라볼 여유가 필요하지 않을까.

| 2018.04.21(토) 기출

08 **4차 산업혁명의 핵심기술인 빅데이터, 인공지능, 블록체인 기술이 금융업에 어떻게 활용되고 있는지와 더불어 이러한 상황에서 경쟁력을 갖추려면 어떤 핵심역량이 필요한지, 성장하는 금융기관이 되려면 어떤 전략이 필요한지를 서술하시오.**

예시답안 컴퓨터와 인터넷, 스마트폰으로 대표되는 3차 산업혁명은 지구촌에 사는 모두가 쉽게 소통하고 정보를 공유할 수 있도록 만들었다. 그렇다면 4차 산업혁명은 구체적으로 우리에게 어떠한 변화를 일으킨 걸까? 과연 4차 산업혁명의 핵심기술로 불리는 빅데이터와 인공지능, 블록체인 기술은 금융업에 어떠한 변화를 일으켰다고 할 수 있을까?

빅데이터 기술은 인터넷과 스마트폰 등으로 인해 촘촘히 연결된 망(網)에 축적된 사람들의 행동과 패턴을 읽고 다양한 분야에 활용함을 뜻한다. 쉽게 말해 사람들의 행동기록을 읽어 성향을 파악하는 것인데, SNS나 신용카드의 사용 기록 등을 통해 연령, 직업, 성별에 따른 소비성향을 파악하여 보다 매력적이고 효율적인 금융상품의 개발을 예시로 들 수 있다.

비트코인 등의 암호화폐를 통해 유명세를 탄 블록체인 기술의 핵심은 데이터 분산 처리 기술이다. 개인과 개인의 거래에 데이터가 모두에게 기록되는 장부를 '블록'이라고 하는데, 시간이 흐를수록 이것이 사슬 형태로 이어지기 때문에 블록체인이라고 부른다. 블록체인 기술은 중앙 관리자 없이 장부가 변조될 가능성이 배제된다는 장점으로 인해 은행은 물론 다양한 업종에서 계약서, 물류관리, 의료정보관리, 저작권관리, 신원확인 등 정보보안에 사용할 것으로 큰 기대를 모으고 있다.

인공지능(AI)은 빅데이터 기술을 포함한 모든 데이터를 아우르는 기술이라고 할 수 있다. 현재 금융업계에서 사용되는 인공지능 기술은 기술발전의 한계상 인간과 같이 감정과 자의식, 인지능력을 지니는 강인공지능(Strong AI)보다는 특정 분야에서 인간보다 우수한 지능을 발휘하는 약인공지능(Weak AI)이 주류를 이룬다고 할 수 있는데, 대출자의 리스크를 파악하거나 빅데이터를 활용해 금융 분야의 향후 전망을 예측하는 로보 어드바이저가 대표적이다.

4차 산업혁명의 핵심기술들은 금융업계에서 각각 분석(빅데이터), 보안(블록체인), 그리고 속도(AI)의 영역에서 활약하고 있다. 분석과 보안이 강화됨에 따라 금융업계의 상품들은 보다 개인적이고 탈중심적으로 변하였고, 초연결 사회를 기반으로 속도가 중요시됨에 따라 효율성과 접근성이 큰 쟁점이 되었다고 할 수 있다.

금융과 4차 산업혁명의 시대의 기술이 융합한 핀테크 시대에서 가장 중요한 것은 단연 접근성이다. 보안과 속도의 강화로 물리적 제약이 한층 완화되어 구글, 애플, 아마존 등 빅테크 기업이 금융시장에 진출하기 시작한 지금, 보다 개개인의 성향을 분석하여 언제 어디서라도 고객의 취향에 맞는 상품을 제공할 수 있는 금융기업만이 살아남을 수 있게 된 것이다.

PART 5

‘카카오뱅크’는 이러한 핀테크 시대의 흐름에 발맞춰 등장하였는데, 보안을 기반으로 인건비부담을 줄이고 높은 예금금리와 낮은 대출금리 및 수수료를 제공함과 동시에 접근성을 높여 금융기업으로서 자리 잡는 데 성공하였다. 거기에 카카오톡 애플리케이션과의 연동을 통해 쇼핑은 물론 자체 콘텐츠 소비가 가능한 생태계를 구축하기도 했다. 한편, 농협은행의 경우 상대적으로 디지털 접근성에 취약한 농촌계층을 겨냥한 ‘올원뱅크’를 내놓기도 했다. 올원뱅크는 편의성과 개방성을 장점으로 내세웠는데, 타 은행 공인인증서나 계좌를 통해서도 회원가입이 가능한 오픈뱅킹을 지향한다. VOD 및 웹툰 · 웹소설, 할인쿠폰 등의 콘텐츠를 무료로 제공함은 물론 농축산물을 구입할 수 있는 유통망을 연결하거나 세금납부, 5060 세대를 위한 귀농정보나 자산 관리 서비스를 제공한다.

4차 산업혁명의 등장이 결코 기존 금융기관에 악재로만 작용하지는 않을 것이다. 장기간 쌓아온 신뢰도와 인지도는 신흥 금융기관이 기술력만으로는 따라잡기 힘든 큰 무기이다. 그리고 눈부신 발전을 이룩한 4차 산업혁명의 이면에는 혜택을 오롯이 받지 못하는 고객들이 존재하는 것 또한 사실이다. 따라서 기존 고객과 신규 고객들을 아우를 수 있는 접근성과 보안을 기반으로 하는 신뢰, 그리고 고객들이 원하는 효율 높은 금융상품들을 앞서 제시할 수 있는 능력을 갖추는 것이 무엇보다 중요할 것이다.

CHAPTER

03 금융권 논술 예상문제

01 금리의 결정 요인과 금리 변동이 경제에 미치는 영향에 대해 서술하시오.

예시답안 금리는 돈을 빌려주는 대가로 받는 이자를 의미하며 돈의 가치를 나타내는 척도로 볼 수 있다. 금리는 기본적으로 중앙은행이 설정한 정책금리를 바탕으로 시장금리가 형성되며, 이는 모든 경제 주체의 의사결정에 직접적으로 영향을 미친다. 따라서 정부는 금리 정책을 통해 물가 안정, 경기 조절, 고용 증대 등 다양한 변수를 고려해 금리를 세밀하게 조절한다.

경제의 온도계라 불리는 금리는 다양한 요인의 영향을 받아 결정되는데, 가장 먼저 중앙은행의 통화 정책에 의해 정해진 정책금리에 영향을 받아 시중금리가 정해진다. 중앙은행은 시중 통화량, 물가 등 경제 환경 요인을 고려하여 정책금리를 정한다. 일반적으로 돈의 가치가 하락하는 인플레이션 상황에서는 정책금리를 인상하고, 반대인 디플레이션 상황에서는 정책금리를 인하하여 과열되거나 침체된 경제 환경을 조정한다. 또한 국가의 경제가 성장할수록 자금의 수요가 늘어나 돈의 가치가 상승하게 되어 금리가 상승하게 되고, 경제가 침체될수록 금리가 하락하게 된다. 정부의 재정 정책 또한 금리를 변동시키는 요인이 된다. 정부가 재정 적자를 해결하기 위해 국채를 많이 발행하게 되면 통화정책의 불확실성으로 인해 금리가 상승할 수 있으며, 반대로 국채 수요가 증가하면 금리가 하락할 수 있다. 즉, 금리는 자금의 수요와 공급에 의해 결정되며, 경제 상황을 조정하는 통화정책의 도구로 작용한다.

금리 변동은 모든 경제 주체에게 다양한 영향을 미친다. 소비와 투자 측면에서 금리 상승은 개인 소비와 기업 투자를 모두 감소시키는 등 경제를 위축시키고, 금리 하락은 개인 소비와 기업 투자 모두 증대시켜 경기를 부양하는 효과가 있다. 물가 측면에서 금리 상승은 과열된 경제를 진정시켜 물가를 낮추는 효과가 있으며, 반대로 금리 하락은 침체된 경제를 부양하여 물가를 올리는 효과가 있다. 환율 또한 금리의 영향을 민감하게 반영한다. 국내 금리가 상승하면 해외의 투자자들이 더 높은 이자를 위해 자금을 유입시켜 원화의 가치가 상승하게 되며, 국내 금리가 하락하면 해외 자본 유출로 통화 가치가 떨어질 수 있다. 이러한 현상은 국내에서도 마찬가지로 주식, 채권 등 금융시장의 상황을 변화시킨다. 금리가 상승하면 상대적으로 리스크가 높은 주식 및 채권의 가격이 하락하게 되고, 금리가 하락하면 주식과 채권 등 위험자산에 대한 투자 선호도가 높아지게 된다.

이처럼 금리는 통화정책의 도구이자 경제 상태를 반영하는 지표로 다양한 경제적 환경 요인에 의해 변하며, 금리의 변동은 모든 경제 주체에 지대한 영향을 미친다. 따라서 물가 안정과 성장 동력 확보 사이에서 정책적 균형을 찾기 위해 정부와 중앙은행은 금리 변동으로 인한 효과와 리스크를 분석하고 신중하게 운영해야 한다.

PART 5

02 소득불균형이 미치는 부정적인 영향과 그에 따른 금융 산업의 대응방안에 대하여 논술하시오.

예시답안 능력주의로 대두되는 현대사회에서 소득불균형은 사실 현상 혹은 결과에 가까운 문제일지도 모른다. '개인의 능력에 따라 사회적 지위나 권력이 주어지는 사회'를 추구하는 현대사회에서는 시험결과나 개개인의 역량에 따라 타인보다 더 많은 부를 축적하는 것을 부정하지 않기 때문이다.

그럼에도 소득불균형이 문제로 지목되며 이것을 해결하고자 많은 이야기가 오고가는 까닭은, 이로 인해 사회 전반에 기회가 공평하게 돌아가지 않는 사태가 일어나기 때문이다. 즉, 공평한 기회로 인하여 소득격차가 발생하는 것이 아니라, 소득격차로 인해 공평한 기회가 박탈당하는 사례가 발생한다는 것이다. 이는 도리어 정당한 능력을 가진 이들이 금전적인 문제로 기회를 박탈당해 공정한 평가를 받지 못하며, 그럼에도 정당한 평가를 받지 못한 이들에게 '능력이 부족하기 때문'이라는 낙인이 찍히는 악순환을 만들게 되는 결과를 만들어 낸다.

정당한 능력을 가진 이들이 능력을 펼치지 못하는 사회, 그리고 그로 인하여 부의 대물림이 고착화 되는 사회에 남는 것은 만연한 열등감과 우울감, 그리고 허무주의일 것이다. 실제로 부의 고착화 및 소득불균형이 심화된 중국의 경우 청년층 사이에서 국가의 미래에 협조하지 않고, 욕망하지 않고, 국가의 비전에 무관심하며 그저 살아있기만을 추구하는, 즉 노력하지 않는 삶을 추구하는 '탕핑 운동'이 전개되고 있다. 탕핑 운동은 대한민국의 '수저 계급론'이나 'N포 세대'과 비슷하면서도 노력 자체를 포기한다는 점에서 대처가 더욱 까다로운 현상으로 지적되고 있다.

대한민국의 경우 최근 청년층에서 평범한 방법으로는 계층이동이 어렵다는 사고가 만연함에 따라 비트코인이나 선물거래 등 한탕주의에 가까운 투자를 통하여 경제적 파산에 이르는 사태가 발생하고 있다. 이들은 결혼자금, 대학등록금 등 중요한 자산을 투자로 탕진하거나, 거액의 빚을 지게 됨에 따라 경제적으로 위험에 매우 취약한 상황에 놓이게 된다.

그렇다면 이러한 소득불균형에 대하여 대한민국에서는 금융 산업과 손을 잡고 어떠한 대응을 하고 있을까. 가장 먼저 떠올릴 수 있는 것은 청년 우대형 주택청약이다. 청년들이 내 집 마련의 꿈을 이룰 수 있도록 도움을 주는 것으로 만 19세 이상부터 만 34세 이하 청년들이 가입 가능하다. 소득불균형 문제 완화를 위한 것으로 연 소득은 3,000만 원 이하, 무주택 세대주 혹은 세대원만 신청이 가능한 것이 특징이다. 또한 청년 맞춤형 전세대출이 있는데, 청년들이 전월세를 들어가는 데 도움이 될 수 있도록 만 34세 이하, 배우자 합산 소득 7,000만 원 이하, 무주택자에 한하여 낮은 금리로 전세자금을 대출해주는 제도이다. 산업단지 내 중소기업에서 근무하는 청년 근로자를 위한 시원카드도 있다. '청년동행카드'는 산업통상자원부 및 한국산업단지공단에서 지정한 산업단지 내 중소기업 재직 청년근로자를 대상으로 매월 교통비 5만 원을 지원하며 다양한 청년 특화 서비스를 제공한다.

하지만 이와 같은 소득불균형 대책의 경우 만 19세 이상에서 만 34세 이하의 청년층에 한하여 지원하는 경우가 대부분이며, 그나마도 3,000만 원 이하 혹은 배우자 합산 소득 7,000만 원 이하라는 상당히 높은 진입장벽으로 인해 실질적인 혜택을 받지 못하는 이들이 많은 것 또한 사실이다. 무엇보다 이러한 혜택은 소득불균형으로 인해 생계가 어려운 이들을 간신히 살 수 있도록 지원하는 안전장치에 가까우며, 소득불균형 자체를 해결할 수 있는 힘을 가지고 있다고 보기에는 어려운 것이 현실이다.

따라서 안전장치의 기능을 하는 정책과 더불어 소득불균형을 해결하기 위해 금융 산업에 필요한 것은 뜻이 있는 자들의 계층이동을 돕는 공격적인 성향의 지원정책일 것이다. 학자금대출, 창업지원대출과 같이 새로운 시도를 하려는 이들을 돕는 대출 제품을 늘리고 대출 기준 또한 완화해야 한다. 물론 노년층의 파산과 같은 사회문제를 해결하기 위한 대책에도 힘을 쏟아야 하며, 소득불균형 해결을 위한 정책이 도리어 소득불균형을 악화시키는 사태 역시 지양할 수 있도록 고심해야 할 것이다.

소득불균형 문제는 시대의 거대한 흐름 중 하나이며 어느 관점에서는 유사 이래 해결된 적이 없는 고질적인 문제로, 금융 산업만으로 해결될 수 있는 문제라고 보기는 어렵다고 볼 수도 있다. 하지만 계층이동이라는 절벽에 작은 물꼬를 트고, 나아가 소득불균형이라는 문제를 마주하는 자세를 잃지 않는 것 또한 대한민국 금융 산업이 해나가야 할 일일 것이다.

03 인플레이션 발생 원인과 기준금리 인상이 금융기관에 미치는 긍정적 · 부정적 영향에 대해 서술하시오.

예시답안 인플레이션은 '통화량 증가, 화폐 가치 하락, 물가의 지속적 상승 등이 원인이 되어 실질적 소득이 감소하는 현상'으로 요약할 수 있다. 그리고 인플레이션에 대응하기 위해 정부는 긴축 정책을, 중앙은행은 기준금리 인상 정책을 통해 시중의 통화량을 줄인다. 이때 기준금리는 다른 모든 금리의 기준이 되어 금융시장에서 지배적인 영향을 끼친다. 이는 기준금리 조절이 국가경제 전반은 물론 특히 금융기관에 직접적인 영향을 주기 때문이다. 그렇다면 기준금리 인상이 금융기관에 어떤 영향을 끼치는지 살펴보자.

먼저, 기준금리 인상이 금융기관에 끼치는 긍정적 영향에 대해 살펴보자. 총수요가 총공급을 초과할 때, 재화의 생산비가 올라 가격도 상승할 때, 독과점기업이 시장지배력을 행사하며 이윤을 극대화하려 할 때, 선거철 · 명절처럼 시중 통화량이 급증할 때, 환율이 고공행진(평가절하)을 할 때 등 여러 원인 때문에 인플레이션이 초래될 수 있고, 통상적으로 연 4 ~ 5% 정도의 물가상승률이 관측되면 인플레이션이 발생했다고 해석한다. 인플레이션이 발생하면 한국은행 금융통화위원회는 기준금리를 인상해 금융기관의 지급준비율, 재할인율, 채권의 매매, 통화량, 물가, 금리 등을 조절하려 한다.
이처럼 기준금리가 인상되면 저축으로 얻는 이자소득이 증가하므로 가계는 저축을 늘리게 되어 은행의 수신고도 상승하는 한편 은행 차입비용이 올라가 과도한 투자나 물가상승이 억제되어 과열된 경기가 진정되고 물가가 진정된다. 또한 기준금리 인상으로 시장금리가 상승하면 은행의 예대금리차와 순이자마진(NIM)의 확대 가능성이 커진다. 그리고 우리나라 은행에 예금하고자 하는 유인이 커져 해외 자본의 유입도 증가하게 된다. 아울러 채권 수익률 상승으로 인해 채권에 투자하는 사람들이 늘어나면서 채권시장이 활성화되는 한편, 주식시장에서는 은행주 · 보험주 · 경기민감주에 긍정적인 환경이 조성될 수 있다.

반대로 기준금리 인상으로 금융기관이 받을 수 있는 부정적 영향에는 무엇이 있는지 살펴보자. 기준금리가 인상되면 통화량이 감소되면서 시중은행의 대출금리가 인상되기 때문에 금융 소비자들의 대출 상환부담은 증가하게 되고 대출 신규계약은 감소되는 한편, 시중에 유통되는 돈이 줄어들어 소비 심리와 투자가 위축되며 재화(상품)의 재고 증가, 생산과 고용의 감소, 실업률 상승 등이 연쇄적으로 발생할 수 있다. 또한 주식 수요가 감소하고 주가가 하락하며, 민간의 실질 자산이 감소되어 소비가 감소한다.
국가경제 면에서는 해외 자본의 국내 유입이 증가하면서 원화 가치 상승(환율 하락)과 수출 감소 및 수입 증가 등이 연이어 발생할 가능성이 커진다. 또한 해외 주요 선진국, 특히 달러라는 안정적인 기축통화를 발행하는 미국의 기준금리 인상으로 금리 역전 현상이 발생하면 한국 증시 등의 금융상품에 투자한 외국인의 자금이 대거 유출되면서 증시와 원화 가치 하락을 부채질해 환율이 불안정해질 가능성이 상승한다. 이때 한국이 환율 방어를 위해 선제적으로 기준금리를 인상할 가능성도 커진다.

기준금리 인상을 통해 인플레이션을 해소할 수 있으나, 이와 동시에 소비와 투자 등 총수요와 수출이 위축되어 전반적으로 경제 활동이 침체할 수 있다. 또한 기준금리의 변경은 예금 · 대출금리, 시장금리, 주식 · 채권 · 부동산 · 외환 등 자산 가격 등에 직접적인 영향을 끼쳐 실물경제와 물가를 변동시키는 주요 원인이 된다. 이처럼 기준금리는 일반 국민의 경제생활과 금융시장에 지대한 영향을 끼치며, 자본 이동이 자유화되고 금융시장이 발전함에 따라 그 영향력은 더욱 커지고 있다. 따라서 양날의 검 같은 기준금리 변경 여부를 결정할 때는 반드시 국내외의 경제 여건을 정밀히 타진하면서 이해득실을 꼼꼼히 따져야 하며, 기준금리를 조정하기로 하더라도 점진적으로 변경해야 한다.
끝으로 '호시우보(虎視牛步)'라는 말이 있다. 범처럼 노려보고 소처럼 걸으라, 즉 예리한 통찰력으로 꿰뚫어 보며 성실하고 신중하게 행동하라는 뜻이다. 기준금리 인상을 결정할 때는 경제에 대한 거시적 결정도 필요하지만, 소비 주체인 개인에게 끼치는 미시적 파급력을 반드시 고려해야 한다. 따라서 정부와 한국은행 등의 권위 기관은 기준금리를 조절할 때 '호시우보'를 마음 깊이 새겨야 할 것이다.

04 글로벌 경제가 위기 상황을 맞으면서 증시가 크게 떨어지고 있는 가운데 펀드의 수익률도 급감하고 있는 상황이 발생한다면, 이러한 상황에서 펀드 리모델링 방안을 서술하시오.

예시답안 고수익을 쫓던 일방적인 투자 패턴에서 벗어나 분산과 기대수익률을 낮추고 기존의 포트폴리오와 펀드투자 전략에 대한 새로운 변화를 시도해야 한다. 이에 따라 펀드 투자자들이 고려해야 할 원칙을 제시하였다.

첫째, 수익률이 낮아도 안정적인 기존의 펀드에 눈을 돌리자.
스태그플레이션 상황에서는 새로운 펀드보다는 기존의 펀드에서 새로운 반등의 기회를 발굴하는 것이 유리하다. 특히 물가가 불안정할 때는 펀드 선정에 더욱 유의할 필요가 있다. 특히 위험이 낮은 국고채 중심의 채권형 펀드와 전 세계 다양한 자산에 투자하는 자산 배분형 펀드도 주목해야 한다.

둘째, 국내 주식형 펀드를 중심으로 투자하자.
전 세계적인 불확실성이 증가되고 있는 상황에서는 보다 빠르게 시장에 대한 정보를 체감할 수 있는 국내 펀드에 비중을 두는 것이 유리하다. 잘 아는 시장에 대한 투자는 보다 신속하고 정확하게 의사결정을 내릴 수 있으며 또한 환매 주기가 국외 펀드보다 짧다는 장점을 갖고 있다.

셋째, 신흥시장에 대한 일방적인 낙관론에서 벗어나라.
그동안 고성장을 지속해 온 신흥시장도 성장 둔화와 인플레이션으로 인한 피해를 입고 있다. 신흥시장 증시의 조정이 불가피한 상황이기 때문에 기존의 성장잠재력뿐만 아니라 신흥시장 국가별 위기 대응, 경제 상황 등을 고려한 종합적인 분석이 필요하다.

넷째, 기대수익률을 낮추자.
수년간 기록한 신흥시장의 두 자릿수의 높은 수익률은 잊어야 한다. 현재 상황에 부합되는 합리적인 기대수익률을 설정하는 것이 중요하다.

다섯째, 자금의 종류에 따라서 투자 기간을 차별화시키자.
단기성 자금은 기대수익률이 낮고 변동성이 작은 혼합형, 채권형, 머니마켓펀드(MMF), 종합자산관리계좌(CMA) 등에 투자해야 한다. 중장기성 자금은 높은 수익률을 기대할 수 있지만 위험부담이 크기 때문에 안정적 이익 창출이 가능한 ELF 등에 투자하는 것이 좋다.

05 금융권에서 도입되는 성과주의에 따른 긍정적인 요소와 부정적인 요소가 무엇인지 서술하시오.

예시답안 우리나라 노동시장에서 성과주의 도입에 대한 찬성과 반대 논쟁이 뜨겁다. 과거 고속성장 시기 소득 불균형과 복지제도 미비를 고용 및 임금안정으로 보완해야 했던 시대적 상황에서의 호봉제 효과가 한계에 도달했다는 진단 때문이다. 성과주의는 민간 기업을 넘어 공공분야에서의 도입까지 검토되고 있다.

금융권 역시 성과주의 도입 논란에서 자유로울 수 없다. 주력 제조 산업과 마찬가지로 금융 산업의 수익성도 악화되고 있기 때문이다. 수익성이 악화되는 반면 호봉제의 임금 체계가 은행권의 고임금과 저생산을 부추기는 원인으로 지목되고 있다.

무엇보다 성과주의를 찬성하는 측은 임금체계 개편을 통한 인건비의 조절을 근거로 삼는다. 수익성이 악화된 상황에서 비용을 줄이는 방안을 고민할 수밖에 없고, 인건비는 금융권의 지출 비용 중에 가장 높은 비중을 차지하기 때문이다. 금융권 직원 4명 중 1명꼴로 연봉이 1억 원 이상이라는 수치는 이를 뒷받침해준다. 점포와 직원이 없는 인터넷 전문 은행이 출연하여 기존 금융권의 서비스와 동일한 서비스를 제공하기 시작하면서 성과주의 도입을 통한 '고임금 저인건비' 정책 도입에 대한 목소리는 점차 커지는 상황이다.

성과주의에 반대하는 목소리는 자칫하면 성과급이 인력통제와 같이 구조조정의 도구로 작용할 수 있다고 주장한다. 성과를 측정할 객관적 평가 기준의 마련이 불가능하고, 평가자의 객관적인 태도에 대한 신뢰성 문제로 인해 성과 자체를 신뢰할 수 없다는 주장이다. 그 경우 특정인에 대한 표적평가가 가능해져 성과를 통한 인력통제가 가능해진다는 것이다. 무엇보다 이를 통한 쉬운 해고가 가능해지는 결과로 이어질 수 있어 성과주의에 반대하는 목소리는 커지고 있다.

이와 같은 성과주의 도입에 대한 찬반 논란을 살펴볼 때 무엇보다 중요한 것은 신뢰라 할 수 있다. 아무리 좋은 의도를 가진 정책이라 하더라도 제도의 변경으로 인해 불이익을 당할 가능성이 있는 사람들에 대한 최소한의 제도적 장치가 뒷받침되지 못한다면 성과주의 도입의 찬성이든 반대든 모두 공감 받지 못하는 공허한 주장에 그치고 말 것이다.

06 마이너스 금리에 대한 간단한 역사와 만약 시행될 경우 우리나라에 어떤 영향을 미칠지 서술하시오.

예시답안 아베노믹스의 시행으로 '잃어버린 20년'을 만회하려 노력하던 일본 정부는 국제유가 하락과 신흥국 금융시장 불안 등으로 투자 심리가 위축되면서 닛케이 주가가 하락하는 한편 엔화가 강세로 돌아서는 등 일본 경제의 부정적 요인이 지속되자 충격요법으로 경제를 반전시킬 필요성을 느끼게 되었다.

또한 실물경제지표가 악화되어 일본은행이 공표한 물가목표의 달성이 사실상 불가능해지면서 새로운 정책수단의 도입을 통해 물가목표 달성에 대한 강력한 의지를 시장에 전달할 필요성이 높아졌다.

이러한 배경 하에 일본 정부는 마이너스 금리를 전격 도입하기에 이른다. 마이너스 금리란 예금이나 채권 등에서 실질적으로 이자 수익을 얻을 수 없는 것을 의미한다. 예금자가 이자를 받는 것이 아니라 오히려 보관료를 내야 하는 상황인 것이다. 상황이 이렇다보니 일반적으로 저축보다는 높은 이율을 얻을 수 있는 투자나 소비로 관심이 옮겨갈 수밖에 없다. 이러한 마이너스 금리의 도입 배경에는 명목금리가 0%까지 낮아진 상황에서 예상인플레이션율이 하락하여 실질금리가 상승하는 현상도 한몫했다. 실질금리는 명목금리에서 예상인플레이션율을 차감하여 도출된다. 이에 따라 실질 금리를 낮춰 소비와 투자 등을 자극함으로써 제로금리 제약에서 벗어나고자 마이너스 금리를 도입하였다. 과거 유럽의 마이너스 금리 정책의 도입에 따른 부작용이 크지 않았다는 분석도 과감한 반전 요법의 도입 근거로 작용하였다.

일본 마이너스 금리의 도입은 우리나라의 입장에서는 반갑지 않다. 일본의 금리 인하는 일본 시장에 있던 해외투자자금이 일본 시장을 빠져나가게 되고, 이로 인해 엔화 가치의 하락을 야기하기 때문이다. 수출 의존도가 높은 한국 경제의 경우 일본 마이너스 금리 도입으로 인해 엔화의 가치가 원화보다 낮아지면 수출 시장에서 국내 기업의 경쟁력이 약해진다. 특히 세계시장에서 일본과 경쟁관계에 놓인 자동차나 IT 분야의 수출 부진이 우려된다.

PART 5

07 **간편결제와 가상화폐가 제3의 화폐로 떠오르며 현금 없는 사회가 대두되었다. 이에 대한 논쟁 중 은행이 나아가야 할 방안에 대해 서술하시오.**

예시답안 비트코인으로 대표되는 디지털 화폐는 금융사기의 가능성으로 인해 개발 및 활용에 회의적이었지만, 블록체인 기술의 발전으로 인해 활용의 폭이 꾸준히 넓어지고 있다.

'공공거래장부'로도 불리는 블록체인은 거래에 참여하는 모든 사람이 온라인상에서 같은 장부를 기록해나가는 분산형 데이터 운영 시스템이다. 농사를 짓는 마을에서 매일 곡물 거래가 일어난다고 하자. 기존에는 곡물을 거래한 뒤 이를 기록관에게 가서 일일이 보고하고 기록해야 했다. 이 때문에 장부에 잘못된 내용을 기록하거나 곡물을 빼돌리는 것이 가능했다. 하지만 블록체인은 곡물거래가 이뤄질 때마다 마을 사람이 모두 광장에 모여 거래 내역을 확인한 뒤 즉시 자신의 장부에 기록한다. 모든 사람의 장부를 훔치지 않는 한 거래 내역을 속이는 것이 불가능해진 것이다.

이처럼 디지털 화폐의 보안이 강화되자 국가적 차원에서도 디지털 통화를 활용할 수 있는 제도화가 추진되고 있다. 국내 시중은행들 역시 이에 맞춰 디지털 화폐 서비스가 필요하다. 가장 쉽게 시작할 수 있는 서비스는 해외송금 서비스이다. 인터넷만 연결돼 있으면 누구나 계좌를 개설할 수 있고, 별도의 중앙관리기관 없이 개인과 개인이 돈을 주고받을 수 있는 P2P 방식으로 모든 거래가 이뤄진다. 국내 시중 은행들이 도입을 추진하는 외환송금의 경우 비트코인을 활용하면 고객들의 환전 시간이 짧아지고 송금 수수료가 낮아지는 장점이 있다.

한편, 온라인 쇼핑몰 등에서 결제 수단으로도 사용가능하다. 관리자가 없는 블록체인 네트워크를 활용하기 때문에 결제 때 공인인증서가 필요 없다. 상품의 매매나 송금, 대출 등 일반화폐가 할 수 있는 대부분의 역할을 할 수 있는 것이다. 따라서 디지털 화폐를 사용하는 거래가 활발해질 수 있도록 새로운 포인트제도, 우대제도 등을 마련할 필요가 있다.

하지만 무엇보다 신경 써야 하는 부분은 보안이다. 블록체인 기술로 인해 신뢰성이 높아졌지만, 보안에 문제가 생길 경우 손해는 치명적이기 때문이다. 따라서 기존 은행권에서는 새로운 서비스에 대한 고민뿐 아니라 보안 기술을 향상시켜야 한다. 이를 위해 기존 핀테크 스타트업 기업들의 초기 단계에서 M&A하는 방안도 고민해봐야 한다.

08 **최근 퇴직연금시장이 확대되면서 퇴직연금사업자 평가가 중요해지고 있으며, 변화하는 상황에서 금융권에서는 어떤 대응책이 필요하겠는지 서술하시오.**

예시답안 우리나라의 고령화 추세는 전 세계에서 유례를 찾아볼 수 없을 정도로 빠르게 진행 중이다. 이러한 상황에서 연금제도를 통한 노후소득 보장은 금융 산업 뿐 아니라 국가적으로도 매우 중요한 과제이다. 이를 반영하듯 퇴직연금시장의 규모가 급격하게 확장하고 있다.

퇴직연금은 다수 근로자의 안정적인 노후생활을 위해 긴요한 노후 소득원임에도 불구하고 국민들의 노후 안전판으로서 퇴직연금의 역할이 미흡한 실정이다. 퇴직연금제도의 안정적・성공적 운영은 국민들의 노후 행복과 직결된다는 인식을 정부와 사업자 모두 공유하는 것이 필요하다.

이와 더불어 퇴직연금 시장 전반에 관한 감시기능과 퇴직연금사업자에 대한 평가도 병행해야 한다. 고용노동부는 퇴직연금 가입자 수급권 보장 방안의 하나로 퇴직연금사업자에 대한 시범평가를 시행할 예정으로 시장 감시 기능 강화를 위해 공적 사업자 평가 시행을 고려하고 있다. 보다 면밀한 사업자 평가제도를 구축하기 위해서는 해외 제도를 살펴볼 필요가 있다.

호주의 경우 연구・조사 및 평가를 전문으로 하는 독립기관에서 퇴직사업자에 대한 평가를 수행한다. 이는 퇴직연금 사업자 평가에 있어 단계별 가입자의 니즈가 다르다는 점을 반영하여 기금의 적립단계와 인출단계를 구분해 평가하는 방식을 취하고 있다. 미국의 경우 컨설팅 회사가 평가를 수행하지만, 호주와 다른 점은 정량적 요소보다는 정성적 요소에 더 많은 비중을 두고 있다는 점이다. 일본의 경우 언론사가 퇴직연금 사업자 평가를 담당한다. 일본경제신문사와 니케이 그룹의 연금정보에서 퇴직연금 고객만족도 설문조사를 실시하여 매년 평가결과를 발표한다.

우리나라는 머니투데이, 한국경제, 매일경제의 언론사에서 사업자 평가 중이다. 가입자 수급권 보호에 기여하는 방안에 중점을 두고 진행되어야 하며, 수익률과 같은 특정 평가항목에 높은 비중을 두기보다는 가입에서부터 사후관리에 이르는 제도 전반에 대한 균형 있는 평가가 요구된다. 아울러 금융권에서는 사후관리에 초점을 맞춘 대응책 마련이 뒷받침되어야 건전한 퇴직연금 시장 구축에 퇴직연금사업자 평가제도가 기여할 수 있을 것이다.

09 카드 수수료 인하의 배경과 수수료 인하로 인한 영향, 그리고 카드 수수료 인하에 대한 자신의 생각을 서술해 보시오.

예시답안 '여신전문금융법 시행령' 개정안이 국무회의를 통과하면서 카드 수수료 인하가 현실화되었다. 이번 시행령 개정안은 최저임금 인상에 따른 소상공인들의 경영상 부담 증가에 대응하여 영세·중소가맹점 적용 범위를 합리적으로 확대함으로써 일정 규모 이하 소상공인들의 카드수수료 부담을 완화하고 양질의 일자리 창출 여력을 확보하기 위해 마련되었다.

본 개정안을 통해 구체적으로 영세가맹점의 범위는 연 매출액 2억 원 이하에서 3억 원 이하로 확대되고, 2～3억 원 구간에 속한 약 18만 8천여 가맹점의 수수료가 1.3% 에서 0.8%로 인하된다. 중소가맹점의 범위는 기존 2～3억 원에서 3～5억 원으로 확대돼 약 26만 7천여 가맹점이 2% 내외에서 1.3%의 우대 수수료율을 적용받을 수 있게 된다.

하지만 이러한 정부의 시장 개입은 시장을 통해 이뤄지는 효율적인 자원배분을 방해할 수 있다. 일부 카드회사는 현재의 정부 정책을 두고 가전회사가 자신들이 만든 냉장고를 고객들에게 판매할 때 정부가 개입해 아파트 평수에 따라 다른 가격을 매기도록 강제하는 것과 마찬가지라며 정부의 비합리적인 시장 개입을 강조하고 있다.

한편 핀테크, 블록체인 등과 같이 4차 산업혁명 시대를 대비해 신기술에 투자해야 할 카드사의 활동을 저해할 우려도 존재한다. 수수료가 주된 수입원인 카드사의 입장에서는 정부의 개입으로 인해 수입이 감소하고, 이로 인해 신산업에 대한 투자 여력이 감소하게 된다.

이러한 정부의 개입이 무엇보다 문제가 되는 것은 시장에서 자율적으로 결정된 수수료, 즉 시장 가격을 정부가 인위적으로 통제하였다는 점이다. 정부의 인위적인 가격통제는 취지에 반하는 또 다른 부정적인 영향을 발생시킨다는 것이 경제학의 통설이다. 노동자를 보호하기 위한 무리한 최저임금의 인상은 도리어 노동자가 일할 일자리 자체를 감소시키는 것과 같은 맥락이다. 본 제도의 혜택을 입는 누군가에게는 현재의 조치가 정의로운 행동으로 여겨지지만, 경제 전반의 입장에서 효과를 살펴봐야 하는 정부의 입장에서 시장에 개입할 때에는 무엇보다도 종합적이고 세밀한 판단이 요구된다.

10 다음 사례를 통해 은행 및 금융업계에 시사하는 바를 논하시오.

〈사례〉

로마황제 시저는 당대 최고의 웅변가이자 부자인 카토에게 엄청난 돈을 빌리기 시작했고, 나중에는 카토의 모든 재산에 가까운 금액을 빌려간 상황이 되었다.
이로 인해 역설적으로 카토가 시저를 보호하게 된다. 상황이 역전되어 이제 카토가 시저에게 애원하는 관계로 바뀌게 된 것이다. 시저가 빌려간 돈이 점점 커지자 빌려준 돈을 받지 못하면 오히려 카토가 망하게 되는 상황이었기 때문이다.

예시답안 은행은 기본적으로 예대 마진을 통해 수익을 올린다. 따라서 차입자가 상환하지 못할 위험에 빠지면 기본적인 수익구조가 위협받게 된다고 할 수 있다. 결국 적절한 대출 금액을 산정하고, 빌려준 후에도 차입자에 대한 관리가 필요한 것이다. 주어진 사례의 돈을 빌려준 카토가 시저를 보호할 수밖에 없는 상황은 이를 말해준다.

은행 및 금융업계의 차입자는 크게 가계, 기업, 정부 세 가지이며, 각 주체의 현 상황을 진단해 볼 필요가 있다.

가계를 먼저 살펴보면, 집값 상승이 부진하고 금리하락으로 인해 전세 물량이 줄어들고 월세 물량은 늘고 있으며, 가계의 소득은 물가상승률을 고려하면 체감상 별로 오르지 않고 있다. 때문에 가계의 상환능력은 악화되고 있다. 이런 요인들이 맞물려서 가계부채는 현재 1,000조를 넘어서 계속 증가하고 있다. 수출의 비중이 큰 우리나라 기업의 현재 상황도 낙관적이지는 않은 것으로 보인다. 미국의 양적완화 종료는 미국 및 글로벌 경제가 회복세에 접어들었기 때문이지만, 여전히 IS나 크림반도 사태 등 세계 경제에 위협이 될 요인이 존재한다. 게다가 국내 경제도 내수 부진에 빠져있는 상황이기 때문에 현재 국내 기업의 경영환경을 좋다고 평가하기에는 힘든 상황이다.

정부의 경우, 복지가 화두가 되고 잇따른 대규모 사업의 실패로 인해 지자체의 재정 부담이 가중되고 있다. '증세 없는 복지'를 슬로건으로 내세웠지만 무상급식, 무상보육으로 인해 각 지자체의 재정자립도는 악화되고 있다, 또한 평창올림픽이나 송도 신도시 등 지자체의 각종 대규모 사업이 수익성이 없는 것으로 판단되는 것도 지자체의 재정을 악화시키는 요인으로 볼 수 있겠다.

은행 및 금융업계는 이와 같은 현 상황에 대응할 방안을 마련할 필요가 있다. 먼저 가계부채에 대한 대책 마련이 시급해 보인다. 가계는 모든 경제의 근간이며 은행을 비롯한 금융권에도 마찬가지기 때문이다. 예를 들면 안심전환대출 상품은 가계의 부채 부담을 실질적으로 줄여주기 때문에 가계부채 총량을 줄이는 데 도움이 될 것이다. 하지만 제2금융권에서의 대출은 해당이 안 되기 때문에 이에 대한 관리 대책이 나온다면 좀 더 보완된 가계부채 관리가 가능해질 것이다.

기업에 대한 관리는 우선 중도상환수수료를 낮추는 것을 생각해볼 수 있다. 대출금의 규모가 가계와는 다르기 때문에 수수료율을 0.5 ~ 1%p 정도 낮추더라도 금액이 상당히 크다. 이런 혜택을 줄 경우 은행권의 수익 악화가 우려될 수도 있으나, 비이자수익 등의 확대로 상쇄시킬 필요가 있겠다. 또한 일부 제2금융권에서 나타나는 상환여력이 낮은 기업에 대한 무분별한 대출은 철저한 검증 제도를 통해 줄여야 할 것이다.

정부에 관하여는 지자체의 대규모 사업에 참여할 경우에 사업성에 대한 철저한 검토가 이루어져야 할 것이다. 가까운 예로 송도 신도시를 살펴보면 이전하기로 했던 해외 기업이나 병원 등이 들어오지 않아 거의 실패한 사례로 꼽히고 있다. 해외자본 뿐만 아니라 지자체의 재정, 은행의 대출까지 다양한 자금이 들어가는 이런 대규모 사업이 실패할 경우 큰 투자 손실을 입을 수도 있다.

은행 및 금융업계는 투자를 하려는 기업에게 필요 자금을 공급하고, 생계를 꾸리기 위한 가계에는 생활자금을 빌려주는 '중개인' 역할을 하고 있다. 하지만 이에 못지않게 중요한 역할이 '감시자'의 역할이라고 생각된다. 차입자들이 진행하려는 일이 가능성과 함께, 자금이 올바르게 사용되는지도 제대로 파악해야 필요한 곳에 적절한 양을 공급하는 금융권의 역할을 다한 것으로 볼 수 있을 것이다.

PART 6

면접

CHAPTER

01 면접 유형 및 실전 대책

01 면접 주요사항

면접의 사전적 정의는 면접관이 지원자를 직접 만나보고 인품(人品)이나 언행(言行) 따위를 시험하는 일로, 흔히 필기시험 후에 최종적으로 심사하는 방법이다.
최근 주요 기업의 인사담당자들을 대상으로 채용 시 면접이 차지하는 비중을 설문조사했을 때, 50 ~ 80% 이상이라고 답한 사람이 전체 응답자의 80%를 넘었다. 이와 대조적으로 지원자들을 대상으로 취업 시험에서 면접을 준비하는 기간을 물었을 때, 대부분의 응답자가 2 ~ 3일 정도라고 대답했다.
지원자가 일정 수준의 스펙을 갖추기 위해 자격증 시험과 토익을 치르고 이력서와 자기소개서까지 쓰다 보면 면접까지 챙길 여유가 없는 것이 사실이다. 그리고 서류전형과 인적성검사를 통과해야만 면접을 볼 수 있기 때문에 자연스럽게 면접은 취업시험 과정에서 그 비중이 작아질 수밖에 없다. 하지만 아이러니하게도 실제 채용 과정에서 면접이 차지하는 비중은 절대적이라고 해도 과언이 아니다.
기업들은 채용 과정에서 토론 면접, 인성 면접, 프레젠테이션 면접, 역량 면접 등의 다양한 면접을 실시한다. 1차 커트라인이라고 할 수 있는 서류전형을 통과한 지원자들의 스펙이나 능력은 서로 엇비슷하다고 판단되기 때문에 서류상 보이는 자격증이나 토익 성적보다는 지원자의 인성을 파악하기 위해 면접을 더욱 강화하는 것이다. 일부 기업은 의도적으로 압박 면접을 실시하기도 한다. 지원자가 당황할 수 있는 질문을 던져서 그것에 대한 지원자의 반응을 살펴보는 것이다.
면접은 다르게 생각한다면 '나는 누구인가'에 대한 물음에 해답을 줄 수 있는 가장 현실적이고 미래적인 경험이 될 수 있다. 취업난 속에서 자격증을 취득하고 토익 성적을 올리기 위해 앞만 보고 달려온 지원자들은 자신에 대해서 고민하고 탐구할 수 있는 시간을 평소 쉽게 가질 수 없었을 것이다. 자신을 잘 알고 있어야 자신에 대해서 자신감 있게 말할 수 있다. 대체로 사람들은 자신에게 관대한 편이기 때문에 자신에 대해서 어떤 기대와 환상을 가지고 있는 경우가 많다. 하지만 면접은 제삼자에 의해 개인의 능력을 객관적으로 평가받는 시험이다. 어떤 지원자들은 다른 사람에게 자신을 표현하는 것을 어려워한다. 평소에 잘 사용하지 않는 용어를 내뱉으면서 거창하게 자신을 포장하는 지원자도 많다. 면접에서 가장 기본은 자기 자신을 면접관에게 알기 쉽게 표현하는 것이다.
이러한 표현을 바탕으로 자신이 앞으로 하고자 하는 것과 그에 대한 이유를 설명해야 한다. 최근에는 자신감을 향상시키거나 말하는 능력을 높이는 학원도 많기 때문에 얼마든지 자신의 단점을 극복할 수 있다.

1. 자기소개의 기술

자기소개를 시키는 이유는 면접자가 지원자의 자기소개서를 압축해서 듣고, 지원자의 첫인상을 평가할 시간을 가질 수 있기 때문이다. 면접을 위한 워밍업이라고 할 수 있으며, 첫인상을 결정하는 과정이므로 매우 중요한 순간이다.

(1) 정해진 시간에 자기소개를 마쳐야 한다.

쉬워 보이지만 의외로 지원자들이 정해진 시간을 넘기거나 혹은 빨리 끝내서 면접관에게 지적을 받는 경우가 많다. 본인이 면접을 받는 마지막 지원자가 아닌 이상, 정해진 시간을 지키지 않는 것은 수많은 지원자를 상대하기에 바쁜 면접관과 대기 시간에 지친 다른 지원자들에게 불쾌감을 줄 수 있다.
또한 회사에서 시간관념은 절대적인 것이므로 반드시 자기소개 시간을 지켜야 한다. 말하기는 1분에 200자 원고지 2장 분량의 글을 읽는 만큼의 속도가 가장 적당하다. 이를 A4 용지에 10point 글자 크기로 작성하면 반 장 분량이 된다.

(2) 간단하지만 신선한 문구로 자기소개를 시작하자.

요즈음 많은 지원자가 이 방법을 사용하고 있기 때문에 웬만한 소재의 문구가 아니면 면접관의 관심을 받을 수 없다. 이러한 문구는 시대적으로 유행하는 광고 카피를 패러디하는 경우와 격언 등을 인용하는 경우, 그리고 지원한 회사의 IC나 경영이념, 인재상 등을 사용하는 경우 등이 있다. 지원자는 이러한 여러 문구 중에 자신의 첫인상을 북돋아 줄 수 있는 것을 선택해서 말해야 한다. 자신의 이름을 문구 속에 적절하게 넣어서 말한다면 좀 더 효과적인 자기소개가 될 것이다.

(3) 무엇을 먼저 말할 것인지 고민하자.

면접관이 많이 던지는 질문 중 하나가 지원동기이다. 그래서 성장기를 바로 건너뛰고, 지원한 회사에 들어오기 위해 대학에서 어떻게 준비했는지를 설명하는 자기소개가 대세이다.

(4) 면접관의 호기심을 자극해 관심을 불러일으킬 수 있게 말하라.

면접관에게 질문을 많이 받는 지원자의 합격률이 반드시 높은 것은 아니지만, 질문을 전혀 안 받는 것보다는 좋은 평가를 기대할 수 있다. 질문을 받기 위해 면접관의 호기심을 자극할 수 있는 가장 좋은 방법은 대학생활을 이야기하면서 자신의 장기를 잠깐 넣는 것이다.
지원한 분야와 관련된 수상 경력이나 프로젝트 등을 말하는 것도 좋다. 이는 지원자의 업무 능력과 직접 연결되는 것이므로 효과적인 자기 홍보가 될 수 있다. 일부 지원자들은 자신만의 특별한 경험을 이야기하는데, 이때는 그 경험이 보편적으로 사람들의 공감대를 얻을 수 있는 것인지 다시 생각해봐야 한다.

(5) 마지막 고개를 넘기가 가장 힘들다.

첫 단추도 중요하지만, 마지막 단추도 중요하다. 하지만 왠지 격식을 따지는 인사말은 지나가는 인사말 같고, 다르게 하자니 예의에 어긋나는 것 같은 기분이 든다. 이때는 처음에 했던 자신만의 문구를 다시 한 번 말하는 것도 좋은 방법이다. 자연스러운 끝맺음이 될 수 있도록 적절한 연습이 필요하다.

2. 1분 자기소개 시 주의사항

(1) 자기소개서와 자기소개가 똑같다면 감점일까?

아무리 자기소개서를 외워서 말한다 해도 자기소개가 자기소개서와 완전히 똑같을 수는 없다. 자기소개서의 분량이 더 많고 회사마다 요구하는 필수 항목들이 있기 때문에 굳이 고민할 필요는 없다. 오히려 자기소개서의 내용을 잘 정리한 자기소개가 더 좋은 결과를 만들 수 있다. 하지만 자기소개서와 상반된 내용을 말하는 것은 적절하지 않다. 지원자의 신뢰성이 떨어진다는 것은 곧 불합격을 의미하기 때문이다.

(2) 말하는 자세를 바르게 익혀라.

지원자가 자기소개를 하는 동안 면접관은 지원자의 동작 하나하나를 관찰한다. 그렇기 때문에 바른 자세가 중요하다는 것은 우리가 익히 알고 있다. 하지만 문제는 무의식적으로 나오는 습관 때문에 자세가 흐트러져 나쁜 인상을 줄 수 있다는 것이다. 이러한 습관을 고칠 수 있는 가장 좋은 방법은 휴대폰 등으로 자신의 모습을 촬영하는 것이다. 거울을 사용할 경우에는 시선이 자꾸 자기 눈과 마주치기 때문에 집중하기 힘들다. 하지만 촬영된 동영상은 제삼자의 입장에서 자신을 볼 수 있기 때문에 많은 도움이 된다.

(3) 정확한 발음과 억양으로 자신 있게 말하라.

지원자의 모양새가 아무리 뛰어나도, 목소리가 작고 발음이 부정확하면 큰 감점을 받는다. 이러한 모습은 지원자의 좋은 점에까지 악영향을 끼칠 수 있다. 직장을 흔히 사회생활의 시작이라고 말하는 시대적 정서에서 사람들과 의사소통을 하는 데 문제가 있다고 판단되는 지원자는 부적절한 인재로 평가될 수밖에 없다.

3. 대화법

전문가들이 말하는 대화법의 핵심은 '상대방을 배려하면서 이야기하라.'는 것이다. 대화는 나와 다른 사람의 소통이다. 내용에 대한 공감이나 이해가 없다면 대화는 더 진전되지 않는다.

『카네기 인간관계론』이라는 베스트셀러의 작가인 철학자 카네기가 말하는 최상의 대화법은 자신의 경험을 토대로 이야기하는 것이다. 즉, 살아오면서 직접 겪은 경험이 상대방의 관심을 끌 수 있는 가장 좋은 이야깃거리인 것이다. 특히, 어떤 일을 이루기 위해 노력하는 과정에서 겪은 실패나 희망에 대해 진솔하게 얘기한다면 상대방은 어느새 당신의 편에 서서 그 이야기에 동조할 것이다.

독일의 사업가이자, 동기부여 트레이너인 위르겐 힐러의 연설법 중 가장 유명한 것은 '시즐(Sizzle)'을 잡는 것이다. 시즐이란, 새우튀김이나 돈가스가 기름에서 지글지글 튀겨질 때 나는 소리이다. 즉, 자신의 말을 듣고 시즐처럼 반응하는 상대방의 감정에 적절하게 대응하라는 것이다.

말을 시작한 지 10 ~ 15초 안에 상대방의 '시즐'을 알아차려야 한다. 자신의 이야기에 대한 상대방의 첫 반응에 따라 말하기 전략도 달라져야 한다. 첫 이야기의 반응이 미지근하다면 가능한 한 그 이야기를 빨리 마무리하고 새로운 이야깃거리를 생각해내야 한다. 길지 않은 면접 시간 내에 몇 번 오지 않는 대답의 기회를 살리기 위해서 보다 전략적이고 냉철해야 하는 것이다.

4. 차림새

(1) 구두

면접에 어떤 옷을 입어야 할지를 며칠 동안 고민하면서 정작 구두는 면접 보는 날 현관을 나서면서 즉흥적으로 신고 가는 지원자들이 많다. 구두를 보면 그 사람의 됨됨이를 알 수 있다고 한다. 면접관 역시 이러한 것을 놓치지 않기 때문에 지원자는 자신의 구두에 더욱 신경을 써야 한다. 스타일의 마무리는 발끝에서 이루어지는 것이다. 아무리 멋진 옷을 입고 있어도 구두가 어울리지 않는다면 전체 스타일이 흐트러지기 때문이다.

정장용 구두는 디자인이 깔끔하고, 에나멜 가공처리를 하여 광택이 도는 페이턴트 가죽 소재 제품이 무난하다. 검정 계열 구두는 회색과 감색 정장에, 브라운 계열의 구두는 베이지나 갈색 정장에 어울린다. 참고로 구두는 오전에 사는 것보다 발이 충분히 부은 상태인 저녁에 사는 것이 좋다. 마지막으로 당연한 일이지만 반드시 면접을 보는 전날 구두 뒤축이 닳지는 않았는지 확인하고 구두에 광을 내 둔다.

(2) 양말

양말은 정장과 구두의 색상을 비교해서 골라야 한다. 특히 검정이나 감색의 진한 색상의 바지에 흰 양말을 신는 것은 시대에 뒤처지는 일이다. 일반적으로 양말의 색깔은 바지의 색깔과 같아야 한다. 또한 양말의 길이도 신경 써야 한다. 바지를 입을 경우, 의자에 바르게 앉거나 다리를 꼬아서 앉을 때 다리털이 보여서는 안 된다. 반드시 긴 정장 양말을 신어야 한다.

(3) 정장

지원자는 평소에 정장을 입을 기회가 많지 않기 때문에 면접을 볼 때 본인 스스로도 옷을 어색하게 느끼는 경우가 많다. 옷을 불편하게 느끼기 때문에 자세마저 불안정한 지원자도 볼 수 있다. 그러므로 면접 전에 정장을 입고 생활해 보는 것도 나쁘지는 않다.

일반적으로 면접을 볼 때는 상대방에게 신뢰감을 줄 수 있는 남색 계열의 옷이나 어떤 계절이든 무난하고 깔끔해 보이는 회색 계열의 정장을 많이 입는다. 정장은 유행에 따라서 재킷의 디자인이나 버튼의 개수가 바뀌기 때문에 너무 오래된 옷을 입어서 다른 사람의 옷을 빌려 입고 나온 듯한 인상을 주어서는 안 된다.

(4) 헤어스타일과 메이크업

헤어스타일에 자신이 없다면 미용실에 다녀오는 것도 좋은 방법이다. 그리고 자신에게 어울리는 메이크업을 하는 것도 괜찮다. 지나치게 화려한 메이크업이 아니라면 보다 준비된 지원자처럼 보일 수 있다.

5. 첫인상

취업을 위해 성형수술을 받는 사람들에 대한 이야기는 더 이상 뉴스거리가 되지 않는다. 그만큼 많은 사람이 좁은 취업문을 뚫기 위해 이미지 향상에 신경을 쓰고 있다. 이는 면접관에게 좋은 첫인상을 주기 위한 것으로, 지원서에 올리는 증명사진을 이미지 프로그램을 통해 수정하는 이른바 '사이버 성형'이 유행하는 것과 같은 맥락이다. 실제로 외모가 채용 과정에서 영향을 끼치는가에 대한 설문조사에서도 60% 이상의 인사담당자들이 그렇다고 답변했다.

하지만 외모와 첫인상을 절대적인 관계로 이해하는 것은 잘못된 판단이다. 외모가 첫인상에서 많은 부분을 차지하지만, 외모 외에 다른 결점이 발견된다면 그로 인해 장점들이 가려질 수도 있다. 이러한 현상은 아래에서 다시 논하겠다.

첫인상은 말 그대로 한 번밖에 기회가 주어지지 않으며 몇 초 안에 결정된다. 첫인상을 결정짓는 요소 중 시각적인 요소가 80% 이상을 차지한다. 첫눈에 들어오는 생김새나 복장, 표정 등에 의해서 결정되는 것이다. 면접을 시작할 때 자기소개를 시키는 것도 지원자별로 첫인상을 평가하기 위해서이다. 첫인상이 중요한 이유는 만약 첫인상이 부정적으로 인지될 경우, 지원자의 다른 좋은 면까지 거부당하기 때문이다. 이러한 현상을 심리학에서는 초두효과(Primacy Effect)라고 한다.

그래서 한 번 형성된 첫인상은 여간해서 바꾸기 힘들다. 이는 첫인상이 나중에 들어오는 정보까지 영향을 주기 때문이다. 첫인상의 정보가 나중에 들어오는 정보 처리의 지침이 되는 것을 심리학에서는 맥락효과(Context Effect)라고 한다. 따라서 평소에 첫인상을 좋게 만들기 위한 노력을 꾸준히 해야만 하는 것이다.

좋은 첫인상이 반드시 외모에만 집중되는 것은 아니다. 오히려 깔끔한 옷차림과 부드러운 표정 그리고 말과 행동 등에 의해 전반적인 이미지가 만들어진다. 누구나 이러한 것 중에 한두 가지 단점을 가지고 있다. 요즈음은 이미지 컨설팅을 통해서 자신의 단점들을 보완하는 지원자도 있다. 특히, 표정이 밝지 않은 지원자는 평소 웃는 연습을 의식적으로 하여 면접을 받는 동안 계속해서 여유 있는 표정을 짓는 것이 중요하다. 성공한 사람들은 인상이 좋다는 것을 명심하자.

02 면접의 유형 및 실전 대책

1. 면접의 유형

과거 천편일률적인 일대일 면접과 달리 면접에는 다양한 유형이 도입되어 현재는 "면접은 이렇게 보는 것이다."라고 말할 수 있는 정해진 유형이 없어졌다. 그러나 어느 정도 유형을 파악하여 사전에 대비가 가능하다. 면접의 기본인 단독 면접부터, 다대일 면접, 집단 면접의 유형과 그 대책에 대해 알아보자.

(1) 단독 면접

단독 면접이란 응시자와 면접관이 1대1로 마주하는 형식을 말한다. 면접위원 한 사람과 응시자 한 사람이 마주 앉아 자유로운 화제를 가지고 질의응답을 되풀이하는 방식이다. 이 방식은 면접의 가장 기본적인 방법으로 소요시간은 10 ~ 20분 정도가 일반적이다.

① 장점

필기시험 등으로 판단할 수 없는 성품이나 능력을 알아내는 데 가장 적합하다고 평가받아 온 면접방식으로 응시자 한 사람 한 사람에 대해 여러 면에서 비교적 폭넓게 파악할 수 있다. 응시자의 입장에서는 한 사람의 면접관만을 대하는 것이므로 상대방에게 집중할 수 있으며, 긴장감도 다른 면접방식에 비해서는 적은 편이다.

② 단점

면접관의 주관이 강하게 작용해 객관성을 저해할 소지가 있으며, 면접 평가표를 활용한다 하더라도 일면적인 평가에 그칠 가능성을 배제할 수 없다. 또한 시간이 많이 소요되는 것도 단점이다.

단독 면접 준비 Point

단독 면접에 대비하기 위해서는 평소 1대1로 논리 정연하게 대화를 나눌 수 있는 능력을 기르는 것이 중요하다. 그리고 면접장에서는 면접관을 선배나 선생님 혹은 아버지를 대하는 기분으로 면접에 임하는 것이 부담도 훨씬 적고 실력을 발휘할 수 있는 방법이 될 것이다.

(2) 다대일 면접

다대일 면접은 일반적으로 가장 많이 사용되는 면접방법으로 보통 2 ~ 5명의 면접관이 1명의 응시자에게 질문하는 형태의 면접방법이다. 면접관이 여러 명이므로 다각도에서 질문을 하여 응시자에 대한 정보를 많이 알아낼 수 있다는 점 때문에 선호하는 면접방법이다.

하지만 응시자의 입장에서는 질문도 면접관에 따라 각양각색이고 동료 응시자가 없으므로 숨 돌릴 틈도 없게 느껴진다. 또한 관찰하는 눈도 많아서 조그만 실수라도 지나치는 법이 없기 때문에 정신적 압박과 긴장감이 높은 면접방법이다. 따라서 응시자는 긴장을 풀고 한 시험관이 묻더라도 면접관 전원을 향해 대답한다는 기분으로 또박또박 대답하는 자세가 필요하다.

① 장점

면접관이 집중적인 질문과 다양한 관찰을 통해 응시자가 과연 조직에 필요한 인물인가를 완벽히 검증할 수 있다.

PART 6

② 단점

면접시간이 보통 10 ~ 30분 정도로 좀 긴 편이고 응시자에게 지나친 긴장감을 조성하는 면접방법이다.

다대일 면접 준비 Point

질문을 들을 때 시선은 면접위원을 향하고 다른 데로 돌리지 말아야 하며, 대답할 때에도 고개를 숙이거나 입속에서 우물거리는 소극적인 태도는 피하도록 한다. 면접위원과 대등하다는 마음가짐으로 편안한 태도를 유지하면 대답도 자연스러운 상태에서 좀 더 충실히 할 수 있고, 이에 따라 면접위원이 받는 인상도 달라진다.

(3) 집단 면접

집단 면접은 다수의 면접관이 여러 명의 응시자를 한꺼번에 평가하는 방식으로 짧은 시간에 능률적으로 면접을 진행할 수 있다. 각 응시자에 대한 질문내용, 질문횟수, 시간배분이 똑같지는 않으며, 모두에게 같은 질문이 주어지기도 하고, 각각 다른 질문을 받기도 한다.

또한 어떤 응시자가 한 대답에 대한 의견을 묻는 등 그때그때의 분위기나 면접관의 의향에 따라 변수가 많다. 집단 면접은 응시자의 입장에서는 개별 면접에 비해 긴장감은 다소 덜한 반면에 다른 응시자들과의 비교가 확실하게 나타나므로 응시자는 몸가짐이나 표현력·논리성 등이 결여되지 않도록 자신의 생각이나 의견을 솔직하게 발표하여 집단 속에 묻히거나 밀려나지 않도록 주의해야 한다.

① 장점

집단 면접의 장점은 면접관이 응시자 한 사람에 대한 관찰시간이 상대적으로 길고, 비교 평가가 가능하기 때문에 결과적으로 평가의 객관성과 신뢰성을 높일 수 있다는 점이며, 응시자는 동료들과 함께 면접을 받기 때문에 긴장감이 다소 덜하다는 것을 들 수 있다. 또한 동료가 답변하는 것을 들으며, 자신의 답변 방식이나 자세를 조정할 수 있다는 것도 큰 이점이다.

② 단점

응답하는 순서에 따라 응시자마다 유리하고 불리한 점이 있고, 면접위원의 입장에서는 각각의 개인적인 문제를 깊게 다루기가 곤란하다는 것이 단점이다.

집단 면접 준비 Point

너무 자기 과시를 하지 않는 것이 좋다. 대답은 자신이 말하고 싶은 내용을 간단명료하게 말해야 한다. 내용이 없는 발언을 한다거나 대답을 질질 끄는 태도는 좋지 않다. 또 말하는 중에 내용이 주제에서 벗어나거나 자기중심적으로만 말하는 것도 피해야 한다. 집단 면접에 대비하기 위해서는 평소에 설득력을 지닌 자신의 논리력을 계발하는 데 힘써야 하며, 다른 사람 앞에서 자신의 의견을 조리 있게 개진할 수 있는 발표력을 갖추는 데에도 많은 노력을 기울여야 한다.

- 실력에는 큰 차이가 없다는 것을 기억하라.
- 동료 응시자들과 서로 협조하라.
- 답변하지 않을 때의 자세가 중요하다.
- 개성 표현은 좋지만 튀는 것은 위험하다.

(4) 집단 토론식 면접

집단 토론식 면접은 집단 면접과 형태는 유사하지만 질의응답이 아니라 응시자들끼리의 토론이 중심이 되는 면접방법으로 최근 들어 급증세를 보이고 있다. 이는 공통의 주제에 대해 다양한 견해들이 개진되고 결론을 도출하는 과정, 즉 토론을 통해 응시자의 다양한 면에 대한 평가가 가능하다는 집단 토론식 면접의 장점이 널리 확산된 데 따른 것으로 보인다. 사실 집단 토론식 면접을 활용하면 주제와 관련된 지식 정도와 이해력, 판단력, 설득력, 협동성은 물론 리더십, 조직 적응력, 적극성과 대인관계 능력 등을 쉽게 파악할 수 있다.

토론식 면접에서는 자신의 의견을 명확히 제시하면서도 상대방의 의견을 경청하는 토론의 기본자세가 필수적이며, 지나친 경쟁심이나 자기 과시욕은 접어두는 것이 좋다. 또한 집단 토론의 목적이 결론을 도출해 나가는 과정에 있다는 것을 감안하여 무리하게 자신의 주장을 관철시키기보다 오히려 토론의 질을 높이는 데 기여하는 것이 좋은 인상을 줄 수 있다는 점을 알아야 한다. 취업 희망자들은 토론식 면접이 급속도로 확산되는 추세임을 감안해 특히 철저한 준비를 해야 한다. 평소에 신문의 사설이나 매스컴 등의 토론 프로그램을 주의 깊게 보면서 논리 전개방식을 비롯한 토론 과정을 익히도록 하고, 친구들과 함께 간단한 주제를 놓고 토론을 진행해 볼 필요가 있다. 또한 사회·시사문제에 대해 자기 나름대로의 관점을 정립해두는 것도 꼭 필요하다.

(5) PT 면접

PT 면접, 즉 프레젠테이션 면접은 최근 들어 집단 토론 면접과 더불어 그 활용도가 점차 커지고 있다. PT 면접은 기업마다 특성이 다르고 인재상이 다른 만큼 인성 면접만으로는 알 수 없는 지원자의 문제해결 능력, 전문성, 창의성, 기본 실무능력, 논리성 등을 관찰하는 데 중점을 두는 면접으로, 지원자 간의 변별력이 높아 대부분의 기업에서 적용하고 있으며, 확산되는 추세이다.

면접 시간은 기업별로 차이가 있지만, 전문지식, 시사성 관련 주제를 제시한 다음, 보통 20 ~ 50분 정도 준비하여 5분가량 발표할 시간을 준다. 면접관과 지원자의 단순한 질의응답식이 아닌, 주제에 대해 일정 시간 동안 지원자의 발언과 발표하는 모습 등을 관찰하게 된다. 정확한 답이나 지식보다는 논리적 사고와 의사표현력이 더 중시되기 때문에 자신의 생각을 어떻게 설명하느냐가 매우 중요하다.

PT 면접에서 같은 주제라도 직무별로 평가요소가 달리 나타난다. 예를 들어, 영업직은 설득력과 의사소통 능력에 중점을 둘 수 있겠고, 관리직은 신뢰성과 창의성 등을 더 중요하게 평가한다.

PT 면접 준비 Point

- 면접관의 관심과 주의를 집중시키고, 발표 태도에 유의한다.
- 모의 면접이나 거울 면접을 통해 미리 점검한다.
- PT 내용은 세 가지 정도로 정리해서 말한다.
- PT 내용에는 자신의 생각이 담겨 있어야 한다.
- 중간에 자문자답 방식을 활용한다.
- 평소 지원하는 업계의 동향이나 직무에 대한 전문지식을 쌓아둔다.
- 부적절한 용어 사용이나 무리한 주장 등은 하지 않는다.

(6) 합숙 면접

합숙 면접은 대체로 1박 2일이나 2박 3일 동안 해당 기업의 연수원이나 수련원 등에서 이루어지는 면접으로, 평가 항목으로는 PT 면접, 토론 면접, 인성 면접 등을 기본으로 새벽등산, 레크리에이션, 게임 등 다양한 형태로 진행된다. 경쟁자들과 함께 생활하고 협동해야 하는 만큼 스트레스도 많이 받는 경우가 허다하다.

모든 지원자를 하루 동안 평가하게 되므로 지원자 1명을 평가하는 데 걸리는 시간은 짧게는 5분에서 길게는 1시간 이상 정도인데, 이 시간으로는 지원자를 제대로 평가하기에는 한계가 있다. 합숙 면접은 24시간 이상을 지원자와 면접관이 함께 생활하면서 다양한 프로그램을 통해 지원자의 역량을 폭넓게 평가할 수 있기 때문에 기업에서는 합숙 면접을 선호한다. 대체로 은행, 증권 등 금융권에서 합숙 면접을 통해 지원자의 의도되고 꾸며진 모습 외에 창의력, 의사소통 능력, 협동심, 책임감, 리더십 등 다양한 모습을 평가하였지만, 최근에는 기업에서도 많이 실시되고 있다.

합숙 면접에서 좋은 점수를 얻기 위해서는 무엇보다 팀워크를 중시하는 모습을 보여야 한다. 합숙 면접은 일반 면접과는 달리 개인보다는 그룹별로 과제가 주어지고 해결해야 하므로 조원 또는 동료와 얼마나 잘 어울리느냐가 중요한 평가기준이 된다. 장시간에 걸쳐 평가하기 때문에 힘든 부분도 있지만, 지원자들이 지쳐 있거나 당황하고 있는 사이에도 면접관들은 지원자들의 조직 적응력, 적극성, 사회성, 친화력 등을 꼼꼼하게 체크하기 때문에 잠시도 긴장을 늦춰서는 안 된다.

2. 면접의 실전 대책

(1) 면접 대비사항

① 지원 회사에 대한 사전지식을 충분히 준비한다.

필기시험에서 합격 또는 서류전형에서의 합격통지가 온 후 면접시험 날짜가 정해지는 것이 보통이다. 이때 수험자는 면접시험을 대비해 사전에 자기가 지원한 계열사 또는 부서에 대해 폭넓은 지식을 준비할 필요가 있다.

지원 회사에 대해 알아두어야 할 사항

- 회사의 연혁
- 회장 또는 사장의 이름, 출신학교, 관심사
- 회장 또는 사장이 요구하는 신입사원의 인재상
- 회사의 사훈, 사시, 경영이념, 창업정신
- 회사의 대표적 상품, 특색
- 업종별 계열회사의 수
- 해외지사의 수와 그 위치
- 신 개발품에 대한 기획 여부
- 자기가 생각하는 회사의 장단점
- 회사의 잠재적 능력개발에 대한 제언

② 충분한 수면을 취한다.

충분한 수면으로 안정감을 유지하고 첫 출발의 상쾌한 마음가짐을 갖는다.

③ 얼굴을 생기 있게 한다.

첫인상은 면접에 있어서 가장 결정적인 당락요인이다. 면접관에게 좋은 인상을 줄 수 있도록 화장하는 것도 필요하다. 면접관들이 가장 좋아하는 인상은 얼굴에 생기가 있고 눈동자가 살아 있는 사람, 즉 기가 살아 있는 사람이다.

④ 아침에 인터넷 뉴스를 읽고 간다.

그날의 뉴스가 질문 대상에 오를 수가 있다. 특히 경제면, 정치면, 문화면 등을 유의해서 볼 필요가 있다.

출발 전 확인할 사항

이력서, 자기소개서, 지갑, 신분증(주민등록증), 손수건, 휴지, 볼펜, 메모지 등을 준비하자.

(2) 면접 시 옷차림

면접에서 옷차림은 간결하고 단정한 느낌을 주는 것이 가장 중요하다. 색상과 디자인 면에서 지나치게 화려한 색상이나, 노출이 심한 디자인은 자칫 면접관의 눈살을 찌푸리게 할 수 있다. 단정한 차림을 유지하면서 자신만의 독특한 멋을 연출하는 것, 지원하는 회사의 분위기를 파악했다는 센스를 보여주는 것 또한 코디네이션의 포인트이다.

복장 점검

- 구두는 잘 닦여 있는가?
- 옷은 깨끗이 다려져 있는가?
- 손톱은 길지 않고 깨끗한가?
- 머리는 흐트러짐 없이 단정한가?

(3) 면접요령

① 첫인상을 중요시한다.

상대에게 인상을 좋게 주지 않으면 어떠한 얘기를 해도 이쪽의 기분이 충분히 전달되지 않을 수 있다. 예를 들어, '저 친구는 표정이 없고 무엇을 생각하고 있는지 전혀 알 길이 없다.'처럼 생각되면 최악의 상태이다. 우선 청결한 복장, 바른 자세로 침착하게 들어가야 한다. 건강하고 신선한 이미지를 주어야 하기 때문이다.

② 좋은 표정을 짓는다.

얘기를 할 때의 표정은 중요한 사항의 하나다. 거울 앞에서 웃는 연습을 해본다. 웃는 얼굴은 상대를 편안하게 하고, 특히 면접 등 긴박한 분위기에서는 천금의 값이 있다 할 것이다. 그렇다고 하여 항상 웃고만 있어서는 안 된다. 자기의 할 얘기를 진정으로 전하고 싶을 때는 진지한 얼굴로 상대의 눈을 바라보며 얘기한다. 면접을 볼 때 눈을 감고 있으면 마이너스 이미지를 주게 된다.

③ 결론부터 이야기한다.

자기의 의사나 생각을 상대에게 정확하게 전달하기 위해서 먼저 무엇을 말하고자 하는가를 명확히 결정해 두어야 한다. 대답을 할 경우에는 결론을 먼저 이야기하고 나서 그에 따른 설명과 이유를 덧붙이면 논지(論旨)가 명확해지고 이야기가 깔끔하게 정리된다.

한 가지 사실을 이야기하거나 설명하는 데는 3분이면 충분하다. 복잡한 이야기라도 어느 정도의 길이로 요약해서 이야기하면 상대도 이해하기 쉽고 자기도 정리할 수 있다. 긴 이야기는 오히려 상대를 불쾌하게 할 수가 있다.

④ 질문의 요지를 파악한다.

면접 때의 이야기는 간결성만으로는 부족하다. 상대의 질문이나 이야기에 대해 적절하고 필요한 대답을 하지 않으면 대화는 끊어지고 자기의 생각도 제대로 표현하지 못하여 면접자로 하여금 수험생의 인품이나 사고방식 등을 명확히 파악할 수 없게 한다. 무엇을 묻고 있는지, 무슨 이야기를 하고 있는지 그 요점을 정확히 알아내야 한다.

면접에서 고득점을 받을 수 있는 성공요령(10가지)

1. 자기 자신을 겸허하게 판단하라.
2. 지원한 회사에 대해 100% 이해하라.
3. 실전과 같은 연습으로 감각을 익히라.
4. 단답형 답변보다는 구체적으로 이야기를 풀어나가라.
5. 거짓말을 하지 말라.
6. 면접하는 동안 대화의 흐름을 유지하라.
7. 친밀감과 신뢰를 구축하라.
8. 상대방의 말을 성실하게 들으라.
9. 근로조건에 대한 이야기를 풀어나갈 준비를 하라.
10. 끝까지 긴장을 풀지 말라.

CHAPTER 02

신협중앙회 실제 면접

01 1차 면접

1. 인성면접

자기소개서를 기반으로 한 다대다 인성 및 역량 면접이다. 3명의 실무진 면접관이 평가하며, 지원자 5명이 한 조가 되어 면접을 치르게 된다.

[기출 질문]

- 신협중앙회의 비전과 미션이 무엇인지 말해 보시오.
- 금융업계의 트렌드와 이에 대한 본인의 생각을 말해 보시오.
- 최근 관심 있게 본 경제 뉴스와 그 이유를 말해 보시오.
- 최근 변경된 금융 관련 법률 중 주목한 것이 있다면 무엇인지 말해 보시오.
- 신협중앙회의 상품 중 하나를 골라 설명하고 개선 아이디어를 제시해 보시오.
- 신협중앙회의 고객 서비스 철학이 무엇인지 말해 보시오.
- 신협중앙회의 조직 문화에 대해서 아는 대로 말해 보시오.
- 키워드로 자기소개를 해보시오.
- 30초 동안 자기소개를 해보시오.
- 경매 절차에서 배당금을 받는 순위대로 말해 보시오.
- 등기부를 볼 때, 중점적으로 보는 것은 무엇인지 말해 보시오.
- 신협중앙회에 지원하게 된 동기를 말해 보시오.
- 이직 사유를 말해 보시오.
- 대학생활 중 가장 기억나는 것을 말해 보시오.
- 인턴 경험이나 은행 관련 경력이 있는지 말해 보시오.
- 본인의 가치관에 대해서 말해 보시오.
- 자신의 강점에 대해서 말해 보시오.
- 자신의 좌우명을 말해 보시오.
- LTV와 DIT에 대해서 말해 보시오.
- ESG 경영과 사회적 기업의 차이를 말해 보시오.
- 신협중앙회의 직원이 필요한 역량은 무엇이 있을지 말해 보시오.
- 신협에 대해서 아는 대로 말해 보시오.
- 신협의 지상목표가 무엇인지 말해 보시오.
- 신협의 위기 극복 방안이 무엇인지 말해 보시오.
- 신협과 시중은행의 차이점이 무엇인지 말해 보시오.
- 100억이 생기면 어떻게 할 것인지 말해 보시오.
- 본인의 스마트폰에서 가장 독특한 애플리케이션은 무엇인지 말해 보시오.

- 신협이 나아가야 할 방향에 대해서 말해 보시오.
- 신협 상품 중 마음에 드는 상품은 무엇인지 말해 보시오.
- 신협 지점에 가본 적이 있는지 말해 보시오.
- 신협의 강점에 대해서 말해 보시오.
- 전공과 직무 연관성을 말해 보시오.
- 자신의 취미와 특기를 말해 보시오.

2. 영어면접

[기출 질문]
- 자기소개를 해보시오.
- 무인도에 한 가지만 가지고 갈 수 있다면 어떤 것을 가지고 가고 싶은지 말해 보시오.

3. PT면접

한 가지 주제를 선택하여 15분 동안 준비하고 5분 동안 발표하며 5분 정도 질의응답 시간을 갖는다. 사회 주제뿐만 아니라 경제, 금융 등 다양한 분야의 주제가 주어진다.

[기출 주제]
- 출자금 비과세 한도가 1,000만 원에서 2,000만 원으로 상향된 것에 따른 영향과 대응 방안을 조합 / 조합원 / 중앙회 입장에서 말해 보시오.
- 신협에 대한 부정적인 또는 긍정적인 고정관념에 대해 말해 보시오.
- 386세대와 Z세대의 갈등극복 방안에 대해 말해 보시오.
- 4차 산업혁명이 금융업에 미치는 영향에 대해 말해 보시오.
- 직장생활 중 어떤 갈등상황이 있었는지 말해 보시오.
- 사회공헌활동에 대해 말해 보시오.
- 젊은 조합원 유치 방안에 대해 말해 보시오.

02 2차 면접

1. 임원면접

3명이 한 조가 되어 자기소개서를 기반으로 다대다 면접을 치르며, 인성 및 역량 면접으로 지원자는 자기소개서를 기반으로 한 질의응답과 직무 관련 질문을 받게 된다.

[기출 질문]

- 신협중앙회에 대한 정보를 수집한 경로를 말해 보시오.
- 사회적 협동조합에 대한 의견을 말해 보시오.
- 협동조합과 신협의 차이에 대해서 말해 보시오.
- 농협과 수협 그리고 신협의 차이에 대해서 말해 보시오.
- 신협의 강점과 약점을 말해 보시오.
- 자신의 장점으로 신협에서 할 수 있는 일은 무엇이 있는지 말해 보시오.
- 타금융기관과 차별화되는 신협의 강점과 이러한 점에 자신이 기여할 수 있는 부분은 무엇이 있는지 말해 보시오.
- 세계 신협의 조합국 수, 세계 각국 신협의 총자산은 얼마나 되는지 말해 보시오.
- 남들과는 차별화되는 자신만의 장점을 말해 보시오.
- 밀레니얼세대를 고객으로 유인할 방법에 대해서 말해 보시오.

M E M O

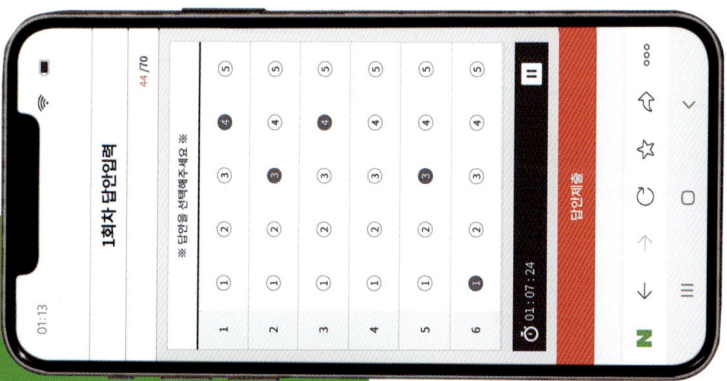

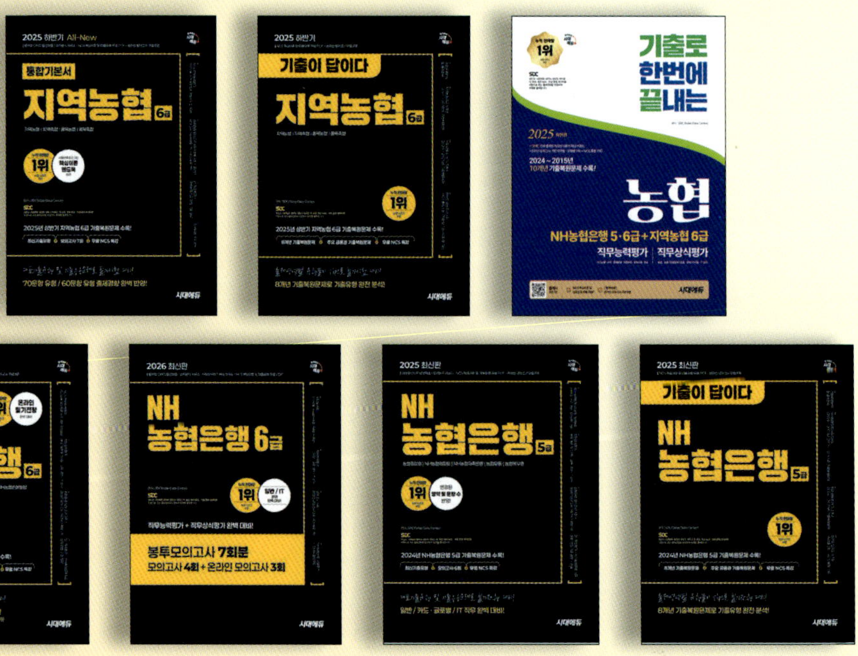
통합기본서
지역농협 6급
기출이 답이다
지역농협 6급
기출로 한번에 끝내는
농협
NH농협은행 5·6급+지역농협 6급
통합기본서
NH 농협은행 6급
NH 농협은행 6급
봉투모의고사 7회분
NH 농협은행 5급
기출이 답이다
NH 농협은행 5급

2026 최신판

| 모바일 OMR 답안채점 / 성적분석 서비스 · NCS 핵심이론 및 대표유형 무료 PDF · 온라인 모의고사 무료쿠폰

통합기본서

신협 중앙회

정답 및 해설

편저 | SDC(Sidae Data Center)

SDC

SDC는 시대에듀 데이터 센터의 약자로 약 30만 개의 NCS · 적성 문제 데이터를 바탕으로 최신 출제경향을 반영하여 문제를 출제합니다.

직무능력시험 + 직무상식시험 + 모의고사 4회 + 논술 + 무료 NCS 특강

대표기출유형 및 기출응용문제로 필기전형 대비!

2025년 필기전형 최신 출제경향 완벽 반영!

시대에듀

PART 1

직무능력시험

CHAPTER

01 의사소통능력

대표기출유형 01 기출응용문제

01

정답 ③

③의 '데'는 '일'이나 '것'의 뜻을 나타내는 의존명사이다.

02

정답 ②

오답분석

① 냉냉하다 → 냉랭하다
③ 요컨데 → 요컨대
④ 바램 → 바람

03

정답 ③

• 고객에게 불편을 초레한 경우… : 초레 → 초래
• 즉시 계선·시정하고… : 계선 → 개선
• 이를 성실이 준수할 것을… : 성실이 → 성실히

대표기출유형 02 기출응용문제

01

정답 ④

'당랑거철(螳螂拒轍)'은 제 역량을 생각하지 않고 강한 상대나 되지 않을 일에 덤벼드는 무모한 행동거지를 비유하는 말로, 댐 건설 사업 공모에 무리하게 참여한 ○○건설회사를 표현하기에 적절하다.

오답분석

① 각골난망(刻骨難忘) : 은혜를 입은 고마움이 뼈에 깊이 새겨져 잊히지 않는다는 것
② 난공불락(難攻不落) : 공격하기에 어려울 뿐 아니라 결코 함락되지 않음
③ 빈천지교(貧賤之交) : 가난하고 어려울 때 사귄 사이 또는 벗

02

정답 ④

多文化[많을 다(多), 글월 문(文), 될 화(化)] 다문화란 한 사회 안에 여러 민족이나 여러 국가의 문화가 혼재하는 것을 이르는 말이다.

03

정답 ③

제시된 문장은 겉만 그럴듯하고 실속이 없는 경우를 뜻하는 '빛 좋은 개살구'와 관련이 있다.

오답분석

① 보기 좋은 떡이 먹기도 좋다. : 겉모양새를 잘 꾸미는 것도 필요함을 이르는 말
② 볶은 콩에 싹이 날까? : 아주 가망이 없음을 비유적으로 이르는 말
④ 뚝배기보다 장맛이 좋다. : 겉모양은 보잘것없으나 내용은 훨씬 훌륭함을 이르는 말

대표기출유형 03 기출응용문제

01

정답 ③

첫 번째 문단에서 '4차 산업혁명 시대의 유망업종은 인공지능(AI)과 관련된 분야'라고 하며 대표적 사례를 들어 설명하고 있다. 따라서 발표 주제로 '4차 혁명 시대의 유망 업종'이 가장 적절하다.

02

정답 ②

제시문에서는 종합지급결제사업자 제도가 등장한 배경과 해당 제도를 통해 얻을 수 있는 이익과 우려되는 상황에 대해 다루고 있다. 따라서 주제로 가장 적절한 것은 ②이다.

오답분석

① 제시문에서는 은행의 과점체제 해소를 위한 여러 방안 중 금융당국 판단에서 가장 큰 효과가 기대되는 종합지급결제사업자 제도에 대해서만 언급하고 있으므로 지나치게 포괄적인 주제이다.
③ 제시문은 비은행 업계가 은행의 권리를 침해한다기보다는 은행의 과점체제인 현 상황을 개선하기 위해 은행 업무 중 일부를 비은행 기관이 같이 하게 된 배경과 그로 인해 발생하는 장점과 단점을 다루고 있다. 따라서 제시문의 주제로 적절하지 않다.
④ 제시문은 종합지급결제사업자 제도의 도입으로 인한 은행과 비은행의 경쟁과 그로 인해 발생할 수 있는 장점과 단점을 다루고 있으며, 이는 소비자의 실익에만 국한되어 있지 않기 때문에 주제로 적절하지 않다.

03

정답 ①

제시문은 일반적인 의미와 다른 나라의 사례를 통해 대체의학의 정의를 설명하고, 크게 세 가지 유형으로 대체의학의 종류를 설명하고 있다. 따라서 '대체의학의 의미와 종류'가 제목으로 가장 적절하다.

오답분석

② 제시문에서 대체의학이 지니는 문제점은 언급하지 않았다.
③ 제시문에서 대체의학에 따른 부작용 사례는 언급하지 않았다.
④ 제시문에서는 대체의학이 무엇인지 설명하고 있을 뿐 개선방향에 대해 언급하지 않았다.

04

정답 ②

제시문은 세습 무당 집안 출신의 남자들이 조선 후기의 사회적 분위기에 힘입어 돈을 벌기 위해 소리판을 벌이기 시작하였고, 자신의 명성과 소득을 위해 대중이 좋아할 만한 소리를 발굴하고 개발하였다는 내용을 핵심으로 하고 있다. 따라서 핵심 내용으로 ②가 가장 적절하다.

05

정답 ④

제시문은 물리학의 근본 법칙들이 사실을 정확하게 기술하기 위해 조건을 추가할 경우 오히려 일반적인 상황이 아닌 특수한 상황만을 설명하게 되는 문제점을 서술하고 있다. 따라서 ④가 논지로 가장 적절하다.

대표기출유형 04 기출응용문제

01

정답 ④

세 번째 문단에 따르면 타인으로부터 특정 블록이 완성되어 전파된 경우, 채굴 중이었던 특정 블록을 포기하고 타인의 블록을 채택한 후 다음 순서의 블록을 채굴하는 것이 가장 합리적이다.

오답분석

① 선거를 하듯 노드 투표를 통해 과반수의 지지를 받은 블록체인이 살아남아 승자가 되는 방식으로 블록체인 네트워크 참여자들은 장부의 일치성을 유지시켜 나간다.

② 특정 숫자 값을 산출하는 행위를 채굴이라 하고 이 숫자 값을 가장 먼저 찾아내서 전파한 노드 참가자에게 비트코인과 같은 보상이 주어진다.

③ 네트워크에 분산해 장부에 기록하고 참가자가 그 장부를 공동관리하는 분산원장 방식이 중앙집중형 거래 기록보관 방식보다 보안성이 높다.

02

정답 ①

업사이클링은 재활용이 가능한 제품을 디자인과 활용성을 더해 새로운 제품으로 만들어 사용하는 것을 말한다. 이는 기존 재활용 방식과는 달리 큰 범위에 적용할 수 있으며, 최근 인더스트리얼 인테리어 방식이 유행하는 만큼, 사람들의 인식이 좋아져 인기를 끌고 있는 방식이다. 따라서 제시문의 내용으로 ①이 적절하지 않다.

03

정답 ④

ㄴ. 몸무게 80kg인 사람에게 4조 개의 감마선 입자가 흡수된 것이 1rem이므로, 몸무게 50kg인 사람에게 1rem은 2.5조 개의 감마선 입자가 흡수된 것이라는 것을 알 수 있다. ㄴ에서는 500조 개의 감마선 입자가 흡수되었다고 하였으므로 결국 이 사람은 200rem의 피해를 입은 것이다. 따라서 머리카락이 빠지기 시작하고 구역질을 할 것이다.

ㄷ. 가벼운 손상은 몸이 스스로 짧은 시간 내 회복할 뿐만 아니라, 정상적인 신체 기능에 영향을 미치지 않는다. 이를 '문턱효과'라고 하였으므로 옳은 내용이다.

ㄹ. 몸무게 80kg인 사람에게 4조 개의 감마선 입자가 흡수된 것이 1rem이므로 400조 개 이상의 감마선을 흡수한 체르노빌 사고 현장의 소방대원은 100rem 이상의 피해를 입었다고 할 수 있다.

오답분석

ㄱ. 방사선에 300rem 정도의 피해를 입었다면 수혈이나 집중적인 치료를 받지 않는 한 방사선 피폭에 의한 사망 확률이 50%에 달한다고 하였으므로 옳지 않은 내용이다. 또한 1rem은 몸무게 1g당 감마선 입자 5천만 개가 흡수된 것을 의미하므로 몸무게에 따라 1rem에서 흡수된 감마선 입자의 양은 다르다.

04

정답 ④

약관의 제7항을 살펴보면 '변경 기준일로부터 1개월간'이라고 제시되어 있으므로 약관의 내용을 바르게 이해하지 못한 사람은 D주임이다.

05

정답 ④

새로운 여신심사 가이드라인으로 인해 대출심사가 까다로워진다는 것은 신문기사에서 확인할 수 있다. 그러나 '은행권에서는 무작정 대출받기가 어려워지는 것은 아니다.'라고 설명하면서, '실수요자들이 대출받기 어려워지는 부작용은 발생하지 않을 것'이라는 부분을 참고했을 때 Q대리는 기사 내용을 바르게 이해했다고 볼 수 없다.

대표기출유형 05 기출응용문제

01

정답 ④

제시문은 임베디드 금융에 대한 정의와 장점 및 단점 그리고 이에 대한 개선 방안을 설명하는 글이다. 따라서 (라) 임베디드 금융의 정의 – (나) 임베디드 금융의 장점 – (다) 임베디드 금융의 단점 – (가) 단점에 대한 개선 방안 순으로 나열하는 것이 적절하다.

02

정답 ④

먼저 '빅뱅 이전에는 아무것도 없었다.'는 '영겁의 시간 동안 우주는 단지 진공이었을 것이다.'를 의미한다는 (라) 문단이 오는 것이 적절하며, 다음으로 '이런 식으로 사고하려면', 즉 우주가 단지 진공이었다면 왜 우주가 탄생하게 되었는지를 설명할 수 없다는 (다) 문단이 오는 것이 적절하다. 그 뒤를 이어 우주 탄생 원인을 설명할 수 없는 이유를 이야기하는 (나) 문단이 와야 하고 이와 달리 아예 다른 방식으로 해석하는 (가) 문단이 오는 것이 자연스럽다. 따라서 (라) – (다) – (나) – (가) 순으로 나열하는 것이 적절하다.

03

정답 ②

첫 단락은 최근 행동주의펀드가 기업의 주가에 영향을 미치고 있다는 내용이므로 행동주의펀드가 어떻게 기업에 그 영향을 미치는지에 대해 서술하는 (나) 문단이 바로 다음에 와야 하고, 다음에는 이에 대한 대표적인 사례를 서술하는 (가) 문단이 이어지는 것이 적절하다. (다) 문단의 내용을 살펴보면 일부 은행에서는 A자산운용의 제안을 수락했고, 특정 은행에서는 이를 거부했다는 내용을 언급하고 있으므로 해당 제안에 대한 구체적인 내용을 다루고 있는 (라) 문단이 먼저 오는 것이 더 자연스럽다. 따라서 (나) – (가) – (라) – (다) 순으로 나열하는 것이 적절하다.

04

정답 ③

첫 단락에서는 경기적 실업에 대한 고전학파의 입장을 설명하고 있으며, (나)의 '이들'은 바로 이 고전학파를 지시하고 있다. 따라서 제시된 글 바로 다음에 (나)가 와야 함을 알 수 있다. 다음으로 (가)의 '이렇게 실질임금이 상승하게 되면'을 통해 실질임금 상승에 대해 언급하는 (나) 뒤에 (가)가 와야 함을 알 수 있다. 마지막으로 정부의 역할에 반대하는 고전학파의 주장을 강조하는 (다)는 결론에 해당하므로, (나) – (가) – (다) 순으로 나열하는 것이 적절하다.

05

정답 ②

첫 단락에서는 휘슬블로어를 소개하며, 휘슬블로어가 집단의 부정부패를 고발하는 것이 쉽지 않다는 점을 언급하고 있으므로, 뒤이어 내부고발이 어려운 이유를 설명하는 문단이 와야 한다. 따라서 (다) 내부고발이 어려운 이유와 휘슬블로어가 겪는 여러 사례 – (나) 휘슬블로어의 실태와 법적인 보호의 필요성 제기 – (라) 휘슬블로어를 보호하기 위한 법의 실태 설명 – (가) 법 밖에서도 보호받지 못하는 휘슬블로어 순으로 나열하는 것이 가장 적절하다.

대표기출유형 06 기출응용문제

01

정답 ④

(라)의 앞에서는 정보와 지식이 커뮤니케이션 속에서 살아 움직이며 진화함을 말하고 있다. 따라서 정보의 순환 속에서 새로운 정보로 거듭나는 역동성에 대한 설명의 사례로 보기의 내용이 이어질 수 있다. 한 나라의 관광 안내 책자 속 정보가 섬세하고 정확한 것은 소비자들에 의해 오류가 수정되고 개정되는 것이 정보와 지식의 커뮤니케이션 속에서 새로운 정보로 거듭나는 것을 잘 나타내고 있기 때문이다.

02

정답 ③

보기의 내용은 미첼이 찾아낸 '탈출 속도'의 계산법과 공식에 대한 것이다. 따라서 탈출 속도에 대한 언급이 제시문의 어디서 시작되는지 살펴봐야 한다. 제시문의 경우 (가) 영국의 자연 철학자 존 미첼이 제시한 이론에 대한 소개, (나) 해당 이론에 대한 가정과 '탈출 속도'의 소개, (다) '임계 둘레'에 대한 소개와 사고 실험, (라) 앞선 임계 둘레 사고 실험의 결과와 사고 실험을 통한 미첼의 추측 순으로 쓰여 있다. 따라서 보기의 내용은 '탈출 속도'가 언급된 (나)의 다음이자 '탈출 속도'를 바탕으로 임계 둘레를 추론해낸 (다)의 앞에 위치하는 것이 가장 적절하다.

03

정답 ①

- 첫 번째 빈칸 : 공간 정보가 정보 통신 기술의 발전으로 시간에 따른 변화를 반영할 수 있게 되었다는 빈칸 뒤의 내용을 통해 빈칸에는 시간에 따른 공간의 변화를 포함한 공간 정보를 이용할 수 있게 되면서 '최적의 경로 탐색'이 가능해졌다는 내용의 ㉠이 적절함을 알 수 있다.
- 두 번째 빈칸 : ㉡은 빈칸 앞 문장의 '탑승할 버스 정류장의 위치, 다양한 버스 노선, 최단 시간 등을 분석하여 제공하는' 지리정보 시스템이 '더 나아가' 제공하는 정보에 대해 이야기한다. 따라서 빈칸에는 ㉡이 적절하다.
- 세 번째 빈칸 : 빈칸 뒤의 내용에서는 공간 정보가 활용되고 있는 다양한 분야와 앞으로 활용될 수 있는 분야를 이야기하고 있으므로 빈칸에는 공간 정보의 활용 범위가 계속 확대되고 있다는 ㉢이 적절함을 알 수 있다.

04

정답 ④

㉠ : ㉠에서 '민간화'와 '경영화'의 두 가지 방법으로써 지역 주민의 요구를 수용하려는 이유는 첫 번째 문단의 내용처럼 전문적인 행정 담당자 중심의 정책 결정으로 인해 정책이 지역 주민의 의사와 무관하거나 배치되는 문제를 개선하기 위한 것이다. 또한 (나)의 바로 뒤에 있는 문장의 '이 둘'은 '민간화'와 '경영화'를 가리킨다. 따라서 ㉠의 위치는 (나)가 가장 적절하다.

㉡ : 마지막 문단 첫 문장의 '이러한 한계'는 ㉡에서 말하는 '행정 담당자들이 기존의 관행에 따라 업무를 처리하는 경향'을 가리키므로 ㉡은 마지막 문단의 바로 앞에 있어야 하며, 마지막 문단에서는 앞선 문단에서 지적한 문제의 개선 방안을 제시하고 있다. 따라서 ㉡의 위치는 (라)가 가장 적절하다.

05

정답 ④

㉠ : ㉠은 반본질주의자가 본질주의자를 비판하는 주장으로서, 두 번째 문단 마지막 문장의 '반(反)본질주의는 그런 본질이란 없으며, …… 본질의 역할을 충분히 달성할 수 있다.'는 내용을 요약한 것이다. 따라서 ㉠의 위치는 (나)가 가장 적절하다.

㉡ : ㉡에서 말하는 '비판'은 마지막 문단에서 지적한 '아직까지 본질적인 것을 명확히 찾는 데 성공하지 못했다.'는 본질주의가 받는 비판을 뜻한다. 이는 앞의 내용이 뒤의 내용의 원인이 될 때 쓰는 접속 부사 '그래서'를 통해 알 수 있다. 따라서 ㉡의 위치는 (라)가 가장 적절하다.

대표기출유형 07 기출응용문제

01

정답 ④

저탄소 사회로의 전환이 요구되고, 저탄소 기술기반의 에너지 신사업과 신재생에너지의 확산이 추진되는 4차 산업혁명기에 탄소가스 발생으로 인한 미세먼지 등의 공해 문제를 유발하는 화력발전은 ○○기업의 차세대 전략과제로 적절하지 않다.

02

정답 ①

첫 번째 문단에서 얼음이 물이 될 때까지 지속적으로 녹아내릴 것이라는 상식이 사실과 다르다는 것을 제시하였다. 따라서 빈칸에는 이와 반대되는 내용이 들어가야 하므로 ①이 가장 적절하다.

오답분석

② 실험 결과에서 −38℃와 −16℃에서 하나의 분자 층이 준 액체로 변한 것을 알 수 있지만, 그다음 녹는 온도는 언급하지 않았다.
③ −16℃ 이상의 온도에 대한 결과는 나와 있지 않다.

03

정답 ①

빈칸 뒤의 문장은 최근 선진국에서는 스마트팩토리로 인해 해외로 나간 자국 기업들이 다시 본국으로 돌아오는 현상인 '리쇼어링'이 가속화되고 있다는 내용이다. 즉, 스마트팩토리의 발전이 공장의 위치를 해외에서 본국으로 변화시키고 있으므로 빈칸에 들어갈 내용으로 가장 적절한 것은 ①이다.

04

정답 ①

증거를 표현할 때 포함될 수밖에 없는 발룽엔의 의미는 본질적으로 불명료하기 때문에 그 의미를 정확하고 엄밀하게 규정할 수 없다. 한편, 증거와 가설의 논리적 관계를 판단하기 위해서는 증거의 의미 파악이 선행되어야 한다. 그러나 이미 발룽엔이 포함된 증거는 그 의미를 명확하게 규정하기 어렵다. 따라서 증거의 의미가 정확하게 파악되지 않는다면, 과학적 가설과 증거의 논리적 관계 역시 정확하게 판단할 수 없으므로 빈칸에는 ①이 가장 적절하다.

오답분석

② 과학적 이론이나 가설을 검사하는 과정에는 물리학적 언어 외에 감각적 경험을 표현하는 일상적 언어도 사용될 수밖에 없다.
③ 과학적 이론이나 가설을 검사하는 과정에 사용되는 일상적 언어에는 발룽엔이 포함되므로 발룽엔은 증거를 표현할 때 포함될 수밖에 없다.
④ 과학적 가설을 표현하는 데에는 물리학적 언어가 사용되며, 발룽엔은 과학적 가설을 검사하는 과정에서 개입된다.

05

정답 ③

㉠ : 서로 다르다고 인식하는 소리는 음소이며, 서로 다르다는 것을 인식하지 못하는 소리는 이음 또는 변이음이다. [x]와 [y] 가운데 하나만 음소일 경우 우리는 음소만 인식할 수 있으며, 변이음은 인식하지 못한다. 따라서 [x]를 들어도 [y]로 인식한다면, 인식할 수 있는 [y]는 음소이며, 인식하지 못하는 [x]가 [y]의 변이음이 된다. 반대로 [y]를 들어도 [x]로 인식한다면, [x]가 음소, [y]가 [x]의 변이음이 된다.

㉡ : 인간이 낼 수 있는 소리의 목록은 언어가 다르더라도 동일하지만, 변별적으로 인식하는 소리인 음소의 목록은 다르다. 따라서 모국어의 음소 목록에 포함되어 있지 않은 소리를 듣는다면, 그 소리를 들어도 변별적으로 인식할 수 없으므로 모국어에 존재하는 음소 중의 하나로 인식하게 될 것이다. 한편 모국어에 존재하는 유사한 음소들의 중간음은 모국어의 음소 목록에 포함되지 않으므로 인식할 수 없다.

대표기출유형 08 기출응용문제

01

정답 ②

제시문의 핵심 주장은 첫 번째 문단에서 '제로섬(Zero-sum)적인 요소를 지니는 경제 문제'와 두 번째 문단에서 '우리 자신의 수입을 보호하기 위해 경제적 변화가 일어나는 것을 막거나 혹은 사회가 우리에게 손해를 입히는 공공정책이 강제로 시행되는 것을 막기 위해 싸울 것'에 대한 것이다. 따라서 제시문은 사회경제적인 총합이 많아지는 정책, 즉 '사회의 총생산량이 많아지게 하는 정책이 좋은 정책'이라는 주장에 대한 비판이라고 할 수 있다.

02

정답 ④

제시문은 창조 도시가 가져올 경제적인 효과를 언급하며 창조 도시의 동력을 무엇으로 볼 것이냐에 따라 창조 산업과 창조 계층에 대한 입장을 설명하고 있다. 따라서 창조 도시가 무조건적으로 경제적인 효과를 가져오지 않을 것이라는 논지의 반박을 제시할 수 있다.

오답분석

①·③ 창조 산업을 동력으로 삼는 입장이다.
② 창조 도시에 대한 설명이다.

03

정답 ④

제시문의 핵심 내용은 4차 산업혁명의 신기술로 인해 금융의 종말이 올 것임을 예상하는 것이다. 따라서 앞으로도 기술 발전은 금융업의 본질을 바꾸지 못할 것임을 나타내는 ④가 제시문에 대한 비판으로 가장 적절하다.

04

정답 ②

제시문의 '나'는 세상의 사물이나 현상을 선입견에 사로잡히지 말고 본질을 제대로 파악하여 이해해야 한다고 말하고 있다. 따라서 보기의 ㄱ·ㄷ·ㄹ은 '나'의 비판을 받을 수 있다.

05

정답 ③

제시문은 인간에게 어떠한 이익을 주는가에 초점을 맞춰 생물 다양성의 가치를 논하고 있다. 즉, 인간 자신의 이익을 위해 생물 다양성을 보존해야 한다는 것이다. 따라서 인간 중심적인 시각을 비판한 ③이 가장 적절하다.

오답분석

① 마지막 문단에서 문제 해결을 촉구하며 그 실천 방안이 제시되었다.
② 생물 다양성의 경제적 가치뿐만 아니라 생태적 봉사 기능, 학술적 가치 등을 설명하며 동등하게 언급하였다.
④ 자연을 우선시하고 있지는 않지만, 마지막 문단에서 인간 중심에 따른 생태계 파괴의 문제를 지적하고 보존 대책을 제시하는 등 인간과 자연이 공존할 수 있는 길을 모색하고 있다.

01

정답 ④

석유류가격과 농산물가격은 모두 상승하지만 그 속도에 차이가 있는 것이므로 적절하지 않은 설명이다.

오답분석

① 네 번째 문단을 통해 소비자물가 상승률의 오름세가 확대될 것임을 알 수 있다.
② 마지막 문단을 통해 미·중 무역분쟁으로 인해 주가가 변동하는 것을 알 수 있다.
③ 두 번째 문단을 통해 앞으로 보호무역주의가 확산될 것이라고 예측할 수 있다.

02

정답 ④

일반적으로 다의어의 중심 의미는 주변 의미보다 사용 빈도가 높다. 다만, '사회생활에서의 관계나 인연'의 의미와 '길이로 죽 벌이거나 늘여 있는 것'의 의미는 모두 '줄'의 주변 의미에 해당하므로 이 둘의 사용 빈도는 서로 비교하기 어렵다.

오답분석

① 문법적 제약이나 의미의 추상성·관련성 등은 제시문에서 설명하는 다의어의 특징이므로 이를 통해 동음이의어와 다의어를 구분할 수 있음을 추론할 수 있다.
② '손'이 '노동력'의 의미로 쓰일 때는 '부족하다', '남다' 등의 용언과만 함께 쓰일 수 있으므로 '넣다'와는 사용될 수 없다.
③ 다의어의 문법적 제약은 주변 의미로 사용될 때 나타나며, 중심 의미로 사용된다면 '물을 먹이다.', '물이 먹히다.'와 같이 사용될 수 있다.

03

정답 ③

두 번째 문단에서 '절차적 지식을 갖기 위해 … 정보를 마음에 떠올릴 필요는 없다.'고 하였다.

오답분석

① 마지막 문단에서 '표상적 지식은 절차적 지식과 달리 특정한 일을 수행하는 능력과 직접 연결되어 있지 않다.'고 하였으나, 특정 능력의 습득에 전혀 도움을 줄 수 있는지 아닌지는 제시문의 내용을 통해서는 알 수 없다.
② 마지막 문단에 따르면 '이 사과는 둥글다.'라는 지식은 둥근 사과의 이미지일 수도, '이 사과는 둥글다.'는 명제일 수도 있다.
④ 인식론에서 나눈 지식의 유형에는 능력의 소유를 의미하는 절차적 지식과 정보의 소유를 의미하는 표상적 지식이 모두 포함된다.

04

정답 ③

제시된 선택지는 운석 충돌 이후의 영향에 대한 각종 가설이다. 그중에서도 제시문에서 다루고 있는 내용은 충돌 이후 발생한 먼지가 태양광선을 가림으로써 지구 기온이 급락(急落)하였다는 것을 전제로 하고 있다. 그 근거는 세 번째 문단의 '급속한 기온의 변화'와 네 번째 문단의 '길고 긴 겨울'에서 찾을 수 있다. 따라서 ㉠의 구체적 내용을 추론한 것으로 가장 적절한 것은 ③이다.

05

정답 ①

제시문에서는 천재가 선천적인 재능뿐만 아니라 후천적인 노력에 의해서 만들어지는 존재라고 주장하고 있다. 따라서 제시문의 논지를 강화하기 위한 내용으로 ①은 적절하지 않다.

오답분석

②·③·④ 제시문에서 언급된 절충적 천재(선천적 재능과 후천적 노력이 결합한 천재)에 대한 내용이다.

CHAPTER

02 수리능력

대표기출유형 01 기출응용문제

01

정답 ④

산책로의 길이를 xm라 하면, 40분 동안의 민주와 세희의 이동거리는 다음과 같다.

• 민주의 이동거리=40×40=1,600m

• 세희의 이동거리=45×40=1,800m

40분 후에 두 번째로 마주친 것이므로 다음과 같은 방정식이 성립한다.

$1,600+1,800=2x$

→ $2x=3,400$

$\therefore x=1,700$

따라서 산책로의 길이는 1,700m이다.

02

정답 ③

• 출발지로부터 20분 동안 30m/min로 간 거리 : 20×30=600m

• 도착지까지 남은 거리 : 2,000−600=1,400m

• 1시간 중 남은 시간 : 60−20=40분

따라서 20분 후에는 1,400÷40=35m/min의 속력으로 가야 한다.

03

정답 ④

5곳의 배송지에 배달할 때, 첫 배송지와 마지막 배송지 사이에는 4번의 이동이 있다. 총 80분(=1시간 20분)이 걸렸으므로 1번 이동 시에 평균적으로 20분이 걸린다. 따라서 12곳에 배달을 하려면 11번의 이동을 해야 하므로 20×11=220분=3시간 40분이 걸린다.

대표기출유형 02 기출응용문제

01

정답 ③

제시된 정보에 따라 미지수를 설정하고, 이를 표로 정리하면 다음과 같다.

구분	소금물 1		소금물 2		섞은 후
농도	25%	+	10%	=	$\frac{55}{y}\times100$
소금의 양	50g		$x\times0.1$g		55g
소금물의 양	200g		xg		yg

섞기 전과 섞은 후의 소금의 양과 소금물의 양으로 다음과 같이 식을 세울 수 있다.

$50+x\times0.1=55$

$200+x=y$

$\therefore$ $x=50$, $y=250$

따라서 섞은 후의 소금물의 농도는 $\frac{55}{y}\times100=\frac{55}{250}\times100=22\%$이다.

02

정답 ④

- 농도 11%인 설탕물의 양 : $(100-x)+x+y=300$ → $y=200$
- 덜어낸 설탕물의 양 : $\frac{20}{100}(100-x)+x+\frac{11}{100}\times200=\frac{26}{100}\times300$ → $2{,}000-20x+100x+2{,}200=7{,}800$

$\therefore$ $x=45$

따라서 $x+y=245$이다.

03

정답 ④

농도 11%의 오렌지 주스의 양을 xg이라 하면 다음과 같은 식이 성립한다.

$\frac{5}{100}\times(400-x)+\frac{11}{100}\times x=\frac{8}{100}\times400$

→ $2{,}000-5x+11x=3{,}200$

$\therefore$ $x=200$

따라서 농도 11%의 오렌지 주스의 양은 200g이다.

대표기출유형 03 기출응용문제

01

정답 ①

전체 일의 양을 1이라고 할 때 A, B, C직원이 각각 1분 동안 혼자 할 수 있는 일의 양을 각각 a, b, c라고 하면, 다음과 같은 식이 성립한다.

$a=\frac{1}{120}$

$a+b=\frac{1}{80} \rightarrow b=\frac{1}{80}-\frac{1}{120}=\frac{1}{240}$

$b+c=\frac{1}{60} \rightarrow c=\frac{1}{60}-\frac{1}{240}=\frac{1}{80}$

$a+b+c=\frac{1}{120}+\frac{1}{240}+\frac{1}{80}=\frac{2+1+3}{240}=\frac{1}{40}$

따라서 A, B, C직원이 함께 건조기 1대의 모터를 교체하는 데 걸리는 시간은 40분이다.

02

정답 ②

500개 상자를 접는 일의 양을 1이라고 하면 2,500개의 상자를 접는 일은 5배이므로 5가 되고, 갑이 하루에 할 수 있는 일의 양은 $\frac{1}{5}$, 을은 $\frac{1}{13}$이다. 2,500개 상자를 접는 데 갑와 을이 같이 일한 기간을 x일이라고 하고 식을 세우면 다음과 같다.

$\left(\frac{1}{5}+\frac{1}{13}\right)x+\frac{1}{5}\times(20-x)=5$

$\rightarrow 18x+13(20-x)=5\times5\times13$

$\rightarrow 18x+260-13x=25\times13$

$\rightarrow 5x=65$

$\therefore x=13$

따라서 갑과 을이 같이 일한 기간은 13일이다.

03

정답 ②

갑과 을이 1시간 동안 만들 수 있는 곰인형의 수는 각각 $\frac{100}{4}=25$개, $\frac{25}{10}=2.5$개이다.

갑과 을이 함께 곰인형 132개를 만드는 데 걸리는 시간을 x시간이라고 하면 다음 식이 성립한다.

$(25+2.5)\times0.8\times x=132$

$\rightarrow 27.5x=165$

$\therefore x=6$

따라서 갑과 을이 함께 곰인형 132개를 만드는 데 걸리는 시간은 6시간이다.

대표기출유형 04 기출응용문제

01

정답 ①

물건의 원가를 x원이라고 하면, 도매업자의 판매가는 $1.2x$원이고, 소매업자의 판매가는 $1.2x\times2=2.4x$원이다.

물건을 500개 구매했을 때의 배송비는 $3,000\times5=15,000$원이므로 500개 상품의 구매비에서 배송비를 제한 금액은 $447,000-15,000=432,000$원이다. 물건의 원가를 구하는 식은 다음과 같다.

$500 \times 2.4x = 432,000$
→ $2.4x = 864$
∴ $x = 360$
따라서 물건의 원가는 360원이다.

02

정답 ④

작년 교통비를 x원, 숙박비를 y원이라고 하면 다음 식이 성립한다.
$1.15x + 1.24y = 1.2(x+y)$ ⋯ ㉠
$x + y = 36$ ⋯ ㉡
㉠과 ㉡을 연립하면 다음과 같다.
∴ $x=16$, $y=20$
따라서 올해 숙박비는 $20 \times 1.24 = 24.8$만 원이다.

03

정답 ③

A가 첫 번째로 낸 금액을 a원, B가 첫 번째로 낸 금액을 b원이라고 하면 다음 식이 성립한다.
$(a+0.5a)+(b+1.5b)=32,000$ → $1.5a+2.5b=32,000$ ⋯ ㉠
$(a+0.5a)+5,000=(b+1.5b)$ → $1.5a=2.5b-5,000$ ⋯ ㉡
㉠과 ㉡을 연립하면 다음과 같다.
∴ $a=9,000$, $b=7,400$
따라서 A가 첫 번째로 낸 금액은 9,000원이다.

대표기출유형 05 기출응용문제

01

정답 ③

2주 동안 듣는 강연은 총 5회이다.
금요일 강연이 없는 주의 월요일에 첫 강연을 들었다면 5주 차 월요일 강연을 듣기 전까지 10회의 강연을 듣게 된다.
5주 차 월요일, 수요일 강연을 듣고 6주 차 월요일의 강연이 13번째 강연이 된다.
6주 차 월요일이 신입행원들이 13번째 강연을 듣는 날이므로 8월 1일 월요일을 기준으로 35일 후가 된다.
따라서 8월은 31일까지 있으므로 $1+35-31=5$일, 즉 9월 5일이 신입행원들이 13번째 강연을 듣는 날이 된다.

02

정답 ②

x일 후 정산을 했다면 다음과 같은 식이 성립한다.
$1,000x = 2 \times 800 \times (x-3)$
→ $1,000x = 1,600x - 4,800$
∴ $x=8$
따라서 정산은 8일 후에 한 것이다.

03

정답 ③

휴일이 5일, 7일 간격이기 때문에 각각 6번째 날과 8번째 날이 휴일이 된다.
두 회사 휴일의 최소공배수는 24이므로 두 회사는 24일마다 함께 휴일을 맞는다.
4번째로 함께 하는 휴일은 $24\times4=96$일 후이므로 $96\div7=13\cdots5$이다.
따라서 일요일부터 5일이 지난 금요일이 4번째로 함께하는 휴일이다.

대표기출유형 06 기출응용문제

01

정답 ②

A반과 B반 모두 2번의 경기를 거쳐 결승에 만나는 경우는 다음과 같다.

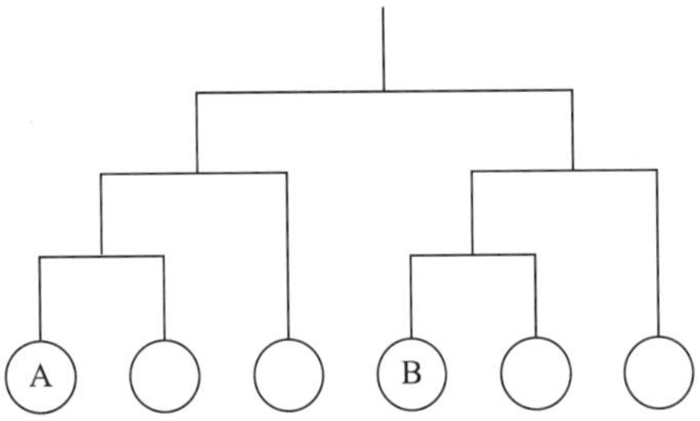

따라서 남은 4개의 반을 배치할 때마다 모두 다른 경기가 진행되므로 구하고자 하는 경우의 수는 $4!=24$가지이다.

02

정답 ②

2명씩 짝을 지어 한 그룹으로 보고 원탁에 앉는 방법을 구하기 위해서 원순열 공식 $(n-1)!$을 이용한다.
2명씩 3그룹이므로 $(3-1)!=2\times1=2$가지이다. 또한 그룹 내에서 2명이 자리를 바꿔 앉을 수 있는 경우는 2가지씩이다.
따라서 6명이 원탁에 앉을 수 있는 방법은 $2\times2\times2\times2=16$가지이다.

03

정답 ③

먼저 채용이 취소된 2명이 누구인지에 대한 구분이 없으므로 그 경우의 수는 ${}_{10}C_2$이다.
다음으로 남은 8명의 합격자 중 2명을 회계부서에 배치했으므로 그 경우의 수는 ${}_{8}C_2$이고, 배치하고 남은 6명 중 3명씩을 각각 인사부서와 홍보부서로 배치하였으므로 그 경우의 수는 ${}_{6}C_3\times{}_{3}C_3$이다.
그러므로 총 가능한 경우의 수를 구하는 식은 다음과 같다.

$${}_{10}C_2\times{}_{8}C_2\times{}_{6}C_3\times{}_{3}C_3=\frac{10\times9}{2\times1}\times\frac{8\times7}{2\times1}\times\frac{6\times5\times4}{3\times2\times1}\times1=45\times28\times20\times1=25,200$$

따라서 구하고자 하는 총 경우의 수는 25,200가지이다.

01

정답 ③

과장은 서로 다른 지역으로 출장을 가야 하므로 과장이 서로 다른 지역으로 출장을 가는 경우의 수는 $_4P_2=12$이다.
또한 각 지역은 대리급 이상이 포함되어야 한다.

- 과장과 대리 1명이 같은 지역으로 출장을 가는 경우의 수
  대리 3명 중 1명이 과장과 같은 지역으로 출장을 가고 남은 대리 둘은 남은 두 지역으로 출장을 간다.
  $_3C_1\times{}_2C_1\times2!=12$가지
- 과장과 대리가 서로 다른 지역으로 출장을 가는 경우의 수
  대리 2명, 대리 1명으로 나누어 남은 두 지역으로 출장을 간다.
  $_3C_2\times2!=6$가지

각 경우의 남은 세 자리에 대하여 남은 사원 3명이 출장을 가는 경우의 수는 3!가지이다.

따라서 구하고자 하는 확률은 $\frac{12\times12\times3!}{12\times12\times3!+12\times6\times3!}=\frac{12}{12+6}=\frac{2}{3}$이다.

02

정답 ③

제품 4개 중 2개를 불량품으로 고르는 경우의 수는 $_4C_2=6$가지이고, 불량품이 들어 있을 확률은 $\frac{1}{10}$이다.

따라서 임의로 4개의 제품을 택할 때, 2개의 제품이 불량품일 확률은 $_4C_2\times\left(\frac{1}{10}\right)^2\times\left(\frac{9}{10}\right)^2=\frac{486}{10,000}=0.0486$이다.

03

정답 ③

A과목과 B과목을 선택한 학생의 비율이 각각 전체의 40%, 60%이고, A과목을 선택한 학생 중 여학생은 30%, B과목을 선택한 학생 중 여학생은 40%이므로 비율은 다음과 같다.

- A과목을 선택한 여학생의 비율 : $0.4\times0.3=0.12$
- B과목을 선택한 여학생의 비율 : $0.6\times0.4=0.24$

따라서 구하고자 하는 확률은 $\frac{0.24}{0.12+0.24}=\frac{2}{3}$이다.

대표기출유형 08 기출응용문제

01

정답 ②

대만의 매매기준율은 40원/TWD이고 환전수수료는 9%이므로 1TWD를 원화로 환전할 때 받을 수 있는 원화는 $40\times0.91=36.4$원이다.

따라서 600,000TWD=$600,000\times36.4$원=21,840,000원이다.

02

정답 ①

호주의 매매기준율은 880원/AUD이고 환전수수료는 2%이므로 1AUD를 원화로 환전할 때 받을 수 있는 원화는 $880\times0.98=862.4$원이다. 그러므로 3,500AUD=$3,500\times862.4$원=3,018,400원이다.

미국의 매매기준율은 1,300원/USD이고 환전수수료는 1.75%이므로, 1USD로 환전하는 데 필요한 원화는 $1,300\times1.0175=1,322.75$원이다.

따라서 3,018,400원을 USD로 환전하면 $\frac{3,018,400}{1,322.75}$USD≒2,281.91USD이다.

03

정답 ②

파운드화를 유로화로 환전할 때 이중환전을 해야 하므로 파운드화에서 원화, 원화에서 유로화로 두 번 환전해야 한다.

- 파운드화를 원화로 환전 : 1,400파운드$\times$1,500원/파운드=2,100,000원
- 원화를 유로화로 환전 : 2,100,000원$\div$1,200원/유로=1,750유로

따라서 K씨가 환전한 유로화는 1,750유로이다.

대표기출유형 09 기출응용문제

01

정답 ③

- (중도상환 원금)=(대출원금)−[원금상환액(월)]×(대출경과월수)$=12,000,000-\left(\frac{12,000,000}{60}\times12\right)=9,600,000$원
- (중도상환 수수료)$=9,600,000\times0.038\times\frac{36-12}{36}=243,200$원

02

정답 ③

목표 수익률은 원금의 10%인 2,000만 원$\times$0.1=200만 원이다.

현재 2,000만 원$\times$0.04=80만 원의 수익을 얻었고, 앞으로 6개월 동안 120만 원의 수익을 더 내야 한다.

따라서 현재부터 앞으로 6개월 동안 누적 수익률은 2,000만 원 중 120만 원이므로 6%가 되어야 한다.

03

정답 ④

매년 초에 물가상승률(r)이 적용된 연금을 n년 동안 받게 되는 총금액(S)은 다음과 같다(x는 처음 받는 연금액).

$$S=\frac{x(1+r)\{(1+r)^n-1\}}{r}$$

올해 초에 500만 원을 받고 매년 연 10% 물가상승률이 적용되어 10년 동안 받는 총금액은 다음과 같다.

$$S=\frac{500\times(1+0.1)\times\{(1+0.1)^{10}-1\}}{0.1}=\frac{500\times1.1\times(2.5-1)}{0.1}=8,250\text{만 원}$$

일시불로 받을 연금을 y만 원이라고 하면 다음과 같다.

$$y(1.1)^{10}=8,250$$

$$\therefore\ y=\frac{8,250}{2.5}=3,300$$

따라서 A고객이 올해 초에 일시불로 받을 연금은 3,300만 원이다.

04

정답 ②

중도해지 시 받을 수 있는 중도해지 이율은 36개월 미만으로 $2.5\%\times0.6=1.5\%$이다.

따라서 중도해지 환급금은 $15,000,000\times\left(1+0.015\times\frac{30}{12}\right)=15,562,500$원이다.

대표기출유형 10 기출응용문제

01

정답 ④

연령별 경제활동 참가율을 구하면 다음과 같다.

- 15 ~ 19세 : $\frac{265}{2,944}\times100≒9.0\%$
- 20 ~ 29세 : $\frac{4,066}{6,435}\times100≒63.2\%$
- 30 ~ 39세 : $\frac{5,831}{7,519}\times100≒77.6\%$
- 40 ~ 49세 : $\frac{6,749}{8,351}\times100≒80.8\%$
- 50 ~ 59세 : $\frac{6,238}{8,220}\times100≒75.9\%$
- 60세 이상 : $\frac{3,885}{10,093}\times100≒38.5\%$

경제활동 참가율이 가장 높은 연령대는 40 ~ 49세이고, 가장 낮은 연령대는 15 ~ 19세이다.
따라서 두 연령대의 차이는 $80.8-9.0=71.8\%$p이다.

02

정답 ④

4개 종목 모두 2020년부터 2024년까지 전년 대비 경기 수 추이가 '증가 – 감소 – 증가 – 감소 – 증가'를 반복하고 있다. 따라서 빈칸에 가장 알맞은 수는 420보다 큰 425이다.

03

정답 ③

2025년 1분기 전체 민원 건수 중 해결 건수는 $102\times0.96 \fallingdotseq 98$건이다.

2025년 2분기 금융 해결 건수는 직전 분기의 $\frac{5}{7}$이므로 $98\times\frac{5}{7}=70$건임에 따라 (가)는 $\frac{70}{72}\times100 \fallingdotseq 97$이다.

2025년 2분기 서비스 해결 건수가 97건이고, 해결률이 금융 해결률과 같으므로 전체 민원 건수 (나)는 $\frac{97}{0.97}=100$이다.

그러므로 2025년 1분기 총건수 해결률 (다)는 $\frac{\text{(해결된 민원 건수의 합)}}{\text{(전체 민원 건수의 합)}}\times100=\frac{98+20}{102+20}\times100 \fallingdotseq 97$이다.

따라서 (가)+(나)+(다)=97+100+97=294이다.

04

정답 ②

미술과 수학을 신청한 학생의 비율 차이는 16−14=2%p이고, 신청한 전체 학생은 200명이다.
따라서 수학을 선택한 학생 수는 미술을 선택한 학생 수보다 $200\times0.02=4$명 더 적다.

05

정답 ④

각 연령대를 기준으로 남성과 여성의 인구비율을 계산하면 다음과 같다.

구분	남성	여성
0 ~ 14세	$\frac{323}{627}\times100 \fallingdotseq 51.5\%$	$\frac{304}{627}\times100 \fallingdotseq 48.5\%$
15 ~ 29세	$\frac{453}{905}\times100 \fallingdotseq 50.1\%$	$\frac{452}{905}\times100 \fallingdotseq 49.9\%$
30 ~ 44세	$\frac{565}{1,110}\times100 \fallingdotseq 50.9\%$	$\frac{545}{1,110}\times100 \fallingdotseq 49.1\%$
45 ~ 59세	$\frac{630}{1,257}\times100 \fallingdotseq 50.1\%$	$\frac{627}{1,257}\times100 \fallingdotseq 49.9\%$
60 ~ 74세	$\frac{345}{720}\times100 \fallingdotseq 47.9\%$	$\frac{375}{720}\times100 \fallingdotseq 52.1\%$
75세 이상	$\frac{113}{309}\times100 \fallingdotseq 36.6\%$	$\frac{196}{309}\times100 \fallingdotseq 63.4\%$

따라서 남성 인구가 40% 이하인 연령대는 75세 이상(36.6%)이며, 여성 인구가 50% 초과 60% 이하인 연령대는 60 ~ 74세(52.1%)이므로 정답은 ④이다.

01

정답 ①

시설자금 대출 금액이 운전자금 대출 금액을 앞서기 시작한 때는 2022년 3분기이다.

오답분석

② 2022년 1분기부터 2024년 4분기까지 시설자금 대출 금액은 증가 추세이다.
③ 2022년 1분기 대비 2024년 4분기의 대출 금액 증가액은 시설자금 대출 금액이 더 크고, 초깃값인 2022년 1분기 대출 금액은 시설자금 대출 금액이 더 작다. 따라서 2022년 1분기 대비 2024년 4분기 대출 금액 증가율은 시설자금 대출 금액이 더 크다.
④ 2022년 2분기부터 2024년 4분기까지 전분기 대비 운전자금 대출 금액이 가장 큰 것은 기울기가 가장 큰 2023년 2분기 때이다.

02

정답 ③

2023년 2분기부터 2024년 1분기까지 차이가 줄어들다가, 2024년 2분기에 차이가 다시 늘어난다.

오답분석

② 2023년 4분기의 한국과 일본, 일본과 중국의 점유율 차이는 각각 10.2%p이다.
④ 한국과 중국의 점유율 차이가 가장 적었던 시기는 2024년 3분기로, 점유율 차이는 15.6%p이다.

03

정답 ④

ㄴ. 예금상품을 가입한 여성 중에 보험상품 또는 적금상품을 가입한 여성이 없다면, 예금상품과 중복 가입한 보험상품 가입자의 10%, 적금상품 가입자의 20% 모두 남성이라는 뜻이므로 중복 가입한 남성은 (1,230,000×0.25×0.1)+(1,230,000×0.4×0.2)=30,750+98,400=129,150명이다.
S은행 이용자 중 예금상품 가입자는 258,300명이고, 이 중 남성은 258,300×0.66=170,478명이므로 예금상품만 가입한 남성은 170,478−129,150=41,328명이다. 따라서 S은행 남성 이용자 전체(1,230,000×0.42=516,600명)에서 예금상품만 가입한 남성이 차지하는 비율은 $\frac{41,328}{516,600}\times100=8\%$이다.

ㄷ. 보험·적금·예금상품 전체 가입건수를 성별에 따라 계산하면 다음과 같다.
- 남성 : (1,230,000×0.25×0.55)+(1,230,000×0.4×0.38)+(258,300×0.66)=526,563건
- 여성 : (1,230,000×0.25×0.45)+(1,230,000×0.4×0.62)+(258,300×0.34)=531,237건

따라서 남성과 여성의 전체 가입건수 차이는 531,237−526,563=4,674건으로 5,000건 이하이다.

ㄹ. 상품별 1인당 평균 총 납입금액을 계산하면 적금상품은 5년 만기, 보험상품은 20년 만기로 각각 5×12=60개월, 20×12=240개월을 평균 월납입금액에 곱한다. 이를 표로 정리하면 다음과 같다.

(단위 : 만 원)

구분	남성	여성	차액
적금상품	32×12×5=1,920	38×12×5=2,280	360
보험상품	8×12×20=1,920	10×12×20=2,400	480
예금상품	2,000	2,200	200

따라서 남성과 여성의 1인당 평균 총 납입금액의 차액이 가장 적은 상품은 예금상품이다.

오답분석

ㄱ. S은행 이용자 중 예금상품 가입자는 보험상품 가입자의 10%(1,230,000×0.25×0.1=30,750명), 적금상품 가입자의 20%(1,230,000×0.4×0.2=98,400명), 두 상품 모두 가입하지 않은 S은행 이용자의 30%(1,230,000×0.35×0.3=129,150명)이므로 총 30,750+98,400+129,150=258,300명이 된다. 따라서 S은행 이용자 중 예금상품 가입자가 차지하는 비율은 $\frac{258,300}{1,230,000}\times100=21\%$이다.

04

정답 ④

ㄴ. 보험금 지급 부문에서 지원된 금융 구조조정 자금 중 저축은행이 지원받은 금액의 비중은 $\frac{72,892}{303,125}\times100 \fallingdotseq 24.0\%$로 20%를 초과한다.

ㄷ. 제2금융에서 지원받은 금융 구조조정 자금 중 보험금 지급 부문으로 지원받은 금액이 차지하는 비중은 $\frac{182,718}{217,080}\times100 \fallingdotseq 84.2\%$로, 80% 이상이다.

ㄹ. 부실자산 매입 부문에서 지원된 금융 구조조정 자금 중 은행이 지급받은 금액의 비중은 $\frac{81,064}{105,798}\times100 \fallingdotseq 76.6\%$로, 보험사가 지급받은 금액의 비중의 20배인 $\frac{3,495}{105,798}\times100\times20 \fallingdotseq 66.1\%$ 이상이다.

오답분석

ㄱ. 출자 부문에서 은행이 지원받은 금융 구조조정 자금은 222,039억 원으로, 증권사가 지원받은 금융 구조조정 자금의 3배인 $99,769\times3=299,307$억 원보다 작다.

대표기출유형 12 기출응용문제

01

정답 ④

자료 내 두 번째 표는 2024년 각국의 가계 금융자산 구성비를 나타낸 것이다. 따라서 2024년 각국의 가계 총자산 대비 예금 구성비와는 일치하지 않는다.

02

정답 ②

변환된 그래프의 단위는 백만 주이고, 제시된 자료에는 주식 수의 단위가 억 주이므로 이를 주의하여 종목당 평균 주식 수를 구하면 다음과 같다.

구분	2014년	2015년	2016년	2017년	2018년	2019년	2020년	2021년	2022년	2023년	2024년
종목당 평균 주식 수 (백만 주)	9.39	12.32	21.07	21.73	22.17	30.78	27.69	27.73	27.04	28.25	31.13

이를 토대로 전년 대비 증감 추세를 나타내면 다음과 같다.

구분	2014년	2015년	2016년	2017년	2018년	2019년	2020년	2021년	2022년	2023년	2024년
전년 대비 변동 추이	–	증가	증가	증가	증가	증가	감소	증가	감소	증가	증가

이와 동일한 추세를 보이는 그래프는 ②이다.

03

정답 ①

ㄱ. 연도별 층간소음 분쟁은 2021년 430건, 2022년 520건, 2023년 860건, 2024년 1,280건이다.

ㄴ. 2022년 전체 분쟁신고에서 각 항목이 차지하는 비중을 구하면 다음과 같다.

- 2022년 전체 분쟁신고 건수 : 280+60+20+10+110+520=1,000건
- 관리비 회계 분쟁 : $\frac{280}{1,000}\times100=28\%$
- 입주자대표회의 운영 분쟁 : $\frac{60}{1,000}\times100=6\%$
- 정보공개 관련 분쟁 : $\frac{20}{1,000}\times100=2\%$
- 하자처리 분쟁 : $\frac{10}{1,000}\times100=1\%$
- 여름철 누수 분쟁 : $\frac{110}{1,000}\times100=11\%$
- 층간소음 분쟁 : $\frac{520}{1,000}\times100=52\%$

오답분석

ㄷ. 연도별 분쟁신고 건수를 구하면 다음과 같다.

- 2021년 : 220+40+10+20+80+430=800건
- 2022년 : 280+60+20+10+110+520=1,000건
- 2023년 : 340+100+10+10+180+860=1,500건
- 2024년 : 350+120+30+20+200+1,280=2,000건

전년 대비 아파트 분쟁신고 증가율이 잘못 입력되어 있으므로 바르게 구하면 다음과 같다.

- 2022년 : $\frac{1,000-800}{800}\times100=25\%$
- 2023년 : $\frac{1,500-1,000}{1,000}\times100=50\%$
- 2024년 : $\frac{2,000-1,500}{1,500}\times100\fallingdotseq33\%$

ㄹ. 2022년 아파트 분쟁신고 현황이 2021년 값으로 잘못 입력되어 있다.

CHAPTER

03 문제해결능력

대표기출유형 01 기출응용문제

01

정답 ②

앞의 항에 $+3^1$, $+3^2$, $+3^3$, $+3^4$, …인 수열이다.
따라서 ( )$=122+3^5=122+243=365$이다.

02

정답 ①

홀수 항은 $\times\frac{1}{2}$, 짝수 항은 -3.7, -4.2, -4.7, …인 수열이다.

따라서 ( )$=1\times\frac{1}{2}=\frac{1}{2}$이다.

03

정답 ②

각 항을 3개씩 묶고 각각 A, B, C라고 하면 다음과 같다.
$\underline{A\ B\ C} \rightarrow B=(A+C)\div3$
따라서 ( )$=(12-1)\div3=\frac{11}{3}$이다.

대표기출유형 02 기출응용문제

01

정답 ③

홀수 항은 -2, 짝수 항은 $+2$를 하는 수열이다.

ㅈ	ㄷ	ㅅ	ㅁ	ㅁ	(ㅅ)
9	3	7	5	5	7

02

정답 ②

앞의 항에 +3을 하는 수열이다.

J	M	P	(S)	V
10	13	16	19	22

03

정답 ①

1, 2, 2, 3, 3, 3, 4, 4, 4, 4, …인 수열이다.

A	ㄴ	B	三	ㄷ	C	ⅳ	四	(ㄹ)	D
1	2	2	3	3	3	4	4	4	4

대표기출유형 03 기출응용문제

01

정답 ②

'저녁에 일찍 잔다.'를 A, '상쾌하게 일어난다.'를 B, '자기 전 휴대폰을 본다.'를 C라고 하면, 첫 번째 명제는 A → B, 마지막 명제는 C → ~A이다. 첫 번째 명제의 대우가 ~B → ~A이므로 C → ~B → ~A가 성립하기 위한 두 번째 명제는 C → ~B나 B → ~C이다. 따라서 빈칸에 들어갈 명제는 '자기 전 휴대폰을 보면 상쾌하게 일어날 수 없다.'이다.

02

정답 ③

'양식 자격증이 있다.'를 A, '레스토랑에 취직하다.'를 B, '양식 실기시험 합격'을 C라고 하면 첫 번째 명제는 ~A → ~B, 두 번째 명제는 A → C이며, 첫 번째 명제의 대우는 B → A이므로 B → A → C가 성립한다. 따라서 빈칸에 들어갈 명제는 B → C인 '레스토랑에 취직하려면 양식 실기시험에 합격해야 한다.'이다.

03

정답 ③

현명한 사람은 거짓말을 하지 않고, 거짓말을 하지 않으면 다른 사람의 신뢰를 얻는다. 따라서 현명한 사람은 다른 사람의 신뢰를 얻는다.

04

정답 ③

a는 'A가 외근을 나감', b는 'B가 외근을 나감', c는 'C가 외근을 나감', d는 'D가 외근을 나감', e는 'E가 외근을 나감'이라고 할 때, 네 번째 명제와 다섯 번째 명제의 대우인 $b \rightarrow c$, $c \rightarrow d$에 따라 $a \rightarrow b \rightarrow c \rightarrow d \rightarrow e$가 성립한다. 따라서 'A가 외근을 나가면 E도 외근을 나간다.'는 항상 참이 된다.

05

정답 ④

월요일부터 토요일까지 각 팀의 회의 진행 횟수가 같으므로 6일 동안 6개 팀은 각각 두 번씩 회의를 진행해야 한다.
제시된 조건에 따라 A～F팀의 회의 진행 요일을 정리하면 다음과 같다.

<table>
<tr><th>월</th><th>화</th><th>수</th><th>목</th><th>금</th><th>토</th></tr>
<tr><td rowspan="2">C, B</td><td rowspan="2">D, B</td><td>C, E</td><td rowspan="2">A, F</td><td rowspan="2">A, F</td><td>D, E</td></tr>
<tr><td>D, E</td><td>C, E</td></tr>
</table>

따라서 F팀은 목요일과 금요일에 회의를 진행한다.

오답분석

① E팀은 수요일과 토요일에 모두 회의를 진행한다.
② 화요일에 회의를 진행한 팀은 B팀과 D팀이다.
③ C팀과 E팀은 수요일과 토요일 중 하루는 함께 회의를 진행한다.

06

정답 ④

C사원은 10개의 도장에서 2개의 도장이 모자라므로 현재 8개의 도장을 모았으며, A사원은 C사원보다 1개의 도장이 적으므로 현재 7개의 도장을 모은 것을 알 수 있다. 또한 B사원은 A사원보다 2개 적은 5개의 도장을 모았으며, D사원은 무료 음료 한 잔을 포함하여 3잔을 주문하였으므로 10개의 도장을 모은 쿠폰을 반납하고, 새로운 쿠폰에 2개의 도장을 받았음을 추론할 수 있다. 따라서 D사원보다 6개의 도장을 더 모은 E사원은 8개의 도장을 받아 C사원의 도장 개수와 동일함을 알 수 있다.

대표기출유형 04 기출응용문제

01

정답 ④

단 1명이 거짓말을 하고 있으므로 C와 D 중 1명은 반드시 거짓을 말하고 있다. 즉, C의 말이 거짓일 경우 D의 말은 참이 되며, D의 말이 참일 경우 C의 말은 거짓이 된다.

i) D의 말이 거짓일 경우

C와 B의 말이 참이므로 A와 D가 모두 1등이 되므로 모순이다.

ii) C의 말이 거짓일 경우

A는 1등 당첨자가 되지 않으며, 나머지 진술에 따라 D가 1등 당첨자가 된다.

따라서 C가 거짓을 말하고 있으며, 1등 당첨자는 D이다.

02

정답 ④

A와 B는 하나가 참이면 하나가 거짓인 명제이다. 문제에서 1명이 거짓말을 한다고 하였으므로, A가 거짓말을 했을 경우와 B가 거짓말을 했을 경우로 나눌 수 있다.

i) A가 거짓말을 했을 경우

1층	2층	3층	4층	5층
C	D	B	A	E

ii) B가 거짓말을 했을 경우

1층	2층	3층	4층	5층
B	D	C	A	E

따라서 두 경우를 고려했을 때, A는 항상 D보다 높은 층에서 내린다.

03

정답 ③

C업체 정보가 참일 경우 나머지 미국과 서부지역 설비를 다른 업체가 맡아야 한다. 이때, 두 번째 정보에서 B업체의 설비 구축지역은 거짓이 되고, 첫 번째 정보와 같이 A업체가 맡게 되면 4개의 설비를 구축해야 하므로 A업체의 설비 구축계획은 참이 된다. 따라서 '장대리'의 말은 참이 됨을 알 수 있다.

오답분석

- 이사원 : A업체 정보가 참일 경우에 A업체가 설비를 3개만 맡는다고 하면, B나 C업체가 5개의 설비를 맡아야 하므로 나머지 정보는 거짓이 된다. 하지만 A업체가 B업체와 같은 곳의 설비 4개를 맡는다고 할 때, B업체 정보는 참이 될 수 있어 옳지 않다.
- 김주임 : B업체 정보가 거짓일 경우에 만약 6개의 설비를 맡는다고 하면, A업체는 나머지 2개를 맡게 되므로 거짓이 될 수 있다. 또한 B업체 정보가 참일 경우 똑같은 곳의 설비 하나씩 4개를 A업체가 구축해야 하므로 참이 된다.

04

정답 ④

A가 참을 말하는 경우와 A가 거짓을 말하는 경우로 나눌 수 있는데, 만약 A가 거짓이라면 B와 C가 모두 범인인 경우와 모두 범인이 아닌 경우로 나눌 수 있고, A가 참이라면 B가 범인인 경우와 C가 범인인 경우로 나눌 수 있다.

i) A가 거짓이고 B와 C가 모두 범인인 경우
B, C, D, E의 진술이 모두 거짓이 되어 5명이 모두 거짓말을 한 것이 되므로 조건에 모순된다.

ii) A가 거짓이고 B와 C가 모두 범인이 아닌 경우
B가 참이 되므로 C, D, E 중 1명만 거짓, 나머지는 참이 되어야 한다. C가 참이면 E도 반드시 참, C가 거짓이면 E도 반드시 거짓이므로 D가 거짓, C, E가 참을 말하는 것이 되어야 한다. 따라서 이 경우 D와 E가 범인이 된다.

iii) A가 참이고 B가 범인인 경우
B가 거짓이 되기 때문에 C, D, E 중 1명만 거짓, 나머지는 참이 되어야 하므로 C, E가 참, D가 거짓이 된다. 따라서 이 경우 B와 E가 범인이 된다.

iv) A가 참이고 C가 범인인 경우
B가 참이 되기 때문에 C, D, E 중 1명만 참, 나머지는 거짓이 되어야 하므로 C, E가 거짓, D가 참이 된다. 따라서 범인은 A와 C가 된다.

따라서 선택지 중 ④만 동시에 범인이 될 수 있다.

05

정답 ④

A와 C의 성적 순위에 대한 B와 E의 진술이 서로 엇갈리고 있으므로, B의 진술이 참인 경우와 E의 진술이 참인 경우로 나누어 생각해본다.

i) B의 진술이 거짓이고, E의 진술이 참인 경우
B가 거짓을 말한 것이 되어야 하므로 'B는 E보다 성적이 낮다.'도 거짓이 되어야 하는데, 만약 B가 E보다 성적이 높다면 A의 진술 중 'E는 1등이다.' 역시 거짓이 되어야 하므로 거짓이 2명 이상이 되어 모순이다. 그러므로 B의 진술이 참이어야 한다.

ii) B의 진술이 참이고 E의 진술이 거짓인 경우
1등은 E, 2등은 B, 3등은 D, 4등은 C, 5등은 A가 되므로 모든 조건이 성립한다.

따라서 항상 참인 것은 ④이다.

06

정답 ①

대화 내용을 살펴보면 영석이의 말에 선영이가 동의했으므로, 영석과 선영은 진실 혹은 거짓을 함께 말한다는 것을 알 수 있다. 이때 지훈은 선영이가 거짓말만 한다고 하였으므로 반대가 된다. 그리고 동현의 말에 정은이가 부정했기 때문에 둘 다 진실일 수 없다. 하지만 정은이가 둘 다 좋아한다는 경우의 수가 있으므로 둘 다 거짓일 수 있다. 또한 마지막 선영이의 말로 선영이가 진실일 경우에는 동현과 정은은 모두 거짓만을 말하게 된다. 이를 미루어 경우의 수를 정리하면 다음과 같다.

구분	경우 1	경우 2	경우 3
동현	거짓	거짓	진실
정은	거짓	진실	거짓
선영	진실	거짓	거짓
지훈	거짓	진실	진실
영석	진실	거짓	거짓

따라서 지훈이가 거짓을 말할 때 진실만을 말하는 사람을 찾고 있으므로 선영, 영석이 된다.

01

정답 ①

다음 논리 순서에 따라 제시된 조건을 정리하면 다음과 같다.

- 다섯 번째 조건 : 1층에 경영지원실이 위치한다.
- 첫 번째 조건 : 1층에 경영지원실이 위치하므로 4층에 기획조정실이 위치한다.
- 두 번째 조건 : 2층에 보험급여실이 위치한다.
- 세 번째, 네 번째 : 3층에 급여관리실, 5층에 빅데이터운영실이 위치한다.

따라서 1층부터 순서대로 '경영지원실 – 보험급여실 – 급여관리실 – 기획조정실 – 빅데이터운영실'이 위치하므로 5층에 있는 부서는 빅데이터운영실이다.

02

정답 ③

영래의 맞은편이 현석이이고 현석이의 바로 옆자리가 수민이이므로, 이를 기준으로 주어진 조건에 맞추어 자리를 배치해야 한다. 영래의 왼쪽·수민이의 오른쪽이 비어있을 때 또는 영래의 오른쪽·수민이의 왼쪽이 비어있을 때는 성표와 진모가 마주보면서 앉을 수 없으므로 성립하지 않는다. 그러므로 영래의 왼쪽·수민이의 왼쪽이 비어있을 때와 영래의 오른쪽·수민이의 오른쪽이 비어있을 때를 정리하면 다음과 같다.

i) 영래의 왼쪽, 수민이의 왼쪽이 비어있을 때

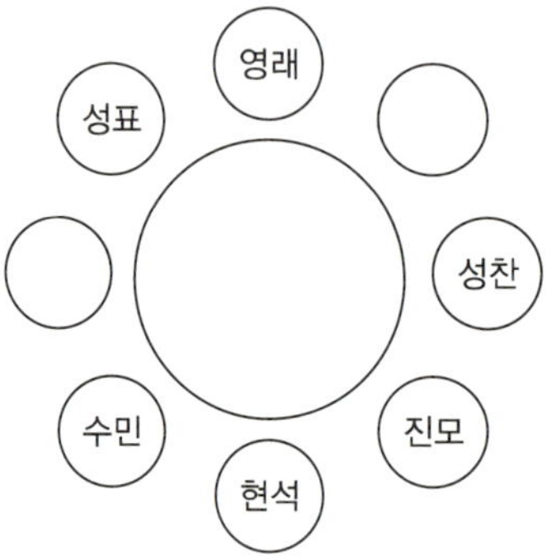

ii) 영래의 오른쪽, 수민이의 오른쪽이 비어있을 때

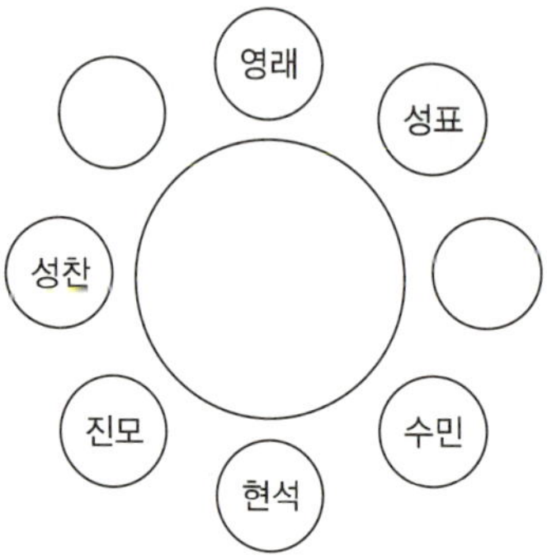

따라서 어느 상황에서든 진모와 수민이는 1명을 사이에 두고 앉는다.

03

정답 ④

다음 논리 순서에 따라 제시된 조건을 정리하면 다음과 같다.

• 첫 번째 조건 : 파란공은 가장 가볍거나 두 번째 또는 네 번째로 가볍다.
• 두 번째 조건 : 빨간공은 가장 가볍거나 두 번째 또는 세 번째로 가볍다.
• 세 번째 조건 : 흰공은 가장 가볍거나 네 번째 또는 다섯 번째로 가볍다.
• 네 번째 조건 : 검은공은 파란공과 빨간공보다 가벼우므로 가장 가볍거나 두 번째로 가볍다.
• 다섯 번째 조건 : 노란공은 흰공보다 가벼우므로 세 번째 조건에 의해 흰공이 가장 무겁고, 파란공은 노란공보다 가벼우므로 두 번째로 무거울 수 없다. 즉, 노란공이 두 번째로 무겁고 파란공은 두 번째로 가볍다.

따라서 위 사실을 종합하면 무거운 순서대로 '흰공 – 노란공 – 빨간공 – 파란공 – 검은공' 순이다.

오답분석

① 빨간공은 두 번째로 무겁지 않다.
②·③ 검은공은 빨간공과 파란공보다는 가볍다.

PART 1

04

정답 ③

김대리의 10월 일정을 달력에 정리하면 다음과 같다.

〈10월 일정〉

일	월	화	수	목	금	토
				1 추석	2 추석연휴, 제주도 여행	3 개천절, 제주도 여행
4 제주도 여행	5 제주도 여행	6 제주도 여행, 휴가 마지막 날	7	8	9 한글날	10
11	12	13	14	15	16	17
18	19	20 외부출장	21 외부출장	22 외부출장	23 외부출장	24
25	26	27	28 프로젝트 발표	29 프로젝트 발표	30	31

따라서 김대리는 12일 월요일부터 그 주에 스케줄이 없으므로 이틀간 연차를 쓰고 할머니댁 방문이 가능하다.

오답분석

① 제주도 여행 기간이며, 주말에는 할머니댁에 가지 않는다고 하였다.
② 6일은 제주도 여행에서 돌아오는 날로 휴가기간이다.
④ 20 ~ 23일까지 외부출장이 있다.

05

정답 ③

세 번째 조건에 따라 D는 6명 중 두 번째로 키가 크므로 1팀에 배치되는 것을 알 수 있다. 또한 두 번째 조건에 따라 B는 2팀에 배치되므로 한 팀에 배치되어야 하는 E와 F는 아무도 배치되지 않은 3팀에 배치되는 것을 알 수 있다. 마지막으로 네 번째 조건에 따라 B보다 키가 큰 A는 2팀에 배치되므로 결국 A～F는 다음과 같이 배치된다.

1팀	2팀	3팀
C > D	A > B	E, F

따라서 키가 가장 큰 사람은 C이다.

06

정답 ③

대표의 옆방에는 부장만 배정받을 수 있으므로 대표는 오직 111호에만 묵을 수 있으며, 110호에는 총무팀 박부장이 배정받는다. 따라서 111호에는 생산팀 장과장은 묵을 수 없다.

오답분석

① 두 번째 조건에서 같은 부서 임직원은 마주보는 방을 배정받을 수 없으므로 인사팀 유과장은 105호에 배정받을 수 없다.

② 만약 105호에 생산팀 장과장이 배정받으면, 인사팀 유과장은 102·104·107호에 배정받을 수 있으므로 102호 또는 107호에 배정받으면 104호는 빈방으로 남을 수 있다.

④ 111호에 대표가 묵는다고 했으므로 총무팀 박부장은 110호로 배정받는다.

대표기출유형 06 기출응용문제

01

정답 ④

신용카드별 김대리가 받을 수 있는 할인 혜택 금액은 각각 다음과 같다.

- A카드 : 외식 부문에서 할인을 적용받고, 페이 결제분에 대한 할인은 제외되므로 적용받는 할인 금액은 540,000−350,000=190,000원이다. 이때, 총결제액이 100만 원을 초과했으므로 할인율은 15%이다. 그러므로 할인 혜택 금액은 190,000×0.15=28,500원이지만, 할인한도가 28,000원이므로 총 28,000원을 할인받는다.
- B카드 : 쇼핑 부문에서 할인을 적용받고, N사 페이 결제에 대하여 5% 추가 할인이 적용된다. 이때, 총결제액이 100만 원을 초과했으므로 기본으로 적용되는 할인율은 15%이고, N사 페이 결제금액에 적용되는 할인율은 15+5=20%이다. 그러므로 할인 혜택 금액은 150,000×0.2+(290,000−150,000)×0.15=30,000+21,000=51,000원이지만, 할인한도가 25,000원이므로 총 25,000원을 할인받는다.
- C카드 : 공과금 부문에서 할인을 적용받는다. 이때, 총결제액이 100만 원을 초과했으므로 기본으로 적용되는 할인율은 15%이고 공과금을 자동이체로 설정하였으므로 3% 추가 할인이 적용되므로 할인율는 15+3=18%이다. 그러므로 할인 혜택 금액은 150,000×0.18=27,000원이다.
- D카드 : 총결제액의 3%를 할인받는다. 그러므로 할인 혜택 금액은 1,210,000×0.03=36,300원이지만, 할인한도가 30,000원이므로 총 30,000원을 할인받는다.

따라서 김대리가 신청할 신용카드로 가장 적절한 것은 할인 혜택 금액이 가장 큰 D카드이다.

02

정답 ④

휴대품 손해로 인한 보상 시 가입금액 한도 내에서 보상하되 휴대품 1개 또는 1쌍에 대해서 20만 원 한도로 보상한다.

03

정답 ②

예금명의변경에 따른 통장(증서) 재발급수수료를 제외한 명의변경 수수료는 건당 5,000원이 징수된다.

04

정답 ①

3만 원 초과 10만 원 이하 소액통원의료비를 청구할 시 진단서 없이 보험금 청구서와 병원영수증, 질병분류기호(질병명)가 기재된 처방전만으로 접수가 가능하다.

PART 1

05

정답 ③

부서별 투표인원과 여행상품별 투표결과를 산정하면 다음과 같다.

구분	1인당 비용(원)	총무팀	영업팀	개발팀	홍보팀	공장 1	공장 2	합계
A상품	500,000	2	1	2	0	15	6	26
B상품	750,000	1	2	1	1	20	5	30
C상품	600,000	3	1	0	1	10	4	19
D상품	1,000,000	3	4	2	1	30	10	50
E상품	850,000	1	2	0	2	5	5	15
합계		10	10	5	5	80	30	140

ㄱ. 가장 인기 있는 상품은 D상품이다. 그러나 공장 1의 고려사항은 회사에 손해를 줄 수 있으므로, 2박 3일 상품이 아닌 1박 2일 상품 중 가장 인기 있는 B상품이 선택된다. 따라서 총 여행상품 비용은 750,000×140=105,000,000원이므로 옳다.

ㄷ. B상품을 고른 30명의 2/3인 20명이 공장 1 직원이므로 절대다수를 차지하고 있으므로 옳다.

오답분석

ㄴ. 가장 인기가 높은 상품은 D이므로 옳지 않다.

대표기출유형 07 기출응용문제

01

정답 ③

㉢의 '인터넷전문은행의 활성화 및 빅테크의 금융업 진출 확대 추세'는 강력한 경쟁 상대의 등장을 의미하므로 조직 내부의 약점(W)이 아니라 조직 외부로부터의 위협(T)에 해당한다.

오답분석

㉠ 조직의 목표 달성을 촉진할 수 있으며 조직 내부의 통제 가능한 강점(S)에 해당한다.
㉡ 조직의 목표 달성을 방해할 수 있으며 조직 내부의 통제 가능한 약점(W)에 해당한다.
㉣ 조직 외부로부터 비롯되어 조직의 목표 달성에 도움이 될 수 있는 통제 불가능한 기회(O)에 해당한다.

02

정답 ②

국내 금융기관에 대한 SWOT 분석 결과를 정리하면 다음과 같다.

강점(Strength)	약점(Weakness)
• 높은 국내 시장 지배력 • 우수한 자산건전성 • 뛰어난 위기관리 역량	• 은행과 이자수익에 편중된 수익구조 • 취약한 해외 비즈니스와 글로벌 경쟁력
기회(Opportunitiy)	**위협(Threat)**
• 해외 금융시장 진출 확대 • 기술 발달에 따른 핀테크의 등장 • IT 인프라를 활용한 새로운 수익 창출	• 새로운 금융 서비스의 등장 • 글로벌 금융기관과의 경쟁 심화

ㄱ. SO전략은 강점을 살려 기회를 포착하는 전략으로, 강점인 국내 시장 점유율을 기반으로 핀테크 사업에 진출하려는 ㄱ은 적절한 SO전략으로 볼 수 있다.

ㄷ. ST전략은 강점을 살려 위협을 회피하는 전략으로, 강점인 우수한 자산건전성을 강조하여 글로벌 금융기관과의 경쟁에서 우위를 차지하려는 ㄷ은 적절한 ST전략으로 볼 수 있다.

오답분석

ㄴ. WO전략은 약점을 강화하여 기회를 포착하는 전략이다. 그러나 위기관리 역량은 국내 금융기관이 지니고 있는 강점에 해당하므로 WO전략으로 적절하지 않다.

ㄹ. 해외 비즈니스 역량을 강화하여 해외 금융시장에 진출하는 것은 약점을 보완하여 기회를 포착하는 WO전략에 해당한다.

03

정답 ②

㉡ S사가 이미 갖추고 있는 네트워크, 인력, 자본 구조라는 강점을 활용해 고객 충성도라는 또 다른 강점을 더욱 강화하는 전략이다. 그러나 외부의 기회를 활용할 수 있는 내용은 아니므로 SO전략이라 할 수 없다.

㉢ 시장 점유율 1위라는 강점을 활용해 경쟁에서 승리함으로써 부동의 1위라는 기업 위상을 더욱 공고히 하는 전략은 내부의 강점을 더욱 강화할 수 있지만, 위협을 최소화 또는 극복하는 내용은 포함하지 않으므로 ST전략이라 할 수 없다.

㉤ S사는 자유 여행 상품보다는 패키지 여행 상품으로 수익을 창출하고 있으므로 패키지 상품의 인기 감소와 자유 상품의 상대적 약진은 극복해야 할 약점으로 작용할 수 있다. 그런데 패키지 상품 판매를 촉진해 얻은 추가 수익으로 자유 상품 판매에서의 부진을 메우려고 하는 것은 약점을 보완할 수는 있지만 위협에 대응할 수 있는 내용은 아니므로 WT전략이라 할 수 없다. 또한, 자유 여행 상품의 상대적 약진은 여행업을 영위하는 S사의 입장에서는 새로운 기회가 될 수 있으므로 위협으로 간주할 수 없다.

오답분석

㉠ 국내 소비자들의 여가 시간이 늘어난 것을 기회로 삼아 이들을 타깃으로 하여 보다 세분화된 해외여행 상품을 선보이는 것은 차별화된 개인 맞춤형 여행 패키지 상품 출시로 상품 종류의 다양화라는 S사의 강점을 더욱 강화할 수 있는 SO전략에 해당한다.

㉣ 코로나19 종식으로 인한 중국 시장의 리오프닝을 기회로 삼아 중국 관광객들에게 할인 상품을 제공해 국내 여행 산업을 코로나19 사태 이전으로 회복시키려는 것은 외부의 기회를 활용하며 내부의 약점을 보완하는 WO전략에 해당한다.

㉥ S사가 네이버 등의 신흥 경쟁사와 제휴해 자유 여행 상품을 공동 출시하는 것은 자유 여행 상품의 약진이라는 S사의 약점을 보완하고 공존상생으로서 경쟁사의 위협을 극복할 수 있으므로 WT전략에 해당한다.

04

정답 ④

㉡ 특허를 통한 기술 독점은 기업의 내부환경으로 볼 수 있다. 따라서 내부환경의 강점(Strength) 사례이다.

㉢ 점점 증가하는 유전자 의뢰는 기업의 외부환경(고객)으로 볼 수 있다. 따라서 외부환경에서 비롯된 기회(Opportunity) 사례이다.

오답분석

㉠ 투자 유치의 어려움은 기업의 외부환경(거시적 환경)으로 볼 수 있다. 따라서 외부환경에서 비롯된 위협(Threat) 사례이다.

㉣ 높은 실험 비용은 기업의 내부환경으로 볼 수 있다. 따라서 내부환경의 약점(Weakness) 사례이다.

CHAPTER

04 자원관리능력

대표기출유형 01 기출응용문제

01

정답 ③

한국(A사)이 오전 8시일 때, 오스트레일리아(B사)는 오전 10시(시차 : +2), 아랍에미리트(C사)는 오전 3시(시차 : −5), 러시아(D사)는 오전 2시(시차 : −6)이다. 그러므로 업무가 시작되는 오전 9시를 기준으로 B사는 이미 2시간 전에 업무를 시작했고, C사는 5시간 후, D사는 6시간 후에 업무를 시작한다. 이를 표로 정리하면 다음과 같다.

한국 시각 / 회사	7am	8am	9am	10am	11am	12pm	1pm	2pm	3pm	4pm	5pm	6pm
A사						식사						
B사				식사								
C사										식사 및 종교 활동		
D사												식사

따라서 화상회의가 가능한 시각은 한국 시각으로 오후 3 ~ 4시이다.

02

정답 ④

ㄴ. 시간계획을 하는 데 있어서 가장 중요한 것은 그 계획을 따르는 것이지만, 너무 계획에 얽매여서는 안 된다. 이를 방지하기 위해 융통성 있는 시간계획을 세워야 한다.

ㄷ. 시간계획을 세우더라도 실제 행동할 때는 차이가 발생하기 마련이다. 자신은 뜻하지 않았지만 다른 일을 해야 할 상황이 발생할 수 있기 때문이다. 따라서 이를 염두하고 시간계획을 세우는 것이 중요하다.

ㄹ. 이동시간이나 기다리는 시간 등 자유로운 여유시간도 시간계획에 포함하여 활용해야 한다.

대표기출유형 02 기출응용문제

01

정답 ④

1일 평균임금을 x원이라 하면, 다음과 같은 식이 성립한다.

1,900만 원=[30x×(5×365)]÷365

→ 1,900만 원=150x

∴ x ≒ 13만 원(∵ 천의 자리에서 반올림)

따라서 1일 평균임금이 13만 원이므로 S사원의 평균연봉은 13만 원×365=4,745만 원이다.

02

정답 ③

정규시간 외에 초과근무가 있는 날의 시간외근무시간을 구하면 다음과 같다.

근무요일	초과근무시간			1시간 공제
	출근	야근	합계	
1～15일	-	-	-	770분
18(월)	-	70분	70분	10분
20(수)	60분	20분	80분	20분
21(목)	30분	70분	100분	40분
25(월)	60분	90분	150분	90분
26(화)	30분	160분	190분	130분
27(수)	30분	100분	130분	70분
합계	-	-	-	1,130분

∴ 1,130분=18시간 50분

따라서 1시간 미만은 절사하므로 7,000원×18시간=126,000원이다.

대표기출유형 03 기출응용문제

01

정답 ③

첫 번째 요구사항을 통해 고객은 '높음' 등급의 위험을 꺼려하지만 어느 정도의 위험은 감수할 수 있다는 것을 알 수 있으므로 '높음' 등급의 A를 제외하고, 감수할 수 있는 위험 범위 내에서 가능한 한 많은 수익을 올리기를 바라므로 '낮음' 등급의 B상품을 제외한다. 따라서 D상품이 C상품과 수익률이 같지만 고객의 나머지 조건들에 있어서는 모두 C상품에 비해 불리하므로 고객의 요구에 가장 적합한 상품은 C상품이다.

02

정답 ②

프린터 성능 점수표를 이용하여 제품별 프린터의 점수를 정리하면 다음과 같다.

구분	출력 가능 용지 장수	출력 속도	인쇄 해상도
A프린터	80점	70점	70점
B프린터	100점	60점	90점
C프린터	70점	90점	70점
D프린터	100점	70점	60점

가중치를 적용하여 제품별 프린터의 성능 점수를 구하면 다음과 같다.

- A프린터 : $(80\times0.5)+(70\times0.3)+(70\times0.2)=75$점
- B프린터 : $(100\times0.5)+(60\times0.3)+(90\times0.2)=86$점
- C프린터 : $(70\times0.5)+(90\times0.3)+(70\times0.2)=76$점
- D프린터 : $(100\times0.5)+(70\times0.3)+(60\times0.2)=83$점

따라서 C사원이 구매할 프린트는 성능 점수가 가장 높은 B프린터이다.

03

정답 ①

두 번째 조건에서 총구매금액이 30만 원 이상이면 총금액에서 5% 할인을 해주므로, 한 벌당 가격이 $300,000\div50=6,000$원 이상인 품목은 할인 적용이 들어간다. '업체별 품목 금액'을 보면 모든 품목이 6,000원 이상이므로 5% 할인 적용대상이다. 그러므로 모든 품목에 할인 조건이 적용되어 정가로 비교가 가능하다.

마지막 조건에서 차순위 품목이 1순위 품목보다 총금액이 20% 이상 저렴한 경우 차순위를 선택하므로, 한 벌당 가격으로 계산하면 1순위인 카라 티셔츠의 20% 할인된 가격은 $8,000\times0.8=6,400$원이다. 따라서 정가가 6,400원 이하인 품목은 A업체의 티셔츠이므로 팀장은 1순위 카라 티셔츠보다 2순위인 A업체의 티셔츠를 구입할 것이다.

대표기출유형 04 기출응용문제

01

정답 ③

ㄱ. 각 팀장이 매긴 순위에 대한 가중치는 모두 동일하다고 했으므로 1, 2, 3, 4순위의 가중치를 각각 4, 3, 2, 1점으로 정해 4명의 면접점수를 산정하면 다음과 같다.

- 갑 : 2+4+1+2=9점
- 을 : 4+3+4+1=12점
- 병 : 1+1+3+4=9점
- 정 : 3+2+2+3=10점

면접점수가 높은 을, 정 중 1명이 입사를 포기하면 갑, 병 중 1명이 채용된다. 갑과 병의 면접점수는 9점으로 동점이지만 조건에 따라 인사팀장이 부여한 순위가 높은 갑을 채용하게 된다.

ㄷ. 경영관리팀장이 갑과 병의 순위를 바꿨을 때, 4명의 면접점수를 산정하면 다음과 같다.

- 갑 : 2+1+1+2=6점
- 을 : 4+3+4+1=12점
- 병 : 1+4+3+4=12점
- 정 : 3+2+2+3=10점

따라서 을과 병이 채용되므로 정은 채용되지 못한다.

오답분석

ㄴ. 인사팀장이 을과 정의 순위를 바꿨을 때, 4명의 면접점수를 산정하면 다음과 같다.

- 갑 : 2+4+1+2=9점
- 을 : 3+3+4+1=11점
- 병 : 1+1+3+4=9점
- 정 : 4+2+2+3=11점

따라서 을과 정이 채용되므로 갑은 채용되지 못한다.

02

정답 ③

최나래, 황보연, 이상윤, 한지혜는 업무성과 평가에서 상위 40%(인원이 10명이므로 4명)에 해당하지 않으므로 대상자가 아니다. 업무성과 평가 결과에서 40% 이내에 드는 사람은 4명까지이지만 B를 받은 사람 4명을 동순위자로 보아 6명이 대상자 후보가 된다. 6명 중 박희영은 통근 거리가 50km 미만이므로 대상자에서 제외된다. 나머지 5명 중에서 자녀가 없는 김성배, 이지규는 우선순위에서 밀려나고, 나머지 3명 중에서는 통근 거리가 가장 먼 순서대로 이준서, 김태란이 동절기 업무시간 단축 대상자로 선정된다.

03

정답 ④

구분	월요일	화요일	수요일	목요일	금요일	토요일	일요일
낮	가, 나, 마	나, 다	다, 마	아, 자	바, 자	라, 사, 차	바
야간	라	마, 바, 아, 자	가, 나, 라, 바, 사	가, 사, 차	나, 다, 아	마, 자	다, 차

일정표를 보면 일요일 낮에 한 명, 월요일 야간에 한 명이 필요하고, 수요일 야간에 한 명이 빠져야 한다. 그러므로 가, 나, 라, 바, 사 중 한 명이 옮겨야 한다. 이때 세 번째 당직 근무 규칙에 따라 같은 날에 낮과 야간 당직 근무는 함께 설 수 없으므로 월요일에 근무하는 '가, 나, 라, 마'와 일요일에 근무하는 '다, 바, 차'는 제외된다. 따라서 '사'가 당직 근무 일정을 변경하여 일요일 낮과 월요일 야간에 당직 근무를 해야 한다.

CHAPTER

05 조직이해능력

PART 1

대표기출유형 01 기출응용문제

01

정답 ②

마이클 포터의 본원적 경쟁전략

- 원가우위 전략 : 원가절감을 통해 해당 산업에서 우위를 점하는 전략으로, 이를 위해서는 대량생산을 통해 단위 원가를 낮추거나 새로운 생산기술을 개발할 필요가 있다. 1970년대 우리나라의 섬유업체나 신발업체, 가발업체 등이 미국시장에 진출할 때 취한 전략이 여기에 해당한다.
- 차별화 전략 : 조직이 생산품이나 서비스를 차별화하여 고객에게 가치가 있고 독특하게 인식되도록 하는 전략이다. 이를 위해서는 연구개발이나 광고를 통하여 기술, 품질, 서비스, 브랜드 이미지를 개선할 필요가 있다.
- 집중화 전략 : 특정 시장이나 고객에게 한정된 전략으로, 원가우위나 차별화 전략이 산업 전체를 대상으로 하는 데 비해 집중화 전략은 특정 산업을 대상으로 한다. 즉, 경쟁조직들이 소홀히 하고 있는 한정된 시장을 원가우위나 차별화 전략을 써서 집중적으로 공략하는 방법이다.

02

정답 ②

(가)는 경영전략 추진과정 중 환경분석이며, 이는 외부 환경분석과 내부 환경분석으로 구분된다. 외부환경으로는 기업을 둘러싸고 있는 경쟁자, 공급자, 소비자, 법과 규제, 정치적 환경, 경제적 환경 등이 있으며, 내부환경으로는 기업구조, 기업문화, 기업자원 등이 있다. 따라서 ②에서 설명하는 예산은 기업자원으로서 내부 환경분석의 성격을 가지며, 다른 사례들은 모두 외부 환경분석의 성격을 가짐을 알 수 있다.

03

정답 ④

㉠ 집중화 전략, ㉡ 원가우위 전략, ㉢ 차별화 전략

04

정답 ③

①·②·④는 전략과제에서 도출할 수 있는 추진방향이지만, ③의 국제경쟁입찰의 과열 경쟁 심화와 컨소시엄 구성 시 민간기업과 업무배분, 이윤추구성향 조율의 어려움 등은 문제점에 대한 언급이기 때문에 추진방향으로 옳지 않다.

05

정답 ④

④는 제품차별화에 대한 설명으로 반도체의 이러한 특성은 반도체산업 내의 경쟁을 심화시키고, 신규기업의 진입 장벽을 낮추기도 한다. 또한 낮은 차별성으로 인한 치열한 가격경쟁은 구매자의 교섭력을 높이는 반면, 공급자의 교섭력은 낮아지게 한다. 마이클 포터의 산업구조분석기법을 정리하면 다음과 같다.

〈마이클 포터의 산업구조분석기법〉

공급자의 교섭력
공급자의 교섭력의 결정요인은 구매자의 교섭력의 결정요인과 동일

↓

잠재적 진입
1. 자본소요량
2. 규모의 경제
3. 절대비용우위
4. 제품차별화
5. 유통채널

→

산업 내의 경쟁
1. 산업의 집중도
2. 제품차별화
3. 초과설비
4. 퇴거장벽
5. 비용구조

←

대체재의 위협
1. 대체재에 대한 구매자의 성향
2. 대체재의 상대 가격

↑

구매자의 교섭력
1. 구매자가 갖고 있는 정보력
2. 전환 비용
3. 수직적 통합

따라서 ④는 ㉣을 제외한 ㉠·㉡·㉢에 해당하는 사례이며, ㉣은 반도체를 대체할 수 있는 다른 제품의 여부에 대한 것으로 대체제의 상대가격, 대체제에 대한 구매자의 성향이 이에 해당한다.

06

정답 ④

구매자의 교섭력은 소수의 구매자만 존재하거나 구매자의 구매량이 판매자의 규모에 비해 클 때, 시장에 다수 기업의 제품이 존재할 때, 구매자가 직접 상품을 생산할 수 있을 때, 공급자의 제품 차별성이 낮을 때, 구매자가 공급자를 바꾸는 데 전환 비용이 거의 발생하지 않을 때 높아진다.

대표기출유형 02 기출응용문제

01

정답 ④

지수는 비영리조직이면서 대규모조직인 학교에서 5시간 있었다.
- 학교 : 공식조직, 비영리조직, 대규모조직
- 카페 : 공식조직, 영리조직, 대규모조직
- 스터디 : 비공식조직, 비영리조직, 소규모조직

오답분석

① 영리조직인 카페에서 3시간 있었다.
② 공식조직인 학교와 카페에서 8시간 있었다.
③ 비공식적이면서 소규모조직인 스터디에서 2시간 있었다.

02

정답 ④

부서 명칭만 듣고도 대략 어떤 업무를 담당하는지 파악하고 있어야 한다. 인사팀의 주요 업무는 근태관리·채용관리·인사관리 등이 있다. 따라서 인사기록카드 작성은 인사팀의 업무인 인사관리에 해당하는 부분이므로 인사팀에 제출하는 것이 옳다. 한편, 총무팀은 회사의 재무와 관련된 전반적 업무를 총괄하므로 S기업의 조직도를 보았을 때 비품 구매는 총무팀의 소관 업무로 보는 것이 옳다.

03

정답 ②

오답분석

- B : 사장 직속으로 4개의 본부가 있다는 설명은 옳지만, 인사를 전담하고 있는 본부는 없으므로 옳지 않다.
- C : 감사실이 분리되어 있다는 설명은 옳지만, 사장 직속이 아니므로 옳지 않다.

04

정답 ③

마케팅기획본부는 해외마케팅기획팀과 마케팅기획팀으로 구성된다고 했으므로 적절하지 않다.

오답분석

①·② 마케팅본부의 마케팅기획팀과 해외사업본부의 해외마케팅기획팀을 통합해 마케팅기획본부가 신설된다고 했으므로 적절하다.
④ 해외사업본부의 해외사업 1팀과 해외사업 2팀을 해외영업팀으로 통합하고 마케팅본부로 이동한다고 했으므로 적절하다.

대표기출유형 03 기출응용문제

01

정답 ③

'(A) 비서실 방문'은 브로슈어 인쇄를 위해 미리 파일을 받아야 하므로 '(D) 인쇄소 방문'보다 먼저 이루어져야 한다. '(B) 회의실, 마이크 체크'는 내일 오전 '(E) 업무보고' 전에 준비해야 할 사항이다. '(C) 케이터링 서비스 예약'은 내일 3시 팀장회의를 위해 준비하는 것이므로 24시간 전인 오늘 3시 이전에 실시하여야 한다.
위 업무 순서를 정리하면 (C) – (A) – (D) – (B) – (E)가 되는데, 여기서 (C)가 (A)보다 먼저 이루어져야 하는 이유는 현재 시각이 2시 50분이기 때문이다. 비서실까지 가는 데 걸리는 시간이 15분이므로 비서실에 갔다 오면 3시가 지난다. 따라서 케이터링 서비스 예약을 먼저 하는 것이 적절하다.

02

정답 ③

김과장의 개인 주간 스케줄 및 업무 점검을 보면 홍보팀, 외부 디자이너와의 미팅이 기재되어 있다. 따라서 김과장은 이번 주에 내부 미팅과 외부 미팅을 할 예정이다.

03

정답 ①

서약서 집행 담당자는 보안담당관으로, 보안담당관은 총무국장이다. 따라서 서약서는 이사장이 아닌 총무국장에게 제출해야 한다.

CHAPTER

06 정보능력

대표기출유형 01 기출응용문제

01

정답 ②

운영체제의 분류

- 제어 프로그램 : 감시 프로그램(Supervisor Program), 데이터 관리 프로그램(Data Management Program), 작업 제어 프로그램(Job Control Program)으로 구성되어 있다.
- 처리 프로그램 : 언어 번역 프로그램(Language Translator Program), 서비스 프로그램(Service Program), 문제 프로그램(Problem Program) 등으로 구성되어 있다.

02

정답 ②

호환성(Compatibility)이란 하드웨어 장치나 소프트웨어 프로그램이 여러 가지의 다른 기종의 컴퓨터에서도 사용되거나 수행될 수 있는 성질을 말한다.

03

정답 ③

구조적 질의어(SQL; Structured Query Language)의 DROP TABLE 명령문을 사용한 RESTRICT는 제거할 요소가 다른 개체에 참조되지 않은 경우에만 삭제한다.

대표기출유형 02 기출응용문제

01

정답 ①

「VLOOKUP(SMALL(A2:A10,3),A2:E10,4,0)」을 해석해보면, 우선 SMALL(A2:A10,3)은 [A2:A10]의 범위에서 3번째로 작은 숫자이므로 그 값은 '3'이 된다.

VLOOKUP 함수는 「VLOOKUP(첫 번째 열에서 찾으려는 값,찾을 값과 결과로 추출할 값들이 포함된 데이터 범위,값이 입력된 열의 열 번호,일치 기준)」으로 구성되므로 VLOOKUP(3,A2:E10,4,0) 함수는 A열에서 값이 3인 4번째 행 그리고 4번째 열에 위치한 '82'가 옳다.

02

정답 ③

'=RANK(순위를 구하려는 수,목록의 배열 또는 셀 주소,순위를 정할 방법을 지정하는 수)'로 표시되기 때문에 '=RANK(C5,C2:C6)'가 올바르다.

03

정답 ④

AND 함수는 함수의 인수가 모두 참일 때 TRUE를 반환하며, OR 함수는 함수의 인수 중 하나가 참일 때 TRUE를 반환한다. 매출 성과가 200,000원 이상이어야 하고 야근 3회 이상 또는 외근 5회일 때 성실사원으로 선정한다. 그러므로 C2, D2 중 하나가 참일 때 TRUE를 반환하고 이 값이 B2와 모두 참일 때 TRUE를 반환해야 한다.
따라서 「=IF(AND(B2>=200000,OR(C2>=3,D2>=5)),"성실사원")」를 입력하는 것이 옳다.

04

정답 ②

- [D11] 셀에 입력된 COUNTA 함수는 범위에서 비어있지 않은 셀의 개수를 구하는 함수이다. [B3:D9] 범위에서 비어있지 않은 셀의 개수는 숫자 '1' 10개와 '재제출 요망'으로 입력된 텍스트 2개로, 「=COUNTA(B3:D9)」의 결괏값은 12이다.
- [D12] 셀에 입력된 COUNT 함수는 범위에서 숫자가 포함된 셀의 개수를 구하는 함수이다. [B3:D9] 범위에서 숫자가 포함된 셀의 개수는 숫자 '1' 10개로, 「=COUNT(B3:D9)」의 결괏값은 10이다.
- [D13] 셀에 입력된 COUNTBLANK 함수는 범위에서 비어있는 셀의 개수를 구하는 함수이다. [B3:D9] 범위에서 비어있는 셀의 개수는 9개로, 「=COUNTBLANK(B3:D9)」의 결괏값은 9이다.

대표기출유형 03 기출응용문제

01

정답 ②

numPtr을 역참조(*)하여 출력했을 때 변수 num의 값 10을 출력하려면 변수 num의 주소(&)를 numPtr에 대입하여 출력하면 된다.

02

정답 ②

x값을 1 증가하여 x에 저장하고, 변경된 x값을 y값에 저장한 후 y값을 1 증가하여 y값에 저장한다. 이후 x값과 y값을 더하여 p에 저장한다.
따라서 x=10+1=11, y=x+1=12 → p=x+y=23이다.

시대에듀

M E M O

PART 2

직무상식시험

CHAPTER

01 금융

01	02	03	04	05	06	07	08	09	10	11	12	13	14	15					
①	③	③	③	②	①	④	④	③	②	①	②	④	④	①					

01

정답 ①

간접금융이란 기업이 은행 등 금융회사를 통해 자금을 조달하는 것을 말하며, 은행은 크게 상업은행과 투자은행으로 구분된다. 상업은행은 개인이나 기업을 상대로 예금을 받고 대출하는 업무를 하는 시중은행을 의미하고, 투자은행은 주로 기업을 상대로 영업하며 주식이나 채권 등의 인수 및 판매, 기업공개, 인수합병 등을 주관하고 자문하는 은행을 말한다. 반면, 직접금융이란 기업이 자금주로부터 직접 자금을 조달하는 것을 의미하며 주식, 회사채, 신주인수권부사채 등의 발행이 해당된다.

02

정답 ③

금융통화위원회는 한국은행의 통화신용정책에 대한 주요 사항을 심의·의결하는 정책결정기구이다.

오답분석

① 중앙경제위원회 : 1946년 5월 미국 군정청 내에 설치되어 우리나라의 경제통제 및 관리를 총괄한 기구이다. 대한민국 정부 수립 이후 중앙경제위원회의 업무는 국무총리 산하의 기획처로 이관되었다.
② 국민경제자문회의 : 국민경제의 발전을 위한 중요정책 수립에 대한 대통령의 자문에 응하기 위하여 설립한 기구로서 1999년 11월에 설립되었다.
④ 정책금융공사 : 한국산업은행의 민영화 과정에서 발생할 수 있는 정책금융 공백에 대한 우려를 해소하고자 한국산업은행의 정책금융역할을 승계하고, 시장친화적인 방식으로 중소기업을 지원하기 위한 목적으로 2009년 설립되었다.

03

정답 ③

ㄴ. IRA는 개인퇴직계좌로, 근로자가 퇴직 혹은 퇴직금 중간정산 시 일시적으로 자금을 보관하는 저축계좌의 기능을 수행하였다. 이러한 IRA의 운용이 사실상 경직적이었던 점을 보완하며 근로자퇴직급여보장법에 따라 등장한 것이 IRP이다.
ㄷ. 근로자의 퇴직금을 회사가 운용한 후 근로자에게 지정 금액을 지급하는 것은 DB형(확정급여형)이다.

04

정답 ③

양도성예금증서는 시장성 예금으로 단기적인 자금운용에 적합한 상품으로, 이외에도 환매조건부채권, 표지어음 등이 시장성 예금에 해당한다. 반면 주택청약저축, ISA, 퇴직연금, IRP 등은 단기적인 자금운용 목적의 금융상품이 아닌 중장기적인 목표를 가지고 자금을 운용하는 금융상품에 해당한다.

05

정답 ②

기준금리란 중앙은행이 시중은행에 돈을 빌려주는 금리로, 기준금리의 조정을 통해 경기부양과 부채축소를 조절할 수 있다. 따라서 미국이나 일본 등의 기준금리가 올라갈 경우 한국은 외국 자본이 빠져나가 경기가 침체되는 현상이 나타난다.

기준금리

한국은행 금융통화위원회에서 결정하는 정책금리를 말한다. 한국은행과 금융기관 간에 환매조건부채권매매(RP)와 대기성 여수신 등의 자금거래를 할 때 기준으로 적용된다. 2008년 3월부터 한국은행은 정책금리의 실체를 종전의 '익일물 콜금리 목표'에서 '기준금리(Base Rate)'로 변경하였다. 콜금리는 대표적인 시장금리 중 하나로 초단기 금융시장의 자금상황을 반영하는 금리이다. 그러나 1999년 콜금리목표제를 도입한 이후 콜금리가 자금수급사정에 관계없이 목표수준에서 고정되면서 콜금리의 시장신호 전달 및 자금배분 기능이 약화되었고, 단기자금거래가 콜시장에 과도하게 집중되어 금융기관 간 RP 등 기일물 단기자금시장의 발달이 저해되는 부작용이 발생하였다. 한국은행이 정책금리의 실체를 '기준금리'로 변경한 것은 이러한 문제를 해소하는 한편 통화정책 파급경로(정책금리 변경 → 단기 및 장기 시장금리 변동)의 원활한 작동을 도모한 것이다.

ⓒ 한국은행 경제 용어 해설

06

정답 ①

조기상환권이 부여되는 것은 콜옵션이다. 풋옵션은 조기상환청구권이 부여된다.

오답분석

② 스왑, 옵션, 선물은 대표적인 파생상품에 해당한다.
④ 살 수 있는 권리가 부여된 것은 콜옵션, 팔 수 있는 권리가 부여된 것은 풋옵션이다.

07

정답 ④

새마을금고의 예금은 새마을금고법에 따라 새마을금고중앙회가 보호하며, 예금자 1인당 1억 원까지 보호받을 수 있고, 나머지 선택지는 모두 예금자보호법에 따라 예금자 1인당 1억 원까지 예금을 보호받을 수 있다. 참고로 예금자보호법과 새마을금고법 모두 25년 9월 1일부터 예금자보호한도가 기존 5천만 원에서 1억 원으로 24년 만에 상향 조정되었다.

08

정답 ④

업틱룰(Up-tick Rule)은 주식을 공매도할 경우 직전 거래가격 이상으로 매도호가를 제시하도록 한 규정이며, 대규모 공매도로 인한 주가 하락을 방지하려는 조치이다. 공매도는 보통 기관 등 고액 투자자들에 의해 이루어지며, 주가가 하락할 것이라 예상되는 종목을 빌려 투자한 뒤 하락하면 낮은 가격에 구입해 갚고 이익을 얻는다. 이 과정에서 해당 종목의 주가는 추가적으로 하락하게 되는데, 이로 인한 소액 투자자들의 피해를 막기 위한 것이다. 한편, 업틱룰과 대립되는 개념으로 매도호가를 자유롭게 제시할 수 있는 것을 '제로틱룰'이라고 한다.

09

정답 ③

- 금융업계에서 브래키팅(Bracketing)은 새롭게 발행하는 주식(신주)을 모집할 때 인수기관들의 중요성을 기준으로 그 이름을 순서대로 표시하는 것을 말한다.
- 유통업계에서 브래키팅은 온라인 구매에서 단일 제품을 여러 사이즈 혹은 색상으로 구매 후 마음에 드는 제품을 제외하고 반품하는 관행을 뜻한다.
- 영상업계에서 브래키팅은 가장 적절한 노출값을 찾기 위해 노출값을 다르게 해놓고 촬영하는 과정을 뜻한다.

오답분석

① 섀도보팅(Shadow Voting) : 의결권 분산을 목적으로 뮤추얼 펀드가 특정 기업의 경영권을 지배할 정도로 지분을 보유할 경우, 그 의결권을 중립적으로 행사하도록 제한하는 것을 뜻한다. 그러나 섀도보팅을 활용하면 쉽게 의결정족수를 확보할 수 있지만, 소액주주의 권리를 경시하는 풍조가 생겼다는 비판이 제기돼 2017년 말 폐지되었다.

② 캐리트레이드(Carry Trade) : 투자자가 자기 자본에 대한 수익률을 높이기 위하여 투자 기대 수익률보다 낮은 이자율로 빌린 돈으로 유가증권 등의 금융 자산을 사들였다가 일정한 기간이 지난 후에 팔아 그 차액으로 수익을 얻으려고 하는 거래나 투자 기법이다.

④ 피보팅(Pivoting) : 외부 환경의 급변에 대응해 기존 사업 아이템이나 모델을 바탕으로 사업의 방향을 전환하는 것을 뜻한다.

10

정답 ②

디폴트 옵션은 자동투자 옵션이라고도 한다. 개인책임형(DC) 퇴직연금에 가입한 사람이 별도로 운용 지시를 하지 않을 경우 금융회사가 미리 지정되었던 방법으로 연금을 운용하는 방식으로 장기적 운용이 필요한 퇴직연금 가입자들에게 운용의 어려움을 덜어줄 수 있는 방법으로 평가받는다.

11

정답 ①

국제결제은행(BIS)이 은행의 건전성과 안정성을 확보할 목적으로 은행의 위험자산에 대해 일정 비율 이상의 자기자본을 보유하도록 하는 것은 BIS비율로, 은행의 신용위험과 시장위험에 대비해 최소 8% 이상이 되도록 권고하고 있으며, 10% 이상이면 우량은행으로 평가받는다.

12

정답 ②

국제은행간통신협회(SWIFT)는 전 세계의 금융기관들이 국제 금융거래를 원활하게 할 수 있도록 지원하는 기구이다. 가입된 금융기관에 국제적으로 표준화된 금융정보 및 서비스 · 통신망을 제공한다. 거의 모든 국가의 금융기관이 외환거래를 위해 SWIFT를 이용하고 있고, 여기서 퇴출되면 사실상 금융거래는 불가능하다.

13

정답 ④

자기자본은 재무상태표를 구성하는 요소 중 하나로 흔히 소유자지분 혹은 주주지분으로 칭한다. 회계적으로는 전체 자산 중 부채를 제외한 나머지 금액이며, 주주들 소유이다. 이러한 자기자본의 계정과목으로는 자본금, 자본잉여금, 이익잉여금, 자본조정, 기타포괄손익누계액이 해당하며, 차입금은 부채계정 중 유동부채에 해당하므로 자기자본에 해당하지 않는다.

14

정답 ④

부채비율을 구하는 공식은 다음과 같다.

$$\text{부채비율}=\frac{\text{타인자본}}{\text{자기자본}}\times 100$$

당기 말 (주)한국의 부채비율은 200%, 전년도 대비 부채비율은 100%p 하락하였다.

따라서 전년도 대비 부채비율의 변동률은 $\frac{100}{300}\times 100 \fallingdotseq 33\%$ 하락하였다.

15

정답 ①

오답분석

② 출구전략(Exit Strategy) : 경제회복을 위해 공급됐던 과잉 유동성이나 각종 완화 정책을 경제에 큰 부작용 없이 서서히 거두는 전략

③ 테이퍼링(Tapering) : 연방준비제도(FRS)가 양적완화 정책의 규모를 점진적으로 축소해 나가는 것

④ 오퍼레이션 트위스트(Operation Twist) : 중앙은행이 장기채권을 매입하고 단기채권을 매도하여 경제를 활성화 시키려는 통화정책

CHAPTER

02 경제

01	02	03	04	05	06	07	08	09	10	11	12	13	14	15					
①	①	①	④	②	②	①	②	④	①	②	④	①	②	②					

01

정답 ①

스크리닝(Screening, 선별)은 정보를 갖지 못한 측에서 가지고 있는 불충분한 자료를 이용하여 상대방의 특성을 파악하려는 것을 의미하며 이는 역선택 문제 해결을 위한 방법이다. 반면 도덕적 해이를 방지하기 위해서는 관리감독, 별도의 혜택 부여 등이 방안이 될 수 있다.

오답분석

② 도덕적 해이는 거래가 이루어진 후 이익 추구를 위해 도덕성을 저버리는 행위를 의미한다.
③ 역선택은 거래가 발생하기 전 정보가 부족한 쪽이 불리한 선택을 하게 되는 것을 의미한다.
④ 정부가 직접 공공인증 등을 실시할 경우 그만큼 정보부족 현상이 줄어들게 되어 역선택이 완화될 수 있다.

02

정답 ①

가격탄력성이 1보다 크면 탄력적이라고 할 수 있다.

오답분석

②·④ 수요의 가격탄력성은 가격의 변화에 따른 수요의 변화를 의미하며 분모는 상품가격의 변화량을 상품가격으로 나눈 값이고, 분자는 수요량의 변화량을 수요량으로 나눈 값이다.
③ 대체재가 많을수록 해당상품 가격 변동에 따른 수요의 변화는 더 크게 반응하게 된다.

03

정답 ①

최근에는 만기일 이전에도 결제가 가능하도록 변형된 형태의 선도계약도 많이 나타나고 있다.

오답분석

② 통화 선도계약은 미래의 특정한 시점에 계약된 통화를 사거나 팔 수 있어 환위험을 줄일 수 있다.
③ 통화 선도계약은 원금 자체가 교환대상으로 이자율만 교환하는 통화 스와프에 비해 수익과 손실의 범위가 크다.
④ 선도계약과 선물계약 모두 만기일 당일 현물가격의 기댓값에 따라 가격이 결정된다.

04

정답 ④

완전경쟁시장의 균형은 P=MC이므로 P=6, Q=4이다.
합병 후 독점시장에서 MR=10−2Q이므로 이윤극대화조건에 MR=MC에 대입하면 10−2Q=2이다.
따라서 Q=4이다.

05

정답 ②

유동성 함정은 금리가 한계금리 수준까지 낮아져 통화량을 늘려도 소비·투자 심리가 살아나지 않는 현상을 말한다.

오답분석

① 화폐 환상 : 화폐의 실질적 가치에 변화가 없는데도 명목단위가 오르면 임금이나 소득도 올랐다고 받아들이는 현상을 말한다.
③ 구축 효과 : 정부의 재정적자 또는 확대 재정정책으로 이자율이 상승하여 민간의 소비와 투자활동이 위축되는 효과를 말한다.
④ J커브 효과 : 환율의 변동과 무역수지와의 관계를 나타낸 것으로, 무역수지 개선을 위해 환율상승을 유도하면 초기에는 무역수지가 오히려 악화되다가 상당기간이 지난 후에야 개선되는 현상을 말한다.

06

정답 ②

케인스 학파는 생산물시장과 화폐시장을 동시에 고려하는 IS-LM 모형으로 재정정책과 통화정책의 효과를 분석했다. 케인스 학파에 따르면 투자의 이자율탄력성이 작기 때문에 IS 곡선은 대체로 급경사이고, 화폐수요의 이자율탄력성이 크므로 LM 곡선은 매우 완만한 형태이다. 따라서 전통적인 케인스 경제학자들은 재정정책은 매우 효과적이나, 통화정책은 별로 효과가 없다는 입장이다.

07

정답 ①

IS 곡선 혹은 LM 곡선이 오른쪽으로 이동하면 총수요곡선도 우측으로 이동한다.
따라서 개별소득세가 인하되면 투자가 증가하며, 장래경기에 대한 낙관적인 전망은 미래 소득 및 미래 소비심리의 상승에 영향을 미치기 때문에 소비가 증가하여 IS 곡선이 오른쪽으로 이동한다.

- IS 곡선의 우측이동 요인 : 소비 증가, 투자 증가, 정부지출 증가, 수출 증가
- LM 곡선의 우측이동 요인 : 통화량 증가

08

정답 ②

개별기업의 수요곡선을 수평으로 합한 시장 전체의 수요곡선은 우하향하는 형태이다. 그러나 완전경쟁기업은 시장에서 결정된 시장가격으로 원하는 만큼 판매하는 것이 가능하므로, 개별기업이 직면하는 수요곡선은 수평선으로 도출된다.

09

정답 ④

X재에 대한 수요와 공급의 가격탄력성이 낮다면 관세가 부과되더라도 수입량은 별로 줄어들지 않으므로, 관세부과에 따른 손실이 작아진다.

오답분석

① X재 수입에 대해 관세를 부과하면 X재의 국내 가격이 상승한다
② X재의 국내 가격이 상승하면 국내 생산량은 증가하고 소비량은 감소하게 되고, 국내 가격 상승으로 생산자잉여는 증가하지만 소비자잉여는 감소하게 된다.
③ 관세부과로 인한 경제적 손실 크기는 X재에 대한 수요와 공급의 가격탄력성과 관계가 있다.

10

정답 ①

가격차별(Price Discrimination)이란 동일한 상품에 대하여 서로 다른 가격을 설정하는 것을 의미하며, 다른 시장 간에는 재판매가 불가능해야 한다.

오답분석

② 가격차별이 가능하기 위해서는 소비자를 특성에 따라 구분할 수 있어야 한다.
③ 가격차별이 가능하다는 것은 기업에 시장지배력이 있다는 의미이다.

11

정답 ②

오답분석

① 한계소비성향과 한계저축성향의 합이 언제나 1이다.
③ 생애주기가설에 따르면 소비는 일생 동안의 총소득에 의해 결정된다.
④ 불황기의 평균소비성향이 호황기의 평균소비성향보다 크다. 따라서 호황기에는 일시적으로 소득이 증가하며 이러한 일시소득이 대부분 저축되는 반면, 일시적으로 소득이 감소하는 불황기에는 돈의 차입 등을 통해 종전과 비슷한 소비수준을 유지한다.

12

정답 ④

화폐발행이득은 화폐발행의 특권에서 나오는 이득을 의미하는 것으로, ㄱ, ㄴ, ㄷ 모두 옳은 설명에 해당한다.

13

정답 ①

두 나라의 쌀과 옷 생산의 기회비용을 계산해 보면 다음과 같다.

구분	A국	B국
쌀(섬)	1	0.5
옷(벌)	1	2

쌀 생산의 기회비용은 B국이 더 작고, 옷 생산의 기회비용은 A국이 더 작으므로 A국은 옷 생산에 비교우위가 있고, B국은 쌀 생산에 비교우위가 있다. 따라서 A국은 옷을 수출하고 쌀을 수입한다.

14

정답 ②

리카도의 대등정리는 정부지출 수준이 일정할 때 정부가 재원조달 방법(조세 또는 채권 등)을 변화시키더라도 민간의 경제활동은 아무런 영향을 받지 않는다는 이론이다. 정부가 세금을 감면하고 이에 따른 재정적자를 국채발행을 통해 정부지출 재원을 조달하는 경기부양정책을 펼치게 되면, 정부는 언젠가 늘어난 부채를 갚기 위해 세금을 올려야 하고, 사람들은 이를 예상하여 감세로 인해 늘어난 소득만큼 저축을 늘려 미래의 증세에 대비한다. 따라서 저축에는 변화가 생기지만 소비에는 아무런 변화가 생기지 않고, 실질이자율도 변하지 않게 된다. 이러한 리카도의 대등정리를 바탕으로 배로(R. Barro)는 재정정책의 무력성을 주장하였다.

15

정답 ②

이자율 상승으로 요구불예금이 증가하면 시장에 있는 현금들이 예금 쪽으로 들어와서 민간 화폐보유성향이 낮아져 통화승수가 커진다.

CHAPTER

03 경영

01	02	03	04	05	06	07	08	09	10	11	12	13	14	15					
④	②	④	④	①	④	③	①	③	①	④	④	②	④	④					

01

정답 ④

경영은 경영목적, 인적자원, 자금, 전략의 4요소로 구성된다.

- 경영목적 : 조직의 목적을 달성하기 위해 경영자가 수립하는 것으로 보다 구체적인 방법과 과정이 담겨 있다.
- 인적자원 : 조직에서 일하는 구성원으로 경영은 이들의 직무수행에 기초하여 이루어지기 때문에 인적자원의 배치 및 활용이 중요하다.
- 자금 : 경영을 하는 데 사용할 수 있는 돈으로 자금이 충분히 확보되는 정도에 따라 경영의 방향과 범위가 정해지게 된다.
- 경영전략 : 조직이 변화하는 환경에 적응하기 위하여 경영활동을 체계화하는 것으로, 목표달성을 위한 수단이며 조직의 목적에 따라 전략 목표를 설정하고, 조직의 내·외부 환경을 분석하여 도출한다.

02

정답 ②

현혹효과는 평가요소를 명확히 하고 평가행동과 연결시킴으로써 어느 정도 제거할 수는 있다.

03

정답 ④

종래의 리더십은 리더의 역할이 부하를 목표에 공헌하도록 통제하는 방법에 중점을 두고 있지만, 변형적 리더십은 부하를 조직 내부·외부의 변화에 대해 적응력을 높여주고 적응해 나가도록 지원하는 데 중점을 두고 있다. 또한, 리더십이 조직구성원의 태도나 가정들이 변화하도록 중요한 영향을 주고 조직의 목적이나 이념에 헌신하게 하는 과정으로 본다.

04

정답 ④

ㄱ. SWOT 분석은 내부환경 뿐 아니라 외부환경에 대한 분석도 포함한다.

ㄴ. SWOT 분석에서 기업의 내부환경은 '장점(Strength)'과 '약점(Weakness)'으로 구분된다. '기회요인(Opportunity)'과 '위협요인(Threat)'으로 구분되는 것은 외부환경이다.

ㄷ. SWOT 분석은 기업의 환경을 '장점(Strength)'과 '약점(Weakness)', '기회요인(Opportunity)'과 '위협요인(Threat)' 4가지 요소로 구분한다.

05

정답 ①

맥킨지(McKinsey)의 7S 모형

1. 공유가치 : 조직 구성원들의 행동이나 사고를 특정 방향으로 이끌어 가는 원칙이나 기준이다.
2. 스타일 : 구성원들을 이끌어 나가는 전반적인 조직관리 스타일이다.
3. 구성원 : 조직의 인력 구성과 구성원들의 능력과 전문성, 가치관과 신념, 욕구와 동기, 지각과 태도 그리고 그들의 행동 패턴 등을 의미한다.
4. 제도・절차 : 조직운영의 의사결정과 일상 운영의 틀이 되는 각종 시스템을 의미한다.
5. 구조 : 조직의 전략을 수행하는 데 필요한 틀로서 구성원의 역할과 그들 간의 상호관계를 지배하는 공식요소이다.
6. 전략 : 조직의 장기적인 목적과 계획 그리고 이를 달성하기 위한 장기적인 행동지침이다.
7. 기술 : 하드웨어는 물론 이를 사용하는 소프트웨어 기술을 포함하는 요소를 의미한다.

06

정답 ④

오답분석

① 횡축은 상대적 시장점유율, 종축은 시장성장률이다.
② 별 영역은 시장성장률이 높고, 상대적 시장점유율도 높다.
③ 자금젖소 영역은 상대적 시장점유율이 높아 자금투자보다 자금산출이 많다.

PART 2

07

정답 ③

ㄱ. 피들러(Fiedler)의 리더십 상황이론에 따르면 리더십 스타일은 리더가 가진 고유한 특성으로 한 명의 리더가 과업지향적 리더십과 관계지향적 리더십을 모두 가질 수 없으므로 어떤 상황에 어떤 리더십이 어울리는가를 분석한 것이다.
ㄷ. 상황이 호의적인지 비호의적인지를 판단하는 상황변수로 리더 – 구성원 관계, 과업구조, 리더의 직위권력을 고려하였다.
ㄹ. 상황변수들을 고려하여 총 8가지 상황으로 분류하였고, 이를 다시 호의적인 상황, 보통의 상황, 비호의적인 상황으로 구분하였다. 상황이 호의적이거나 비호의적인 경우에는 과업지향적 리더십이 적합하고, 상황이 보통인 경우에는 관계지향적 리더십이 적합하다.

오답분석

ㄴ. LPC 설문을 통해 리더의 특성을 측정하였다. LPC 점수가 낮으면 과업지향적 리더십, 높으면 관계지향적 리더십으로 정의한다.
ㅁ. 리더가 처한 상황이 호의적이거나 비호의적인 경우에는 과업지향적 리더십이 적합하다.

08

정답 ①

공급사슬관리(SCM)는 공급업체, 구매기업, 유통업체 그리고 물류회사들이 주문, 생산, 재고 수준과 제품 및 서비스의 배송에 대한 정보를 공유하도록 하여 제품과 서비스를 효율적으로 구매, 생산, 배송할 수 있도록 지원하는 시스템이다.

오답분석

② 적시생산시스템(JIT) : 모든 프로세스에 걸쳐 필요한 때 필요한 것을 필요한 만큼만 생산하는 생산시스템이다.
③ 유연생산시스템(FMS) : 다양한 제품을 높은 생산성으로 유연하게 제조하는 것을 목적으로 생산을 자동화한 시스템이다.
④ 컴퓨터통합생산(CIM) : 제조 – 개발 – 판매로 연결되는 과정을 일련의 정보시스템으로 통합한 생산관리시스템이다.

09

정답 ③

재고 부족현상이 발생하게 되면 EOQ모형을 적용하기 어렵다. 하지만 실제 상황에서는 갑작스러운 수요 상승으로 인한 재고 부족이 나타날 수 있고 이러한 단점으로 인해 실제로는 추가적으로 여러 가지 요소들을 함께 고려해야 EOQ모형을 바르게 사용할 수 있다. 따라서 EOQ모형을 사용하기 위해서는 재고 부족현상은 발생하지 않고 주문 시 정확한 리드타임이 적용된다는 것을 가정하여 계산한다.

10

정답 ①

오답분석

② 0보다 크면 투자안을 선택하고 0보다 작으면 투자안을 기각한다.
③ 순현금흐름의 현재가치로부터 차감한 기법이다.
④ 순현가법과 내부수익률법 모두 현금흐름을 할인한다는 점에서 같은 맥락에 놓여 있다.

11

정답 ④

경영활동은 크게 기술활동, 상업활동, 재무활동, 보호활동, 회계활동, 관리활동으로 구분할 수 있다. 그중에 페이욜은 관리활동을 '계획, 조직, 지휘, 조정, 통제'로 구분하여 '관리 5요소론'을 정립하였으나, '분업'은 14가지 관리일반원칙에 해당하므로 관리 5요소론에 해당하지 않는다.

12

정답 ④

윔블던 효과는 국내 시장에서 외국 기업이 자국 기업보다 잘나가는 현상이다. 영국의 유명 테니스대회인 '윔블던 대회'가 외국 선수에게 문호를 개방한 이후 대회 자체의 명성은 높아졌지만 영국인 우승자를 배출하는 것이 어려워진 것에 빗댄 것으로, 시장을 개방하고 나서 외국계 기업이나 자본이 자국 기업이나 자본을 누르고 경쟁에서 우위를 차지하는 현상을 말한다.

13

정답 ②

공정성이론은 조직구성원은 자신의 투입에 대한 결과의 비율을 동일한 직무 상황에 있는 준거인의 투입 대 결과의 비율과 비교해 자신의 행동을 결정하게 된다는 이론이다.

오답분석

① 기대이론 : 구성원 개인의 동기 강도를 성과에 대한 기대와 성과의 유의성에 의해 설명하는 이론이다.
③ 욕구단계이론 : 인간의 욕구는 위계적으로 조직되어 있으며 하위 단계의 욕구 충족이 상위 계층 욕구의 발현을 위한 조건이 된다는 이론이다.
④ 목표설정이론 : 의식적인 목표나 의도가 동기의 기초이며 행동의 지표가 된다고 보는 이론이다.

14

정답 ④

평가센터법 안에서 다양한 방법의 평가기법들이 사용되기 때문에 표준화가 어렵고 상대적 비교도 어려우며, 시간과 비용이 많이 소요된다.

15

정답 ④

최저임금제의 필요성

- 계약자유 원칙의 한계 보완 : 계약의 자유가 소유권과 결합하여 오히려 경제적 강자를 보호하고 경제적 약자를 지배하는 제도로 전환되는 한계를 보완
- 사회적 약자 보호 : 생존임금과 생활임금을 보장하여 저임금 노동자 등의 사회적 약자들을 보호
- 시장실패 보완 : 임금이 하락함에도 불구하고 노동공급은 줄어들지 않고 계속 증가하여, 임금이 계속 떨어지는 현상인 왜곡된 임금구조를 개선
- 유효수요 증대 : 저소득층의 한계소비성향을 높여 사회 전반적인 수요 증대

PART 3

최종점검 모의고사

최종점검 모의고사

01	02	03	04	05	06	07	08	09	10	11	12	13	14	15	16	17	18	19	20
④	③	③	③	②	④	②	①	③	①	①	④	③	②	④	③	③	④	④	②
21	22	23	24	25	26	27	28	29	30	31	32	33	34	35	36	37	38	39	40
④	④	②	③	④	②	④	④	③	①	③	③	③	①	④	③	③	④	②	①
41	42	43	44	45	46	47	48	49	50	51	52	53	54	55	56	57	58	59	60
③	④	①	①	②	③	①	③	②	④	①	②	②	①	③	①	①	②	①	④
61	62	63	64	65	66	67	68	69	70	71	72	73	74	75	76	77	78	79	80
①	②	①	②	②	①	③	①	③	②	③	④	④	①	④	④	③	③	③	③
81	82	83	84	85	86	87	88	89	90	91	92	93	94	95	96	97	98	99	100
①	③	①	④	①	②	②	④	④	①	②	④	③	④	①	①	①	④	③	①

01 직무능력시험

01

정답 ④

'삼가다'가 표준어이므로 '삼가해 주세요.'는 잘못된 표기이다. 따라서 '삼가 주세요.'로 표기해야 한다.

02

정답 ③

전화위복(轉禍爲福)은 '재앙과 화난이 바뀌어 오히려 복이 된다.'는 의미로, 어떤 불행한 일을 당하더라도 강인한 의지로 끊임없이 노력하고 힘쓰면 불행을 행복으로 바꾸어 놓을 수 있다는 뜻이다.

오답분석

① 복과화생(福過禍生) : '지나친 행복은 도리어 재앙의 원인이 된다.'는 의미로, 좋은 것도 지나치면 나쁜 결과를 낳을 수 있다는 뜻이다.
② 길흉화복(吉凶禍福) : '길함과 흉함, 불길함과 복스러움'의 의미로, 인간 세상에 존재하는 좋은 일과 나쁜 일, 재앙과 복을 모두 모아 이르는 표현이다.
④ 복생어미(福生於微) : '복은 아주 작은 일에서 생긴다.'는 의미이다.

03

정답 ③

보고서는 업무 진행 과정에서 쓰는 경우가 대부분이므로 무엇을 도출하고자 했는지 핵심 내용을 구체적으로 제시해야 한다. 내용의 중복을 피하고 산뜻하고 간결하게 작성하며, 복잡한 내용일 때에는 도표나 그림을 활용한다. 또한 보고서는 개인의 능력을 평가하는 기본요인이므로 제출하기 전에 최종점검을 해야 한다. 따라서 S사원이 작성해야 할 문서는 보고서이다.

04

정답 ③

ㄴ. 네 번째 문단에 따르면, 소비자물가가 아니라 소비자물가의 상승률이 남은 상반기 동안 1% 미만의 수준에서 등락하다가 하반기에 들어 1%대 중반으로 상승할 것임을 알 수 있다.

ㄷ. 세 번째 문단에 따르면, 국내의 수출이 하락세로 진입한 것이 아니라 수출의 증가세가 둔화된 것뿐이다.

오답분석

ㄱ. 두 번째 문단에 따르면, 미 연방준비은행의 통화정책 정상화가 온건한 속도로 이루어짐에 따라 국제금융시장의 변동성이 축소되는 경향이 지속되었음을 알 수 있다. 따라서 미 연준의 통화정책의 변동성이 커진다면 국제금융시장의 변동성도 확대될 것임을 예측할 수 있다.

ㄹ. 마지막 문단에 따르면, 금융통화위원회는 국내 경제가 잠재성장률 수준에서 크게 벗어나지 않으면서 수요측면의 물가상승압력도 크지 않기 때문에 통화정책 완화기조를 유지할 것이라고 하였다. 따라서 국내 경제성장률은 잠재성장률 수준을 유지하더라도, 수요 측면에서의 물가상승압력이 급증한다면 완화기조를 띠고 있는 통화정책 기조를 변경할 수 있을 것이라 추론할 수 있다.

05

정답 ②

제시문은 시장집중률의 정의와 측정 방법, 그 의의에 대해 이야기하고 있다. 따라서 글의 주제로 가장 적절한 것은 '시장집중률의 개념과 의의'이다.

PART 3

06

정답 ④

보기는 그로티우스가 '국제법의 아버지'라고 불린다는 내용이다. 따라서 (라) 바로 앞 문장에서는 그로티우스가 자신의 저서 『전쟁과 평화의 법』에서 국가 간의 관계를 규율하는 법, 즉 국제법의 이론을 처음으로 구성했다고 설명하므로 보기는 (라)에 위치하는 것이 가장 적절하다.

07

정답 ②

제시문은 문화재 가운데 가장 가치 있는 것으로 평가받는 국보에 대하여 설명하는 글이다. 따라서 (가) 문화재의 종류와 국보에 대한 설명 – (다) 국보의 선정 기준 – (나) 국보 선정 기준으로 선발된 문화재의 종류 – (라) 국보 선정 기준으로 선발된 문화재가 지니는 의미 순으로 나열하는 것이 적절하다.

08

정답 ①

마지막 문단에 따르면 P2P 대출은 공급자(투자)와 수요자(대출)가 금융기관의 개입 없이도 직접 자금을 주고받을 수 있다.

09

정답 ③

응모방법이 따로 있지 않고 응모요건 충족 시 자동으로 응모되며, 무작위 추첨이다.

10

정답 ①

승열이의 내년 연봉은 35,000,000×1.15=40,250,000원이다.

세금은 수입의 5%이므로 세금을 제한 금액은 40,250,000×0.95=38,237,500원이다.

따라서 승열이가 내년에 기부할 금액은 38,237,500×0.02=764,750원이나, 천 원 미만은 절사한다고 하였으므로 764,000원이다.

11

정답 ①

현재 乙의 나이를 x세라고 하면, 甲의 나이는 $2x$세이다.

8년 후 甲과 乙의 나이는 각각 $(2x+8)$, $(x+8)$이 되므로 다음과 같은 식이 성립한다.

$(2x+8):(x+8)=6:4$

$\rightarrow 6(x+8)=4(2x+8)$

$\therefore x=8$

따라서 현재 甲의 나이는 $2\times8=16$세, 乙의 나이는 8세이다.

12

정답 ④

전체 양동이의 물의 양을 1이라 하고, A, B, C수도꼭지에서 1분당 나오는 물의 양을 각각 a, b, cL라고 하면 다음과 같은 식이 성립한다.

$a+b+c=\frac{1}{10}$ … ㉠

$b+c=\frac{1}{30}$ … ㉡

$8b=a$ … ㉢

㉢과 ㉠을 연립하면 $9b+c=\frac{1}{10}$이고, 이를 ㉡과 연립하여 c를 구하면 다음과 같다.

$9\left(\frac{1}{30}-c\right)+c=\frac{1}{10} \rightarrow 8c=\frac{2}{10}$

$\therefore c=\frac{1}{40}$

따라서 C수도꼭지는 1분당 $\frac{1}{40}$만큼의 물이 나오므로 C수도꼭지로만 양동이를 가득 채우는 데 걸리는 시간은 총 40분이다.

13

정답 ③

50원, 100원, 500원짜리 동전의 개수를 각각 x개, y개, z개라고 하면 다음과 같은 식이 성립한다.

$x+y+z=14$ … ㉠

$50x+100y+500z=2,250 \rightarrow x+2y+10z=45$ … ㉡

㉠과 ㉡을 연립하면 다음과 같다.

$y+9z=31$ … ㉢

이때 ㉠의 조건에 따라 ㉢을 만족하는 경우는 $y=4$, $z=3$이다.

따라서 50원짜리는 7개, 100원짜리는 4개, 500원짜리는 3개가 된다.

14

정답 ②

2024년에 세 번째로 많은 생산을 했던 분야는 일반기계 분야이다.

일반기계 분야의 2022년 대비 2023년의 변화율은 $\frac{4,020-4,370}{4,370}\times100 \fallingdotseq -8\%$이다.

따라서 약 8% 감소하였다.

15

정답 ④

달러 환율이 가장 낮을 때는 1월이고, 가장 높을 때는 10월이다. 1월의 엔화 환율은 946원/100엔, 10월의 엔화 환율은 1,003원/100엔이다. 따라서 1월의 엔화환율은 10월의 엔화 환율보다 $\frac{946-1,003}{1,003}\times100 \fallingdotseq -5.7\%$ 낮으므로 7% 미만 낮다.

오답분석

① 달러 환율은 6월과 8월에 전월 대비 감소하였다.

② 전월 대비 7월 달러 환율 증가율은 $\frac{1,119-1,071}{1,071}\times100 \fallingdotseq 4.5\%$로, 전월 대비 10월 증가율 $\frac{1,133-1,119}{1,119}\times100 \fallingdotseq 1.3\%$의 4배인 5.2%보다 낮다.

③ 1월의 엔화 환율 946원/100엔은 2월의 엔화 환율 990원/100엔보다 $\frac{946-990}{990}\times100 \fallingdotseq -4.4\%$ 낮으므로 5% 미만 이득이다.

16

정답 ③

A와 B음식점 간 가장 큰 차이를 보이는 부문은 분위기이다(A : 약 4.5, B : 1).

17

정답 ③

2019년부터 공정자산총액과 부채총액의 차를 순서대로 나열하면 952, 1,067, 1,383, 1,127, 1,864, 1,908억 원이다. 따라서 2024년의 차가 가장 크다.

오답분석

① 2022년에는 자본총액이 전년 대비 감소했다.

② 총액 규모가 가장 큰 것은 공정자산총액이다.

④ 직전 해에 비해 당기순이익이 가장 많이 증가한 해는 2023년이다.

18

정답 ④

제시된 공식에 따라 발행 주식 수, 주당 순이익, 자기자본 순이익률을 구하면 다음과 같다.

구분	A기업	B기업	C기업	D기업
발행 주식 수	$\frac{100,000}{5}=20,000$	$\frac{500,000}{5}=100,000$	$\frac{250,000}{0.5}=500,000$	$\frac{80,000}{1}=80,000$
주당 순이익	$\frac{10,000}{20,000}=0.5$	$\frac{200,000}{100,000}=2$	$\frac{125,000}{500,000}=0.25$	$\frac{60,000}{80,000}=0.75$
자기자본 순이익률	$\frac{10,000}{100,000}=0.1$	$\frac{200,000}{500,000}=0.4$	$\frac{125,000}{250,000}=0.5$	$\frac{60,000}{80,000}=0.75$

ㄴ. 주당 순이익은 B기업 – D기업 – A기업 – C기업 순으로 높다. 이는 주식가격이 높은 순서와 일치한다.

ㄷ. D기업의 발행 주식 수는 80,000이고, A기업의 발행 주식 수는 20,000이다. 따라서 D기업의 발행 주식 수가 A기업의 발행 주식 수의 4배이다.

오답분석

ㄱ. 주당 순이익은 C기업이 가장 낮다.

ㄹ. 자기자본 순이익률은 D기업이 가장 높고, A기업이 가장 낮다.

19

정답 ④

각 항은 15^2, 16^2, 17^2, 18^2, …인 수열이다.
따라서 ( )$=19^2=361$이다.

20

정답 ②

나열된 수를 각각 A, B, C라고 하면 다음과 같은 식이 성립한다.

$\underline{A\ B\ C} \rightarrow \frac{B}{A} \times C=20$

따라서 ( )$=20 \div \frac{20}{2}=2$이다.

21

정답 ④

창의적인 사고는 통상적인 것이 아니라 기발하거나, 신기하며 독창적인 것을 의미한다. 또한 발산적 사고로서 많은 아이디어와 다양하고, 독특한 것을 의미하며, 유용하고 가치가 있어야 한다.

22

정답 ④

(A) 중요성 : 매출 / 이익기여도, 지속성 / 파급성, 고객만족도 향상, 경쟁사와의 차별화 등
(B) 긴급성 : 달성의 긴급도, 달성에 필요한 시간 등
(C) 용이성 : 실시상의 난이도, 필요자원의 적정성 등

23

정답 ②

조직의 기능단위 수준에서 현 문제점을 분석하지 않고, 다른 문제와 해결방안을 연결하여 모색하는 전략적 사고를 해야 한다.

24

정답 ③

일남이와 삼남이의 발언을 통해 일남이와 삼남이 중 적어도 1명은 거짓을 말한다는 것을 알 수 있다. 만약 일남이와 삼남이가 모두 거짓말을 하고 있다면 일남이는 경찰이고, 자신이 경찰이라고 말한 이남이의 말이 거짓이 되면서 거짓말을 한 사람이 3명 이상이 되므로 제시된 조건에 부합하지 않는다. 그러므로 일남이는 경찰이 아니며, 일남이나 삼남이 중에 1명만 거짓을 말한다.

ⅰ) 일남이가 거짓, 삼남이가 진실을 말한 경우
일남이는 마피아이고, 오남이가 마피아라고 말한 이남이의 말은 거짓이므로 이남이는 거짓을 말하고 있고 이남이는 경찰이 아니다. 즉, 남은 사남이와 오남이는 모두 진실을 말해야 하는데, 2명의 말을 종합하면 사남이는 경찰도 아니고 시민도 아니므로 마피아여야 한다. 그러나 이미 일남이가 마피아이고 마피아는 1명이므로 모순된다.

ⅱ) 일남이가 진실, 삼남이가 거짓을 말한 경우
일남이는 시민이고, 이남·사남·오남 중 1명은 거짓, 다른 2명은 진실을 말한다. 만약 오남이가 거짓을 말하고 이남이와 사남이가 진실을 말한다면 이남이는 경찰, 오남이는 마피아이고 사남이는 시민이어야 하는데, 오남이의 말이 거짓이 되려면 오남이는 경찰이어야 하므로 모순된다. 또한, 만약 사남이가 거짓을 말하고 이남이와 오남이가 진실을 말한다면 이남이와 사남이가 모두 경찰이므로 역시 모순된다. 그러므로 이남이가 거짓, 사남이와 오남이가 진실을 말한다.

따라서 사남이는 경찰도 시민도 아니므로 마피아이고, 이남이와 오남이가 모두 경찰이 아니므로 삼남이가 경찰이다.

25

정답 ④

제시된 조건에 따라 선반에 놓여 있는 사무용품을 정리하면 다음과 같다.

5층	보드마카, 접착 메모지
4층	스테이플러, 볼펜
3층	2공 펀치, 형광펜
2층	서류정리함, 북엔드
1층	인덱스 바인더, 지우개

따라서 보드마카와 접착 메모지는 5층 선반에 놓여 있으므로 선반의 가장 높은 층에 놓여 있음을 알 수 있다.

26

정답 ②

예금 업무를 보려는 사람들의 대기 순번과 공과금 업무를 보려는 사람들의 대기 순번은 별개로 카운트된다. A는 예금 업무이고, A보다 B가 늦게 발권하였으나 대기번호는 A보다 빠른 4번이므로 B는 공과금 업무를 보려고 한다는 사실을 알 수 있다. 그리고 1인당 업무 처리시간은 모두 동일하게 주어지므로 주어진 조건들을 정리하면 다음과 같다.

예금 창구		공과금 창구	
대기번호 2번	업무진행 중	대기번호 3번	업무진행 중
대기번호 3번	–	대기번호 4번	B
대기번호 4번	–	대기번호 5번	C
대기번호 5번	E	대기번호 6번	–
대기번호 6번	A	대기번호 7번	–
대기번호 –번	D	대기번호 8번	–

따라서 S은행의 대기자 중 업무를 보는 순서는 B – C – E – A – D이다.

27

정답 ④

알파벳 순서에 따라 숫자로 변환하면 다음과 같다.

a	b	c	d	e	f	g	h	i	j	k	l	m
1	2	3	4	5	6	7	8	9	10	11	12	13
n	o	p	q	r	s	t	u	v	w	x	y	z
14	15	16	17	18	19	20	21	22	23	24	25	26

intellectual의 품번을 규칙에 따라 정리하면 다음과 같다.

- 1단계 : 9, 14, 20, 5, 12, 12, 5, 3, 20, 21, 1, 12
- 2단계 : $9+14+20+5+12+12+5+3+20+21+1+12=134$
- 3단계 : $|(14+20+12+12+3+20+12)-(9+5+5+21+1)|=|93-41|=52$
- 4단계 : $(134+52)\div4+134=46.5+134=180.5$
- 5단계 : 180.5의 소수점 첫째 자리에서 버림하면 180이다.

따라서 제품의 품번은 180이다.

28

정답 ④

세상에 존재하는 모든 물체는 물적자원에 포함된다.

29

정답 ③

㉠은 속도, ㉡은 가치이다.

시간의 특성
- 시간은 매일 주어지는 기적이다.
- 시간은 똑같은 속도로 흐른다.
- 시간의 흐름은 멈추게 할 수 없다.
- 시간은 꾸거나 저축할 수 없다.
- 시간은 사용하기에 따라 가치가 달라진다.

30

정답 ①

예산의 구성요소
- 직접비용 : 제품 또는 서비스를 창출하기 위해 직접 소비된 것으로 여겨지는 비용을 말한다.
- 간접비용 : 과제를 수행하기 위해 소비된 비용 중 직접비용을 제외한 비용으로, 생산에 직접 관련되지 않은 비용을 말한다.

31

정답 ③

C씨는 지붕의 수선이 필요한 주택보수비용 지원 대상에 선정되었다. 지붕 수선은 대보수에 해당하며, 대보수의 주택당 보수비용 지원한도액은 950만 원이다. 또한, C씨는 중위소득 40%에 해당하므로 지원한도액의 80%를 차등 지원받게 된다. 따라서 C씨가 지원받을 수 있는 최대 액수는 950만×0.8=760만 원이다.

32

정답 ③

4월 21일의 팀미팅은 워크숍 시작시간 전 오후 1시 30분에 끝나므로 3시에 출발 가능하며, 22일의 일정이 없기 때문에 4월 21 ~ 22일이 워크숍 날짜로 적절하다.

오답분석

① 4월 9 ~ 10일 : 다른 팀과 함께하는 업무가 있는 주로 워크숍 날짜로 적절하지 않다.
② 4월 18 ~ 19일 : 19일은 주말이므로 워크숍 날짜로 적절하지 않다.
④ 4월 28 ~ 29일 : E대리 휴가로 모든 팀원이 참여하지 못하므로 워크숍 날짜로 적절하지 않다.

33

정답 ③

A와 D는 각각 문제해결능력과 의사소통능력에서 과락이므로 제외한다.
나머지 B, C, E의 점수를 합격 점수 산출법에 따라 계산하면 다음과 같다.
- B : 39+21+22=82점
- C : 36+16.5+20=72.5점
- E : 54+24+19.6=97.6점

따라서 B와 E가 합격자이다.

34

정답 ①

B씨 가족 모두 주간권을 구입할 경우 받게 될 할인금액은 다음과 같다.
(54,000원×40%)+(54,000원×10%)+(46,000원×10%)+(43,000원×10%)=35,900원
B씨 가족 모두 야간권을 구입할 경우 받게 될 할인금액은 다음과 같다.
(45,000원×40%)+(45,000원×10%)+(39,000원×10%)+(36,000원×10%)=30,000원
∴ 35,900−30,000=5,900
따라서 B씨 가족이 모두 주간권을 구입할 때 받게 될 할인금액과 야간권을 구입할 때 받게 될 할인금액의 차이는 5,900원이다.

35

정답 ④

완성품 납품 수량은 총 100개이다. 완성품 1개당 부품 A는 10개가 소요되므로 총 1,000개가 필요하고, B는 300개, C는 500개가 필요하다. 그런데 A는 500개, B는 120개, C는 250개의 재고가 있으므로, 각각 모자라는 나머지 부품인 500개, 180개, 250개를 주문해야 한다.

36

정답 ③

면접에 참여하는 직원들의 휴가 일정은 다음과 같다.

- 마케팅팀 차장 : 6월 29일 ~ 7월 3일
- 인사팀 차장 : 7월 6 ~ 10일
- 인사팀 부장 : 7월 6 ~ 10일
- 인사팀 과장 : 7월 6 ~ 9일
- 총무팀 주임 : 7월 1 ~ 3일

따라서 선택지에 제시된 날짜 중에서 직원들의 휴가 일정이 잡히지 않은 유일한 날짜가 면접 가능 날짜가 되므로 정답은 7월 5일이다.

PART 3

37

정답 ③

공식적 조직에 대한 설명이다. 비공식적 조직은 자연발생적으로 맺어진 조직으로 의사소통을 촉진시키고, 문제해결에 도움을 준다.

38

정답 ④

일반적으로 기획부의 업무는 제시된 표처럼 사업계획이나 경영점검 등 경영활동 전반에 걸친 기획 업무가 주를 이루며, 사옥 이전 관련 발생 비용 산출은 회계부, 대내외 홍보는 총무부에서 담당한다.

39

정답 ②

S기업의 사내 봉사 동아리이기 때문에 공식이 아닌 비공식 조직에 해당한다. 비공식 조직의 특징에는 인간관계에 따라 형성된 자발적인 조직, 내면적·비가시적, 비제도적, 감정적, 사적 목적 추구, 부분적 질서를 위해 활동 등이 있다.

오답분석

① 영리조직
③ 공식조직
④ 공식조직

40

정답 ①

이팀장의 지시 사항에 따라 강대리가 해야 할 일은 회사 차 반납, K은행 김팀장에게 서류 제출, 최팀장에게 회의 자료 전달, 대표 결재이다. 이 중 대표의 결재를 오전 중으로 받아야 하므로 강대리는 가장 먼저 대표에게 결재를 받아야 한다. 이후 1시에 출근하는 최팀장에게 회의 자료를 전달하고, 이팀장에게 들러 회사 차를 찾아 차 안의 서류를 K은행 김팀장에게 제출한 뒤 회사 차를 반납해야 한다. 즉, 강대리가 해야 할 일의 순서를 정리하면 '대표에게 결재받기 → 최팀장에게 회의 자료 전달 → K은행 김팀장에게 서류 제출 → 회사 차 반납'의 순이 된다.

41

정답 ③

①·②·④는 전력과제에서 도출할 수 있는 추진 방향이지만, 국제경쟁입찰의 과열 경쟁 심화와 컨소시엄 구성 시 민간기업과 업무배분, 이윤 추구성향 조율의 어려움 등은 문제점에 대한 언급이기 때문에 추진 방향으로 적절하지 않다.

42

정답 ④

인・적성검사 합격자의 조 구성은 은경씨가 하지만, 합격자에게 몇 조인지를 미리 공지하는지는 알 수 없다.

43

정답 ①

피터의 법칙(Peter's Principle)이란 무능력이 개인보다는 위계조직의 메커니즘에서 발생한다고 보는 이론으로, 무능력한 관리자를 빗대어 표현한다. 우리 사회에서 많이 볼 수 있는 무능력, 무책임으로 인해 우리는 많은 불편을 겪으며 막대한 비용을 지출하게 된다. 그렇지만 이러한 무능력은 사라지지 않고 있으며, 오히려 무능한 사람들이 계속 승진하고 성공하는 모순이 발생하고 있다. 대부분의 사람은 무능과 유능이 개인의 역량에 달려 있다고 생각하기 쉬우나, 로런스 피터(Laurence J. Peter)와 레이몬드 헐(Raymond Hull)은 우리 사회의 무능이 개인보다는 위계조직의 메커니즘에서 발생한다고 주장하였다.

44

정답 ①

유대리가 처리해야 할 일의 순서는 다음과 같다.

음악회 주최 의원들과 점심 → 음악회 주최 의원들에게 일정표 전달(점심 이후) → △△조명에 조명 점검 협조 연락(오후) → 한여름 밤의 음악회 장소 점검(퇴근 전) → 김과장에게 상황 보고

따라서 가장 먼저 해야 할 일은 '음악회 주최 의원들과 점심'이다.

45

정답 ②

맥킨지 7S 모델을 소프트웨어적 요소와 하드웨어적 요소로 나누면 다음과 같다.

- 소프트웨어적 요소
  - 스타일(Style) : 조직구성원을 이끌어 나가는 관리자의 경영방식
  - 구성원(Staff) : 조직 내 인적 자원의 능력, 전문성, 동기 등
  - 스킬(Skill) : 조직구성원이 가지고 있는 핵심 역량
  - 공유가치(Shared Value) : 조직 이념, 비전 등 조직구성원이 함께 공유하는 가치관
- 하드웨어적 요소
  - 전략(Strategy) : 시장에서의 경쟁우위를 위해 회사가 개발한 계획
  - 구조(Structure) : 조직별 역할, 권한, 책임을 명시한 조직도
  - 시스템(System) : 조직의 관리체계, 운영절차, 제도 등 전략을 실행하기 위한 프로세스

46

정답 ③

Auto Scaling은 클라우드 환경에서 시스템의 부하에 따라 서버 인스턴스를 자동으로 추가하거나 제거하는 기능을 말한다. 따라서 Auto Scaling은 트래픽 변화나 부하에 맞춰 서버 자원을 효율적으로 관리할 수 있게 한다.

47

정답 ①

표현 계층(Presentation Layer)은 OSI 6계층에 해당하며, 데이터 표현이 상이한 응용 프로세스의 독립성을 제공하고 암호화한다.

48

정답 ③

정보화 사회의 심화로 정보의 중요성이 높아지면, 그 필요성에 따라 정보에 대한 요구가 폭증한다. 또한 방대한 지식을 토대로 정보 생산 속도도 증가하므로 더욱 많은 정보가 생성된다. 따라서 이러한 정보들을 토대로 사회의 발전 속도는 더욱 증가하므로 정보의 변화 속도도 증가한다.

오답분석

① 개인 생활을 비롯하여 정치, 경제, 문화, 교육, 스포츠 등 거의 모든 분야의 사회생활에서 정보에 의존하는 경향이 점점 더 커지기 때문에 정보화 사회는 정보의 사회적 중요성이 가장 많이 요구된다.
② 정보화의 심화로 인해 정보 독점성이 더욱 중요한 이슈가 되어 국가 간 갈등이 발생할 수 있지만, 이보다는 실물 상품뿐만 아니라 노동, 자본, 기술 등의 생산 요소와 교육과 같은 서비스의 국제 교류가 활발해서 세계화가 진전된다.
④ 정보화 사회는 지식정보와 관련된 산업이 부가가치를 높일 수 있는 산업으로 각광받으나, 그렇다고 해서 물질이나 에너지 산업의 부가가치 생산성이 저하되지 않는다. 오히려 풍부한 정보와 지식을 토대로 다른 산업의 생산성이 증대될 수 있다.

49

정답 ②

UNIX는 DOS와 같이 사용자가 키보드를 통해 명령을 내리면 수행 후 결과를 보여주는 CUI환경의 운영체제이다.

50

정답 ④

중앙처리장치는 제어장치(CU), 연산장치(ALU), 주기억장치로 구성된다. 따라서 원시프로그램을 목적프로그램으로 번역하는 것은 컴파일러가 수행하는 기능이므로 중앙처리장치의 기능으로 옳지 않다.

51

정답 ①

인쇄 영역에 포함된 도형, 차트 등의 개체는 기본적으로 인쇄가 된다.

52

정답 ②

오답분석

ㄴ. 데이터의 중복을 줄여주며, 검색을 쉽게 해준다.
ㄹ. 데이터의 무결성과 안정성을 높인다.

53

정답 ②

삽입 상태가 아닌 수정 상태일 때만 [Space Bar]가 오른쪽으로 이동하면서 한 문자씩 삭제한다.

54

정답 ①

선택한 파일 / 폴더의 이름을 변경하는 기능은 [F2]이다.

55

정답 ③

Ctrl + I는 텍스트를 기울임꼴로 만든다. 텍스트에 밑줄을 긋는 단축키는 Ctrl + U이다.

PART 3

56

정답 ①

학생들의 평균 점수는 G열에 있고 가장 높은 순서대로 구해야 하므로 RANK 함수를 이용하여 오름차순으로 순위를 구하면 [H2] 셀에 들어갈 함수는 「=RANK(G2,$G$2:$G$10,0)」이다. 이때 참조할 범위는 고정해야 하므로 행과 열 앞에 '$'를 붙여야 하는데, G열은 항상 고정이므로 행만 고정시켜도 된다. 따라서 「=RANK(G2,G$2:G$10,0)」를 사용하여도 같은 결과가 나온다.

57

정답 ①

엑셀에서 기간을 구하는 함수는 DATEDIF(시작일,종료일,구분 "Y/M/D")로, 재직연수를 구해야 하므로 구분에는 연도로 나타내주는 "Y"가 들어간다. 현재로부터 재직기간을 구하는 것이므로 현재의 날짜를 나타내는 TODAY( ) 함수를 사용해도 되고, 현재 날짜와 시간까지 나타내는 NOW( ) 함수를 사용해도 된다. 따라서 조건에 맞는 셀의 개수를 구하는 함수는 COUNTIF(범위,조건)이고 8년 이상이라고 했으므로 조건에는 ">=8"이 들어가야 한다.

58

정답 ②

「=INDEX(범위,행,열)」는 해당하는 범위 안에서 지정한 행, 열의 위치에 있는 값을 출력한다.
따라서 작성한 수식의 결과는 [B2:D9]의 범위에서 2행 3열에 있는 값 23,200,000이다.

59

정답 ①

프로그램에서 대입 연산자 sum=sum+3;은 sum+=3;으로 표현하므로 같은 결과가 나타난다.
따라서 결괏값은 95+3=98이다.

60

정답 ④

func( )에는 static 변수 num1과 일반 변수 num2가 각각 0으로 정의되어 있다. 일반 변수 num2는 func( )가 호출될 때마다 새롭게 정의되어 0으로 초기화되며, 함수가 종료되면 num2 함수에서 사용했던 num의 값은 사라진다. 그러나 static 변수 num2는 func( )가 여러 번 호출되더라도 재정의 및 초기화되지 않고 최초 호출될 때 한 번만 정의되고 0으로 초기화된다. 또한 static 변수는 함수가 종료되더라도 사용했던 값이 사라지지 않으며 프로그램이 종료될 때까지 메모리 공간에 기억된다.
따라서 main( )의 반복문(for)에 의해 func( ) 함수가 5번 호출되어 각 값을 증가시키고 마지막으로 호출되었을 때 static 변수 num1의 값은 5, 일반 변수 num2의 값은 1이다.

02 직무상식시험

61

정답 ①

제1금융권은 우리나라의 금융기관 중 예금은행을 지칭한다.

오답분석

② 통화금융정책의 사용권은 한국은행만이 가지고 있다.
③ 자금중개기능은 간접금융시장의 은행이 하는 것이며, 증권회사는 유가증권의 매매, 인수, 매출 등을 취급하며 자금을 전환시키는 직접금융시장에 속한다.
④ 산업은행은 장기자금의 공급을 위해 설립된 기관이다.

62

정답 ②

(가)는 금융기관인 은행을 통한 자금 공급이므로 간접금융, (나)는 증권시장에서의 주식이나 채권을 통한 자금 공급이므로 직접금융을 나타내고 있다.
직접금융은 투자자가 이자와 원금을 둘 다 돌려받지만, 회사의 부도가 발생해 대출금을 갚지 못할 경우 그 직접적인 신용 리스크를 직접 부담해야 한다. 반면 간접금융은 은행이 신용 리스크를 부담하는 대신 예금과 대출이자의 차액을 얻는다.

63

정답 ①

BIS비율
국제결제은행(BIS)이 일반 은행에 권고하는 위험자산 대비 자기자본비율로 8% 이상이 합격권이며, 자기자본(자본금+이익잉여금)을 위험자산(전체 대출+투자)으로 나눠 구한다. 또한, 8%를 밑돌면 해외에서의 차입과 유가증권발행이 불가능해지는 등 부실은행 취급을 받는다. 한편, BIS비율을 높이려면 위험자산을 줄이거나 자기자본을 늘려야 하는데, 위험자산을 갑자기 줄이는 것은 어렵기 때문에 보통 자기자본을 늘려 BIS비율을 맞춘다.

64

정답 ②

오답분석

나. 환율이 빠르게 상승해 통화가치가 하락하면 외화가 유출하게 되므로 금리를 상향 조정해 해외 자본의 유출을 막아야 한다.
다. 경기가 급격히 냉각될 조짐을 보이면 금리를 하향 조정하여 소비와 투자를 진작시켜야 한다.

65

정답 ②

레그테크(Regtech)는 규제를 뜻하는 레귤레이션(Regulation)과 기술을 의미하는 테크놀로지(Technology)의 합성어로, 금융회사로 하여금 내부통제와 법규 준수를 용이하게 하는 정보기술이다. 이는 인공지능과 블록체인, 빅데이터, 클라우드 컴퓨팅 분석 등을 통해 규제 대응을 실시간으로 자동화할 수 있다.

66

정답 ①

시중금리가 상승하면 채권의 현재가치가 하락하게 되고, 이에 따라 채권의 가격도 하락하게 된다.

67

정답 ③

오답분석

① 준비통화(Reserve Currency) : 금과 더불어 대외 지급을 위한 준비로서 각국이 보유하고 있는 통화로, 대표적인 준비통화는 현행 국제통화체제하의 기축통화로 되어 있는 미국 달러지만, 그 밖에 유럽 유로화, 영국 파운드화, 일본 엔화 등의 통화도 일부 국가들이 준비통화로 충당한다.
② 결제통화(Currency of Settlement) : 국가 간 무역거래 시 결제에 사용되는 통화로, 세계 각국은 각각 자기 나라의 무역결제에 사용하는 통화를 지정하고 있는데, 현재는 기축통화인 미국 달러화가 가장 많이 사용된다.
④ 개입통화(Intervention Currency) : 외환시장의 안정과 환율의 적정선 유지를 위해 통화당국에 의해 매매되는 제3국 통화로, 국제통화기금(IMF)은 개입통화를 '가맹국이 외환시장에 관한 의무를 수행하기 위하여 매매할 용의가 있음을 국제통화기금에 표명한 통화'로 정의한다.

68

정답 ①

김치코인은 국내 기업이 발행하여 국내 가상자산 거래소에서 거래가 가능한 가상화폐를 뜻한다. 따라서 해외 가상자산 거래소에만 상장되어 있는 코인은 김치코인에 포함되지 않는다. 김치코인은 시가총액이 작고 가격이 높지 않아 시세 변동성이 매우 크다. 또한 외부 세력에 의해 시세 조종이 일어날 수 있으며 불투명한 재무구조 등의 문제로 투자 위험도가 높은 편이다.

오답분석

② 스캠코인(Scam Coin) : 'Scam(사기)'과 'Coin'의 조합어로, 사실과 다른 내용으로 투자자를 속이기 위해 만들어진 가상화폐를 말한다. 투자금 환급 등을 내세운 미신고 거래소나 유명인과의 친분을 앞세워 투자자들의 신뢰를 높인 뒤 투자금만 챙겨 사라지는 방식이 대표적이다.
③ 알트코인(Altcoin) : 'Alternative(대체, 대안)'와 'Coin'의 조합어로, 비트코인을 제외한 다른 가상화폐들을 가리킨다. 비트코인 가치가 지나치게 올랐다는 생각 때문에 알트코인이 대체 투자처로 주목받고 있다.
④ 스테이블코인(Stable Coin) : 가격 변동성이 최소화되도록 설계한 암호화폐를 가리킨다. 미국 달러 등 법정 화폐와 1 대 1로 가치가 고정되어 있으며, 보통 1코인이 1달러의 가치를 갖는다. 대표적인 스테이블 코인으로는 테더(Tether, USDT) 코인이 있다.

69

정답 ③

발행어음은 금융기관이 자금 조달을 위해 직접 발행하는 어음으로, 자체신용도를 바탕으로 발행하여 일반투자자를 상대로 판매하는 만기 1년 이내의 단기 금융 상품이다.

오답분석

① 표지어음 : 말 그대로 몇 가지 어음을 근거로 대표적인 어음(표지)을 만드는 것이다.
② 기업어음 : 신용상태가 양호한 기업이 자금 조달을 목적으로 발행하는 어음 형식의 단기 채권이다.
④ 상업어음 : 기업이 상거래를 할 때 대금결제를 위해 발행하는 어음이다.

70

정답 ②

채권시장안정펀드는 채권시장의 경색으로 자금난을 겪는 기업에 유동성을 지원하고, 국고채와 회사채의 과도한 스프레드(금리) 차이를 해소하기 위해 조성하는 펀드이다. 2020년 코로나19 사태로 금융 시장의 불안감이 확대됨에 따라 정부는 채권시장안정펀드를 조성하였다.

오답분석

① 통화채권펀드 : 증권회사가 통화안정증권 또는 보유회사채를 투자신탁회사에 맡기고, 투자신탁회사에서 발행하는 수익증권을 인수하여 이를 투자자에게 판매하는 형태의 펀드이다.
③ 모태펀드 : 개별 기업에 직접 투자하는 대신 펀드(투자조합)에 출자하여 간접적으로 투자하는 방식의 펀드로, 국내에서는 정부가 중소·벤처기업을 육성하기 위해 벤처캐피털에 출자하는 방식의 펀드를 말한다.
④ IP펀드 : NPE(특허 괴물)로부터 기업을 보호하는 동시에 기업 특허를 투자대상으로 삼아 수익을 창출하는 펀드이다.

71

정답 ③

종합수지는 경상수지와 자본수지를 합한 것을 말하는데, 경상수지에는 무역수지와 무역외수지, 이전수지가 있다.

72

정답 ④

역선택은 정보를 갖지 못한 쪽이 많은 정보를 갖고 있는 상대방과 거래를 하는 현상으로, 도덕적 해이와 함께 정보비대칭의 일종이다.

73

정답 ④

오답분석

ㄹ. 시뇨리지 효과(Seigniorage Effect) : 중앙은행이 화폐를 발행함으로써 얻는 이익 또는 국제통화를 보유한 국가가 누리는 경제적 이익

74

정답 ①

소비와 투자의 감소는 전반적인 가격하락을 초래하고, 가격하락은 생산위축을 유발시킨다. 따라서 생산위축으로 인해 고용감소와 임금하락이 발생한다.

75

정답 ④

케인스의 유동성선호설에서 자산은 화폐와 채권 두 가지만 존재하고, 수익률에 따라 전부화폐 또는 전부채권으로 보유한다고 가정한다. 따라서 각종 자산의 수익률을 포함하는 것은 아니다.

PART 3

76

정답 ④

골디락스 경제(Goldilocks Economy)는 경제가 너무 뜨겁지도 않고 너무 차갑지도 않은 딱 알맞은 상태로, 성장과 안정이 조화를 이루는 이상적인 경제 환경을 의미하며, 기업과 소비자 모두에게 긍정적인 조건을 제공한다. 또한, 골디락스 경제에서는 통화정책이 시장 친화적이고 성장과 인플레이션이 안정적이므로, 안전자산보다 주식 등 위험자산에 대한 선호도가 높아진다.

오답분석

①·② 성장률이 충분히 높아 기업과 소비자가 활발하게 활동하지만, 인플레이션을 과도하게 자극하지 않으므로 경제가 과열되지 않고 적정 수준의 경제 성장과 안정된 물가 수준을 유지한다.

③ 골디락스 경제 상황에서는 중앙은행이 경제 성장과 물가 안정을 모두 고려하여 유연하고 시장 친화적인 통화정책을 시행한다.

77

정답 ③

n개의 자산에 투자하게 되면 공분산의 수는 $\frac{n(n-1)}{2}$이 된다.

78

정답 ③

오답분석

① 시장가치 접근방법 : 각 자산의 시가총액 비율과 동일하게 포트폴리오를 구성하는 방법으로 자본자산가격결정모형(CAPM; Capital Asset Pricing Model) 이론에 부합하나 소규모 자금의 경우 포트폴리오 형성이 어려워 적용이 부적절하다.

② 전술적 자산배분전략(TAA) : 시장의 변화방향을 예상하여 사전적으로 자산구성을 변동시켜 나가는 전략이다. 이는 저평가된 자산을 매수하고 고평가된 자산을 매도함으로써 펀드의 투자성과를 높이고자 하는 전략이다.

④ 포뮬러 플랜(Formula Plan) : 주가가 하락하면 주식을 매수하고 주가가 상승하면 주식을 매도하는 역투자전략이다. 포뮬러 플랜에는 주식의 금액을 일정하게 유지하는 정액법과 자산에서 차지하고 있는 비율을 일정하게 유지하는 정률법 등이 있다.

79

정답 ③

주식의 기대수익률=배당수익률+EPS 장기성장률

80

정답 ③

자금젖소 사업은 시장점유율이 높아 안정적으로 수익을 창출하지만 성장 가능성은 낮은 사업으로, 자금 공급 원천에 해당하는 사업이다.

81

정답 ①

IPO(Initial Public Offering)란 기업이 일정 목적을 가지고 자사의 주식과 경영내용을 공개하는 기업공개를 의미한다.

오답분석

② 유상증자 : 유상증자(有償增資, Paid-in Capital Increase)란 주식회사에서 주식을 추가상장, 즉 더 발행해서 자금을 조달하는 것을 의미하며, 여기서 '증자(增資)'란 '자본금을 늘린다'는 뜻이다.

82

정답 ③

수요의 가격탄력성이 높은 제품은 침투가격정책을 적용하여야 한다.

83

정답 ①

조직도는 조직의 구조를 시각적으로 나타내는 도구로, 부서 편성, 직위 및 계층 관계, 업무 책임 및 권한, 명령·보고 체계 등을 보여 준다. 이를 통해 조직 구성원들이 누가 어떤 역할을 맡고 있으며, 누구에게 보고하고 명령을 받는지를 쉽게 이해할 수 있다. 반면, 업무 방식은 조직 구성원마다 차이가 있고 개개인의 창의성, 융통성 등에 따라 다르기 때문에 조직도로 알 수 없다.

84

정답 ④

목표에 의한 관리는 타당하고 실현성 있는 목표를 설정하기 어렵다는 단점이 있다.

85

정답 ①

①은 계약형 마케팅 시스템에 대한 설명이다.

86

정답 ②

빅 배스(Big Bath Accounting)란 목욕을 해서 때를 씻어낸다는 의미에서 유래된 것으로, 교체된 경영진들이 이전 경영진들의 재임기간에 발생한 잠재 손실을 그대로 떠안고 갈 경우 향후 책임 소재가 불분명해질 수 있기 때문에 이를 방지하기 위하여 많이 쓰인다.

오답분석

① 윈도 드레싱(Window Dressing) : 기관투자가들이 결산기에 투자수익률을 올리기 위해 주식을 집중적으로 사고파는 행위이다.
③ 분식회계(Window Dressing Settlement) : 기업이 재정 상태나 경영 실적을 실제보다 좋게 보이게 할 목적으로 부당한 방법으로 자산이나 이익을 부풀려 계산하는 회계이다.
④ 숏 커버링(Short Covering) : 매도한 주식을 다시 사는 환매수이다.

87

정답 ②

프로젝트 조직은 태스크포스팀이라고도 하며 동태적 조직의 대표적인 형태이다. 따라서 프로젝트 조직은 인원구성상의 탄력성을 유지하며, 목표가 명확하므로 구성원의 프로젝트에 대한 적극적인 참여, 조직의 기동성과 환경적응성이 높다는 장점을 가진다.

88

정답 ④

직업생활의 질은 조직 내 여러 가지 작업환경 및 제도의 개선과 종업원이 가지는 성장·개발되고 있다는 느낌, 직무만족도, 직무에 대한 안정감, 노동의 인간화 등 주관적인 느낌을 말한다.

89

정답 ④

의사결정이란 기업의 소유자 또는 경영자가 기업 및 경영상태 전반에 대한 방향을 결정하는 일이다. 원래는 기업소유자의 기업정책에서 사용하던 말이였으나, 주식회사의 거대화에 비례하여 소유자로부터 경영자가 기능적으로 분리됨에 따라 소유자가 행하는 전략적 의사결정과 경영자가 내리는 경영적 의사결정의 구별이 필요하게 되었다. 실제로는 양자가 서로 짝이 되어 있는 것이지만, 현재의 경영학·경제학에서는 경영적 의사결정밖에 밝혀지지 않고 있다. 또한, 한 부서의 의사결정은 다른 부서와 밀접한 관련이 있다.

90

정답 ①

총괄생산계획의 도표적 접근방법은 생산할 제품의 품목 수가 적고, 생산공정이 단순한 생산계획에 그래프나 표를 이용하여 계획기간의 총생산비용을 최소로 하는 전략대안을 모색하는 기법이다.

91

정답 ②

설정형 문제는 앞으로 어떻게 할 것인가 하는 문제를 의미한다. 설정형 문제는 지금까지 해오던 것과 전혀 관계없이 미래 지향적으로 새로운 과제 또는 목표를 설정함에 따라 발생하는 문제로서, 목표 지향적 문제라고도 하며 문제 해결에 많은 창조적인 노력이 요구되어 창조적 문제라고 하기도 한다.

오답분석

① 발생형 문제 : 우리가 바로 직면하고 걱정하고 해결하기 위해 고민하는 문제를 의미한다. 문제의 원인이 내재되어 있기 때문에 원인 지향적인 문제라고도 한다.
③ 잠재형 문제 : 드러나지 않았으나 방치해 두면 불량이 발생하는 문제를 의미한다.
④ 탐색형 문제 : 현재 상황을 개선하거나 효율을 높이기 위한 문제를 의미한다. 문제를 방치하면 뒤에 큰 손실이 따르거나 결국 해결할 수 없는 문제로 나타나게 된다.

92

정답 ④

피들러의 상황리더십 이론은 리더의 유형을 구분하고 상황별로 적합한 리더십이 무엇인지 제시하는 이론이다. 피들러의 상황리더십 이론에서는 리더의 유형과 상황이 변하지 않는다고 가정하기 때문에 리더와 구성원의 상호작용을 통한 긍정적 또는 부정적 관계변화에 따른 효과적인 리더십을 설명하기 어렵다는 한계가 있다.

93

정답 ③

테일러는 조직적 태업의 근본적 문제가 표준작업량의 불명확성에 있는 것을 해결하기 위해 시간연구와 동작연구를 이용해 표준작업량을 설정하였다. 따라서 테일러의 과업관리(Task Management)의 목표는 '높은 임금, 낮은 노무비의 원리'로 집약된다.

94

정답 ④

협동조합은 모든 조합원의 1인 1표 의결권 행사를 원칙으로 하지만, 신세대협동조합(New Generation Cooperatives)의 경우 협동조합의 실적·이용 규모 등을 기준으로 의결권을 부여하여 조합 활동에 참여하지 않는 조합원들과 차이를 둔다. 이 경우에도 조합원이 납입한 출자금 규모에 비례하여 의결권을 주는 것이 아니므로 투자자가 조합을 소유하지 않는다.

오답분석

① 소비자협동조합 : 주로 회원이 사용하거나 그들에게 재판매하기 위한 재화나 서비스를 구매하기 위하여 조직된 최종소비자의 협동조합을 말한다.
② 농업협동조합 : 농업생활력의 증진과 농민의 지위 향상을 위해 설립된 협동조합을 말한다.
③ 노동자협동조합 : 노동자들이 법인을 소유하고 직접 경영에 참여하는 협동조합을 말한다.

95

정답 ①

오답분석

② 순투자 : 기업이 고정자산을 구매하거나 유효수명이 당회계연도를 초과하는 기존의 고정자산 투자에 돈을 사용할 때 발생한다.
③ 재고투자 : 기업의 투자활동 중 재고품을 증가시키는 투자활동 또는 증가분을 말한다.
④ 민간투자 : 사기업에 의해서 이루어지는 투자로 사적투자라고도 한다.

96

정답 ①

경영이념이란 경영자가 기업을 영위하는 데 있어 지침이 되는 기본적인 의식으로 경영 신조·경영 철학이라고도 한다. 즉, 기업이 사회적 존재이유를 표시하고 경영활동을 방향 짓게 하는 기업의 신조를 말한다. 경영이념은 기업의 신조인 동시에 경영자의 이념이기 때문에 경영 목적의 달성을 위한 활동을 하기 위해 구체화할 수 있는 현실적 지침이 되는 것으로서, 구체적으로는 사시(社是)·사훈(社訓) 등으로 표현된다.

97

정답 ①

원형은 태스크포스나 위원회를 구성하는 사람 간 커뮤니케이션을 하는 상호작용 패턴을 보여준다. 또한, 수평적 네트워크로 권력의 집중이나 지위의 높고 낮음이 없는 조직에서 특정 문제해결을 위해 주로 나타난다.

98

정답 ④

인바스켓(In-Basket) 훈련에서 참가자들은 관리자에게 자주 발생하는 일에 대한 메모, 보고서, 전화, 메시지 등과 같은 많은 업무용 자료를 받게 된다. 참가자는 이 자료에 포함된 정보에 따라 행동하도록 요구되며 각 사안에 대한 우선순위를 정하는 것이 필요하다.

99

정답 ③

재고자산 단위당 구입원가는 기업 측에서는 통제 불가능한 변수이므로 가정할 수가 없는 내용이다.

100

정답 ①

린 스타트업(Lean Startup)은 짧은 시간 동안 제품을 만들고 성과를 측정해 다음 제품 개선에 반영하는 것을 반복해 성공 확률을 높이는 경영 방법론의 일종이다. 일본 도요타자동차의 린 제조(Lean Manufacturing) 방식을 본 떠 미국 실리콘밸리의 벤처기업가 에릭 리스(Eric Ries)가 개발했다.

신협중앙회 필기전형 OMR 답안카드

고사장

성 명

수 험 번 호						
⓪	⓪	⓪	⓪	⓪	⓪	⓪
①	①	①	①	①	①	①
②	②	②	②	②	②	②
③	③	③	③	③	③	③
④	④	④	④	④	④	④
⑤	⑤	⑤	⑤	⑤	⑤	⑤
⑥	⑥	⑥	⑥	⑥	⑥	⑥
⑦	⑦	⑦	⑦	⑦	⑦	⑦
⑧	⑧	⑧	⑧	⑧	⑧	⑧
⑨	⑨	⑨	⑨	⑨	⑨	⑨

감독위원 확인
인

직무능력시험						직무상식시험			
문번	1 2 3 4	문번	1 2 3 4	문번	1 2 3 4	문번	1 2 3 4	문번	1 2 3 4
1	① ② ③ ④	21	① ② ③ ④	41	① ② ③ ④	61	① ② ③ ④	81	① ② ③ ④
2	① ② ③ ④	22	① ② ③ ④	42	① ② ③ ④	62	① ② ③ ④	82	① ② ③ ④
3	① ② ③ ④	23	① ② ③ ④	43	① ② ③ ④	63	① ② ③ ④	83	① ② ③ ④
4	① ② ③ ④	24	① ② ③ ④	44	① ② ③ ④	64	① ② ③ ④	84	① ② ③ ④
5	① ② ③ ④	25	① ② ③ ④	45	① ② ③ ④	65	① ② ③ ④	85	① ② ③ ④
6	① ② ③ ④	26	① ② ③ ④	46	① ② ③ ④	66	① ② ③ ④	86	① ② ③ ④
7	① ② ③ ④	27	① ② ③ ④	47	① ② ③ ④	67	① ② ③ ④	87	① ② ③ ④
8	① ② ③ ④	28	① ② ③ ④	48	① ② ③ ④	68	① ② ③ ④	88	① ② ③ ④
9	① ② ③ ④	29	① ② ③ ④	49	① ② ③ ④	69	① ② ③ ④	89	① ② ③ ④
10	① ② ③ ④	30	① ② ③ ④	50	① ② ③ ④	70	① ② ③ ④	90	① ② ③ ④
11	① ② ③ ④	31	① ② ③ ④	51	① ② ③ ④	71	① ② ③ ④	91	① ② ③ ④
12	① ② ③ ④	32	① ② ③ ④	52	① ② ③ ④	72	① ② ③ ④	92	① ② ③ ④
13	① ② ③ ④	33	① ② ③ ④	53	① ② ③ ④	73	① ② ③ ④	93	① ② ③ ④
14	① ② ③ ④	34	① ② ③ ④	54	① ② ③ ④	74	① ② ③ ④	94	① ② ③ ④
15	① ② ③ ④	35	① ② ③ ④	55	① ② ③ ④	75	① ② ③ ④	95	① ② ③ ④
16	① ② ③ ④	36	① ② ③ ④	56	① ② ③ ④	76	① ② ③ ④	96	① ② ③ ④
17	① ② ③ ④	37	① ② ③ ④	57	① ② ③ ④	77	① ② ③ ④	97	① ② ③ ④
18	① ② ③ ④	38	① ② ③ ④	58	① ② ③ ④	78	① ② ③ ④	98	① ② ③ ④
19	① ② ③ ④	39	① ② ③ ④	59	① ② ③ ④	79	① ② ③ ④	99	① ② ③ ④
20	① ② ③ ④	40	① ② ③ ④	60	① ② ③ ④	80	① ② ③ ④	100	① ② ③ ④

※ 본 답안카드는 마킹연습용 모의 답안카드입니다.

〈절취선〉

신협중앙회 필기전형 OMR 답안카드

고사장

성 명

수 험 번 호						
⓪	⓪	⓪	⓪	⓪	⓪	⓪
①	①	①	①	①	①	①
②	②	②	②	②	②	②
③	③	③	③	③	③	③
④	④	④	④	④	④	④
⑤	⑤	⑤	⑤	⑤	⑤	⑤
⑥	⑥	⑥	⑥	⑥	⑥	⑥
⑦	⑦	⑦	⑦	⑦	⑦	⑦
⑧	⑧	⑧	⑧	⑧	⑧	⑧
⑨	⑨	⑨	⑨	⑨	⑨	⑨

감독위원 확인
인

직무능력시험						직무상식시험			
문번	1 2 3 4	문번	1 2 3 4	문번	1 2 3 4	문번	1 2 3 4	문번	1 2 3 4
1	① ② ③ ④	21	① ② ③ ④	41	① ② ③ ④	61	① ② ③ ④	81	① ② ③ ④
2	① ② ③ ④	22	① ② ③ ④	42	① ② ③ ④	62	① ② ③ ④	82	① ② ③ ④
3	① ② ③ ④	23	① ② ③ ④	43	① ② ③ ④	63	① ② ③ ④	83	① ② ③ ④
4	① ② ③ ④	24	① ② ③ ④	44	① ② ③ ④	64	① ② ③ ④	84	① ② ③ ④
5	① ② ③ ④	25	① ② ③ ④	45	① ② ③ ④	65	① ② ③ ④	85	① ② ③ ④
6	① ② ③ ④	26	① ② ③ ④	46	① ② ③ ④	66	① ② ③ ④	86	① ② ③ ④
7	① ② ③ ④	27	① ② ③ ④	47	① ② ③ ④	67	① ② ③ ④	87	① ② ③ ④
8	① ② ③ ④	28	① ② ③ ④	48	① ② ③ ④	68	① ② ③ ④	88	① ② ③ ④
9	① ② ③ ④	29	① ② ③ ④	49	① ② ③ ④	69	① ② ③ ④	89	① ② ③ ④
10	① ② ③ ④	30	① ② ③ ④	50	① ② ③ ④	70	① ② ③ ④	90	① ② ③ ④
11	① ② ③ ④	31	① ② ③ ④	51	① ② ③ ④	71	① ② ③ ④	91	① ② ③ ④
12	① ② ③ ④	32	① ② ③ ④	52	① ② ③ ④	72	① ② ③ ④	92	① ② ③ ④
13	① ② ③ ④	33	① ② ③ ④	53	① ② ③ ④	73	① ② ③ ④	93	① ② ③ ④
14	① ② ③ ④	34	① ② ③ ④	54	① ② ③ ④	74	① ② ③ ④	94	① ② ③ ④
15	① ② ③ ④	35	① ② ③ ④	55	① ② ③ ④	75	① ② ③ ④	95	① ② ③ ④
16	① ② ③ ④	36	① ② ③ ④	56	① ② ③ ④	76	① ② ③ ④	96	① ② ③ ④
17	① ② ③ ④	37	① ② ③ ④	57	① ② ③ ④	77	① ② ③ ④	97	① ② ③ ④
18	① ② ③ ④	38	① ② ③ ④	58	① ② ③ ④	78	① ② ③ ④	98	① ② ③ ④
19	① ② ③ ④	39	① ② ③ ④	59	① ② ③ ④	79	① ② ③ ④	99	① ② ③ ④
20	① ② ③ ④	40	① ② ③ ④	60	① ② ③ ④	80	① ② ③ ④	100	① ② ③ ④

※ 본 답안카드는 마킹연습용 모의 답안카드입니다.

2026 최신판 시대에듀 신협중앙회 필기전형 통합기본서

개정5판1쇄 발행	2025년 10월 30일 (인쇄 2025년 10월 16일)
초 판 발 행	2020년 10월 20일 (인쇄 2020년 06월 30일)
발 행 인	박영일
책 임 편 집	이해욱
편 저	SDC(Sidae Data Center)
편 집 진 행	안희선 · 신주희
표지디자인	김지수
편집디자인	김경원 · 장성복
발 행 처	(주)시대고시기획
출 판 등 록	제10-1521호
주 소	서울시 마포구 큰우물로 75 [도화동 538 성지 B/D] 9F
전 화	1600-3600
팩 스	02-701-8823
홈 페 이 지	www.sdedu.co.kr

I S B N	979-11-434-0199-1 (13320)
정 가	24,000원

통합기본서

신협중앙회

정답 및 해설

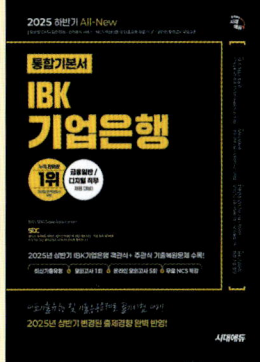

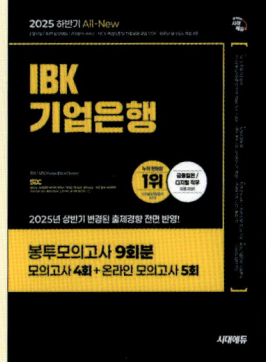

NEXT STEP
시대에듀가 합격을 준비하는
당신에게 제안합니다.
성공의 기회
시대에듀를 잡으십시오.
시대에듀
기회란 포착되어 활용되기 전에는 기회인지조차 알 수 없는 것이다.
– 마크 트웨인 –